피닉스의 노래

: 조선과 타이완의 일제말기 문학

이 연구는 2016년도 중국교육부 인문사회과학연구 청년기금(教育部人文社會科學研究靑年項目資助) "일본식민통치말기(1937-1945) 대만과 조선 항일서사 비교연구"(16YJC751017)의 지원을 받았다.

피닉스의 노래

: 조선과 타이완의 일제말기 문학

유혜영(劉惠瑩) 지음

경인문화사

머리말

　제2차 세계대전이 막을 내린 지 75주년이 된 날을 맞이하면서 그 전쟁에 대한 기억과 성찰은 다시 화두에 오르고 있습니다. 그러나 파시즘의 폭행은 총과 칼로 진행된 전쟁에만 국한되지 않았습니다. 파시즘이 남긴 상흔은 결코 전장에서의 희생으로만 계산할 수 없습니다. 분명한 적과의 싸움보다는 총후(銃後)에서 발생한 불투명한 동요나 자기회의는 오늘날의 불안과 비난으로 이어져 어쩐지 더 심각한 상흔이 되었는지도 모릅니다.

　이러한 의미에서 전장에서 일본과 직접 대항했던 중국의 병사는 내 나라를 위해 싸우고 있다는 명확한 신념 때문에 대일본제국의 병사로 강제로 소집되어 갈수록 더 깊은 불안과 회의에 빠지게 되면서도 그것을 스스로 극복할 수밖에 없었던 조선과 타이완의 병사들보다 훨씬 행복했다고 해야 하는지도 모릅니다.

　전쟁 이외에 인류에게 가장 큰 피해를 끼쳐 온 것은 역병이라고 할 수 있는 것 같습니다. 이 책에서 다룬 시기가 인류 역사상 가장 큰 전쟁이 일어났을 때인 만큼, 공교롭게도 역사상 가장 무서운 전염병 종의 하나가 창궐할 때 이 책을 마무리했습니다. 균열이 표면화되면 전쟁이 일어난다면 역병은 더 큰 균열을 불러일으키기 십상입니다. 지금 전 세계적으로 서로에 대한 적의가 퍼져 있고 이념적 분쟁이 커지고 있습니다. 열악해진 환경에서 우리가 어떻게 살아가야 할까요? 원고를 쓰면서 계속 고민하던 문제였습니다.

　일제말기 문학의 키워드 중의 하나는 '양심'이었습니다. 이광수, 이석훈, 김사영, 뤼허뤄, 저우진뽀, 천훠취앤…이 사람들의 구체적인 경우는 각각 다르지만 그들의 작품에는 식민지 지식인의 고민과 갈등이 역력합니다. 소설에서 반복 강조했듯이 그들이 나름대로 '양심'에 충실했다는 것을 저는 믿고 싶습니다. 그리고 그들을 비판한다기보다는 스스로 질문하고 싶습니다. 당시의 조선, 당시의 타이완에서 지식인으로 태어났다면 제가 어떻게 했을까요? 아니, 그것보다는, 오늘날 어떻게 판단하고 선택할까요?

외국인인데 하필이면 일제말기인가? 이런 질문이 던져질 것 같습니다. 일종의 '주변'적인 시각 때문이라고나 할까요? 제3세계 국가에서, 게다가 여성으로서 태어났고, 유학생으로서 일본, 한국에서 공부했고, 중국에 돌아와서도 '비통용적' 외국어를 가르치고…어디까지나 '주변'에 있는 것 같습니다. 그래서 그런지 '식민지 지식인'의 심정이 이해간다고 스스로 생각합니다. 남의 이야기가 아니라 제 자신의 이야기이기 때문입니다.

연구대상에 대해서 좀 더 설명이 필요한 것 같습니다. 1938년 11월을 '일제말기'의 기점으로 정하게 된 이유는 '대동아문학'에 대한 일제의 의도적인 기획이 1938년 11월 3일에 발표된 '제2차 고노에 성명'까지 거슬러 올라갈 수 있다는 점, 그리고 문학이 본격적으로 협력 요구를 받는 것이 1938년 11월이었다는 점 두 가지 때문이었습니다. 텍스트는 당시의 조선과 타이완 현지의 지면에서 공식적으로 발표된 전형적인 작품들을 위주로 했습니다. 구체적으로 말하면, 발표 당시 이미 파문을 일으켰고 그 이후에도 줄곧 문제작으로 거론되어 온 작품들과 공식적인 표창을 받은 작품들, 그리고 공인된 '친일 작가'들의 대표작을 주로 검토했습니다. 비교 가능성에 대한 고려로 인해 작가보다 작품을 중심으로 고찰했고 특히 중·단편 소설에 주목한 것은 첫째, 일제말기의 혼란한 국면과 용지 부족, 그리고 문학의 민첩성에 대한 요구로 인해 중·단편이 가장 유행된 문학 장르가 되었다는 점, 둘째, 중·단편이 보다 더 여실히 민첩하게 작가의 심적 경로를 투사했다는 점 때문이었습니다. 광복 이후의 개작과 번역은 원작의 모습을 파괴할 경우가 많으므로 원칙상 발표 당시의 텍스트를 이용했습니다. 광복 이전에 이미 개작을 거친 경우, 광복 전까지의 최종 개작을 기준으로 삼았습니다.

그리고 편의상 일제말기의 용어를 차용했습니다. 즉 지금의 한반도를 '조선'으로, '일본'을 '내지'로, '중국'을 '지나'로, '타이완'을 '본도'로, '동북삼성'을 '만주'로, 그리고 한국어를 '조선어'로, '일본어'를 '국어'로 호명했습니다.

이 책은 제 박사논문을 바탕으로 완성된 것입니다. 그래서 제일 먼저 지도 교수님이신 박성창 선생님께 감사의 인사를 드리고 싶습니다. 그리고 언제나 따뜻하게 격려해 주시고 친절하게 도와주신 방민호 선생님, 좋은 제안을 많이 주시고 한 글자 한 글자 논문을 고쳐주신 백지운 선생님과 윤대석 선생님, 자료를 제공해 주시고 이 분야의 선배 연구자분들을 소개해 주신 김재용 선생님, 의견을 많이 주신 김종욱 선생님, 출판사를 연락해 주신 김철 선생님께도 진심으로 감사드립니다.

저를 일본으로 보내 주신 최박광 선생님과 아버지나 다름없는 은사님이신 우림걸 선생님께 진심으로 감사드립니다. 두 분이 아니었으면 이 책이 없을 것입니다.

논문을 쓰는 과정에서 곁에 있어 준 양레이레이 언니를 비롯한 관악산에서 알게 된 많은 선후배들과 친구들에게 감사의 인사를 전하고 싶습니다.

이 책의 출간을 위해 고심해 주신 경인문화사 여러분께 진심으로 감사드립니다.

마지막으로, 언제나 사랑해주시고 너그럽게 포용해 주신 부모님께, 그리고 두말없이 제 꿈을 지지해준 남편에게 감사합니다.

첫 책이니 사랑으로 키워 주신 외할머니와 독서의 재미를 깨우쳐 주신 외할아버지께 이 책을 드리고 싶습니다. 저승에서도 기뻐해 주시겠지요.

2020년 8월
웨이하이에서

차례

제 1 장
죽음을 이기고자 하는 피닉스

1. 문제의 제기

일제강점기 36년. 가장 심각한 후유증을 남긴 것이 지배보다는 동화(同化, assimilation)였는지도 모른다. 오늘날도 한국 사람들이 동화의 흔적을 확인하면서 불안, 비난, 자기회의에 시달리고 있는 것을 보면.

일제말기 문학 연구도 이러한 후유증을 극명하게 보여준다. 광복 직후의 '암흑기 문학'론이나 21세기의 '파시즘 문학'론이 모두 그렇다. 전자는 동화의 흔적을 예민하게 포착하여 그것을 고스란히 부역(附逆)이라는 죄명으로 수렴한 것인가 하면 후자는 식민지 지식인의 내면을 동화의 결과로 해석한다. 일견 매우 다른 것처럼 보이지만 동화의 결과를 지나치게 과장한다는 점에서 일치한다. 결국 동화에 대한 부정 의식은 일제의 동화정책과 마찬가지로 식민지 조선과 식민지 지식인의 특수성을 간과하여 절대적인 기준이라는 폭력이 되어 버린다. 민족 정체성의 단절을 선언하고 조상에 대한 불신을 초래한다.

식민지 조선의 지식인들이 과연 동화 과제를 어떻게 대면했던가? 그들의 정체성이 과연 어떤 식으로 동요했던가? 이 책은 바로 이러한 문제의식에서 출발한 것이다.

이 문제들을 검토하기 위해 같은 시기[1]의 타이완 문학을 비교 대상으로 삼았다. 한편으로 타이완은 조선과 유사한 문화적 심리를 공유

---

1 이 책에서 이야기하는 '일제말기'란 고노에(近衛) 내각이 '제2차 고노에 성명'을 발표했던 1938년 11월부터 1945년 8월 15일 광복 때까지라는 시기를 일컫는다.

했고 똑같은 일본의 '외지'로서 식민 정책과 식민지 문학의 동시성을 보였으며, 다른 한편으로 이 시기의 문학이 타이완 신문학의 '저항정신'을 이어받고 지식인들이 정체성 문제를 고민하면 할수록 제국에서 이탈하는 길에 본격적으로 들어서게 되었다는 결론이 타이완 학계에서 이미 정론이 되었기 때문이다.

그렇다면 타이완보다 식민지 역사가 짧았을 뿐만 아니라 단일민족으로 구성된 독립국이었던 조선은 과연 일제의 동화정책에 수렴되어 협력—저항이라는 수평적인 지평에서만 허덕였을까? 당초부터 타이완보다 더 분명하게 민족 정체성을 자각하면서 그것을 의도적으로 보존, 정립, 주조해 나가지 않았을까?

조선과 타이완의 일제말기 문학은 당초부터 '대동아문학'의 쌍생아로 기획되었고 일제말기에 보편적으로 쌍생아로 취급되었다. 이 사실을 가장 잘 보여준 자리가 대동아문학자대회였는데 조선과 타이완 작가들은 똑같이 일본의 대표로서 참석했고 대회 기간에 같은 호텔을 배정받았다.[2] 양자를 쌍생아로 인식했던 일본인의 시선은 소설가이자 시인인 다카미 쥰(高見順)의 평론을 통해서 확인할 수 있다. 1943년 상반기의 타이완 문학을 평론하는 글에서 그는 조선의 문단, 조선의 작가를 반복적으로 언급했다.

> (중략) 타이완 문학이 자신만 잘되면 된다는 지방적인 상태에서 벗어나, 대동아문학의 일환으로서 훌륭한 모습을 보였다는 것을 나는 느꼈다. 그리고 그렇지 않으면 안 된다고 나는 느꼈다. 타이완의 문단, 조선의 문단, 그리고 내지의 문단이라고 제각기 동떨어져서 서로

----

2 제2회 대동아문학자대회에 참석했던 타이완 작가 저우진뽀(周金波)의 회상에 따르면 회의 기간에 조선 작가와 타이완 작가는 '제일호텔'에서, 그리고 만주나 중화민국의 작가는 '제국호텔'에서 따로 거주했다고 한다. 周金波, 「私の歩んだ道－文学·演劇·映画」, 中島利郎·黃英哲 編, 『周金波日本語作品集』, 東京: 綠蔭書房, 1998, 268면.

무관하듯이 제각기 독불장군으로 고군분투하는 일은 이미 없어졌다.

(중략)

(뤼허뤄[3]의 「합가평안(合家平安)」과 「달밤(月夜)」을 읽으면서—인용자)
나는 조선 작가 장혁주 군을 떠올렸다. 장 군을 떠올린 것은 장 군이
나의 친구이기 때문이기도 하지만, 뤼허뤄 씨와 장 군의 작품 분위
기가 비슷하기 때문이다. 뤼허뤄 씨도 장 군과 같은 역량(약간 실례
한 표현이지만)이라고 생각되었다.[4]

타이완 문학과 조선 문학을 '대동아문학'의 구도 속에서 재정립하
고자 하는 일본인 작가의 의도가 극명하게 드러났다. 그는 타이완인
작가 뤼허뤄의 작품과 조선인 작가 장혁주 작품의 유사성을 지적하
면서 '비슷'한 '작품 분위기'라는 애매모호한 표현을 사용했다. 이른
바 '비슷'한 '작품 분위기'의 정체는 식민지 작가 자신의 고백을 통해
서 보다 더 잘 확인할 수 있다.

(ㄱ) 오늘 아침 편지를 감사히 잘 받았습니다. 똑같이 구석진 곳에서
따로따로 태어나 남의 말로 글을 쓰기에, 형님과 새로이 친구가
될 수 있었던 것이 무엇보다도 기쁩니다. (중략) 역시 형님은 타
이완인의 문학을 하고 계시고, 또 해야 하며, 저는 조선인의 문
학을 하고 있고, 또 해야 한다고 생각됩니다. 말할 필요도 없는
것 같지만 진정 소중한 일이겠지요. 형님의 「초저녁달(宵月)」을
읽고 저는 매우 친근하게 느꼈습니다. 역시 형님의 처지도 저의

. . . .

3 뤼허뤄(呂赫若, 1914~1951), 본명은 뤼스두이(呂石堆). 타이완 학계에서 '타이완 제
  일의 재자'로 높이 평가받는다. 1935년에 단편소설 「소달구지(牛車)」(『문학평론』,
  1935.1)로 일본 문단에 등단했다. 1940년에 도일하여 성악을 공부하다가 1942년
  에 타이완에 돌아가 『타이완문학(台湾文學)』에서 활약했다. 1943년 12월에 제1회
  타이완문학상을 수상했다. 일제말기 대표작으로는 일본어 단편소설집 『청명한 가
  을(淸秋)』(臺北: 淸水書店, 1944) 등이 있다.
4 高見順, 「小説總評: 昭和十八年上半期の臺灣文學」, 『臺湾公論』, 臺北: 臺湾公論社,
  1943.8, 87~90면.

처지도 현실적으로는 다름이 없는 것 같아서 전율했습니다.[5]

(ㄴ) 타이완과 일본의 관계를 살펴보는 데 조선과 일본의 관계를 등한시할 수 없다. 일본과 조선의 관계, 그리고 일본과 타이완의 관계는 대소의 차이, 그리고 순서의 차이만 있을 뿐, 일본 제국의 새로운 구성 부분이라는 점에서는 동일할 터이다. 이런 의미에서 실상 일본과 조선의 관계 문제는 바로 일본과 타이완의 관계 문제라고 생각된다.[6]

(ㄱ)은 1941년 2월 8일 김사량이 타이완인 작가 룽잉쭝(龍瑛宗)[7]에게 보낸 편지의 일부였다. 여기서 같은 식민지 출신으로서의 동병상련, '남'(일본)이라는 공동의 타자 앞에서 느꼈던 유대감, 그리고 같은 식민지 작가로서 자민족을 위해 글을 쓰겠다는 각오 등을 쉽게 확인할 수 있다.

(ㄴ)은 1928년에 간행된 『일본 본국민에게: 식민지 문제 해결의 기조(日本々國民に與ふ: 殖民地問題解決の基調)』의 일부였다. 이 책에서 차이페이휘(蔡培火)[8]는 '조선을 어떻게 할 예정인가'라는 소제목에 한

5 大村益夫·布袋敏博 編, 『近代朝鮮文学日本語作品集(1908~1945)セレクション6』, 東京: 綠蔭書房, 2008, 167~175면.

6 蔡培火, 『日本々國民に與ふ: 殖民地問題解決の基調』, 東京: 臺灣問題研究會, 1928, 120면.

7 룽잉쭝(1911~1999), 본명은 리우롱쭝(劉榮宗). 1937년에 소설 「파파야 나무가 있는 마을(パパイヤのある街)」(『개조』, 1937.4)로 일본 문단에 등단했다. 1939년에 니시카와 미츠루(西川滿)가 주도하는 '타이완시인협회'에 가담했고 1940년부터 '타이완문예가협회' 기관지인 『문예타이완(文藝臺灣)』의 편집위원으로 활약했다. 1941년 2월 '타이완문예가협회'가 재출발했을 때 소설부 이사로 임명되었으며 같은 해 일본인 하마다 하야오(濱田隼雄), 니시카와 미츠루와 함께 제1회 문예타이완상 예심위원으로 선정되었다. 1942년 11월에 제1회 대동아문학자대회에 참석했고 '일본문학보국회 타이완지부' 간사, 타이완문학봉공회 간사 등을 역임했다. 일제말기 대표작으로는 「연무의 정원(蓮霧の庭)」(『타이완문학』, 1943.7), 「노래(歌)」(『타이완문예(臺灣文藝)』, 1945.1) 등이 있다.

8 차이페이휘(1889~1983), 타이완의 정치인. 『타이완민보(臺灣民報)』 편집인이자 발행자였다. 1923년에 타이완문화협회에 가입하여 '타이완의회설치 청원 운동'을 추

장(章)을 할애하여 일본의 대 조선 정책을 논하면서 거기에 투사된 대 타이완 정책을 검토했다. 이처럼 조선과 타이완의 지식인들은 서로에게 투사된 자아를 확인해 나가며 유대감을 표출했다. 일본인 평론가가 말하는 조선과 타이완 작가의 '비슷'한 '작품 분위기'가 궁극적으로 식민지 작가의 이러한 공통의식, 다시 말해 '대동아문학'으로서가 아니라 '조선인의 문학'과 '타이완인의 문학'으로서 입신하자는 자각에서 비롯된 게 아니었는가?

다카미 준과 김사량, 차이페이훠의 위의 발언 구도는 사실상 일제 말기 일본 제국 문단과 조선, 타이완 문단의 관계 양상을 압축적으로 보여줬다. 다시 말해, 일본 제국이 조선, 타이완 문단을 부수적 존재로 상정하여 그것을 '대동아문학'으로 수렴하려 했던 데 반해 조선과 타이완의 지식인은 식민지의 현실 문제를 고민하면서 자민족을 주체로 하는 식민지의 문학운동[9]을 상상했다.

일제말기 일제의 식민지 정책이 궁극적으로 식민지의 인적, 물적 자원을 최대한 동원하여 전쟁에 투입하기 위한 목적으로 펼쳐졌다는 사실을 감안하면 일제가 기획했던 식민지문학이 전쟁에 기여할 수 있는 프로파간다 문학에 다름 아니었다고 할 수 있다. 이러한 문학을

● ● ● ● ● ● ● ● ● ● ●

진했다. 1927년에 문화협회를 탈퇴하여 쟝우이수이(蔣渭水)와 함께 타이완민중당을 창설했고 1930년 8월에 다시 타이완지방자치연맹을 창설했다. 1937년 중일전쟁이 발발한 후 도쿄로 떠났고 1942년에 다시 상하이로 갔다.

9 '문학운동'이라는 표현은 이석훈, 최재서 등 식민지 조선 작가들의 글에서 쉽게 확인할 수 있을 뿐만 아니라 "문학운동의 형태를 고민한다. 단행본에 의해야 하지 않는가?"라든가 "타이완의 문학운동도 지금부터 점차 정상 궤도에 오를 것이다"라든가 하는 타이완인 작가들의 글에서도 확인할 수 있다. 牧洋, 「あとがき」, 『靜かな嵐』, 京城: 每日新報社, 1943, 2면; 崔載瑞, 「決戰朝鮮の急轉換－徵兵制の施行と文學活動」, 『文學報國』, 東京: 日本文學報國會, 1943.9; 呂赫若, 1943년 5월 27일자 일기, 陳萬益 主編, 『呂赫若日記·(昭和17-19年)手稿本』, 台南: 國家台灣文學館, 2004, 163면; 張文環, 編輯委員たちの發刊辭, 『臺灣文藝』, 臺北: 臺灣文學奉公會, 1944.5, 108면.

생산하기 위해 일제는 국가적 폭력을 동원하여 식민지 문단을 면밀하게 기획했고 엄격하게 통제했다. 일제말기 문학의 이러한 폭력적인 생산 시스템에 대해서는 2장에서 상론하기로 하고 여기서 옥고와 죽음의 그늘이 항시적으로 식민지 작가의 삶에 드리워져 있었다는 사실만 지적하겠다.[10]

일상생활과 문학 창작 속에 편재된 국가폭력 때문에 조선과 타이완의 일제말기 문학은 일견 제국의 동화정책에 동조하게 된 것처럼 보인다. 그러나 그들의 문학이 제국의 담론을 전달하는 데 끊임없이 틈과 비틀림을 산출했다는 사실, 그리고 광복의 도래에 따라 일제의 국가폭력이 사라지자 금방 민족문학의 길로 되돌아왔다는 사실은 모두 동화의 사실상의 한계를 말해준다. 이 점에 대해서는 기존 연구에서 이미 충분히 논의했기 때문에 여기서 중복을 피하도록 하겠다.

필자가 특히 주목하고자 하는 것은 조선과 타이완의 일제말기 문학이 동화를 검토하는 과정에서 일본과의 차이를 확인함으로써 오히려 민족적 입장을 명확히 해나가며 민족 정체성을 재구성해 나갔다는 패러독스이다. 그들의 일제말기 문학은 시작했을 때부터 이미 일본과의 차이를 자각하고 있었고 항상 일본까지 넘어서고자 하는 욕망을 드러냈다.

. . . .

10 가장 문제적인 '친일작가'로 공인받은 이광수와 이석훈의 작품에서도 검거에 대한 불안을 쉽게 확인할 수 있다는 사실은 주목할 만하다. 이광수의 「군인이 될 수 있다(兵になれる)」(『신태양』, 1943.11)에는 작가의 분신격인 주인공 '나'가 일본인 군인의 방문을 불안하게 느낀다는 장면이 있다. 이석훈의 「고요한 폭풍(靜かな嵐)」(『국민문학』, 1941.11)에는 또한 친일문학자로 공인받고 일제 국책의 홍보자로 지정된 주인공이 주변 사람의 검거 사건을 듣고 불안해한다는 장면이 있다. 이른바 '친일작가'의 내면과 일제의 강요 사이에는 상당한 간극이 있었다는 사실과 국가 폭력이 보편적으로 감지되었다는 사실을 말해준다.

(ㄱ) 최(최재서─인용자): (중략) 내지에서 국민문학이라고 말할 경우와, 여기서 말할 경우는 다릅니다. (중략)

목(이석훈─인용자): 최재서 씨의 말씀에 동감합니다. 역시 무엇보다도 내지에서의 국민문학론과 조선에서의 그것이 근본적으로 다른 점이 있습니다.[11]

(ㄴ) (중략) 주의를 이식하는 데 분주했던 4, 5년 전만 해도 내지의 잡지에 뛰어난 논문이 게재되면 다음 달에는 환골탈태하여 조선의 잡지에 나타났던 것이다. 평론가들은 그렇게 할 수밖에 없었고 또한 그것으로 충분했다. 그러나 지금은 그런 방법은 이미 통하지 않는다. 조선과 내지와의 문화적 교류가 갈수록 긴밀해진 오늘날에 이런 말이 이상하게 들릴지 모르지만 긴밀해질수록 같은 것을 그대로 옮길 수 없기 마련이다. 아무튼 언젠가부터 작가도 평론가도 뭔가 자기의 것을 가지지 않고서는 입신할 수 없는 살아가기 힘든 세상이 되었다.

(중략) 예전에는 내지에서 이슈가 되지 않는 것이 조선에서만 이슈화된 일은 거의 없었다. 하지만 최근엔 조선 문단에서 독자적인 의제들이 연달아 제시되었다. (중략)

남의 수준에 도달하고 나서 남에게 없는 자기의 것을 소리 크게 발화할 수 있어야만 인류를 위해 새로운 정신적 재산을 창출해 조선 문학의 확실한 장성을 실현했다고 할 수 있다.

(중략) 진정한 의미의 새로운 창조란 그런 풍토적 이질성을 통과하여 오히려 남과의 정신적 동질까지 도달하고 나서 그 다음에 거기서 벗어남으로써 남에게 없는 참신한 정신적 가치를 창출하는 것이다.

(중략) 괴테는 주위의 봉건적 무식자들과 타협하지 않으면서도 프랑스적 근대정신에 대한 추종에 만족하지 못하고, 독일의 특성을 바탕으로 프랑스적 정신을 철저하고 독자적인 새로운 정신의 높이에 도달하게 한다는 어려운 사업을 완성했다.

(중략) 현재의 조선 문학은 확실히 독일 문학의 괴테적 단계

----

11 森浩・俞鎭午・白鐵・杉本長夫・宮崎淸太郎・田中英光・牧洋・崔載瑞・金鍾漢, 「國民文學の 一年を語る(座談會)」, 『國民文學』, 京城: 人文社, 1942.11, 89~90면.

에 처해 있다. 무엇보다도 나는 괴테와 비견할 만한 대문호의
등장을 열망해 마지않는다. (중략)

모방의 단계는 지나갔다. 다음에 창조의 단계가 오지 않으면
안 된다는 것은 논리적으로 필연적인 일이다. 망상도 다른 것
도 아니다.[12]

(ㄷ) (중략) 타이완은 일본의 일익이지만 다른 한편으로는 타이완
의 독자적인 문제도 많이 떠맡고 있다. (중략)

따라서 타이완 문학은 이런 데에 바탕을 두지 않으면 안 된다.
(중략)

현재의 타이완, 보수하는 타이완, 추종하는 타이완, 호소하는
타이완, 탈피하는 타이완, 주저하는 타이완, 항변하는 타이완,
아양 떠는 타이완, 거절하는 타이완, 탄식하는 타이완, 회의하
는 타이완, 잡거하는 타이완, 약진하는 타이완,

이처럼 자라고 있는 타이완의 생명적 약동이 눈부시게 회전
하고 있다. (중략)

타이완 문학은 대담하게 솔직하게 면밀하게 자라는 타이완의
생명을 포착하지 않으면 안 된다.[13]

(ㄹ) (중략) 타이완 문학도 오늘날에 와서 (중략) 드디어 곧 필 커
다란 봉오리를 보인다. 물론 장차 필 꽃은 순전한 야마토의
벚꽃이 아니고 벚꽃의 표준 모양을 갖추지 않으면서도 벚꽃
의 꽃술을 지니고 있는 약간 특이한 꽃이다. 이 꽃이 완전히
필 무렵엔 예기치 않던 동아의 신문학, 세계의 신문학은 창조
될 것이다.[14]

(ㄱ)은 『국민문학』 창간 1주년에 즈음하여 개최된 좌담회에서 최
재서와 이석훈이 한 발언이었다. 전형적인 '친일작가'로 공인받았지
만 그들은 결코 일본의 국민문학을 무분별하게 추종하지 않았다. 도

• • • • • • • • • • • •
12 俞鎭午, 「新しき創造へ―朝鮮文學の現段階」, 『京城日報』, 京城: 京城日報社, 1940.1.3~4.
13 周金波, 「臺灣文學のこと」, 『臺灣日日新報』, 臺北: 臺灣日日新報社, 1941.12.6.
14 王碧蕉, 「臺灣文學考」, 『台湾文學』, 臺北: 啓文社, 1942.2, 22면.

리어 일본 문학과의 차이를 자각하면서 조선의 국민문학을 시작했다. 이처럼 조선의 일제말기 문학은 동화의 결과였다기보다는 자율성에 대한 자각에 입각하고 있었다.

(ㄴ)은 1940년 초 유진오가 조선 문학의 현 단계를 논의하는 대목이었다. '이식'이나 '모방'이 문학상의 동화로 읽힌다면 조선 문학은 결코 동화에 만족하지 못하고 어디까지나 "자기의 것", 다시 말해, 독자성을 자각하고 있었다. 여기서 특히 주목할 만한 것은 동화 과정에서 독자성을 발전시키고자 했다는 점이다. 동화는 국가폭력에 의해 주도되었기 때문에 거부될 수는 없었다. 그러나 유진오는 동화를 독자성을 억제하는 것으로 순순히 받아들이지 않고 오히려 그것을 더 높은 차원의 독자성과 연결되는 과정으로 재정립했다. 일본과의 밀접한 문화적 교류가 도리어 동화의 한계를 보여준다는 그의 지적은 일제말기 조선 문학이 일견 동화를 향해 가는 것처럼 보이면서도 오히려 이 과정에서 독자성에 대한 자의식을 키워나갔다는 패러독스를 적시했다. 타자와 부딪침으로써 자아의 본질 또는 당면 과제에 눈뜨고 "풍속, 습관, 천연의 풍치 등"을 비롯한 표피적인 독자성(유진오의 표현을 빌려 쓰자면 "풍토적 이질성")을 보다 높은 차원의 독자성, 즉 "자기의 것"을 직접 인류의 보편적 가치로 비약시킬 수 있는 독창력으로 발전시킨다는 것이었다. 표피적 풍토적 독자성이 보편적으로 확인할 수 있는 민족적 특성으로서 일본의 그것과 대등한 위치에 있다면 독창력은 일본까지 넘어섰다. 유진오는 그것이야말로 "조선 문학의 확실한 장성"으로 규정했다.

(ㄷ)과 (ㄹ)은 같은 시기의 타이완 작가들의 타이완 문학 인식을 보여주는 대목들이다. 저우진뽀[15]는 타이완 문학이 식민지의 독자적인

• • • • • • • • • • •

15 저우진뽀(1920~1996), 타이완 지룽(基隆)에서 출생. 1941년 6월에 7년의 일본 유

현실 문제에 입각해야 한다고 주장하며 타이완 문학의 자율적인 성장에 주목했다. 왕비자오(王碧蕉)[16]는 동화 과정에서 독자성의 성장을 지적하는 점에서 유진오와 공통성을 보였다. 그는 또한 일본 문학과 동일해지는 것에 만족하지 못하고 타이완 문학의 '특이'함에서 "동아의 신문학, 세계의 신문학"을 창조해낼 가능성을 발견하여 일본 초월 욕망을 드러냈다. 조선과 타이완 작가들의 이러한 발화를 통해 우리가 확인할 수 있는 것은 동화되거나 분열된 주체라기보다는 초월과 반격을 기획하고 있는 자율적인 주체이다. 동화라는 강제적으로 부여받은 과제가 식민지 지식인에 의해 독자성을 발전시키는 계기로 재정립되었다고 할 수 있다.

조선과 타이완의 일제말기 문학은 비록 독자성을 추구했다는 점에서 동일하지만 유진오와 왕비자오의 위의 발화를 통해서 알 수 있듯이 동화 과정에서 독자성을 재정립했던 구체적인 경로는 사뭇 달랐다. 타이완은 중국의 일부로서 5천 년 역사에서 이민족의 지배를 부단히 경험하고도 오히려 다양한 문화와 넓은 판도를 자랑하는 다민족 국가로 성장해온 중국의 역사적 기억을 이어받았다. 역사상 독립국이 아니었기 때문에 타이완은 일제가 던져준 동화 과제를 문화적 일상적 차원에서 인식했고 이문화의 충돌과 융합에 익숙해온 다민족 이민사회로서[17] 동화 과제를 상대적으로 적극적으로 전유(專有, appro-

. . . .

학 생활을 마치고 재출발된 '타이완문예가협회' 극문학부 이사를 맡았다. 1942년 6월에 단편소설 「지원병(志願兵)」(『문예타이완』, 1941.9)으로 제1회 '문예타이완상'을 수상한 후 1943년 7월에 다시 제2회 '문예타이완상'을 수상했다. 1943년 8월에 제2회 대동아문학자대회에 참석했다. 일제말기 대표작으로는 「수암(水癌)」(『문예타이완』, 1941.3), 「'자'의 탄생(『ものさし』の誕生)」(『문예타이완』, 1942.1) 등이 있다.

16 왕비자오(1915~1953), 본명은 왕비치오(王碧樵). 시인. 광복 이후 중국 국민당 정부의 백색 테러에서 총살당했다.

priation)했다. 동화를 실제로 관통함으로써 타이완 지식인은 동화의 한계를 확인하고 민족 자의식을 한층 명확히 하기에 이르렀다. 제국을 향해 구심운동을 하는 과정에서 오히려 제국에서 이탈하는 원심력을 획득했다고 할 수 있다. 일상적 차원에서 동화 과제를 검토하고 일본적 정체성을 내면화할 가능성을 논의하는 것이 타이완 일제말기 문학의 핵심 과제였다.

이에 비해 단일민족으로 구성된 독립국이었던 조선은 정치적인 차원에서 동화 과제를 인식하여 당초부터 타이완보다 동화를 더욱 강력하게 거부했다. 그리고 항일민족운동에서 급속히 황민화운동에 휩쓸렸기 때문에 비록 표면상은 제국을 향한 구심운동을 시작한 것처럼 보이지만 사실상 동화의 욕구를 내면화하지 않았다. 미해결된 모순을 안고 출발하여 동화에 대한 회의로 일관되었으므로 끊임없이 모순과 균열을 산출할 수밖에 없었다. 다시 말해 모순과 균열의 발생은 동화로 인해 형성된 분열된 주체에서 기인되었다기보다는 오히려 동화에 대한 거부에서 비롯되어 실제적인 원심의 방향을 시사했다. 동화를 거부하는 지점에서 동화 과제에 접근하는 것이야말로 조선 일제말기 문학의 특징이었으며 과연 일본을 '국가'로 받아들여야 하는가 하는 것이 핵심 과제였다. 따라서 이 시기의 타이완 문학이 전

• • • • • • • • • • • •

17 일제말기의 타이완은 중국 대륙에서 건너온 한족을 위주로 구성되었다. 1905년 통계에 따르면, 타이완에 거주하고 있던 한족은 모두 2,890,485명으로 총인구 3,039,751명의 95%를 차지하고 있었다. 그 가운데서도 특히 푸지엔성(福建省)에서 건너온 이민 수는 2,492,784명으로 82.01%를 차지했고 그 다음은 꽝동성(廣東省) 이민이 397,195명으로 13.07%를 차지하고 있었다(臺灣總督府官房臨時臺灣戶口調査部編, 「臺灣臨時戶口調査結果表」, 臺北: 臺灣總督官房臨時戶口調査部, 1908). 중국 대륙에서 건너온 한족을 제외하고는 '원주민(原住民)'도 있었는데 이는 필리핀, 말레이시아, 인도네시아, 대양주 등 남부 지역의 민족들과 유전학적 언어학적으로 밀접한 관계를 가지고 있는 여러 민족들을 통틀어 일컫는 말이다. 2014년까지 당국에 의해 인정된 원주민 민족은 16개였다.

반적으로 동화의 흔적을 분명하게 노정했던 데 비해 조선 문학에서는 독자성에 대한 집착이 처음부터 더 결정적으로 작용했다.

흥미로운 것은 비록 조선 작가가 실제로 동화와 더 거리를 두고 있었음에도 표면상은 오히려 타이완보다 더 '친일적'인 것처럼 보였다는 점이다. 타이완 작가들이 '동화'를 문화적 일상적 차원에서 접근했던 데 비해 조선 작가들은 정치적 차원에서 동화를 검토한 결과 정치성의 과잉을 드러냈다. 다른 한편, 동화에 대한 고민을 내면화한 타이완 작가들이 동화로 인해 발생한 현실문제와 실제 고민을 보다 더 정면으로 진지하게 검토했던 반면, 조선 작가들은 외적 요구와 내적 상태 사이의 간극을 분명하게 의식한 나머지 현실문제와 실제 고민을 다루는 데 진지함이 부족해 주관의지만 내세웠다. 내면화되지 않는 주관의지에는 항상 논리적 비약과 자기모순이 수반되어 사실상 정치적 슬로건에 지나지 않았지만 겉으로는 매우 거창하게 보였다. 다시 말해, 더 '친일적'인 것처럼 보이는 것은 조선 문학의 실제적인 원심적 방향과 표면적인 구심적 포즈 사이의 간극을 역설적으로 말해주는 것이지 그 반민족적 성격에서 비롯된 게 아니었다.

폭력의 산물이었음에도 동화를 검토하는 과정에서 민족 입장을 명확히 하게 되고, 제국에서 이탈하는 방향을 밝히기에 이르렀다. 이러한 의미에서 조선과 타이완의 일제말기 문학을 죽음을 이기고자 하는 피닉스의 노래라 부르겠다.

2. 연구의 시각

1918~1919년 사이에 공식적으로 출범된 일제의 동화 식민정책[18]은 19세기 프랑스가 알제리, 베트남 등 식민지에서 실시했던 동화정책을

비판적으로 흡수했다.[19] 프랑스가 선진국이 미개지를 개화한다는 선진—후진이라는 구도를 내세웠던 데 비해 일제 동화정책의 대상이 같은 한자 문화권에 속해 있는 같은 인종이었기 때문에 '도의'를 부각함으로써 식민지 지배의 합리성을 주장했다. 한편으로 '일시동인', '팔굉일우'라는 기본 방침과 '동조동근'[20], '동종동문', '같은 아시아

....

18 제7대 타이완 총독인 아카시 모토지로(明石元二郎)는 1918년 7월에 발표한 시정 방침에서 타이완을 일본과 다름없는 곳, 그리고 타이완인을 일본인으로 만든다는 목표를 밝혔다(矢内原忠雄, 『矢内原忠雄全集 第二卷·帝国主義下の台湾』, 東京: 岩波書店, 1963, 373면). 1919년 3·1운동 이후, 일본 하라 타카시(原敬) 내각은 내지연장주의를 대대적으로 주장했다. 이른바 내지연장주의는 조선과 타이완을 '내지의 연장선'으로 호명하며 '내지—외지'라는 대등한 구도로 '제국—식민지'라는 종속적 구도를 대체한 것이었다. 이는 '일시동인'이라는 일본 천황의 칙유에 의해 뒷받침되었다.

19 이 사실은 도쿄대학 총장이자 식민정책 연구자이던 야나이하라 다다오(矢内原忠雄)가 『식민정책의 새로운 기조(植民政策の新基調)』(東京: 弘文堂書房, 1927)에서 영국과 프랑스의 기존의 식민 정책을 검토하고 나서 조선 지배 방침을 논의했다는 점을 통해 엿볼 수 있다.

20 내선 동조동근설은 다른 동화 이데올로기에 비하면 상대적으로 정비된 편이었지만 식민지 조선 지식인에 의해 자기 민족의 우월성을 설명하는 데 역설적으로 이용되었던 것은 주목할 만하다. 이에 대해서는 김윤식의 『일제 말기 한국 작가의 일본어 글쓰기론』(서울: 서울대학교출판부, 2003, 116~137면)과 방민호의 『일제 말기 한국문학의 담론과 텍스트』(서울: 예옥, 2011, 323~360면)를 참고할 수 있다. 참고로 타이완에서 '피'의 차이를 해결하기 위해 일제가 동원한 동화 이데올로기는 쩡청공(鄭成功)의 혈통 문제였다. 명(明)에 대한 한족의 소속감과 청(淸)에 대한 적개심을 이용하여 타이완에서 쩡씨 정권을 세워 청나라에 반기를 들었던 쩡청공이 한인(漢人)과 일본인 사이의 아들로 일본에서 태어났다는 사실을 부각함으로써 일본의 타이완 지배의 정당성을 증명하고자 했다. 다른 한편 쩡청공을 봉안하는 연평군왕사(延平郡王祠)를 일본식 신사인 '개산신사(開山神社)'로 개조했다. 쩡청공의 이야기는 교과서에 수록되어 있었고 1930년을 전후하여 신문에 빈번하게 나타났다. 당국의 기획으로 간행된 관련 출판물로는 『국성야 후일 모노가타리(國姓爺後日物語)』(鹿島櫻巷, 臺北: 愛國婦人會臺灣支部, 1914), 『타이완 청년 독본(臺灣青年讀本)』(臺灣總督府 編, 臺北: 臺灣敎育會, 1943), 『쩡청공(鄭成功)』(皇民文庫刊行會 編, 中村喜代三 監修, 臺北: 東都書籍株式會社臺北支店, 1944) 등이 있었고 니시카와 미

인(同じアジア人)'[21]이라는 구체적인 슬로건을 내세워 '동일성'을 설파함으로써 식민지인의 저항을 무마했다. 일제 동화정책의 문제점은 바로 이런 데서 비롯되었다.

일제 동화정책의 근본적인 자기모순은 차이를 소환하면서도 절대적인 차이를 기피하는 데에 있었다. 동일성을 내세우면서 동일해짐을 요구했으므로 동화의 모든 대상은 일본과 동일하면서도 구분되어야 했다. 동일하기 때문에 동화가 가능하고, 다르기 때문에 동화할 필요성이 있다는 논리였다. 따라서 '동일'의 정도는 소요에 따라 수시로 조절되어야 했다. 가장 전형적인 사례는 '중국'의 경우였는데 조선에서 '중국'이 일본과 대립된 '타자'로 호명되었던 데 반해 중국 점령 지역에서는 '중국'은 일본과 동일성을 가지고 있는 존재로 해석되었다. 조선의 동화 가능성을 입증하기 위해 중국을 '타자'로 부각함으로써 조선과 일본의 동일성을 설파해야 했는가 하면 중국 점령 지역의 동화 가능성을 입증하기 위해 다시 중국의 동일성을 내세워야 하기 때문이었다.

결국 일제가 내세운 '동일'에는 항상 '차이'가 준비되었다. '동일'은

. . . .

츠루의 「적감기(赤嵌記)」(『문예타이완』, 1940.12)도 같은 맥락 속에 있었다. 江仁傑, 「日本殖民下歷史解釋的競爭 —— 以鄭成功的形象爲例」, 桃園: 國立中央大學 碩士學位論文, 2000.6, 42~68면; 張文薰, 「混血/種歷史知識的再生産 —— 1940年代臺灣文學中的「國姓爺」故事」, 『한국문학연구』 제40집, 서울: 동국대학교 한국문학연구소, 2011.6, 96~109면; 張文薰, 「歷史小說與在地化認同 ——「國姓爺」故事系譜中的西川滿〈赤嵌記〉」, 『臺灣文學研究學報』14期, 台南: 國立臺灣文學館, 2012.4, 108~129면 참고.

21 '같은 아시아인'은 일제가 동남아시아에서 내세웠던 슬로건이었다. 1930년대 후반부터 이슈화된 '일본인 남방기원설'은 일본인과 동남아시아인의 '동일한 핏줄'을 증명하는 데 활용되었다. 河西晃祐, 「表象としての「南方」——九三〇年代における「南方-東南アジア」観の形成」, 『歷史評論』 620号, 東京: 校倉書房, 2001.12, 80~92면 참고.

끊임없이 변화했지만 '차이'는 절대적이었다. 그러나 '차이'가 '동일'에 의해 규제되어야만 동화정책이 성립되는 것이지 절대화되면 동화의 논리가 성립되지 못했다. 따라서 식민지 지식인이 동화를 검토하는 과정에서 '차이'의 극복 불가능성을 확인하는 순간에 동화정책의 자기모순을 적시하고 제국의 동화정책에서 벗어날 수 있었다. 조선과 타이완의 일제말기 문학은 바로 이러한 지점에서 제국을 향해 가는 구심운동을 제국에서 이탈하는 원심운동으로 재구성하고 민족 정체성을 단련해 나갈 수 있었다.

제2장
일제말기 문학의 아시아적 연대 및 단계별 특징

1. 일제말기 문학의 아시아적 연대

일제말기 조선과 타이완의 주요 문학 행사에 반드시 군인이 출석했다는 사실은 식민지 문단이 철저히 제국의 감시 아래 놓여 있었음을 말해준다. 비록 문학의 전개에 따라 일견 식민지 문학자와 제국 사이에 어느 정도 화해가 이루어진 것처럼 보이지만 실제로 서로에 대한 불신과 경계심이 광복 때까지 이어졌다. 제국이 식민지 문단을 철저히 통제했는가 하면, 식민지 문학자는 수시로 검열, 폐간, 검거의 위협을 느끼지 않을 수 없었다.

일본 본토에서의 문학 동원은 전장으로의 작가 파견, 대륙개척문학 또는 농민문학, 생산문학, 해양문학 등에 대한 장려, 그리고 문학단체와 검열 제도에 의한 문단 통제 등 여러 면에서 전개되었다. 이러한 문학 동원은 점차 식민지 문단까지 파급되었다.

전장으로의 작가 파견은 중일전쟁과 거의 동시에 시작되었다. 1937년 7월 11일, 고노에(近衛) 수상은 각 신문사의 관계자들에게 전쟁 협력을 주문했고 13일에 다시 『중앙공론』, 『개조』, 『일본평론』, 『문예춘추』 등 잡지사의 관계자들에게 같은 요구를 제시했다. 이에 『동경일일신문』사가 8월에 요시카와 에이지(吉川英治)와 기무라 기(木村毅)를 각각 중국 티엔진(天津)과 상하이로 파견하여 동월에 그들의 통신문을 게재했다. 이어 『주부지우(主婦之友)』에서 요시야 노부코(吉屋信子), 『중앙공론』에서 하야시 후사오(林房雄)와 오자키 시로(尾崎士郎), 이시카와 다쓰조(石川達三), 『일본평론』에서 사카키야마 쥰(榊山潤), 『문예춘추』에서 기시다 쿠니오(岸田國士), 『개조』에서 미요시 다쓰지(三好達治)를 중국 전장으로 파견하여 일련의 보도문학, 종군일기 등 전쟁문학을 생산했다. 주요 작품으로는 오자키 시로의 「비풍천리(悲風千里)」(『중앙공론』, 1937.10), 하야시 후사오의 『상하이 전선(上海戰線)』(『중앙공론』, 1937.10) 등이 있었다.[1]

이는 일견 신문사 또는 잡지사의 자발적·비공식적인 문학행사처럼 보이지만 실제로는 앞서 지적했듯이 정부 주도의 결과였다. 국가의 개입은 이시카와 다쓰조의 『살아있는 병사(生きてゐる兵隊)』(『중앙공론』, 1938.3)가 일반인과 여성을 무단 살해하는 장면이 있기 때문에 발표되자마자 발매금지되고 작가와 편집자, 발행자가 일제히 질서문란 혐의로 기소되었다는 사실을 통해서 잘 알 수 있다.

1938년 5월 5일 국가총동원법이 시행됨에 따라[2] 사실상 모든 문학자가 동원 대상이 되었고 문단에 대한 통제는 한층 엄격해졌다. 첫째, 정부는 본격적으로 펜부대를 파견하기 시작했다. 최초의 펜부대는 1938년 8월에 새로 발족된 내각정보부에 의해 선출되었다. 작가 22명은 육군반 14명과 해군반 8명으로 나누어져 각각 9월 11일과 14일에 우한(武漢) 전장으로 파견되었다.[3] 도미사와 우이오(冨澤有爲男)의 「중

1　王向遠, 『"筆部隊"和侵華戰爭: 對日本侵華文學的硏究與批判』, 北京: 昆侖出版社, 2005, 83~85면.

2　국가총동원법은 1938년 5월 5일부터 일본 본토에서 일부 실시되었고 같은 날부터 조선, 타이완, 사할린(Sakhalin, 樺太)에서 '朝鮮, 台灣, 樺太에施行하는件'을 시행했다. 「國家總動員法의 一部 朝鮮에도施行決定 明四日官報로서二勅令公布 五日內地實施를機會로」, 『每日新報』, 京城: 每日新報社, 1938.5.4; 「國家總動員關係勅令今日公布」, 『每日新報』, 京城: 每日新報社, 1938.5.5.

3　平野謙, 『昭和文学史』, 東京: 筑摩書房, 1981, 222~223면. 1941년 11월 21일부터 일본 당국은 국민징용령에 의해 작가를 징용하기 시작했는데 처음으로 징용당한 작가는 29명이었다. 桜本富雄, 『文化人たちの大東亜戦争: PK部隊が行く』, 東京: 青木書店, 1993, 43~44면.

지전선(中支戰線)」(『중앙공론』, 1938.12), 니와 후미오(丹羽文雄)의 『돌아오지 않은 중대(還らぬ中隊)』(東京: 中央公論社, 1939) 등은 그 결실이었다. 전쟁문학이 열풍을 불러일으키자 일부 군인들이 전장의 견문을 바탕으로 직접 창작하기에 나섰는데 전형적인 사례로는 히노 아시헤이(火野葦平)의 『보리와 병사(麦と兵隊)』(『개조』, 1938.8), 히비노 시로(日比野士朗)의 「우송 크리크(吳淞クリーク)」(『중앙공론』, 1939.2), 무네다 히로시(棟田博)의 「분대장의 수기(分隊長の手記)」(『대중문예』, 1939.3~1942.5), 우에다 히로시(上田廣)의 『황진(黃塵)』(『대륙』, 1938.10) 등을 꼽을 수 있다. 이 작품들은 조선과 타이완에서도 번역되어 식민지문학 창작의 모범으로 제시되었다.[4] 그 외 1939년 4월 박영희, 임학수, 김동인으로 구성된 황군위문작가단의 북지(北支) 전선 시찰도 펜부대 파견의 맥락에서 읽어야 한다.[5]

두 번째, 정부의 주도 아래 각종 반관반민적인 문예단체들이 속출하여 농민문학, 대륙문학, 생산문학, 해양문학의 창작을 대대적으로 추진했다. 1938년 11월과 1939년 2월에 각각 농민문학간화회와 대륙개척문예간화회[6]가 결성되었고 이어 소년문예간화회(少年文藝懇話會,

---

4 임종국에 따르면 식민지 조선에서 전쟁이 직접적으로 문화며 문학을 침범하기 시작한 것은 『보리와 병사』가 총독부 통역관 니시무라 신타로(西村眞太郎)에 의해 번역(1939년 1월 착수)되면서부터였다고 한다(林鍾國, 『親日文學論』, 서울: 平和出版社, 1966, 48면). 일본의 보도문학과 종군기가 식민지 작가의 창작에 직접적인 영향을 끼쳤던 사례로는 이광수의 『마음이 만나서야말로(心相觸れてこそ)』(『녹기』, 1940.3~7)를 들 수 있는데 이 소설에서 한커우(漢口) 공략전에 관한 부분이 일본의 전쟁문학을 참고했을 가능성이 높다.

5 관련 기사에서 황군위문작가단을 '펜부대'라고 호명한 것은 이번 행사가 실제로 일본의 '펜부대' 파견의 맥락에 있었다는 사실을 암시한다. 기사 「從軍ペン部隊 半島文人等의 歷史的壯擧」(『조선통신』, 1939.4.17), 「펜部隊消息 皇軍慰問코 北京에歸還 數日後歸城豫定」(『每日新報』, 1939.5.10), 「使命을맛추고 펜部隊歸還 今日午後京城驛到着」(『每日新報』, 1939.5.14), 「任務맛치고온 펜部隊歡迎會」(『每日新報』, 1939. 5.28) 등을 참고할 수 있다.

1939.5), 빛나는 부대(輝ヶ部隊, 1939.7), 해양문학협회(海洋文學協會, 1939. 8), 경국문예의 회(經國文藝の會, 1939.11) 등 수많은 문학단체들이 등장했다.[7] 1939년 10월에 결성된 조선문인협회와 1939년 9월에 결성된 타이완시인협회는 이런 맥락에 있었다. 구체적인 양상에는 다소 차이가 있지만 이 단체들은 대체적으로 정부의 주도 아래 문단을 일원적이고 유력한 선전 기관으로 통합하기 위한 목적으로 결성되었다. 각종 문학상을 제정하고 농촌, 공장, 중국 대륙으로 작가를 파견하는 등 활발하게 활동을 펼쳤다.

그 가운데 특히 1938년 11월 농민문학간화회의 발회식에서 문학의 정치적 역할이 명확하게 요구되었던 것이 주목을 요한다. 농림부장관 아리마 요리야스(有馬頼寧)는 국책을 따르겠다는 시마키 켄사쿠(島木 健作)의 발언에 대해 따른다기보다는 국책의 원동력이 되라고 대답했다.[8] 여기에 이르러 일본 문단은 최초로 공식적인 협력 주문을 받았다.

세 번째, 1938년 5월 '부인잡지 단속 방침(婦人雜誌ニ對スル取締方針)'의 공포를 비롯하여 신문 잡지에 대한 통합이 강화되었다. 조선에서 또한 1938년 7월 중순 이후 신문은 매월 1차, 잡지는 매년 2차씩 발행하는 면수의 3분의 1을 감면하게 되었고[9] 1938년 10월 중순 총독부는 각도 지사에게 용지 절약 지시를 내렸다. 잡지에 관해서 증간의 제한은 물론 발행 횟수의 감소, 휴간 혹은 폐간의 단행, 형(型)의

• • • • • • • • • • • • •

6 대륙개척문예간화회는 1939년 4월 25일에 후쿠다 기요토(福田淸人), 타무라 타이지로(田村泰次郎), 이토우 세이(伊藤整) 등 작가들을 '대륙개척국책 펜부대'로서 만주에 파견했다. 그리고 10월에 『개척지대 대륙개척소설집 1(開拓地帶 大陸開拓小說集 1)』을 간행했다. 이 소설집은 유아사 가쓰에(湯淺克衞), 후쿠다 기요토, 타무라 타이지로우 등의 작품을 수록했다.

7 市古貞次 編, 『增訂版 日本文学全史 6·現代』, 東京: 學燈社, 1990, 262면.

8 平野謙, 앞의 책, 226면.

9 林鍾國, 앞의 책, 47면.

축소, 지질 저하 등을 명시적으로 요구했다.[10]

1940년에 접어들면서 인적·물적 자원을 보다 더 효율적으로 동원하기 위한 신체제가 출범되었다. 일본 문단에서 신체제를 위한 준비 활동으로는 1940년 2월의 문예총후운동 실시 결정과 1940년 9월의 '문단 신체제 준비위원회' 결성을 꼽을 수 있다.

이른바 문예총후운동이란 일본 문학자들을 식민지 조선, 타이완을 포함한 일본 각지에 파견하여 순회강연 및 병상병 위문을 하는 행사[11]

<hr />

10 「新聞用紙節約뒤니어 雜誌界에統制旋風 문화적으론상당한타격잇슬것을예상하나 惡質出版物, 쌀로커는一掃」, 『每日新報』, 京城: 每日新報社, 1938.10.13.

11 제1회 문예총후운동의 일환으로 1940년 8월 4~8일에 기쿠치 간(菊池寬), 구메 마사오(久米正雄), 오사라기 지로우(大佛次郎), 고바야시 히데오(小林秀雄), 나카노 미노루(中野實) 등 일행 5명은 조선에서 강연회를 열고 상병자를 위문했다. 그리고 동 12월에 기쿠치 간, 구메 마사오, 히노 아시헤이, 요시카와 에이지, 나카노 미노루 등은 타이완총독부 후원으로 타이완에서 강연회를 개최했다. 이어 제2회 문예총후운동의 일환으로 1941년 10월, 니이 이타루(新居格), 가와카미 데쓰타로(河上徹太郎), 고바야시 히데오, 마쓰이 스이세이(松井翠聲), 하야시 후미코(林芙美子)는 조선총독부와 국민총력조선연맹의 후원으로 조선에서 강연했다. 그러나 1942년부터 행사가 취소되었고 타이완에서는 1941년부터 행사가 중지되었다. 하마다 하야오에 따르면 1941년 말까지 타이완에서 문예총후강연회를 열 계획이 있었는데 대동아전쟁의 발발로 인해 부득이 중단되었다고 한다. 대신 1942년 3월 24일에 도요시마 요시오(豊島與志雄), 무라마쓰 쇼후(村松梢風), 하마모토 히로시(濱本浩), 쿠보카와 이네코(窪川稻子)는 어떤 잡지사의 파견으로 타이완에 가서 타이완총독부 정보과의 후원으로 4월 중순까지 각지에서 강연했다. 그 외 6월에 구메 마사오, 기쿠치 간, 나카노 미노루, 요시카와 에이지, 히노 아시헤이, 그리고 1943년 2월에 도까와 사다오(戶川貞雄), 니와 후미오, 쇼오지 소오이찌(庄司總一)는 일본문학보국회의 파견으로 타이완 각지에서 문학보국강연회를 열었다. 「文藝銃後運動 後援會一日行程」, 『東亞日報』, 京城: 東亞日報社, 1940.8.1; 「銃後文藝講演日程」, 『每日新報』, 京城: 每日新報社, 1941.10.24; 速河柾夫, 「文化時評·作家の來臺」, 『文藝臺灣』, 臺北: 文藝臺灣社, 1942.5, 101면; 吳若彤, 「豊島与志雄「台湾の姿態」をめぐって」, 『歷史文化社会論講座紀要』 10호, 京都: 京都大学大学院人間·環境学研究科, 2013.2, 34~41면; 「前線銃後繋ぐ楔－文學戰士烈々の雄叫び」, 『臺灣日日新報』, 臺北: 臺灣日日新報社, 1943.3.1.

로서 대동아문학자대회의 전신으로 볼 수 있다. 이는 1940년 5~12월, 1941년 5~11월, 그리고 1942년 7~11월 총 3회에 걸쳐 진행되었다. 3년간 동원된 문학자는 200명에 이르러 일본 문단 전반을 휩쓸었다 해도 과언이 아니다. 1940년 11~12월 조선문인협회가 주최한 전선(全鮮)순회강연회 및 1942년 12월 타이완문예가협회가 주최한 전대(全臺)순회강연회는 문예총후운동의 맥락에서 읽어야 한다.

'문단 신체제 준비위원회'는 그 명칭이 암시하듯 신체제 출범에 대응하여 문단을 일원적으로 통합하기 위한 목적으로 설치된 것이었다. 문단 일원화는 중앙에서 강력한 일원적 통합기관을 설치하던 한편, 동시에 각지에서 세포적인 문예기관을 정비하는 식으로 이루어졌다.12 이에 문학자들은 폭넓게 분포된 세포 단체에 흡수되어 다시 당국에 직속된 일원적인 통합기관에 수렴되었다. 일원적인 기관은 1940년 10월 31일 '일본문예중앙회'의 결성에 의해 초보적인 형태를 갖추다가 1941년 12월 24일 '문학자애국대회'13의 개최를 거쳐 1942년 5월 일본문학보국회14 결성에 이르러 완성되었다. 지방적인 문예기관은 '지방 문화의 진흥(地方文化振興)'이라는 대정익찬회 문화부의 슬로건15이 제시됨에 따라 널리 퍼졌다. 문단 일원화 과정에서 일본출

. . . .

12 중앙적 일원적 기관과 지방적 세포적 기관을 동시에 추진한 것이 신체제 건설의 전반적인 특징이라고 할 수 있다.

13 약 350명이 참석했던 이 대회는 일본 문단 전반에 걸친 최초의 문학자 모임이었다. 일본문학보국회의 결성 또한 이 대회에서 결정되었다. 「大東亞新文化の創造へ 文學者總進軍 文學者愛國大會開かる」, 『日本學藝新聞』, 東京: 日本學藝新聞社, 1942.1.1; 「翼贊會文化部の斡旋で 文學新團體の發足へ」, 『日本學藝新聞』, 東京: 日本學藝新聞社, 1942.1.1.

14 회원이 약 4,000명에 이르렀고 도쿠토미 소호(德富蘇峰)를 회장으로 했다. 『일본학예신문』은 기관지의 역할을 담당하다가 1943년 8월에 『일본배구작가협회회보(日本俳句作家協會會報)』, 『관세지우(觀世之友)』와 함께 폐간되어 『문학보국』으로 재출발했다.

판문화협회의 설립(1940.12), 집필 금지자 명단의 발표(1941.2), 국방보안법 및 치안유지법개정법의 반포(1941.3), '언론·출판·집회·결사 등 임시단속법 시행 기일에 관한 건(言論、出版、集會、結社等臨時取締法施行期日ノ件)'의 공포(1941.12.19)[16] 등이 수반되어 문단 통제를 강화했다.

조선에서 조선문인협회는 1941년 8월 및 1942년 9월 두 차례의 개편을 거쳐 1943년 4월 17일에 조선문인보국회로 재출발하여 일원적인 문단기관을 형성했다. 그 외 1941년 1월에 국민총력조선연맹 문화부가 신설되었다. 이것과 1940년 8월부터 시작하여 1941년까지 이어진 신문 잡지의 일련의 통합[17] 및 1941년 1월 이후 제반 검열 방침의 강화[18]는 동전의 양면 같은 것이었다. 타이완에서 타이완문예가협회는 1941년 2월 및 1942년 7월 두 차례의 개편을 거쳐 1943년 4월 29일 타이완문학봉공회로 재출발했다. 한편, 1943년 4월 10일에 '일본문학보국회 타이완지부'가 설립되었다.[19] 그 외 1941년 2월 『타이완

---

15 이 슬로건은 대정익찬회 조직국 문화부에서 편찬한 『지방 문화 신건설의 근본이념 및 그 방책(地方文化新建設の根本理念とその方策)』(東京: 大政翼賛會組織局文化部, 1941)에서 최초로 제시되었던 듯하다.

16 市古貞次 編, 앞의 책, 263~264면.

17 구체적으로 보면 1940년 8월경에 『조선일보』와 『동아일보』는 강제 폐간 당했고 『중앙일보』 또한 경영난으로 폐간되었다. 이어 1941년 5월, 『사해공론』을 비롯한 잡지 21종이 폐간되었다. 다른 한편, 1940년 11월 『춘추』의 발간을 비롯하여 『신시대』(1941.1), 『국민시가』(1941.9), 『국민문학』(1941.11) 등 일련의 잡지가 창간되었다.

18 예를 들어, 조선총독부 기획부에서 『잡지용지규정요령』을 발표하여 1941년 6월 1일부터 잡지 출판물 용지 승인제를 실시하여 출판물 용지 소비 규정을 한층 철저히 했다. 「雜誌出版物用紙 使用에承認制實施」, 『每日新報』, 京城: 每日新報社, 1941. 4.17.

19 『타이완일일신보』의 기사에 따르면 타이완문학봉공회가 설립된 후 일본문학보국회 타이완지부는 내지의 일본문학보국회와의 연락을 담당하여 내지 관련 사무를 처리하는 기관이 되었다고 한다(「臺灣文學奉公會初代會長に山本總長」, 『臺灣日日新

신민보(臺灣新民報)』가 『흥남신문(興南新聞)』으로 재출발했으며 『문예타이완』의 재출발, 1941년 4월 『신건설』의 창간, 1941년 5월 『타이완문학』의 발간 등에 의해 문단이 정비되었다. 이는 모두 일본문학보국회 설립의 연장선상에 있었다고 해야 한다.

일본문학보국회는 1942년부터 1944년까지 총 3회의 대동아문학자대회를 주최했다. '대동아정신의 수립' 및 '대동아정신의 강화보급'을 주제로 한 제1회 대회는 1942년 11월 4~5일에 도쿄에서 개최되었다. 조선에서는 이광수, 박영희, 유진오, 카라시마 타케시(辛島驍), 쓰다 다께시(津田剛), 그리고 타이완에서는 니시카와 미츠루, 하마다 하야오, 장원환(張文環), 룽잉쭝이 참석했다. 1943년 8월 25~27일, '결전회의'라는 슬로건을 내세운 제2회 대회는 다시 도쿄에서 개최되었다. 국민총력조선연맹과 조선총독부, 조선문인보국회의 협의로 조선에서는 유진오, 유치진, 최재서, 김용제, 쓰다 다께시가 참석했고, 타이완에서는 일본문학보국회 타이완지부 이사회의 결정으로 사이토 다케시(齋藤勇)[20], 나가사키 히로시(長崎浩)[21], 저우진뽀, 양원핑(楊雲萍)[22]

• • • • • • • • • • • •

報』, 臺北: 臺灣日日新報社, 1943.4.23). 오자키 호츠키(尾崎秀樹)에 따르면 타이완문학봉공회에 비하면 일본문학보국회 타이완지부는 일본문학보국회와 더 밀접한 관계를 가지고 있었을 뿐, 본질적인 차이가 없고 지부장 이상의 인원 구성도 동일했다고 한다(尾崎秀樹, 『旧植民地文学の研究』, 東京: 勁草書房, 1971, 175~176면). 참고로 제2회 황도조선연구위원회 석상에서 일본문학보국회 조선지부 설치안이 토의되었는데 조선문인협회와의 관계로 인해 무산되었다. 林鍾國, 앞의 책, 340면.

20 일본 호세이대학(法政大學) 출신. 일제말기에 타이베이사범(臺北師範)에서 교수로 재직했다.

21 시인. 일제말기에 황민봉공회 문화부 근무, 타이완문학봉공회 간사 등을 담당하고 있었다.

22 양원핑(1906~2000), 본명은 양여우리엔(楊友濂). 1925년에 백화문 잡지 『런런(人人)』을 창간했다. 1926년에 니혼대학(日本大學) 예과에 입학하여 1932년에 타이완으로 돌아갔다. 1943년 8월에 제2회 대동아문학자대회에 참석했고 일제말기에 시집 『산하(山河)』(臺北: 清水書店, 1943.11)를 간행했다.

이 참석했다.[23] 1944년 11월 12~14일 중국 난징(南京)에서 개최된 제3회 대회에는 조선에서만 이광수와 김기진이 참석했다.

문단 통제는 1942년 12월 대일본언론보국회의 결성 및 1943년 3월 일본출판문화협회가 일본출판회로의 재출발에 이르러 정점을 맞이했다. 일본출판회는 1943년 제1분기에 단행본 용지 5할, 그리고 잡지 용지 4할 감소를 결정했다. 그 결과 통속 출판물은 물론, 양장본이 일소되었고 잡지도 또한 중요한 기사만 남았다.[24] 4월 21일부터 책을 간행하는 데 먼저 신문을 통해 널리 홍보하여 구입 희망자 수를 확인하고 나서 출판회로부터 용지를 배급받아 인쇄한다는 이른바 '예약판매제도(豫約買切制案)'를 실시하기 시작했다.[25] 12월까지 출판사는 195사밖에 남지 않았고 1944년 1월까지 잡지는 『중앙공론』, 『현대』, 『공론』, 『문예춘추』, 『개조』, 『일본평론』 등 6가지만 남다가 7월에 이르러 중앙공론사와 개조사까지 해체 당했다.[26] 여기에 이르러 사소설과 역사소설, 풍속소설이라는 세 가지 우회적인 글쓰기를 제외하고는 일본 문단에 충용한 황군이나 증산에 매진한 농민의 표상밖에 남지 않았다.[27] 타이완에는 1944년 1월 『문예타이완』과 『타이완문학』의 동시 폐간, 그리고 4월에 신문 6가지의 통합[28] 등이 있었다.

· · · · · · · · · · ·

23 8월 27일에 대회 참석자들 가운데 7명을 뽑아 대회 선언문을 작성한 일이 있었는데 조선 측의 최재서와 타이완 측의 저우진뽀가 선정되었다. 周金波, 「私の歩んだ道－文学・演劇・映画」, 中島利郎・黄英哲 編, 『周金波日本語作品集』, 東京: 緑蔭書房, 1998, 268~269면.

24 「文化陣営」, 『國民文學』, 京城: 人文社, 1943.2, 102면.

25 「文化陣営」, 『國民文學』, 京城: 人文社, 1943.3, 66면.

26 市古貞次 編, 앞의 책, 같은 면.

27 平野謙, 앞의 책, 231면, 237면.

28 일본 매일신문사의 주도로 타이베이(臺北)에서 타이완신보사가 설립되어 타이베이의 『타이완일일신보』, 『홍남신문』, 타이난(臺南)의 『타이완일보』, 가오슝(高雄)의 『가오슝신보』, 타이쭝(臺中)의 『타이완신문』, 화리엔(花蓮)의 『동타이완신문』 등

1944년 6월 13일, 일본문학보국회 주최로 일본문학자총궐기대회가 개최되었다. 조선에서는 유진오, 이무영, 사토 기요시(佐藤淸), 타이완에서는 타키다 테이지(瀧田貞治) 등이 파견되어 대회에 참석했다. 그 연장선상에서 6월 18일, 조선문인보국회가 주최하고 국민총력조선연맹, 『경성일보』, 『매일신보』의 공동 후원으로 '결전태세즉응 재선문학자 총궐기 대회(決戰態勢卽應在鮮文學者總蹶起大會)'가 경성에서 개최되었다. '결전'이라는 슬로건을 내세워 문학인에게 '붓을 칼로 삼'는 것을 강력하게 요구했다. 6월호 『타이완문예』는 '타이완문학자 총궐기(臺灣文學者總蹶起)'를 표제로 문학자들에게 글을 공모했다. 그러다가 1944년 6월 16일의 규슈(九州) 공습을 시작으로 일본 본토의 공습이 단행되었고[29] 11월에 도쿄까지 공습 대상이 되어 문학은 점차 외면당했다.

2. '국민문학'의 식민지적 변용

조선과 타이완의 일제말기 문학 하면 '국민문학'이라는 용어를 이야기하지 않을 수 없다. 일제말기 일본 문단에서 벌어진 '국민문학'론에서 야스다 요주로(保田與重郎)와 아사노 아키라(淺野晃)의 논의가 우익의 끝에 있었다면, 이와카미 쥰이찌(岩上順一)의 논의는 좌익의 끝에 있었다고 할 수 있다.[30] 아사노 아키라의 「국민문학론의 근본

• • • • • • • • • • •
　신문 6가지를 『타이완신보』로 통합했다.
29 「我本土空襲企圖　敵、騰越에東京空襲飛行場設置」, 『每日新報』, 京城: 每日新報社, 1944.6.20.
30 平野謙, 「解說」, 平野謙・小田切秀雄・山本健吉 編, 『現代日本文學論爭史』, 東京: 未來社, 2006, 429면; 平野謙, 「太平洋戰爭下の國民文學論」, 『文學』, 東京: 岩波書店, 1955. 2, 4~5면.

문제(國民文學論の根本問題)」(『신조』, 1937.8)는 혈통에 기반을 둔 '국민'을 내세우면서 '민족적 카오스(chaos)', 즉 일본의 '전통'에 되돌아갈 것을 주장했는가 하면 이와카미 준이찌의 「국민문학론(國民文學論)」(佐藤春夫・宇野浩二, 『소화문학작가론·하(昭和文學作家論·下)』, 東京: 小學館, 1943)은 근대 국가의 형성이라는 시각에서 '국민'에 접근했다. 야스다 요주로와 아사노 아키라가 순수 일본학 또는 일본 고전으로 되돌아갈 것을 주장하다가 파시즘과 합류하게 된 일본 낭만파의 우경화를 잘 대변했다면[31] 이와카미 준이찌는 국민의 일치단결을 요구한다는 의미에서 일본 군국주의의 국민 통합과 궤를 같이 했다.[32] 단적으로 말하면 일제말기 일본의 '국민문학'론은 대체로 '총동원'의 문맥에서 벗어나지 않았다.

'국민문학'이라는 용어는 식민지 문단까지 파급되어 1943년 중반까지 조선과 타이완에서 공통적으로 사용되었다. 그러나 식민지 문단에서 '국민문학'의 함의에는 미묘한 변화가 발생했다. 결론부터 말하자면 일본에서 '국민문학'의 주체를 야마토 민족 또는 일본 근대 국가로 상정했다면, 조선과 타이완에서 거론된 '국민문학'은 어디까지나 조선과 타이완을 주체로 기획하고 있었다. 실제로 일본에 의해 기획되었고 일본인 문학자를 중심으로 전개되었더라도[33] 그것을 조선

---

31 이 점에 관해서는 長谷川泉, 『近代日本文学思潮史』, 東京: 至文堂, 1961, 176~178면을 참고할 수 있다.

32 笹沼俊暁, 『「国文学」の戦後空間: 大東亜共栄圏から冷戦へ』, 東京: 学術出版会, 2012, 50~51면.

33 일본인 문학자의 주도적 역할은 타이완 문단에서 보다 더 극명하게 드러났지만 사실상 조선의 경우도 마찬가지였다. 조선문인보국회를 비롯한 주요 협력 문학단체에서 일본인이 핵심적인 역할을 하고 있었다는 사실은 주목할 만하다. 예를 들어, 1943년 4월 17일 조선문인보국회가 설립되었을 때 좌장이 쓰다 다께시, 회장은 야나베 에이자부로(矢鍋永三郎)로, 모두 일본인이었다. 그리고 제2회 대동아문학자대회 때 비록 일본인은 쓰다 다께시 한 명밖에 없었지만 조선 총대표로 참석

과 타이완의 자율적인 문학운동으로 재정립하고자 했던 식민지 지식인들의 노력이 주목을 요한다.

조선인 문학자는 조선의 '국민문학'이 형성 과정에서 개념부터 제재, 양식 등 모두 정설이 없다는 모호성을 역설하면서 일본의 '국민문학'론이나 당국이 제시한 공식적인 '국민문학'과 거리를 두었다.[34] 모호성에 대한 강조는 1941년 11월 『국민문학』 창간호에서 지도자격인 최재서의 논의[35]부터 시작되었고 그 이후에 무수히 반복되어 조선에서의 공식적인 '국민문학' 논의의 기조를 이루었다.[36] 이러한 식으

· · · · · · · · · · · ·

했다. 윤대석이 지적했듯이 당시의 조선 문단에 일본인이 개입해 들어오는 제도적 장치가 마련되어 있었기 때문에 일본인들은 문학적 수준과 관계없이 조선 문단에서 지도적인 입장에 설 수 있었다(윤대석, 「1940년대 '국민문학' 연구」, 서울: 서울대학교 박사학위 논문, 2006.2, 155면). 이런 사실을 감안한다면 기존 연구에서 재조 일본인의 문학을 소홀히 취급한 것은 일제말기 문학 연구의 맹점을 초래할 수 있다고 지적할 수 있다.

34 실제로 1942년 4월에 발표된 「국민문학의 제반 문제」에서 이석훈은 일본 문단에서 건너온 '국민문학'에 대한 조선 문단의 태도가 아직 상당히 회의적이라고 지적한 바 있다. 牧洋, 「國民文學の諸問題」, 『綠旗』, 京城: 綠旗聯盟, 1942.4, 62면.

35 "국민문학론도 성한 터이지만 사실대로 말하면 오늘날까지는 각인각설로 결론이 없는 상황이다. (중략) 국민문학은 지금부터 구축되어야 할 문학이기 때문에 그 형태나 성격을 미리 규정할 수 없다" 崔載瑞, 「國民文學の要件」, 『國民文學』, 京城: 人文社, 1941.11, 34~35면.

36 '국민문학' 논의가 가장 활발했던 1942년의 경우를 보면 2월 5일에 탈고하여 3월에 게재된 글에서 이석훈은 여태까지 '국민문학'이라고 할 만한 작품이 없다고 지적하면서 갈피 잡지 못한다는 실황을 고백했다. 3월에 이효석은 "國民文學의 단하나의 標本이라는것은 업는것이다"라면서 '국민문학'이란 편의상 사용된 용어에 불과하다고 주장했고 4월에 정비석은 '새로운 국민문예의 길'이라는 특집에서 자신의 경우는 국민문학이 어떤 문학인지조차 전연 모른다고 피력했다. 10월에 유진오 또한 "대체로 국민문학이란 무엇인지 라는 기본적인 문제조차 미처 견해 일치를 달성하지 못하고 있다"고 지적했다. 牧洋, 「主觀と客觀-國民文學ノート」, 『朝光』, 京城: 朝鮮日報社, 1942.3, 184~185면; 李孝石, 「文學과國民性-한개의文學的覺書(2)」, 『每日新報』, 京城: 每日新報社, 1942.3.4; 鄭飛石, 「作家の立場から」, 『國民文學』, 京城: 人文社, 1942.4, 56면; 俞鎭午, 「主題から見た朝鮮の國民文學」, 『朝鮮』,

로 조선 문학자들은 사실상 조선의 '국민문학'을 독자적인 '국민문학운동'[37]으로 재정립했다.

타이완에서는 1943년 중반까지 조선과 마찬가지로 '국민문학'이라는 용어를 사용했다.[38] '황민문학'은 1943년 4월호 『문예타이완』에 게재된 「매월소식(梅月消息)」에서 '황민문학자'라는 형태로 최초로 등장하다가 타나카 야스오(田中保男)의 「나는 이렇게 생각한다―타이완의 문학을 위하여(私は斯う思ふ―臺灣の文學のために)」(『타이완공론』, 1943.5)에 이르러 정착되었다.[39] 일제말기 천황 중심의 일본 제국에서 '국민'이란 곧바로 '황국의 민', 즉 '황민'이었다는 사실을 감안하면 '국민문학'과 '황민문학'을 혼용한 것이야말로 자연스럽다고 해야 한다. 그러나 타이완의 '국민문학' 논의는 동화정책을 일상화하거나 일본적 정체성을 내면화하는 데 집중한 결과로 점차 '황민문학'에 의해 대체되었다. 흔히 '황민문학의 수립'이라는 형태로서 '타이완의 문학운동'[40]을 거론하는 데 활용되었다.

．．．．．．．．．．．

京城: 朝鮮總督府, 1942.10, 29면.

37 '국민문학운동'이라는 표현은 일제말기의 조선 문단에서 쉽게 확인할 수 있다. 牧洋, 「あとがき」, 『靜かな嵐』, 京城: 每日新報社, 1943, 2면과 崔載瑞, 「決戰朝鮮の急轉換―徵兵制の施行と文學活動」, 『文學報國』, 東京: 日本文學報國會, 1943.9를 참고할 수 있다.

38 예를 들어, 1942년 1월호 『문예타이완』 표지 바로 뒤에 첨부되어 있는 문예타이완사의 결의문에서 "새로운 국민문학의 이념은 당초부터 쉽게 창조될 수 있는 것은 아니다. 그러나 승전에 매진하고 있는 국가가 지금 우리에게 새로운 국민문학의 창조를 요구하고 있다"라는 문장을 확인할 수 있다.

39 井手勇, 『決戰時期臺灣的日人作家與皇民文學』, 臺南: 臺南市立圖書館, 2001, 164~166면.

40 일제말기 타이완인 작가들이 분명한 '문학운동' 자각을 가지고 있었던 사실은 "문학운동의 형태를 고민한다. 단행본에 의해야 하지 않는가?"하는 뤼허뤄의 고민과 "타이완의 문학운동도 지금부터 점차 정상 궤도에 오를 것이다"는 장원환의 발언을 통해 확인할 수 있다. 呂赫若, 1943년 5월 27일자 일기, 陳萬益 主編, 『呂赫若日記·(昭和17-19年)手稿本』, 台南: 國家台灣文學館, 2004, 163면; 張文環, 「編輯委員たちの發刊辭」, 『臺灣文藝』, 臺北: 臺灣文學奉公會, 1944.5, 108면.

이로 보건대 조선인과 타이완인 문학자는 '국민문학'과 '황민문학'을 자민족을 주체로 한 자율적인 문학운동으로 재정립하려 노력했다. 따라서 그들의 일제말기 문학은 일본의 하위문학이라기보다는 식민지 문단의 독자적인 맥락에서 해독되어야 한다.

때문에 이 시기의 문학은 비록 오늘날 흔히 국책에 호응하는 친일문학이라고 비판받지만 일제말기 당시에는 오히려 국책적인 성격이 부족하다는 이유로 '비국민적'이라는 비난을 많이 받았다. 조선의 '국민문학'이 '어둡다'는 인식은 일본인 문학자들에게서 보편적으로 확인할 수 있다.[41] 심지어 타이완의 일본인 평론가 시라이시 키요시(白石潔)는 장혁주와 김사량의 작품이 국책적인 성격이 강하다는 이유로 조선 문단에 진출하지 못한다고 인식했다.[42]

타이완의 '황민문학' 또한 같은 비판을 받고 있었다. 제1회 대동아문학자대회에서 돌아온 하마다 하야오는 타이완 문학에 대해 "종래 좁디좁은 섬 안에만 틀어박혀 있어 전일본문학의 일환으로서의 위치를 외면하면서 안주해온 타이완의 문학이다. 그리고 이제 곧 전대동아의 문학자들로부터 준엄한 비판을 받을 문학이다"라고 혹평하면서 "타이완의 문학이 지금 와서 현황을 반성하여 올바른 길에 들어서지 않았다면 장차 대동아문학에서 그 이름이 지워지겠지"라고 날카롭게

• • • • • • • • • • • •
41 시라이시 키요시(白石潔)는 "대체로 조선 작가의 작품은 어둡다"고 비평했다. 이석훈 또한 "반도 작가의 소설은 어둡다고 한다. 나는 되도록 명랑하게 쓰려고 했음에도 불구하고 약간 어둡다는 지적을 받았다"고 불만을 표한 바 있다. 白石潔, 「朝鮮作家と國語問題」, 『臺湾公論』, 臺北: 臺湾公論社, 1943.12, 77면; 牧洋, 「國語の新聞小説と作者の言葉・京城日報「永遠の女」」, 『大東亞』, 京城: 三千里社, 1943.3, 149면.
42 "장혁주나 김사량이란 작가는 비록 중앙문단에서 충분히 인정받은 사람들이지만(그리고 그들은 일본어로 창작한다) 그들 작품의 최근 경향은 확실히 시국적이라고 할 수 있다. 시국적이라는 이유로 '고향'의 문단은 그들의 일부 작품을 받아들이지 않고 있다고 들은 바가 있다." 白石潔, 위의 글, 80면.

힐난했다.[43] 1943년 중반 타이완인 사회만 다루었다는 타이완인 작가들의 작품은 '쿠소 리얼리즘(糞リアリズム)'으로 집중적으로 비판받았고[44] 같은 해 11월에 개최된 '타이완 결전문학회의(臺灣決戰文學會議)'에서 카미카와 키요시(神川淸)는 "비황민문학을 박멸하고 비결전 문학을 지양하지 않으면 안 된다"라는 확고한 입장을 밝히면서 "타이완 문단에는 현재 좋지 않은 풍조의 문학 활동을 계속해온 그룹"인 타이완인 작가들에게 화살을 거냥했다.[45]

오늘날의 일제말기 문학 연구는 당시의 이러한 평가를 충분히 감안해야 한다고 생각된다.

두 가지만 덧붙이자면 조선 문단에 비하면 일제말기의 타이완 문단은 규모가 훨씬 작고 작가 수효도 훨씬 적었을 뿐만 아니라[46] 대체

43 濱田隼雄, 「大東亞文學者大會의 成果」, 『台湾文學』, 臺北: 啓文社, 1943.1, 66면.
44 '쿠소 리얼리즘 논쟁'은 1943년 4월부터 9월까지 5개월에 걸쳐 타이완 문단에서 대대적으로 벌어진 논쟁이었다. 이는 대체로 하마다 하야오가 「비문학적인 감상(非文學的な感想)」(『타이완시보』, 1943.4)에서 타이완인 작가의 리얼리즘이 부정적인 현실만 다룬다고 비판했던 것을 시작으로 전개되었다. 이어 니시카와 미츠루는 「문예시평(文芸時評)」(『문예타이완』, 1943.5)을 발표하여 타이완인 작가의 창작을 '쿠소 리얼리즘'으로 폄하했다. 이에 대한 반발로 스웨민(世外民)은 5월 10일자 『흥남신문』에 「쿠소 리얼리즘과 위로맨티시즘(糞リアリズムと偽ロマンチシズム)」을 발표했다. 예스타오(葉石濤)는 곧바로 「스씨에게 보내는 공개장(世氏への公開狀)」(『흥남신문』, 1943.5.17)을 발표하여 장원환, 뤼허뤄의 작품을 공식적으로 비판했다. 이는 다시 윈링(雲嶺)의 「비평가에게(批評家に寄せて)」(『흥남신문』, 1943. 5.24), 우신롱(吳新榮)의 「좋은 글·나쁜 글(良き文章·惡しき文章)」(『흥남신문』, 1943. 5.24), 그리고 양쿠이(楊逵)의 「쿠소 리얼리즘의 옹호(糞リアリズムの擁護)」(『타이완문학』, 1943.7) 등 타이완인 작가의 반발로 이어졌다. 이 논쟁에 대해서는 柳書琴, 「糞現實主義與皇民文學: 1940年代臺灣文壇的認同之戰」, 王富仁 主編, 『東亞文化與中文文學』, 北京: 首都師範大學出版社, 2010, 53~63면을 참고할 수 있다.
45 神川淸, 「皇民文學의 樹立」, 『文藝臺灣』, 臺北: 文藝臺灣社, 1944.1, 43~44면.
46 시라카와 유타카(白川豊)는 『조선국민문학집(朝鮮國民文學集)』(朝鮮文人協會 編, 東京: 東都書籍, 1943)과 『타이완문학집(台湾文學集)』(西川滿 編, 東京: 大阪屋號書店, 1942)의 발행 부수를 비교함으로써 조선에 비해 타이완 문단의 규모가 작았고 독

로 일본인 작가의 주도 아래 놓여 있어[47] 일본인 작가들을 중심으로
한 '문예타이완'과 타이완인 작가들을 중심으로 한 '타이완문학'의
극명한 대립을 보였던 것이다. 그 외 조선인 문학자들에 비해 타이완
인 문학자들이 '황민문학'의 이론 건설에 상대적으로 냉담한 태도를
보였다는 점은 특기할 만하다.

3. 일제말기 문학의 단계별 특징

기존 연구에서는 시기를 구분하지 않고 일제말기 문학을 통틀어
거론하는 경우가 다분하다. 그러나 비록 불과 6여 년에 지나지 않은
짧은 시기였지만 이 시기의 문학은 정치 국세와 밀접히 관련되어 있

. . . .

자층도 두텁지 못했다는 사실을 확인한 바 있다. 白川豊,「植民地期朝鮮と台湾の日
本語文学小考――九三〇~四五年の小説を中心に」,『年報 朝鮮學』第二号, 福岡: 九州
大學朝鮮學研究會, 1992.3, 64~65면.

47 타이완 문단에서 일본인 작가의 비중과 영향력이 조선보다 훨씬 높았던 원인으로
일본어 전용을 지적할 수 있다. 일본인 작가의 비중과 영향력은 주요 잡지의 집필
진이나 주요 문예단체, 문학상 수상 상황 및 전형 위원, 그리고 대동아문학자대회
참석자의 민족 구성 등을 통해 확인할 수 있다. 예를 들어, 지면 통합 이후 조선
문단에서 가장 영향력 있는 잡지『국민문학』창간호의 집필진을 보면 21명 중에
일본인이 9명밖에 없었던 데 비해 1940년 1월부터 '타이완문예가협회'의 기관지
로서 창간된『문예타이완』은 일본인 니시카와 미츠루를 중심으로 하고 있었을 뿐
아니라 일본인 회원이 62명 가운데 46명을 차지했다. 이에 비하면 조선문인협회나
조선문인보국회에서 조선인이 차지하는 비중은 상대적으로 높았다. 문학상의 수상
과 전형 위원의 민족 구성을 보면 조선에서 조선인이 절대다수를 차지했다면 타이
완에서는 정반대의 상황을 보였다. 대동아문학자대회의 참가자를 보면 제1회는 조
선에서 조선인 3명, 일본인 2명, 타이완에서 타이완인 2명, 일본인 2명, 제2회는
조선에서 조선인 4명(장혁주는 도쿄 현지에서 참가했으므로 조선인으로 계산하지
않는다), 일본인 1명, 타이완에서 타이완인 2명, 일본인 2명, 제3회는 조선인 2명이
었다.

어 단계별 특징을 뚜렷하게 드러냈다. 따라서 텍스트를 시기적으로 자리매김하는 작업은 일제말기 문학 연구에서 각별히 중요하다.

이 시기의 문학은 궁극에 있어 일제의 폭력의 산물로 동화의 강제적인 성격을 뼈저리게 의식하면서 시작되었기 때문에 동화에 대한 반발이나 회의를 솔직하게 드러낼 리 없었다. 다른 한편 대부분 식민지 지식인들은 비록 민족 자의식을 가지고 있었음에도 정체성이 흐려질 불안과 죄책감, 자기 회의를 느끼지 않을 수 없었다. 따라서 시작 단계의 일제말기 문학은 정치적 글쓰기에 가장 많은 지면을 할애하면서도 매우 표피적인 접근으로 그쳤다. 표피적인 국책 선전에 집중되어 있었으므로 일견 매우 문제적인 것처럼 보이지만 실제로는 역설적으로 동화의 한계를 보여주었다. 이러한 상황은 1942년 상반기까지 지속되었다.

일련의 동화정책이 전개되어감에 따라 지식인은 동화 과제를 실제로 고민하면서 식민지의 독자성을 부각함으로써 동화에서 탈출할 가능성을 확인했다. 그들은 이런 데서 식민지 문학 창작의 의미를 발견하여 자율적인 문학을 수립할 자신감을 획득했다. 이에 그들은 일본어 보급을 비롯한 동화정책을 중심으로 발생한 식민지의 독자적인 현실 문제와 식민지 지식인의 독자적인 실제 고민에 정면으로 접근함으로써 보다 더 적극적으로 문학운동을 시도하기 시작했다. 구체적인 경로를 보면 타이완 작가가 동화를 기준으로 동화와의 간극을 확인함으로써 식민지의 독자성을 추출했는가 하면 조선 작가는 민족적 입장을 기준으로 이탈에 대한 불안을 강하게 표출함으로써 식민지의 독자성을 반증했다. 그러나 일제에 대한 불신과 경계심이 지속되었으므로 창작의 진실성은 한계를 가지고 있어 그 잉여는 텍스트의 균열과 모순으로 가시화되었다.

특히 조선의 경우는 당국의 요구와의 간극을 강하게 의식한 나머지 내면화되지 않던 주관의지를 부각하게 되어 논리의 비약과 텍스트의 균열을 두드러지게 드러냈다. 1942년 중반부터 1943년 중반까지 이런 소설들은 집중적으로 등장했다. 그러다가 1943년 중반부터 조선과 타이완의 일제말기 문학은 그나마 자유적인 공간조차 잃어버렸다. 전황 악화에 따라 일제는 식민지 문단을 한층 엄격하게 통제하면서 식민지 문학의 이러한 독자적인 지대를 직접 겨냥했기 때문이다. 결국 조선과 타이완의 문학은 다시 정치적 글쓰기로 되돌아갔다. 그러나 시작 단계에 비하면 이 시기의 정치적 글쓰기는 작위적인 성격이 더 두드러져 텍스트의 전체적인 맥락에서 벗어난다는 위화감까지 주는 경우가 적지 않았다.

卍 조선

1939년은 조선의 일제말기 '국민문학'의 준비기로 볼 수 있다. 1940년부터 1941년까지 그 기반이 마련되어 본격적으로 전개되기 시작했고 1942년 중반 정점에 도달하다가 1943년 후반부터 점차 쇠퇴했다.

조선의 일제말기 '국민문학'의 최초 태동은 1939년 1월호 『삼천리』에서 '『전쟁문학』과 『조선 작가』—전쟁과 문학과 그 작품을 말하는 좌담회'의 게재를 통해 감지된다. 삼천리사에서 김동환이 주도하고 참석자가 박영희와 김기진 두 명 밖에 없었던 이 소형 좌담회는 일본 문단에서 열풍을 불러일으키고 있던 전쟁문학을 논의하면서 조선 작가도 여기에 합류해야 하는가라는 의제를 제시했다. 주목할 만한 것은 "전쟁문학 발흥의 조짐이 보이는 이때에 두 분 평론가가 그 길을 열고 지시할 노력을 할 뜻이 없어요?"라는 김동환의 질문에 대해 박영희와 김기진이 모두 관조적인 태도를 보이며 매우 소극적으로 대응했던 것이다.[48] 조선의 일제말기 '국민문학'이 실제로 작가의 내적 준비가 매우 부족한 상황에서 피동적으로 시작되었다는 사실을 시사한다.

이어 일본 본토의 펜부대 파견의 연장선으로 1939년 4월 15일에 박영희, 김동인, 임학수는 북지 전선에 황군을 위문하러 파견되었다. 이 경험을 바탕으로 쓴 임학수의 「북지견문록(北支見聞錄)」(『문장』, 1939.7~9), 『전선시집(戰線詩集)』(京城: 人文社, 1939), 그리고 박영희의 『전선기행(戰線紀行)』(京城: 博文書館, 1939)은 조선 최초의 일제말기 '국민문학'이 되었다.[49] 그 생산 방식을 통해서도 짐작할 수 있듯이 최초의 일제말기 '국민문학'에서 표피적인 정치적 글쓰기가 절대 비중을 차지하고 있었다. 내적 준비 부족으로 인해 필연적으로 나타난 현상이었다고 할 수 있다. 그러다가 1939년 10월 29일 조선문인협회 결성식에 이르러 '국민문학의 건설'이라는 의제가 명시적으로 제시되었다.[50]

<hr>

......

48 "朴英熙-뜻은있지만 아즉은 才能이 미치지못합니다。近間은 너무도 奔忙해서 讀書와 思索할틈조차없으나 차차앞으로 努力해 보려고합니다。金基鎭-結局 諸般問題가 東亞新協同體의 建設에 있으니까 그協同體의 政治的輪廓이 좀더 分明하여지지않고는 文學者로서의 活動도 그렇게 積極的이 될수없지않을가요" 朴英熙・金基鎭・金東煥, 「『戰爭文學』과 『朝鮮作家』-戰爭과 文學과 그作品을말하는 座談會」, 『三千里』, 京城: 三千里社, 1939.1, 215면.

49 이광수는 임학수의 『전선시집』 발문에서 이 시집이 "조선인 시집으로 된 최초의 사변 제재시"이며, 김동인과 박영희의 작품이 나온다면 "지나사변에 관한 조선문인의 최초의 전쟁문학의 삼부작이 되는 것"이라고 했다. 정인택 또한 박영희의 『전선기행』에 대해 "조선 최초의 전쟁문학"이라고 평가한 바 있다. 정종현, 『동양론과 식민지 조선문학』, 파주: 창비, 2011, 146면.

50 따라서 일제말기 당시 조선 문학의 전환이 문인협회의 탄생 때부터 시작된다는 의견이 있었다. 예컨대 카라시마 타케시는 '조선 문단의 재출발을 말하는' 좌담회에서 이러한 의견을 피력한 바 있다. 辛島驍・寺田瑛・白鐵・芳村香道・李源朝・崔載瑞, 「朝鮮文壇の再出發を語る 座談會」, 『國民文學』, 京城: 人文社, 1941.11, 70면.

이번이협회의창립의 참뜻은 새로운국민문학의건설과 내선一체의 구현에잇다 인류는유사이래 국민생활을써나서 생활을해온일이업다 문학도국민생활을써나서는존재할수업는것이다 반도의문단의새로운 건설의 길은『내선일체』로부터출발되여야할것이다[51]

이광수의 이 취임 인사는 일제말기 조선의 자율적인 '국민문학' 개념을 최초로 제시했다. 그는 일본 문단의 '국민문학' 개념을 비판 없이 그대로 습용한 게 아니라 "유사이래", 즉 한국문학사의 맥락에 놓여 있는 '국민문학'을 주문했다. 주목할 만한 것은 이광수가 "새로운 국민문학의건설"을 "『내선일체』", 즉 일본을 '국가'로 받아들인다는 과제와 동전의 양면으로 인식했던 사실이다.[52] '국민문학'은 독립국이었던 조선에게 새로운 것이 아닌데 '내선일체'라는 새로운 과제의 등장에 따라 새삼스럽게 부상할 뿐이라는 논리였다. 일본을 '국가'로서 조선에 접목해야 할 것인지라는 문제야말로 조선의 일제말기 '국민문학'의 핵심 의제였음을 그는 제시했다.

1939년에 조선의 일제말기 '국민문학'이 형성되었던 외적 요인으로는 일제가 본토 문단에 대한 통제를 강화하는 한편 식민지 문단 동원에 착수했던 것을 지적할 수 있다. 이는 두 가지 사실을 통해 확인할 수 있다. 첫째는 1939년 1월부터 조선총독부 통역관 니시무라 신타로(西村眞太郎)에 의해 일본 전쟁문학의 명작인 『보리와 병사』가 조선어로 번역되기 시작했고 7월에 단행본 『보리와 병정(보리와兵丁)』으로 간행되었던 일이다.[53] 둘째는 조선문인협회 결성이었다. 사실상

• • • • • • • • • • • •

51 「日本精神을發揚! "文의內鮮一體"를絶叫 朝鮮文人協會結成大會盛況」, 『每日新報』, 京城: 每日新報社, 1939.10.30.
52 당일 회장에 달려 있는 현수막에는 '문장보국'과 '내선일체'라고 쓰여 있었다.
53 조선총독부가 저작권과 출판권을 무상으로 양도받아 특수한 기관에 무상으로 증정하고 기타에는 실비로 배부했던 사실을 통해 일본 당국의 개입을 짐작할 수 있다.

1938년 4월 육군특별지원병령의 실시에 따라 조선인의 주관적 의지와 관계없이 그들의 운명이 실제로 일제의 승패와 밀접하게 연결되어 일제의 외적 폭력은 거부할 수 없는 존재가 되어 버렸다. 그러나 이광수의 위의 발언은 그러한 거부할 수 없는 외적 폭력을 조선의 재래 맥락 속에서 소화시켜 조선의 내적 역량으로 전환시키려는 식민지 문학자의 노력을 보여줬다.

1940~1941년 사이 신체제의 전개에 따라 조선의 일제말기 '국민문학' 문단의 정비 작업은 본격적으로 펼쳐졌다.[54] 일련의 폐간과 창간을 통해 발표지면이 확정되었고, 국민총력조선연맹 문화부의 신설 및 조선문인협회 개편을 통해 기구적·제도적 기반이 마련되었다.[55] 이런 맥락을 감안한다면 1941년 9월과 11월 『국민시가』와 『국민문학』의 창간은 조선의 일제말기 '국민문학'의 본격적인 탄생을 의미했다고 할 수 있다. 이 시기에 한편으로 이광수의 「산사의 사람들(山寺の人々)」(『경성일보』, 1940.5.17~19, 21~24), 「김씨부인전(金氏夫人傳)」(『문장』, 1940.7), 이석훈의 「재출발(再出發)」(『문장』, 1941.2) 등과 같이 현실

・・・・・・・・・・・

「"麥과兵隊" 西村眞太郎氏가飜譯着手 本府、來月中出版」, 『每日新報』, 京城: 每日新報社, 1939.1.13.

54 대부분의 일제말기 문학자들은 조선의 일제말기 '국민문학'의 형성이 1940년 신체제 공포 이후부터였다고 인식하고 있었다. 최재서는 「조선 문학의 현단계」에서 "조선 문학의 혁신은 신체제 이래의 일"이라고 주장했고 「새로운 반도문학의 성격」에서도 "반도문학의 혁신은 최근 이, 삼년 동안의 일"이라고 지적했다. 정비석 또한 "국민문학이 처음으로 제창된 것은 1940년 후반기의 일이었을 거라고 생각된다"고 한 바 있다. 崔載瑞, 「朝鮮文學の現段階」, 『轉換期の朝鮮文學』, 京城: 人文社, 1943, 81면; 崔載瑞, 「新半島文學の性格」, 『文化朝鮮』, 京城: 東亞交通公社朝鮮支社, 1943.6, 4면; 鄭飛石, 「作家の立場から」, 『國民文學』, 京城: 人文社, 1942.4, 55~56면.

55 1941년 상반기부터 국민총력조선연맹 문화부 및 조선문인협회는 일제말기 '국민문학'의 건설을 위해 현상소설 공모, 국민문예의 밤 개최 등 일련의 행사를 추진했다. 특히 국민총력조선연맹 문화부의 현상 모집은 가요, 단시, 소설, 평론, 희곡, 논문 등등 거의 모든 문학 분야에 걸쳐 진행되었다.

인식의 개입을 보이면서도 그것을 정면으로 다루지 않는 작품들이 다수를 차지했고, 다른 한편으로 이광수의 『마음이 만나서야말로(心相觸れてこそ)』(『녹기』, 1940.3~7), 『봄의 노래』[56](『신시대』, 1941.9~1942.6), 이석훈의 「여명―어떤 서장(黎明―或る序章)」(『국민총력』, 1941.4), 「고요한 폭풍(靜かな嵐)」(『국민문학』, 1941.11) 등과 같이 당국의 시책을 본격적으로 다루는 작품들이 등장했다.

총체적으로 보면 이 시기의 작품은 시뮬레이션적, 상징적 성격이 강한 것이 특징이었다. 일제의 국책에 대한 시뮬레이션이 서사의 절대 다수를 차지했던 데 비해 작가의 실제적 고민은 그리 두드러지지 않았다. 일본을 '국가'로 접목할 당위성, 가능성에 대한 깊은 고민을 안고 있으면서도 일제에 대한 강한 불신으로 인해 진실한 고민을 신중하게 포장한 결과였다고 할 수 있다.

1942년 중반부터 1943년 중반 조선인 문학자가 최후의 자율적 공간마저 잃어버렸을 때까지는 조선의 일제말기 '국민문학'의 전성기였다고 할 수 있다.[57] 이 시기에 조선인 문학자는 점차 조선의 자율적인 '국민문학운동'을 활발하게 기획하기에 이르렀다.[58] '국민문학'적

- - - - - - - - - - -

56 참고로 1941년 9월 이광수의 『봄의 노래』가 『신시대』에 연재되기 시작했을 때 "彷徨한 朝鮮의文學을 國民文學의 正道에로 引導하는 첫소리"로 소개되었다. 『新時代』, 京城: 新時代社, 1941.9, 215면.

57 1942년 4월에 정비석은 조선 문단에서 '국민문학'에 관한 논의가 최근 들어 점차 활발해졌다고 지적했고 최재서는 1942년 5월 8일 징병제 실시의 발표를 '국민문학운동'의 하나의 전환점으로 주장했다. 鄭飛石, 앞의 글, 56면; 崔載瑞, 「決戰朝鮮の急轉換―徵兵制の施行と文學活動」, 『文學報國』, 東京: 日本文學報國會, 1943.9.

58 그 전까지 '조선 문학', '조선 문단', '반도 문학' 등으로 통틀어 일컫는 경우가 다분했던 데 비해 이 시기에 접어들면서 '국민문학'의 명목 아래 논의를 펼치는 경우가 급증했다. 조선인 문학자가 점차 '국민문학'의 틀 속에서 조선 문학을 기획하기 시작했던 사실을 시사한다. 전형적인 사례로는 이석훈의 「국민문학의 제반 문제」(『綠旗』, 京城: 綠旗聯盟, 1942.4, 62~65면), 유진오의 「주제를 통해 본 조선의 국민문학(主題から見た朝鮮の國民文學)」(『朝鮮』, 京城: 朝鮮總督府, 1942.10, 27~35

체제를 취하면서도 조선적 맥락에서 조선의 현실 문제를 다루고 충분한 독창성을 가지는 조선 문학을 구축할 자신감을 표출하기 시작했다. 이러한 자신감은 궁극적으로 동화를 내면화하지 않았다는 자의식에서 비롯되었다고 해야 한다. 최재서의 「조선 문학의 현단계(朝鮮文學の現段階)」와 같이 그 독창성과 장래의 발전에 초점을 맞춰 체계적으로 조선의 '국민문학'을 설명한 글이 등장했고 1943년 3월에 이르러 이석훈은 자신의 '국민문학' 창작과 조선의 '국민문학운동'이 모두 보다 더 넓은 시야를 지향하는 제2기에 접어들었다고 선언했다.[59] 조선문인협회가 기획, 편집한 『조선국민문학집(朝鮮國民文學集)』(東京: 東都書籍, 1943)의 간행 또한 같은 맥락에 있었다.

호테이 토시히로(布袋敏博)의 통계에 따르면 1942년 조선에서 발표된 조선인의 일본어 창작 소설은 40편[60]으로, 1941년의 15편[61]에 비하면 대폭 급증했다. 내용적으로 보면 이슈적인 현실 문제를 정면으로 취급하는 일련의 작품들이 집중적으로 등장했다. 「밤(夜)」(『국민문학』, 1942.5·6), 「고요한 폭풍·완결편(靜かな嵐·完結篇)」(『녹기』, 1942.11)은 조선인 문학자의 전향 심리를 직시했고, 「형제(兄弟)」(『신시대』, 1942.11~1943.3)[62], 「북방의 여행(北の旅)」(『국민문학』, 1943.6),

면)과 「국민문학이라는 것(國民文學といふもの)」(『國民文學』, 京城: 人文社, 1942.11, 2~15면), 그리고 「국민문학의 1년을 말하는 좌담회(國民文學の一年を語る座談會)」(『國民文學』, 京城: 人文社, 1942.11, 86~97면) 등을 들 수 있다.

59 牧洋, 「あとがき」, 『靜かな嵐』, 京城: 每日新報社, 1943, 앞의 책, 2~3면.

60 大村益夫·布袋敏博 編, 『朝鮮文学関係日本語文献目録(1882.4~1945.8)』, 東京: 綠陰書房, 1997, 161~189면.

61 大村益夫·布袋敏博 編, 위의 책, 141~160면.

62 조선문인협회가 1941년 10월 13일부터 12월 20일까지 공모한 오백원 현상소설에 이 소설이 가작으로 당선되었다는 사실을 감안한다면 1941년 말에 이미 탈고가 되었다고 짐작된다. 그러나 발표 때까지의 개작 상황은 확인할 수 없고 게다가 발표 시점도 충분히 감안되어야 하기 때문에 이 책에서는 1942년 11월부터 1943년

「혈연(血緣)」(『동양지광』, 1943.8) 등은 일본과의 결합을 검토했다. 이 시기의 작품에서 작가의 진지한 고민을 다루는 서사의 비중이 현저하게 늘어났다. 그러나 제국이 요구하는 것과의 거리를 분명하게 의식하고 있었으므로 작가는 외적 폭력을 더 예민하게 의식할 수밖에 없어 완전히 가면을 벗지 못했다.

다른 한편 민족적 입장에 대한 강한 자의식으로 인해 오히려 민족 입장에서 이탈할까봐 끊임없이 불안해했다. 따라서 비록 이 시기의 텍스트는 조선의 현실 문제와 작가의 실제 고민을 가장 여실히 투사했음에도 진지한 검토에 급제동을 걸고 정치 슬로건으로 도약한 경우가 많았다. 이러한 모순과 비약은 동화의 결과라기보다는 도리어 동화를 실제로 내면화하지 않는 데서 비롯되었다.

1943년 4월 조선문인보국회가 설립된 후 문단 통제는 한층 강화되었고 문학의 선전적 역할을 노골적으로 강요했다. 조선문인보국회 발회식에서 "일본적 세계관에 입각한 황도문학 수립"은 그 전까지 조선문인협회의 '새로운 국민문학의 건설'이라는 모토를 대체했고 문학의 "전장 정신의 앙양 지도"와 "전쟁 완수에 협력 촉진하여야 할 사명"은 반복 강조되었다.[63] 이에 보다 더 선전에 적합한 방송소설과 가두소설(辻小說, 街頭小說)에 대한 주문이 증가했다.

이러한 상황에서 조선인 문학자의 '국민문학운동' 구상이 크게 좌절당했다. 다른 한편 문학자들은 동화의 한계를 더욱 확인했고 민족적 입장을 한층 명확히 하기에 이르렀다. 이 시기의 작품은 양적으로

• • • • • • • • • • •
3월까지 『신시대』에 연재된 판본 및 시점을 기준으로 이 소설을 논의하고자 한다. 「新人天才를求하야 懸賞小說募集 朝鮮文人協會의計畵」, 『每日新報』, 京城: 每日新報社, 1941.10.13; 「入選者發表 朝鮮文人協會募集 五百圓懸賞小說」, 『每日新報』, 京城: 每日新報社, 1942.2.13.
63 「半島文學總力集結 各種團體統合、朝鮮文人報國會結成式盛大」, 『每日新報』, 京城: 每日新報社, 1943.4.18.

는 여전히 증가세였지만[64] 자조, 풍자로 점철되며 해체적 구성을 통해 강한 비판의식을 드러냈다. 작가의 좌절감이 작품의 기조를 이루어 문학자와 정치가를 구분함으로써 자기변명을 하거나 일본인 인물을 대량 동원함으로써 진실한 내면을 더 깊이 은폐하거나 하는 독특한 장치들을 등장시켰다. 텍스트의 전체적인 맥락에서 벗어난 정치선전이 집중적으로 삽입된 현상이 두드러져 일제말기 '국민문학'의 최초의 퇴행을 시사했다. 「카가와 교장(加川校長)」(『국민문학』, 1943.10), 「파리(蠅)」(『국민총력』, 1943.10), 「행불행(幸不幸)」(『국민문학』, 1943.11), 「대동아(大東亞)」(『녹기』, 1943.12) 등이 전형적인 사례였다.

그러다가 1944년부터 일제의 패전 기미가 가시화되자 조선인 문학자의 민족적 입장이 극명하게 부상했다. 정치 선전을 수습하는 한편 더 이상 일본과의 결합 문제를 고민하지 않고 일본에 대한 불신과 비판의식을 역력하게 표출하기 시작했다.[65] 다른 한편 자기반성과 자기부정은 이 시기 소설의 기조가 되었다. 1944년부터 개인 창작은 감소세를 보이며 작품집으로 출판계를 지탱한 국면에 들어섰고[66] 1945년

• • • • • • • • • • • •

64 1943년에 조선에서 발표된 일본어 창작 소설은 43편이었다. 大村益夫·布袋敏博 編, 앞의 책, 190~232면.

65 예컨대 이광수는 「사십년 제일회(四十年 第一回)」(『국민문학』, 1944.1)에서 일본인의 간첩 행위를 형상화한 이후, 「소녀의 고백(少女の告白)」(『신태양』, 1944.10)에서 다시 일본인의 배신행위를 작품화했다. 이는 모두 일본에 대한 불신과 비판 의식의 표출로 해석할 수 있다.

66 1944년에 조선에서 간행된 작품집으로는 『이와모토 지원병(岩本志願兵)』(野口稔, 京城: 興亞文化出版株式會社, 1944.1), 『배나무(梨の木)』(崔秉一, 京城: 盛文堂書店, 1944.3), 『정열의 서(情熱の書)』(李無影, 京城: 東都書籍株式會社京城支店, 1944.4), 『신반도문학선집 제1집(新半島文學選集 第一輯)』(石田耕造 編, 京城: 人文社, 1944.5), 『반도작가단편집(半島作家短篇集)』(朝鮮圖書出版株式會社 編, 京城: 朝鮮圖書出版株式會社, 1944.5), 『조선 고전 모노가타리(朝鮮古典物語)』(金海相德 編, 京城: 盛文堂書店, 1944.6), 『청량리계외(淸涼里界隈)』(鄭人澤, 京城: 朝鮮圖書出版株式會社, 1944.12), 『신반도문학선집 제2집(新半島文學選集 第二輯)』(石田耕造 編, 京城: 人文社, 1944.12)

에 접어들면서 작품 수가 급속히 감소했다. 특히 기성 작가들이 거의 창작을 중단했던 것은 특기할 만하다. 한 가지 덧붙이자면 '생산전'이 강조된 와중에 1944년 4월에 조선문인보국회 주도로 작가들이 생산 현장에 파견되어 보도문학을 창작한다는 행사가 대대적으로 전개되었던 것이다.[67] 이 시기의 대표작으로는 이광수의 「사십년(四十年)」(『국민문학』, 1944.1~3), 이석훈의 「선령(善靈)」(『국민문학』, 1944.5) 등을 꼽을 수 있다.

㉯ 타이완

타이완의 일제말기 문학의 전개 과정을 보다 잘 설명하기 위해 우선 창작의 주역을 맡은 타이완인 작가들의 정신적 맥락을 살펴볼 필요가 있다.

타이완 신문학의 불씨는 1920년 7월 도쿄에서 『타이완청년(臺灣青年)』[68]의 창간으로 시작되었다. 타이완 신문학은 중국 신문화운동의

. . . .

등이 있었고 1945년에는 『산업 전사의 아내(産業戰士の妻)』(朴永朗, 京城: 朝鮮出版社, 1945.3), 『쑥섬 이야기(蓬島物語)』(牧洋, 京城: 普文社, 1945.3)가 있었다.

67 같은 행사가 1944년 6월에 타이완에서 거의 동시적으로 펼쳐졌다는 사실을 감안한다면 일제가 주도한 것이었음을 짐작할 수 있다. 조선의 경우를 보면 1944년 4월 19일 조선문인보국회의 파견으로 조용만, 이건영은 흑령탄갱(黑嶺炭坑), 20일 이태준, 김기창은 목포조선(木浦造船), 23일 채만식과 일본인 에구치 게이시로(江口敬四郎)는 양시 알루미늄공장, 26일 이서구, 임민부는 서선불이농장(西鮮不二農場), 5월 2일 김팔봉, 호소카와 쥰(細川順)은 길주 펄프공장 등 증산 부면을 고찰했다. 그리고 조선문인보국회는 1945년 5월 11일에 다시 이광수, 이무영, 유진오, 조용만, 정인택, 김사량, 정비석, 홍종우, 유아사 가쓰에, 미야사키 키요타로(宮崎清太郎) 등 중견작가 10명을 생산근로 각 부문으로 파견하여 그 보도소설을 결전문학총서 제1집으로 간행하기로 결정했다. 林鍾國, 앞의 책, 156~157, 163~164면; 大村益夫·布袋敏博 編, 앞의 책, 245~246면.

68 1922년 2월에 폐간되어 같은 4월부터 『타이완』으로 재출발했다. 도쿄의 타이완 유학생을 대상으로 중국어와 일본어 두 가지 언어로 간행했다.

영향을 많이 받아 비무장항일로 무장 항일투쟁을 이어가고자 한 타이완 신문화운동의 일환으로 기능을 했다.[69] 따라서 타이완 신문학은 항일의식에 입각한 한편, 백화문 창작을 주장하는 등 중국 대륙과의 연대감을 드러냈다. 1931년 만주사변 이후 일본이 타이완과 중국 대륙 사이의 유대를 의도적으로 차단한 결과[70] 점차 일본어로의 이행을 보였지만 여전히 백화문이 중요한 창작 언어였다. 작가들은 대부분 중국의 백화문을 선택함으로써 항일 입장을 표출했다. 라이허(賴和, 1894년생)[71], 우쭤류(吳濁流, 1900년생)[72], 장워쥔(張我軍, 1902년생)[73]

• • • • • • • • • • • •

69 1915년 시라이안사건(西來庵事件) 이후 타이완의 무장 항일투쟁은 거의 막을 내렸다. 1921년 1월 30일 도쿄에 있는 타이완 유학생들을 중심으로 타이완 의회 설치를 요구하는 청원서를 일본 제국 의회에 제출했던 '제1차 타이완 의회 설치 청원운동'으로 타이완의 비무장항일이 시작되었다. 黃煌雄, 『兩個太陽的臺灣 —— 非武裝抗日史論』, 臺北: 時報文化, 2006, 32~34면.

70 전형적인 사례로는 『타이완신문학(臺灣新文學)』 1936년 12월호의 '한문 창작 특집'이 발행금지 처분을 받은 사건을 들 수 있다.

71 라이허(1894~1943), 필명은 란윈(懶雲) 등이 있다. 작가, 시인. 타이완 신문학운동을 적극적으로 추진했으므로 '타이완 신문학의 아버지', '타이완의 루쉰(魯迅)' 등으로 높이 평가받는다. 어릴 때 한문 교육을 받았고 그 후 일본어 교육을 받았다. 자습으로 중국 백화문을 터득했고 백화문으로 소설을 창작하면서 민난어(閩南語)를 삽입했다. 주요 작품으로는 백화문 소설 「요란한 싸움(鬪鬧熱)」(『타이완민보』, 1926.1.1), 「'저울' 한 개(一桿「稱仔」)」(『타이완민보』, 1926.2.14) 등이 있다.

72 우쭤류(1900~1976), 본명은 우쩌안티엔(吳建田). 1920년부터 공학교(公學校)에서 교직을 맡다가 1940년에 일본인 독학(督學)이 타이완인 교사를 모욕하는 사건을 분하게 여겨 사직했다. 1941년에 중국 대륙으로 건너가 난징에서 『대륙신보(大陸新報)』 기자를 담당했다. 1943년에 타이완에 돌아가 『타이완일일신보』 기자를 맡았다. 1964년 4월에 『타이완문예』지를 창간했고 그 후 '우쭤류문학상'을 창설했다. '철혈시인(鐵血詩人)'으로 높이 평가를 받고 있다. 주요 작품으로는 『후쯔밍(胡志明)』 등이 있다.

73 장워쥔(1902~1955), 본명은 장칭롱(張淸榮). 백화문 창작을 주장한 대표적인 인물이었다. 1926년부터 베이징에서 공부했고 학업을 마친 후 베이징사범대학(北京師範大學)에서 일본어 강사를 담당했다. 베이징에 있는 동안 저우쭤런(周作人)의 지도를 많이 받았다. 1942년과 1943년에 화베이(華北) 대표로서 대동아문학자대회에

등의 경우가 대표적이었다.

1937년 4월 1일부터 공식적인 중국어 창작이 일절 금지되었기 때문에 타이완 문학은 일시적으로 공백기에 빠졌다. 이 공백기는 1940년 1월 1일에 니시카와 미츠루 주도로 결성된 '타이완시인협회'[74]가 '타이완문예가협회'로 재출발하여[75] 『문예타이완』을 발행했을 때까지 이어졌다.[76] 그러나 공백기 이후 창작 언어의 전환에 따라 작가의 세대[77] 교체가 수반되었던 것은 주목할 만하다. 1905~1915년 사이에

• • • • • • • • • • • •

참석했다. 1946년에 타이완에 돌아갔다.

74 니시카와 미츠루의 회상에 따르면 당초부터 시인과 소설가를 한데 모으는 단체를 설립할 기획이었는데 소설가들은 의견이 분분했으므로 일단 시인만을 대상으로 한 시인협회를 설립했다고 한다(中島利郎 著, 涂翠花譯, 「『西川滿』備忘錄 —— 西川滿研究之現狀」, 『台灣文藝』 創新18號, 臺北: 台灣文藝雜誌社, 1993.8, 11면 참고). 타이완시인협회는 타이완의 거의 모든 시인들을 망라했다. 회원 33명 가운데 타이완인은 황더스(黃得時, 위원 10명 가운데 한 명), 룽잉쭝(위원 10명 가운데 한 명), 왕위린(王育霖), 궈수이탄(郭水潭), 치우춘꽝(邱淳洸), 치우빙난(邱炳南), 우신룽(吳新榮), 쭈앙페이추(莊培初), 수이인핑(水蔭萍), 양윈핑, 린징리우(林精鏐), 린몽룽(林夢龍) 등 모두 12명이었다. 1939년 12월에 타이완시인협회의 기관지로 『화려도(華麗島)』가 발간되었다.

75 "1939년 2월부터 현안이었던 타이완문예가협회는 (중략) 드디어 결성되었다"라는 서술을 보면 타이완문예가협회는 바로 니시카와 미츠루가 당초부터 기획했던 타이완 문예가 단체였다(「あとがき」, 『文藝臺灣』, 臺北: 臺灣文藝家協會, 1940.1, 56면). 일반 회원 62명 가운데 타이완인은 황더스(편집위원 10명 가운데 한 명), 룽잉쭝(편집위원 10명 가운데 한 명), 왕위린, 왕비자오, 궈수이탄, 치우춘꽝, 치우빙난, 우신룽, 저우진뽀, 쭈앙페이추, 장원환, 수이인핑, 양윈핑, 란인딩(藍蔭鼎), 린징리우, 린몽룽 등 모두 16명이었다. 1940년 1월부터 『화려도』는 종합문예지인 『문예타이완』으로 재출발했다.

76 이런 주장은 『타이완문학』 1942년 10월호에 실은 황더스의 「만근의 타이완문학운동사(輓近の臺灣文學運動史)」까지 거슬러 올라갈 수 있다.

77 저우완요(周婉窈)에 따르면 세대란 생물적 세대(biological generation)와 사회역사적 세대(social/historical generation)로 분류될 수 있는데 후자는 청소년기에 공통적으로 경험하던 역사적 사건으로 인해 공통된 정신적 기반을 가지고 있는 단체를 가리킨다고 한다(周婉窈, 『海行兮的年代 —— 日本殖民統治末期臺灣史論集』, 臺北: 允晨文化出版, 2003, 5~8면). 이 책에서 일컫는 식민지 작가의 세대는 공통된 언어와

출생한 작가들이 일본에서의 학업을 마치고 타이완으로 돌아와 전통 한문 교육의 영향을 많이 받은 1900년을 전후하여 출생한 작가들을 대체했던 것이다.

1905~1915년 사이에 출생한 작가들은 타이완의 일제말기 '황민문학'의 주역을 맡았다.[78] 초등교육이 대폭 보급되고[79] '문화운동'과 '문화정치'로 인해 사회가 전반적으로 안정된 1920~1936년 사이에 청소년기를 보냈던 그들의 대일감정은 앞 세대 작가에 비하면 그리 부정적이지 않았다. 타이완에서 일본어 교육을 받으며 자란 최초의 세대로서 일본어로 유창하게 창작할 수 있었을 뿐만 아니라 대부분 일본 유학 경험을 가지고 있어 일본의 사회나 문화에도 낯설지 않았다. 앞 세대 작가에 비하면 그들의 주안점은 첨예한 대일비판에서 타이완과 타이완인의 일상으로 옮겨졌다. 그러나 대체로 1930년대에 등단한 그들은 좌익 문학의 영향을 많이 받은 결과 궁극적으로 문학을 사회운동의 일환으로 인식하며[80] 사회 비판을 소홀히 하지 않았다.

. . . .

사상적 기반을 공유한다는 의미에서 사회역사적 세대의 범주에 속하지만 이 두 가지는 생물적 세대와 직결되어 있으므로 출생 연도를 기준으로 분류하겠다.

78 참고로 시라카와 유타카는 일본어소설의 작가가 대부분 1910년을 전후한 수년간에 태어났고 1930년대부터 일본어로 작품을 발표하기 시작했던 것을 식민지 시기 조선과 타이완의 공통점으로 지적한 바 있다. 白川豊, 앞의 논문, 80면.

79 1915년까지 타이완에서의 초등학교 입학률이 9.63%밖에 안 되었고 1899~1918년까지의 초등학교 졸업생이 타이완 총인구의 1.51%밖에 차지하지 못했던 데 비해 1920년에 초등학교 입학률은 25.11%가 되어 크게 높아졌다. E. Patricia Tsurumi, 『Japanese Colonial Education in Taiwan, 1895-1945』, Cambridge: Harvard University Press, 1977, 148면; 臺灣省行政長官公署統計室編, 『臺灣省五十一年來統計提要』, 臺北: 臺灣省行政長官公署, 1946, 1233면.

80 이 사실은 뤼허뤄의 일기를 통해서 잘 확인할 수 있다. 뤼허뤄는 지원병 지원서 작성을 강요받았던 일을 기록하면서 "문화운동의 필요성"을 호소한 다음에 작품 또는 단행본을 통해 문화운동을 전개한다는 구체적인 구상을 제시했다. 呂赫若, 1943년 1월 16일자, 4월 30일자, 5월 27일자 일기, 陳萬益 主編, 앞의 책, 23면, 134면, 163면.

좌익 창작에서 '황민문학' 창작으로 이동하는 현상은 양쿠이(楊逵, 1906년생)[81]와 뤼허뤄(1914년생)의 경우를 통해 알 수 있듯이 일종의 '전향'이라기보다는 오히려 일제말기의 타이완 문학 창작이 실제로 어느 정도 타이완 신문학의 저항적 성격을 이어받았다는 사실을 시사한다. 동화 과제를 관통함으로써 동화의 한계를 증명하여 다시 민족적 입장으로 되돌아왔다는 의미에서 그들은 '일제말기 황민문학'을 '저항문학'으로서 창작한 작가들이었다고 할 수 있다. 이러한 작가들로 양원핑(1906년생), 우신룽(吳新榮, 1907년생),[82] 천훠취앤(陳火泉, 1908년생),[83] 장원환(1909년생), 황더스(黃得時, 1909년생),[84] 룽잉쭝(1911년생), 우융푸(巫永福, 1913년생),[85] 왕비자오(1915년생), 왕창숑(王昶雄, 1916년생)[86] 등을 들 수 있다. 그들은 대부분 『타이완문학』

. . . .

81 양쿠이(1906~1985), 본명은 양꾸이(楊貴). 『문학평론』 1934년 10월호에 단편소설 「신문배달부(新聞配達夫)」를 게재하여 일본 문단에 진출한 첫 번째 타이완인 작가가 되었다. 1935년에 『타이완신문학』을 창간했고 사회운동에 참가했다는 까닭으로 누차 투옥되었다. 일제말기 주요 소설로는 「흙인형(泥人形)」(『타이완시보(台湾時報)』, 1942.4), 「거위가 시집가다(鵞鳥の嫁入)」(『타이완시보』, 1942.10) 등이 있다.

82 우신룽(1907~1967), 타이완문예연맹 구성원. 1936년 타이완문예연맹이 해산된 후 『타이완신문학』, 『타이완문학』, 『민속타이완(民俗臺灣)』 등 잡지에 작품을 발표했다.

83 천훠취앤(1908~1999), 처녀작 「길(道)」(『문예타이완』, 1943.7)은 발표 당시 황민봉공회로부터 "황민문학의 결실(結晶)"이라고 높이 평가받았고 '아쿠타가와상(芥川賞)' 후보로 선정되었다. 그 외 일제말기 주요 작품으로는 「장선생(張先生)」(『문예타이완』, 1943.11), 「안전하게 일하세요(御安全に)」(『타이완문예』, 1944.8) 등이 있다.

84 황더스(1909~1999), 타이완문예협회, 타이완문예연맹 구성원. 1937년 4월부터 『타이완신민보』 학예란을 주관하면서 일본어 개작 소설 『수호전(水滸傳)』을 연재하는 등 활약했다. 1940년대에 니시카와 미츠루의 타이완시인협회, 타이완문예가협회에 가담했던 한편 『타이완문학』, 『민속타이완』 등 잡지에서 작품을 발표했다.

85 우융푸(1913~2008), 1932년에 일본에서 장원환 등과 함께 타이완예술연구회를 결성하여 기관지 『포모사(フォルモサ)』를 창간했다. 타이완문예연맹, 계문사(啓文社) 구성원으로 활동했다.

86 왕창숑(1916~2000), 본명은 왕룽성(王榮生). 1932~1942년 사이에 일본에서 유학했다. 타이완에 돌아간 후 주로 『타이완문학』, 『홍남신문』 등 지면에 작품을 발표했

을 중심으로 활동했다.[87]

한편, 또 다른 그룹은 1920년대에 출생한 작가들이었다. 그들은 황민화운동이 전면적으로 전개된 상황에서 청소년기를 보냈고 전쟁을 목적으로 하는 교육을 받으며 자란 이른바 '전쟁기 세대'였다. 1905~1915년대에 출생한 작가들에 비하면 일본에 대한 호감은 문화적 차원에 머무르지 않고 정치적 차원까지 확대되었다. 다시 말해 일본은 그들에게 생명을 바쳐야 할 '국가'였다. 그러나 주목할 만한 것은 그들이 비록 보다 더 명확한 일본인으로서의 자각을 가지면서 창작을 시작했지만 역시 1905~1915년 사이에 출생한 작가들과 마찬가지로 일본을 향한 구심운동 과정에서 원심운동의 동력을 획득하여 다시 민족적 입장으로의 회로를 보였던 점이다.

그러나 1905~1915년대 작가들의 '민족적 입장'에 비하면 그들이 되돌아온 '민족적 입장'은 동화의 흔적을 보다 더 두드러지게 드러낸 것이었다. 구체적으로 말하면, 타이완인으로서의 자각을 강하게 드러내면서도 일본 문화의 영향을 명백하게 보였다. 저우진뽀(1920년생), 예스타오(葉石濤, 1925년생) 등의 경우가 전형적이었다. 그들은 주로 『문예타이완』을 무대로 활동했다.[88]

· · · · · · · · · ·

다. 일제말기 주요 소설로는 「격류(奔流)」(『타이완문학』, 1943.7) 등이 있다.

87 그 가운데 양원핑, 천휘취앤, 룽잉쭝은 주로 『문예타이완』에 작품을 발표했는데 양원핑의 경우는 『문예타이완』의 국책적 성격이 농후해지자 『타이완문학』에 작품을 발표하기 시작했다. 룽잉쭝 또한 1943년 5월 이후 『문예타이완』에서의 작품 발표를 중지했을 뿐만 아니라 1943년 7월경에 『문예타이완』의 편집 직무를 그만두었다. 井手勇, 앞의 책, 43면, 157면.

88 그러나 사실상 소속 단체와 관계없이 타이완인 작가들끼리 나름대로의 원칙을 공유하고 있었다. '쿠소 리얼리즘 논쟁'이 벌어진 후 뤼허뤄와 장원환은 일본인을 따르게 된 타이완인 문학자들을 책망하거나 타일렀다. 뤼허뤄의 일기에서 "황더스를 불러 나와서 단단히 혼냈다"라는 기록을 확인할 수 있다. 그 외 쭝짜오쩡(鍾肇政)에 따르면 두 사람은 예스타오의 숙소까지 찾아가 예스타오를 타일렀다고 한다.

이제 타이완의 일제말기 '황민문학'의 전개 과정을 살펴보자.

신체제에 대응하여 문단을 일원적으로 재편했던 맥락 속에서 1941년 2월에 타이완총독부 정보부의 기획으로 타이완문예가협회는 『아라타마(あらたま)』, 『원생림(原生林)』, 『잔몽(殘夢)』, 『타이완』, 『타이완천류(臺灣川柳)』, 『유우카리(ゆうかり)』 등 잡지사들을 흡수하여 타이완 문단의 일원적 단체인 문예타이완사로 재출발하여 『문예타이완』을 간행했다.[89] 이어 6월 20일의 육군특별지원병제도 실시 발표를 계기로 1941년 중반부터 타이완 문단에서 본격적으로 정치적 제재를 다루기 시작했다. 『문예타이완』 1941년 9월호는 전호에 비해 국책적 색채가 현저하게 농후해졌다. '전쟁시 특집(戰爭詩特輯)'을 실었고 시마다 킨지(島田謹二)의 논문 「타이완 점령전을 제재로 한 전쟁문학(領臺役に取材せる戰爭文學)」을 게재한 외에 '소설'란은 저우진뽀의 「지

••••••••••••

呂赫若, 1943년 5월 18일자 일기, 陳萬益 主編, 앞의 책, 154면; 鍾肇政, 『鍾肇政全集 18·隨筆集(二)』, 桃園: 桃園縣立文化中心, 1999, 440면.

89 "一, 국체 정신에 바탕을 둔 문예 활동에 전력을 다하는 것을 바란다. 一, 문예 활동을 통해 문화 신체제 건설에 협력하는 것을 바란다. 一, 강력한 단결 하에 타이완에서 건전한 문예의 발전을 위해 노력하는 것을 바란다."를 내용으로 한 '타이완문예가협회 행동 강요(臺灣文藝家協會行動綱要)'를 통해 알 수 있듯이 이는 신체제에 대응하여 문단을 일원적으로 재편하기 위한 목적으로 결성했던 것이다. 타이베이제국대학 교수 야노 호진(矢野峰人)은 회장을 담당했고 그 외 고문 14명, 참여 16명을 설치했다. 고문과 참여는 모두 일본인이었는데 그 가운데 타이완총독부 문서과장, 경무국장, 정보부 사무관, 문교국장, 도서관장 등 타이완총독부 임원도 상당수 있었다는 것을 보면 정부의 깊은 개입을 확인할 수 있다. 사무국 역원 또한 모두 일본인이었는데 니시카와 미츠루가 사무국장을 담당했다. 각부 이사 가운데 타이완인은 극작부의 저우진뽀, 소설부의 룽잉쭝, 민속부의 황더스, 양원핑 총 4명밖에 없었다. 재출발된 『문예타이완』은 비록 거의 모든 타이완 문예가들을 망라했지만 실상 철저히 니시카와 미츠루의 주도 아래 놓여 있었고 1941년 5월부터 격월간에서 월간으로 바뀌었다. 「臺灣文藝家協會結成」, 『ゆうかり』, 臺北: ゆうかり社, 1941.2; 「臺灣文藝家協會役員」, 『文藝臺灣』, 臺北: 文藝臺灣社, 1941.11; 黃得時, 「輓近の臺灣文學運動史」, 『台灣文學』, 臺北: 啓文社, 1942.10, 8면.

원병(志願兵)」과 카와이 사브로우(川合三良)의 「출생(出生)」이라는 두 편의 '지원병 소설'로 채워졌다. 편집 후기를 통해 이러한 변화가 지원병 제도 실시 발표에 대응하여 의도적으로 기획한 결과였음을 알수 있다.[90] 이런 의도는 그 후 편집 후기에만 드러나다가[91] 1942년 2월호부터 본격적으로 내용에 투사되기 시작했다.

1941년 5월, 장원환, 황더스 등 작가들은 니시카와 미츠루에 대한 불만으로 인해 문예타이완사에서 탈퇴하여 장원환을 중심으로 계문사(啓文社)를 결성하여 『타이완문학』을 창간했다.[92] 『타이완문학』은 니시카와의 엑조틱한 타이완 문학을 거부하며 "타이완 문학의 거듭

. . . .

90 "◇ 이번에 발표된 지원병 제도 실시에 대해서는 참으로 감격해마지 않는다. 저우진뻐, 카와이 사브로우 두 분의 소설은 모두 지원병에 관한 역작이다. ◇ 그 외 니시카와, 나가사키, 방바(萬波), 타카하시(高橋) 네 시인이 열렬한 심정을 토로하는 「전쟁시」를 특집하고 시마다 교수의 「타이완 점령전을 제재로 한 전쟁문학」도 수록하여 「지원병소설」과 같이 실었다." 「菊月消息」, 『文藝臺灣』, 臺北: 文藝臺灣社, 1941.9, 72면.

91 1941년 10월호 편집 후기에서는 "일본출판문화협회에서 외지를 관할 구역에서 제외한다는 결정을 내렸기에 우리 타이완의 월간 문예 잡지들은 일치단결하여 우리가 소속한 타이완문예가협회의 지도 아래 황민 봉공의 결실을 맺겠다고 합의했다"고 기재했다. 이어 11월호 편집 후기에서는 "직역봉공의 결의"를 밝혔고 12월호 편집 후기에서는 "국책에 협력"하겠다는 뜻을 밝혔다. 1942년 1월호는 특별히 결의문을 첨부하여 "새로운 국민문학"을 창조할 결의를 제시했다. 「陽月消息」, 『文藝臺灣』, 臺北: 文藝臺灣社, 1941.10, 88면; 「葭月消息」, 『文藝臺灣』, 臺北: 文藝臺灣社, 1941.11, 88면; 「蚋月消息」, 『文藝臺灣』, 臺北: 文藝臺灣社, 1941.12, 50면; 결의문, 『文藝臺灣』, 臺北: 文藝臺灣社, 1942.1.

92 『타이완문학』의 집필자는 앞서 나열한 타이완인 문학자 외에 일본인 나카야마 스스무(中山侑), 나와 에이이찌(名和榮一), 사카구지 레이코(坂口䙁子), 나카야마 지에(中山ちゑ) 등이 있었다. 황더스에 따르면 『문예타이완』과 『타이완문학』은 서로 다른 특색을 갖고 있었는데 대체로 『문예타이완』 동인의 7할이 일본인이었고 동인 상호의 향상 발전을 유일한 목표로 했던 데 반해 『타이완문학』 동인에 타이완인이 많았고, 또한 타이완 전반의 문화 향상이나 신인 발탁을 위해서 힘을 다하고 있었다고 한다. 그 외 전자가 편집을 지나치게 중요시한 나머지 취미성이 강해졌던 데 비해 후자는 어디까지나 리얼리즘을 관철했다고 한다. 黃得時, 앞의 글, 같은 면.

남"과 "타이완 문화의 창조"를 목표로 했다.[93] 그러나 이러한 『타이완문학』까지 1942년 2월호부터 전쟁에 관한 내용을 게재하기에 이르렀다.

이 시기의 작품은 정치적 현실을 의식하고 있으면서도 국책을 정면으로 다루지 않는 경우가 다분했다. 룽잉쭝의 「오전의 절벽(午前の崖)」(『타이완시보』, 1941.7), 뤼허뤄의 「재자수(財子壽)」(『타이완문학』, 1942.3) 등이 그것이었다. 그러나 이 작품들은 일견 국책에 관한 내용이 그리 많지 않은 듯 보이지만 실제로 동화에 관한 고민은 소설 전편을 지배하고 있었을 뿐만 아니라 입양 모티프나 미치광이 표상 등 타이완의 일제말기 '황민문학'에서 흔히 볼 수 있는 수법들을 산출했다. 다시 말해 일상생활 묘사에 지면을 많이 할애하면서도 동시에 정체성에 대한 깊은 고민을 보인다는 일제말기 '황민문학'의 기본 형태가 이미 갖추어졌다고 할 수 있다. 다른 한편 저우진뽀의 「지원병」(『문예타이완』, 1941.9)과 같이 국책을 직접 다루는 작품도 등장했다. 획일적인 국책 선전에 그치지 않고 몇 가지 서로 다른 입장들을 대조적으로 제시함으로써 동화에 대한 타이완 지식인의 진실한 고민을 진지하게 짚고 넘어갔다. 그 결과 텍스트는 계몽적 성격을 드러내기도 했다.

태평양전쟁에서 일본이 일련의 승리를 거두었던 것은 일본의 지배를 기정사실로 인식하고 있던 타이완인 문학자들을 위해 상대적으로 안정된 정신적 환경을 보장해 주었다. 1942년 5월 일본문학보국회가 설립된 후 문단 통제의 심화는 오히려 일제말기 '황민문학'이 전개되는 데 자극제가 되었다. 그 결과 1942년 중반부터 1943년 중반 일본

---

93 이런 발의는 창간호에 실려 창간사에 해당된 뤼허뤄의 「생각나는 대로(想ふまゝに)」를 통해서 확인할 수 있다. 呂赫若, 「想ふまゝに」, 『台湾文學』, 臺北: 啓文社, 1941.5, 106~109면.

의 패전 기미가 가시화되기 전까지 타이완의 일제말기 '황민문학'은 전성기를 맞이했다. 『문예타이완』은 '시집 대동아전쟁'(1942.11), '대동아문학자대회 특집'(1942.12), '국민시 특집'(1943.5), '가두소설 특집'(1943.6) 등을 잇달아 기획했고 1943년 중반부터 『타이완문학』과 『문예타이완』은 "이길 때까지 싸우라(撃ちてし止まむ)"라는 전쟁 표어를 표지에 싣기 시작했다.[94]

이 시기의 작품은 이중 언어, 종교개혁 등 여러 면에서 동화 문제를 다각적으로 심도 있게 다루며 상당히 높은 서사성과 문학성을 보였다. 흥미로운 것은 비록 타이완인 작가들이 일본인이라는 것을 사실로 인정했음에도 동화정책을 고민하는 과정을 여실히 묘사함으로써 오히려 완전한 일본인이 될 수 없다는 사실을 역설적으로 증명하게 되었던 점이다. 정체성의 이러한 진폭을 진솔하게 보여준 작품들이 속출하여 일본인 문학자들을 당황하게까지 만들었다.[95] 타이완의 일제말기 '황민문학'의 특성을 가장 잘 보여준 시기였다고 할 수 있다. 「이웃사람(隣居)」(『타이완공론』, 1942.10), 「향수(郷愁)」(『문예타이완』, 1943.4), 「석류(柘榴)」(『타이완문학』, 1943.7), 「격류(奔流)」(『타이완문학』, 1943.7) 등이 전형적이었다.

1943년 중반 이후 타이완인 작가들은 타이완문학봉공회와 일본문학보국회 타이완지부의 표리일체를 이룬 철저한 통제 아래 창작의 자유를 잃었다. "사상전"으로서 문학의 "국민의 정신적 전력 증강에 대한 중대한 역할"이 강조되었고[96] 국책과 무관한 작품은 발표되지

----

94 이 표어는 1943년 2월에 일본 육군성에 의해 포스터 5만 매로 만들어져 전일본에 배포되었다. 이에 『타이완문학』과 『문예타이완』은 각각 1943년 4월과 7월부터 이 표어를 표지에 싣게 되었다.

95 천휘취앤과 그의 「길」이 각각 '문제작가'와 '문제소설'로 소개되었던 것은 흥미롭다. 단행본 『길(道)』에 관한 광고문, 『文藝臺灣』, 臺北: 文藝臺灣社, 1944.1.

96 「臺灣決戰文學會議の記」, 『台湾文學』, 臺北: 啓文社, 1943.12, 30~31면.

못하기에 이르렀다.[97] 『문예타이완』과 『타이완문학』은 동시에 폐간 당하고 1944년 5월에 『타이완문예』[98]로 통합되었다. 이미 동화의 한계를 확인했던 타이완인 문학자는 폭력의 심화를 통해 타이완인에 대한 당국의 불신을 절감했고 일본적 입장과 민족적 입장의 양립 불가능성을 뼈저리게 느꼈다.[99] 깊은 회의와 불안으로 인해 그들은 연이어 창작의 곤경에 빠졌다.[100] 제국에서 이탈하고자 하는 지식인의 실제 심리와 당국의 절박한 강요 사이의 간극은 텍스트를 매우 불안정한 상태로 몰아갔다. 정치 선전이 대폭 증가하는 한편, 작가가 일본적 입장과 민족적 입장 사이에서 끊임없이 동요하는 중층적인 양상이 더욱 선명하게 드러났다. 해체적 구성이나 모순, 균열이 도처에 나타났다. 이 시기의 작품은 지난 단계의 문제의식을 이어가면서도 문단 통제로 인해 진지하게 문제를 검토하는 모습이 일소되었고 현실 비판은 보다 더 우회적인 형태로 이루어졌다. 「장선생(張先生)」(『문

. . . .

97 1943년 9월에 『타이완문학』 가을호는 "국책에 도움이 되지 않는다"는 이유로 간행되지 못하고 말았다. 1943년 11월 13일에 개최된 '타이완결전문학회의'는 "타이완 문학 결전 태세의 확립, 문학자의 전쟁 협력"을 주제로 했다. 이 회의에서 타이완총독부 보안과장은 "결전에 도움이 되지 않는 것은 불필요하다. 문학 작품도 또한 이 전시 하에 빼놓을 수 없는 것만 발표되어야 한다"라는 입장을 명시적으로 밝혔다. 尾崎秀樹, 앞의 책, 178면.

98 타이완문학봉공회 기관지로서 간행되었다. 편집위원에 타이완인은 장원환 한 명밖에 없었다.

99 이 시점부터 타이완인 작가와 일본인 작가의 입장 차이가 점차 가시화되었다. 일본인 작가가 붓을 꺾고 직접 종군하겠다는 뜻을 표출하거나(나가사키 히로시의 경우) 문학지를 헌납하겠다는 뜻을 밝히거나(니시카와 미츠루의 경우) 했던 데 반해 타이완인 작가는 훨씬 더 소극적인 태도를 보였다. 참고로 이 시기 일본인 작가들의 작품은 정치 슬로건으로 가득 차 있어 앙앙한 모습을 보였다.

100 뤼허뤄에 따르면 이 시기 장원환의 창작이 곤경에 빠졌다고 한다. 뤼허뤄 자신도 일기에서 이제 곧 소설을 쓸 수 없겠다고 반복해서 불만을 토로했다. 呂赫若, 1943년 7월 15일자, 5월 26일자, 28일자, 30일자, 31일자, 6월 8일자 일기, 陳萬益 主編, 앞의 책, 216면, 162면, 164면, 166면, 167면, 177면.

예타이완』, 1943.11), 「옥란화(玉蘭花)」(『타이완문학』, 1943.12), 「청명한 가을(淸秋)」(『淸秋』, 臺北: 淸水書店, 1944), 「산천초목(山川草木)」(『타이완문예』, 1944.5) 등이 전형적인 사례였다.

1944년 중반 이후 전쟁이 백열화되어감에 따라 문학자에 대한 동원은 더욱 구체적으로 다가왔다. 1944년 6월, 타이완총독부 정보과의 기획으로 타이완문학봉공회는 작가 13명을 농장, 광산, 철도, 국민도장 등 생산 현장에 파견하여 보도문학을 창작하게 했다. 떠나기 전에 정보부는 작가들에게 인터뷰 강의를 해주어 어떤 작품이 요망되는지 구체적으로 지시했다.[101] 타이완인 작가들 가운데 뤼허뤄, 장원환, 룽잉쭝, 양윈핑, 양쿠이, 천훠취앤, 저우진뽀 등 7명이 선정되었다.[102] 1945년 1월에 징병제가 타이완에서 실시되어 가장 젊은 '황민작가'인 예스타오가 징용되었다.[103]

이 시기의 지면은 일본인 작가들의 창작으로 채워져 있었으며 타이완인 작가의 창작은 타이완총독부 정보과 위탁 작품을 제외하고는 가두소설을 위주로 이루어졌다. 이 극히 짧은 문학 장르의 유행은 한편으로 당국의 요청 때문이기도 했지만 동시에 타이완인 문학자들의 창작이 이미 진솔성을 상실했음을 시사했다. 텍스트에서 진지한 고뇌나 당국 시책에 대한 비판이 흔적을 감춘 데 반해 이야기의 전체적

⋯⋯⋯⋯

101 矢野峰人, 「作家の動員 その門出を祝して」, 『臺灣新報』, 臺北: 臺灣新報社, 1944.6.14.
102 「作家派遣について」, 『臺灣文藝』, 臺北: 臺灣文學奉公會, 1944.8, 2면. 그들의 작품은 『타이완시보』, 『타이완문예』, 『순간타이신(旬刊臺新)』, 『타이완신보』, 『타이완예술』 등 지면에 발표되고 나서 1944년 12월과 1945년 1월에 다시 『결전타이완소설집(決戰臺灣小說集)』 건·곤 두 권으로 출간되었다.
103 『타이완문예』 1945년 1월호에는 응소, 입영된 타이완문학봉공회 회원들의 명단이 실려 있었는데 하마다 하야오, 카와이 사브로우 등 일본인 작가 18명 외에 타이완인 작가 예스타오의 이름이 기입되어 있었다. 「應召·入營中の會員」, 『臺灣文藝』, 臺北: 臺灣文學奉公會, 1945.1, 77면.

맥락과 무관한 정치 선전은 대폭 증가되어 생경한 느낌을 주었다. 텍스트의 모순과 균열은 더욱 극명하게 나타났다. 「조교(助敎)」(『타이완시보』, 1944.9), 「무제(無題)」(『타이완문예』, 1944.12) 등이 전형적이었다.

제3장
일제 말기의 이중 언어 창작

1. 식민지의 이중 언어 현실과 이중 언어 창작

㉠ 일제의 일본어 보급 정책

일본어 보급은 황민화운동에서 가장 먼저 실시된 정책이었다. 타이완에서는 1895년 7월부터,[1] 그리고 조선에서는 1906년 8월부터[2] 일본 세력의 확장과 거의 동시에 전개되었다. 총독부가 일본어 보급을 각별히 중요시했던 이유는 첫째, "일본어는 일본인의 정신적인 혈액이다"라는 일본의 언어학자 우에다 가즈토시(上田萬年)의 지적처럼[3] 일본어를 통해 식민지인을 완전한 일본인으로 만들기 위해서였다는 점, 둘째, 식민지인이 일본어를 모르는 한 전쟁에 직접적으로 기여할 수 없었다는 점 두 가지로 요약할 수 있다.

일본어를 보급하는 궁극적 목적이 전쟁을 수행하는 인적 자원을 보장하는 데 있었으므로 조선과 타이완에서 펼쳐졌던 '국어보급운동'은 1937년 7월 중일전쟁의 발발과 1941년 12월 태평양전쟁의 발발을 전환점으로 두 번의 박차를 가했다.

---

1 타이완의 경우는 일본군이 1895년 6월 7일 타이베이에 진주한 후 7월에 곧바로 타이베이 근교에 있는 쯔산옌(芝山巖)이라는 산에서 일본어를 가르치기 시작했다. 臺灣教育會 編, 『臺灣教育沿革誌』, 臺北: 臺灣教育會, 1939, 155~156면.
2 조선에서는 한일합방 이전인 1906년 8월에 일본어가 필수 과목으로 지정되었고, 1911년 8월에 발표된 조선교육령에 의해 '국어'로 지정되었다. 이명화, 「朝鮮總督府의 言語同化政策: 皇民化時期 日本語常用運動을 中心으로」, 『한국독립운동사연구』 제9집, 서울: 독립기념관 한국독립운동사연구소, 1995.12, 278~279면.
3 上田萬年, 『國語のため』, 東京: 冨山房, 1903, 12면.

조선에 비하면 타이완에서의 일본어 보급은 처음부터 타이완과 중국 사이의 유대를 절단시킨다는 보다 더 명확한 목적이 있었다. 이 사실은 야나이하라 다다오(矢內原忠雄)의 글을 통해 알 수 있다.

> 타이완은 당초부터 청국의 영토요 지나인의 식민지였다. 타이완 재주 내지인이 타이완에서 살면서도 내지에 뿌리를 두고 있듯이 타이완인의 고향은 지나에 있고 지나인과 같은 언어, 관습을 공유하고 있다. 따라서 우리의 타이완 지배는 타이완을 지나와 분리시키고 일본과 결합시키는 데 목표를 두어야 한다. 관세법에 의해 타이완의 무역 대상을 지나에서 일본으로 옮기고 청국인, 타이완인만 운영하는 주식회사의 설립을 불가하게 하거나 교육상 국어 정책을 추진하거나 하는 것 등등은 모두 타이완을 지나의 영향에서 벗어나게 만들기 위한 제도들이다.[4]

따라서 조선에 비하면 타이완에서의 일본어 보급은 첫째, 보다 더 엄격하게 추진되었고, 둘째, 당초부터 일반 민중까지 교육 대상에 포함시킨 것이 특징이었다. 조선에서 학교를 중심으로 일본어를 가르치고 일반 민중을 대상으로 한 '국어강습소(國語講習所)'가 1938년에 비로소 나타났던 것에 비해 타이완에서는 1896년 3월에 이미 일반인에게 일본어를 가르치는 '국어전습소(國語傳習所)'를 설치했고[5] 1905년부터 공학교(公學校)[6]에서 '국어야학회(國語夜學會)', '국어연습소(國語練

<hr/>

4 矢內原忠雄, 『矢內原忠雄全集 第二卷・帝国主義下の台湾』, 東京: 岩波書店, 1963, 371면.
5 1896년 3월 31일 타이완총독부가 반포한 칙령 제94호인 '타이완총독부 직할 제학교 관제(臺灣總督府直轄諸學校官制)'에 따라 같은 해 7월에 타이베이 국어전습소를 운영하기 시작했다. 이어서 딴수이(淡水), 지룽, 이란(宜蘭) 등 지역에서도 국어전습소가 설립되었다. 1896년 말까지 총 14개가 설립되었다. 臺灣敎育會 編, 앞의 책, 166~188면.
6 1896년 3월에 설치된 '국어전습소'는 타이완인을 대상으로 주로 일본어를 가르쳤던 것으로 1898년부터 '공학교'로 개편되었다. 다른 한편 1899년부터 일본인 어린

習所)', '국어보급회(國語普及會)' 등을 설치했다. 1920년대에 지방제도의 정립에 따라 '국어강습소'는 각 지방에서 확산되어 1929년에 이르러 일종의 제도로 정착되었다. 1933년, 타이완총독부는 '국어 보급 10개년 계획'을 내세워 국어강습소를 중심으로 타이완 전역에서 일본어 보급을 촉진시켰다.[7] 그 결과 1933년 타이완의 일본어 해득자 비율은 1905년의 0.38%에서 24.50%까지 증가했다.[8]

다른 한편 타이완의 학교 교육도 일본어를 중심으로 이루어졌다.[9] 1922년 타이완교육령 개정에 의해 한자와 중국어를 가르치는 한문 과목은 필수 과목에서 수의 과목으로 전락되면서 시간 배정도 매주 2시간 정도로 축소되었다. 1937년 4월 1일에 서당 및 한문 과목이 강제로 폐지되었고 신문이나 잡지에서의 중국어 게재가 일절 금지되었다. 결국 중국어란을 완전히 폐지하지 않았던 『타이완신민보』가 폐간당한 6월 1일부터 타이완 문단은 일본어 전용 시대로 접어들었다.

일상생활에서의 일본어 사용을 장려하기 위해 1938년 말에 타이완어 방송을 폐지했고 1937년 2월부터 '국어가정(國語家庭, 國語の家)' 표창을 시행하기 시작했다. 이른바 '국어가정'이란 교육 수준이 상대적

....

이들을 대상으로 한 소학교를 설치했다. 1922년의 신교육령에 의해 일본인과 타이완인의 교육상의 차이가 철폐되어 중등교육부터는 공학 제도가 마련되었는데 초등학교에 한하여 일본어를 상용하는 자는 소학교, 상용하지 않는 자는 공학교에 입학했다. 矢內原忠雄, 앞의 책, 342~343면.

7 이에 대해서는 周婉窈, 『海行兮的年代 —— 日本殖民統治末期臺灣史論集』, 臺北: 允晨文化出版, 2003, 47~52면, 78~105면; 侯珮倫, 「日治時期大坑地區之簡易國語講習所實施狀況」, 『臺中鄉圖』 第8期, 臺中: 臺中市犁頭店鄉土文化學會, 2007.6 등을 참고할 수 있다.

8 周婉窈, 위의 책, 83면; 藤井省三, 「〈大東亞戰爭〉期の台湾における読書市場の成熟と文壇の成立」, 下村作次郎·中島利郎·藤井省三·黃英哲, 『よみがえる台湾文学: 日本統治期の作家と作品』, 東京: 東方書店, 1995, 80면.

9 矢內原忠雄, 위의 책, 350면.

으로 높은 사람들을 대상으로 하는 장려 방법이었다. 가족 구성원 모두가 집에서 일본어만 사용하는 것이 인준되면 증명서와 문패를 받고 입학, 취직, 배급 등 여러 면에서 실제적인 이익을 얻을 수 있는 제도였다. 1942년 4월까지 타이완 전역에서 인정된 '국어가정' 수는 9,604가정이었으며 77,679명으로 총인구의 1.3%를 차지했다.[10]

1942년 4월 육군특별지원병제의 실시와 더불어 일본어 보급에 박차를 가했다. 1943년부터 6년 초등 의무교육이 실시되어 초등학교 1학년의 입학률은 89%에 이르렀다.[11] 다른 한편 황민봉공회는 '국어 상용 강화 운동'을 시작하여 '국어의 날'을 정하고 '국어생활 우량자'를 표창하며 일반 민중의 '국어생활'을 관철시켰다. 결국 1943년 10월까지 타이완에서 일본어 해득자 비율은 대폭 증가해 80%에 이르렀다.[12] 같은 시기의 조선(22.15%)에 비하면 훨씬 높은 비율이었다.

〈표 1〉 일제말기 타이완에서의 일본어 해득자 비율[13]

연도	비율	연도	비율
1905년	0.38%	1935년	29.07%
1915년	1.63%	1936년	32.90%
1920년	2.86%	1937년	37.80%
1930년	12.36%	1940년	51.0%
1932년	22.70%	1941년	57.0%
1933년	24.50%	1943년	80%
1934년	27.00%		

• • • • • • • • • • •

10 周婉窈, 앞의 책, 51~52면, 92~97면.

11 近藤釰一 編, 『太平洋戰下の朝鮮及び台湾』, 茅ケ崎: 朝鮮史料研究会近藤研究室, 1961, 18면.

12 周婉窈, 위의 책, 99면.

13 이 도표는 『海行兮的年代 —— 日本殖民統治末期臺灣史論集』, 「〈大東亜戦争〉期の台湾における読書市場の成熟と文壇の成立」, 『太平洋戦下の朝鮮及び台湾』, 『太平洋戦下終末期朝鮮の治政』(近藤釰一 編, 東京: 朝鮮史料編纂会, 1961) 등 자료에 의거하여

그 결과 1945년 8월 15일 광복 당시, 타이완에서 30세 이상의 지식인 가운데 한문 독해가 가능한 사람은 100명에서 1~2명 정도는 있었지만, 30세 미만의 지식인 가운데서는 1명도 없었다.[14] 일본어 보급은 타이완에서 크게 성공했다고 할 수 있다.

조선의 경우는 '국어 보급의 권장'이 1937년 4월 20일 열린 지사회의의 총독 훈시에서 식민 지배의 근본 방침인 '국체명징(國體明徵)'의 중요한 내용으로 제시되었다.[15] 1938년 2월의 '육군특별지원병령' 공포에 이어 4월 1일부터 '제3차 조선교육령 개정'이 시행되었고 이에 따라 초·중등학교에서 조선어는 수의 과목으로 전락되었다.[16] 1938년 7월부터 경무 당국은 용지 절약이라는 이유로 도서 통제를 강화하기 시작했으며 8월에는 도서 통제의 전면적 확대 실시 방침을 공표했고 1941년 4월에는 한글 문예지 통폐합을 실행했다.

〈표 2〉 일제말기 조선에서의 일본어 해득자 비율[17]

연도	비율	연도	비율
1913년 말	0.61%	1939년 말	13.89%
1918년 말	1.81%	1940년 말	15.57%
1923년 말	4.08%	1941년 말	16.61%
1928년 말	6.91%	1942년 말	19.94%
1933년 말	7.81%	1943년 말	22.15%
1938년 말	12.38%		

· · · · · · · · · · · ·

만들어졌다.

14 許雪姬, 「台灣光復初期的語文問題 —— 以二二八事件前後爲例」, 『思與言』 第29卷第4期, 台北: 思與言雜誌社, 1991.12, 158면.

15 林鍾國, 『親日文學論』, 서울: 平和出版社, 1966, 20면.

16 「朝鮮教育令改正ニ關スル・勅令・諭告·府令·總督訓示要旨」, 『朝鮮の教育研究』, 京城: 朝鮮總督府, 1938.4, 6면.

17 이 도표는 '국어를 해득하는 조선인의 누년 비교 표(国語を解する朝鮮人の累年比較表)'(近藤釼一 編, 『太平洋戰下終末期朝鮮の治政』, 東京: 朝鮮史料編纂会, 1961, 199~

그 결과 1933년 말부터 1938년 말까지의 5년 동안 조선에서의 일본어 해득자 비율은 7.81%에서 12.38%로 급성장하여 72%의 증가율을 보였다. 그리고 1941년 말에 이르러 다시 16.61%까지 증가하여 3년 동안 46%의 증가율을 이루었다.

1941년 12월 태평양전쟁의 발발을 계기로 조선에서의 일본어 보급은 정점에 도달했다. 징병제 실시 공포에 앞서 1942년 5월 5일 '국어보급운동 요항(國語普及運動要項)'이 발표되었고 고이소 구니아키(小磯國昭) 총독은 1942년 5월 29일 부임 당초부터 국체 본위의 투철함을 통치 지침으로 내세워[18] 일본어 보급을 대대적으로 추진했다. 1942년 7월 1일, 총독부 기관지 『매일신보(每日新報)』는 일본어 초보자를 위한 신문 부록을 발간함을 통고하면서 "국어의 해득"을 "황국신민 된 자의 절대의 의무"로 규정하였다. 그리고 "국어를 해득치 못하고서는 진정한 황국신민이라고 할 수 없다"[19]고 하면서 일본어를 '국민'의 신분과 연결시켜 국가 폭력을 동원해 일본어 해득을 독촉했다. 1942년 9월부터 시작해 광복 때까지 조선 전역에서 공포의 암운을 드리웠던 조선어학회 사건은 바로 이런 배경 아래 벌어졌다. 1943년 3월에 공포되고 4월 1일부터 시행된 통합교육령에 따라 학교에서의 조선어 과목이 철폐되었고 군부에 의한 교육 통제가 이루어졌다. 이와 더불어 전국에서 국어강습소가 개설되었고 관공서의 모든 서류를 일본어로 작성하도록 했으며 언어의 단일화를 강요했다.

이 시기 일본어 보급의 특징은 일반 민중을 보급 대상으로 취급하기 시작했고, 특히 징병 적령자를 중심으로 펼쳤던 점이다. 대일본제

200면)에 의거하여 만들어졌다.

18 林鍾國, 앞의 책, 32면.

19 「國語初學者의 好伴侶 日曜附錄 國語教室 每週一回日曜發行 七月五日始刊」, 『每日新報』, 京城: 每日新報社, 1942.7.1.

국의 병사로서 전쟁에 직접 나가는 데에는 상대적으로 높은 일본어 실력을 요구했는데 타이완과 달리 조선에서는 광복 때까지 초등학교 의무교육을 실시하지 않았으므로 교육을 받지 못한 자를 대상으로 한 별도의 일본어 교육의 필요성이 부상했다.

징병 적령자를 대상으로 한 일본어 보급은 연성소를 중심으로 전개되었다. '조선 청년 특별 연성령'은 조선에 거주하는 17세 이상 21세 미만의 '국민교육 받지 못한 분야(國民敎育不浸透分野)'에 속한 조선인 남성을 대상으로 1942년 11월 3일부터 실시되었고 총 600시간 가운데 일본어 강습은 400시간이라는 상당히 높은 비중을 차지했다.[20] 여성에 대해서도 1944년 2월 10일에 조선총독부는 '조선 여자 청년 연성소 규정(朝鮮女子靑年鍊成所規程)'을 공포하여 같은 해 4월부터 교육을 받지 못하던 만 16세 미혼 여성을 대상으로 실시했다.[21] 그러다가 1944년 8월부터 조선 전역에서 '국어생활'을 목표로 한 '국어 상용 전해 운동(國語常用全解運動)'이 전개되어 '공직을 비롯한 취직 또는 제반 대우'에서 '국어 상용자'를 우선적으로 탁용하는 등 여러 조치를 취했다.[22]

이로 보건대 조선과 타이완에서의 일본어 보급의 가장 큰 차이점은 타이완에서는 처음부터 학교 교육과 민중 교육이 동시적으로 진행되었던 데 반해 조선에서는 총독 훈시부터 경무 당국의 지면 통제를 거쳐 점차 일반 민중까지 수렴하는 식으로 위에서 아래로 점진적으로 전개되었다는 점이다. 따라서 일반 민중을 대상으로 하는 일본

----

20 육군병 지원자 훈련소의 학생 또는 수료자, 초등학교 초등과를 수료한 자, 육해군 군속, 청년훈련소 재적자 또는 수료자 등 제외. 宮田節子, 『朝鮮民衆と「皇民化」政策』, 東京: 未来社, 1985, 110~116면.
21 「皇國女性으로訓練 朝鮮女子靑年鍊成所規定公布 十日實施」, 『每日新報』, 京城: 每日新報社, 1944.2.10.
22 「總力情報」, 『國民總力』, 京城: 國民總力朝鮮聯盟, 1944.8, 22면.

어 보급은 상대적으로 파행적이었으며 전반적인 일본어 해득자 비율
은 타이완보다 현저하게 낮았다. 또한 조선어 전폐를 명시적으로 강
요하지 않았다는 점[23]에서 처음부터 중국어 전폐를 목적으로 한 타이
완의 경우에 비해 상대적으로 온화한 편이었다고 할 수 있다.

그러나 타이완과 조선에서 일본어는 일상화, 내면화되는 데 한계를
지니고 있었다. 비록 타이완의 일본어 해득자 비율이 상당히 높았지
만 1943년 4월의 62%에서 10월의 80%로 불과 6개월 동안 급속히 증
가했던 것[24]이 시사하듯 실제적인 일본어 수준은 의심할 여지가 있었
다.[25] 특수한 경우를 제외하고는 일반 가정에서 일본어를 거의 사용
하지 않았을 뿐만 아니라 학생의 경우도 수업 때만 일본어를 사용했
을 뿐 집에 돌아가거나 친구와 이야기를 나누거나 할 때 모어를 사용
했다.[26] "집에만 돌아가면" 일본어와의 "관계가 깨끗이 끊어"진다는
상황은 조선 학생에게도 마찬가지였다.[27] 1943년에 이르러서도 조선
인 작가들이 일반 조선 민중이 일본어를 전혀 하지 못한다고 인식했
던 것은 매우 시사적이다. 일제말기 조선과 타이완에서의 일본어 보
급이 비록 어느 정도 성과를 거두었지만 일상화, 내면화되는 데 한계

• • • • • • • • • • • •

23 1938년 7월 8일, 민의를 듣는 제11회 면회 석상에서 현영섭의 조선어 사용 전폐
    의견에 대해 미나미 지로(南次郎)는 "朝鮮語를 排斥함은不可한일이다 可及的으로國
    語를 普及하하는것은可한일이며 이國語普及運動도 朝鮮語廢止運動으로 誤解를밧는
    일이 種々잇슨즉그것은不可한말이다"고 "全面的으로 이를拒否하"였다. 「"國語普及
    은조흐나 朝鮮語排斥은不可"第十一回面會日 南總督意見披瀝」, 『每日新報』, 京城:
    每日新報社, 1938.7.9.
24 近藤釖一 編, 『太平洋戰下の朝鮮及び台湾』, 茅ヶ崎: 朝鮮史料研究会近藤研究室, 1961,
    20면; 周婉窈, 앞의 책, 99면.
25 참고로 1940년 4월 10일자 『타이완일일신보』에 어떤 소년의 익명 편지를 실은
    바가 있는데 그 소년의 어머니는 국어강습소를 1년 동안 다녔음에도 일본어 한
    마디도 하지 못했다고 한다. 周婉窈, 위의 책, 50면.
26 上田光輝, 『皇民讀本』, 基隆: 浄土宗佛教青年聯盟, 1939, 11~12면.
27 「戰時下の少國民」, 『國民總力』, 京城: 國民總力朝鮮聯盟, 1944.8, 22면.

를 지니고 있었던 사실을 설명하기 위해 식민지 작가의 이중 언어 창작을 구체적으로 살펴보겠다.

식민지 작가의 이중 언어 창작

이중 언어 창작이란 단순히 두 가지 언어를 사용해서 창작하는 현상을 가리키는 것은 아니다. 모어가 생활 언어로서 존재하고 있었으므로 식민지 지식인은 사실상 모어와 일본어가 혼재되어 있는 상황에 놓여 있었다. 비록 공식적으로는 모든 창작이 일본어로 이루어졌다 하더라도, 부단히 언어의 전환을 거칠 수밖에 없었고, 다른 한편 일본어 창작 또한 모어의 영향을 드러냈다. 이런 의미에서는 비록 타이완에서 1937년 4월 1일부터 공식적으로 중국어 창작이 일절 금지되었지만, 작가들의 일본어 창작은 궁극적으로 일종의 이중 언어 창작이었다고 해야 한다.

지금까지 일제말기 조선의 이중 언어 창작에 관한 연구는 특히 장혁주와 김사량에 집중되어 왔다.[28] 그러나 두 작가가 주로 일본에서 작품을 발표했고 일본인 독자를 상정했을 뿐만 아니라 특히 당시의 조선 문단에서 배척 받고 있었던 사실을 감안한다면 그들의 이중 언어 창작을 통해 조선 문단의 전반적인 상황을 살펴보는 데는 한계가 있다.[29] 때문에 여기서는 일제말기 조선 문단에서 가장 대표적인 작

. . . .

28 주요 연구로는 鄭百秀, 『한국 근대의 植民地 體驗과 二重言語 文學』, 서울: 아세아문화사, 2000; 김윤식, 『일제 말기 한국 작가의 일본어 글쓰기론』, 서울: 서울대학교출판부, 2003; 윤대석, 「1940년대 '국민문학' 연구」, 서울: 서울대학교 박사학위 논문, 2006.2; 윤대석, 『식민지 국민문학론』, 서울: 역락, 2006; 김지영, 「장혁주 일본어소설 연구: 『인왕동시대』, 『우수인생』, 『노지』, 『개간』을 중심으로」, 서울: 국민대학교 박사학위 논문, 2011; 윤미란, 「장혁주(張赫宙) 문학 연구: '조선'을 소재로 한 작품을 중심으로」, 인천: 인하대학교 박사학위 논문, 2012.2 등이 있다.
29 장혁주의 경우는 1936년에 일본 도쿄에 정착한 후 줄곧 조선 문학과 거리를 두고

가였던 이광수를 연구 대상으로 삼아 타이완인 작가와의 비교를 통해 조선 문단의 이중 언어 창작의 일면을 논하고자 한다. 조선의 경우를 보다 잘 설명하기 위해 우선 타이완의 경우를 살펴보겠다.

오랜 역사 속에서 중국어는 지역에 따라 크게 관화(官話), 민(閩), 커(客), 깐(贛), 우(吳), 샹(湘), 위애(粵) 등 7가지 형태를 형성했다. 7가지 형태는 개별적인 어휘 또는 발음에 다소 차이가 있을 뿐 기본적으로 동일한 문법과 어휘 체계를 공유하며 한자로 표기 가능하다. 이 가운데 한 가지를 공식적인 '국어'로 정하고 일상생활에서 지역에 따라 나머지 6가지를 사투리로 사용한 것은 중국의 언어적 실황이다.[30] 중국의 지식인은 공식 언어와 일상 언어가 구분되면서도 뒤얽혀 있는 이러한 다언어적 상황에 익숙해 왔다. 타이완도 예외가 아니었다. 이는 '타이완화문(臺灣話文)'의 경우를 통해 확인할 수 있다.

일본의 식민지로 전락되기 전까지 타이완의 공식적인 언어는 만족

• • • • • • • • • • • •

창작했으므로 그의 작품은 조선 문학의 맥락에 놓여 있었다고 하기가 어렵다. 대동아문학자대회 때도 그는 준비 위원으로 참석했고 일본 측 대표로서 안내역을 맡았다. 김사량은 1942년 2월 이전 일본에서 작품을 발표했을 때 가장 활약했다. 따라서 그의 작품은 실상 일본인 독자를 상정했다. 1941년 2월 8일자 룽잉쭝에게 쓴 편지에서 그는 「빛 속으로(光の中に)」(『문예수도(文藝首都)』, 1939.10)가 "역시 내지인을 향한 것입니다. 저도 잘 알고 있습니다"고 스스로 고백한 바 있다. "主人公尹秀一과 그의少年時代의 設定은 記憶의 利用以外에 他意가 없는것같다。 그러나 作者의 記憶이나 詳考가 또한 여간 억망이 아니다。 風俗 習慣에 對해서도 全盲에 가깝지만 言語에 對한 關心도 여간 허술한것이 아니다"는 김남천의 혹평은 김사량과 조선 문단의 거리를 말해줬다. 이런 의미에서 「빛 속으로」, 「천마(天馬)」(『문예춘추』, 1940.6) 등을 비롯한 그의 일제말기 소설들은 비록 매우 시사적이지만 일제말기 조선 문학의 현지적 특징을 검토하는 데 적당한 연구 대상이 되지 못한다고 해야 한다. 大村益夫・布袋敏博 編, 『近代朝鮮文学日本語作品集(1908~1945)セレクション6』, 東京: 綠蔭書房, 2008, 175면; 金南天, 「散文文學의 一年間」, 『人文評論』, 京城: 人文社, 1941.1, 21면.

30 呂正惠, 『殖民地的傷痕 —— 台灣文學問題』, 台北: 人間, 2002, 11면. 몽골족이 지배했던 원나라 때와 만족(滿族)이 지배했던 청나라 때도 마찬가지였다.

(滿族)의 만어(滿語)와 한족의 관화였다. 일상생활에서 원주민 종족들은 남도어계(南島語係, Austronesian languages)에 속한 모어를 사용했고 한족은 민난어(閩南語)[31] 또는 커쟈어(客家語)[32]를 사용했다. 이른바 '타이완어'는 바로 민난어와 커쟈어를 통틀어 일컫는 말이었다. 민난어와 커쟈어가 관화와 마찬가지로 중국어의 구성 부분이었다는 점을 감안한다면 타이완에 거주하던 한족의 언어 상황은 중국 대륙에 거주하던 한족과 동일했다. 따라서 언문일치운동이 타이완까지 퍼졌을 때 타이완 지식인들이 중국 백화문을 주장하던 것은 자연스러운 일이었다. 그러나 1931년 만주사변의 발발과 함께 타이완과 중국의 문화적 유대가 강제 차단된 후 백화문의 사용이 어려워졌다. 이러한 배경 아래 일부 타이완 지식인들은 '타이완화문'을 주장하기에 이르렀다. 타이완화문은 한자로 타이완어를 표기한 것으로 실상 중국 백화문의 한 유형이었다.[33] 타이완화문의 창출은 타이완 지식인들이 공식 언어와 일상 언어를 유기적으로 결합한다는 혼종적인 언어 습관을 실천에 옮긴 결과로 볼 수 있다. 이러한 혼종적인 언어 습관은 1937년 이후 점차 일본어 창작으로 옮겨갔다.

타이완 문단의 일본어 전용 시대는 1937년 6월 『타이완신민보』의 폐간으로 시작되었지만 일본어 창작은 처음부터 타이완 신문학의 중요한 구성 부분이었다. 1922년 7월부터 10월까지 『타이완』에 연재된

- - - - - - - - - - - -

31 중국 푸지엔성 남부 지방의 한족이 사용하는 말이다.
32 중국 꽝동성, 푸지엔성, 쟝시성(江西省) 등 지역에서 거주하고 있는 한족이 사용하는 말이다. 1851~1864년 사이 태평천국 농민 정권의 국어로 정해진 바 있다.
33 呂正惠, 앞의 책, 1~16면. 타이완화문으로 창작한다면 중국 다른 지역의 독자들도 읽을 수 있고 중국어문과의 융합을 촉진할 수 있다는 당시 타이완 지식인들의 발언이 매우 시사적이다. 다른 한편 관화를 바탕으로 한 백화문 외에 중국 대륙에는 우어(吳語)를 바탕으로 한 '우어백화문', 위애어(粵語)를 바탕으로 한 '위애어백화문' 등이 있다는 사실도 시사적이다.

서춘무(謝春木)[34]의 「그녀는 어디로(彼女は何處へ)」는 타이완 신문학 사상 최초의 일본어 소설이었다. 1933년 7월 순일본어 문예지 『포모사(フォルモサ)』가 발간된 후 일본어 작품이 현저하게 늘어났다. 다른 한편, 양쿠이의 「신문배달부(新聞配達夫)」(『문학평론』, 1934.10), 뤼허뤄의 「소달구지(牛車)」(『문학평론』, 1935.1), 장원환의 「아버지의 얼굴(父の顔)」(1935년 『중앙공론』의 현상에 입선), 룽잉쭝의 「파파야 나무가 있는 마을(パパイヤのある街)」(『개조』, 1937.4)이 연이어 일본 문단에서 큰 성공을 거두었던 사실은 타이완인 작가의 상당히 높은 일본어 창작 실력을 보여줬다. 그들은 후일에 귀향하여 일제말기 타이완 문단의 주력군이 되었다.

일제말기의 타이완인 작가들은 일본 유학 경험의 유무, 그리고 세대에 따라 어느 정도 이중 언어 사용의 차이를 보였지만 전반적으로 말하자면 직접 모어를 삽입하거나 모어와 일본어를 자연스럽게 결합시킨 현상은 두드러지게 나타났다.

뤼허뤄는 1914년에 타이쭝(臺中)에서 태어났다. 부유한 집안에서 태어난 그는 사범학교를 졸업한 후 공학교에서 훈도(訓導)[35]를 담당하다가 1940년에 일본으로 건너가 성악을 공부했고 1942년에 다시 타이완으로 돌아왔다. 비록 타이베이제국대학 국문과 교수이던 타키

··········
34 서춘무(1902~1969), 필명은 쭈이펑(追風). 일본 유학 시절에 타이완문화협회의 활동에 가담했다. 타이완에 돌아간 후 1927년부터 타이완 민중당의 직무를 맡았다. 1931년에 가족들과 더불어 중국 대륙에 이사하여 '화련통신사(華聯通信社)'를 창설했다. 1933년 12월에 서난꽝(謝南光)으로 개명했고 중일전쟁 때 충칭(重慶)에서 일본군의 정보를 수집했다.
35 일제말기 사범학교 이상을 졸업하고 교사면허증을 취득한 후 종사할 수 있는 전임 교사의 한 가지였다. 뤼허뤄의 아들인 뤼팡슝(呂芳雄)에 따르면 당시의 공학교 훈도는 국어, 수학, 농업 등 과목을 모두 가르쳤다고 한다. 呂芳雄, 「追記我的父親呂赫若」, 鍾瑞芳 譯, 陳萬益 主編, 『呂赫若日記·(1942-1944)中譯本』, 台南: 國家台灣文學館, 2004, 467면.

다 테이지가 "뤼 군은 타이완 출신 작가들 가운데 보기 드물게 국어를 잘 구사할 수 있는 한 사람이다. 그의 어휘의 풍부함은 이 작품집을 읽으면 누구나 수긍하지 않을 수 없을 것이다"[36]라면서 그의 일본어 구사 능력을 높이 평가했지만 실상 그의 일본어 창작은 모어로부터 번역한 흔적을 역력하게 드러냈다. 다른 한편, 모어의 어휘를 대량으로 직접 삽입하는 특징을 보였다. 이른바 '어휘의 풍부함'은 일본어 어휘가 풍부하다기보다는 도리어 타이완의 한자 어휘가 준 신선감에서 비롯되었을 가능성이 높다. 뤼허뤄의 이중 언어 창작의 이러한 특징은 다음의 사례를 통해 쉽게 확인할 수 있다.

(ㄱ) 타이완어에서는 마음을 가로 한다는 말이 있는데, 바로 그렇게 노인은 세로로 있던 마음을 가로로 놓았다.[37]

(ㄴ) 그 사람들 가운데, 아름다운 소리로「吳漢殺妻」를 노래한 사람이나 호궁을 잘하는 사람, 그리고「今古奇觀」나「三伯英臺」,「雪梅敎子」등 이야기를 잘하는 사람들이 있어서, 范慶星도 玉鳳도 심심하던 와중에 곧바로 그들과 친해졌다. 달이 맑은 밤이면, 桂花나 夜合花의 향기가 아렴풋한 앞마당에 長椅子를 놓고, 부부가 그 사람들의 훌륭한 솜씨에 밤이 깊어가는 줄 모르곤 했다.[38]

(ㄷ)「阿娘. (奧樣) 편히 쉬세요. 왜 무리하게 일하세요?」
(중략)
「괜찮아. 溪河伯.」[39]

뤼허뤄의 일본어 소설은 이처럼 농후한 타이완 본토 색채를 띠고 있었다. (ㄱ)에서 그는 타이완어로 구상하던 과정을 고스란히 일본어

••••••••••••

36 瀧田貞治,「呂赫若君のこと」, 呂赫若,『淸秋』, 臺北: 淸水書店, 1944, 4면.
37 呂赫若,「風水」,『台湾文學』, 臺北: 啓文社, 1942.10, 51면.
38 呂赫若,「合家平安」, 呂赫若, 위의 책, 154~155면.
39 呂赫若,「財子壽」,『台湾文學』, 臺北: 啓文社, 1942.3, 6~8면.

로 표현하고 있었다. 이케다 토시오(池田敏雄)에 따르면 뤼허뤄가 소설을 쓰면서 모어 어휘의 대응어를 일본인 작가에게 질문하는 경우가 있었다고 했다.

> 일전에 뤼허뤄 군을 만났는데, 소변볼 때 가끔 몸이 떨린 경우가 있는데 그것이 국어로 뭐라고 하느냐 질문을 받자, 나는 단서를 잡지 못해 당황했다. 타이완어로는 加忍損이라고 한 듯하다. (중략)
> 뤼 군은 그 시점에 소설을 쓰고 있었는데 加忍損에 해당된 국어가 알고 싶다고 했다.[40]

뤼허뤄가 일본어로 창작할 때 신체의 일부가 된 본능적인 모어를 일본어로 번역하는 과정을 거쳐야 했다는 사실을 알 수 있다. 그러나 뤼허뤄는 이러한 번역 과정을 감추기는커녕 도리어 모어 어휘를 당당하게 사용함으로써 타이완적인 분위기를 만들어냈다. (ㄴ)에서 한자로 표기된 단어는 모두 타이완의 고유 어휘들이었다. 재래의 전설이나 희곡, 인명, 가구는 물론 일반 명사까지 대부분 모어를 직접 사용했다. 예컨대 계화꽃은 일본어로 표기하면 '모쿠세이(木犀, もくせい)'가 되는데 뤼허뤄는 중국식대로 '桂花'로 표기했다. 그리고 이웃 '도나리(隣, となり)'를 '隣居'로, 발 '아시(足, あし)'를 '脚'으로 모두 재래의 습관대로 표기했다. 이처럼 그는 같은 한자 문화권에 속해 있다는 편의함을 이용하여 모어를 대량 사용해서 일본어 소설을 창작했다. 그 결과 그의 일본어 소설은 도리어 모어로 된 서사에 일본어 조사만 붙였다는 느낌을 준다. 다시 말해 뤼허뤄는 순전한 일본어 소설을 지향했다기보다는 모어의 향기를 살리고자 고심하는 노력을 극명

· · · · · · · · · · · ·

40 牽牛子, 「本島人作家と表現」, 『民俗臺灣』, 臺北: 東都書籍株式會社臺北支店, 1943.10, 33면.

하게 드러냈다.

(ㄷ)의 한자는 타이완 고유의 호칭이었다. 전자가 간략하게 일본어 주해를 달고 후자가 주해를 달지 않는 게 다르지만 인물의 대화가 실제로 모어로 이루어져 있다는 것을 쉽게 짐작할 수 있다. 특히 구두어나 전통문화와 관련된 모어 어휘를 직접 삽입한 경우가 많았던 것은 타이완인 작가가 일상생활에서 바로 이처럼 일본어와 타이완어를 혼용하고 있었기 때문이었다. 그렇게 함으로써 뤼허뤄는 식민지인의 이중 언어 상황을 고스란히 일본인 독자에게 전가했다. 그런 뤼허뤄의 일본어 창작은 타이완총독부 정보과에서 일하고 있던 타이완문학봉공회 회원인 코오노 요시히코(河野慶彦)가 지적했듯이 "이미 독자적인 언어 세계를 갖추어"[41] 순전한 일본어와 거리가 멀었다.

주목할 만한 것은 뤼허뤄의 '독자적인 언어 세계'는 일본어를 향해 가는 게 아니라 오히려 그로 하여금 모어의 순수화에 눈뜨게 했던 것이다. 타이완총독부가 일본어 보급에 한층 박차를 가했던 1943년에 뤼허뤄는 일기에서 타이완인 작가들이 모어서 타이완어 순수화 문제를 논의하거나 타이완어에 관한 이야기를 나누거나 하던 장면들을 기록했다.

> (ㄱ) 퇴근 후, 6시부터 왕징취앤(王井泉) 씨 댁에서 마련된 쇼재시응(蕭再興) 씨의 초대연이 시작되었다. 전골이었다. 모였던 사람은 지난밤의 사람들(陳逸松, 黃啓瑞, 李超然, 張文環, 蕭再興, 呂泉生 등—인용자. 이하 같음)에다가 런더(즉 王仁德), 티엔쓰앙(즉 吳天賞), 린버(즉 林博秋), 슌장(즉 陳遜章)이었다. 타이완어의 순수화 문제를 논의해 보니 타이완어와 일본어를 혼용하는 습관에 놀랐다.[42]

• • • • • • • • • • • •
41 河野慶彦, 「呂赫若論 作品集『淸秋』について」, 『台湾時報』, 臺北: 臺灣總督府台湾時報發行所, 1944.6, 93면.

(ㄴ) 아침 여덟 시 반에 타이베이(臺北)로 향했다. 「티엔마(天馬) 다방」에서 만나기로 했다. 친구들과 타이베이치오(臺北橋)에서 배를 타고 딴수이허(淡水河)를 항행하다가 쓰어쯔(社子)에 있는 쏭푸이워(宋非我) 씨 댁에 도착했다. 쏭푸이워 씨의 타이완어 이야기를 들었다.[43]

일본어로 창작하는 과정에서 도리어 모어에 대한 관심을 심화했다는 경로는 젊은 '황민작가' 저우진뽀에게서도 확인할 수 있다. 저우진뽀는 1920년에 타이완 지룽(基隆)에서 태어났다. 태어난 지 얼마 되지 않아 어머니를 따라 도쿄에서 유학하고 있던 아버지 곁으로 갔다. 관동대지진 때문에 1924년에 귀향했다가 1934년에 다시 일본으로 건너가 유학 생활을 시작했다. 1941년 니혼대학교(日本大學) 치과를 졸업하고 6월에 타이완으로 돌아왔다. 이런 저우진뽀는 일제말기 타이완의 인텔리들 가운데서도 일본어 실력이 상대적으로 높은 편이었다. 그의 고백에 따르면,

> 하여간 국어가 아니면 나는 뜻을 표현하지 못한다. 따라서 말할 것도 없이, 국어 상용은 필사의 문제일 수밖에 없다. 다만 아쉬운 것은 일상회화 때 파편적으로 재래어가 튀어나올 경우가 많다.[44]

모어와 일본어가 이미 분리될 수 없다는 이러한 사실은 저우진뽀의 작품에서 두 언어가 항상 결합되어 있는 것을 통해 확인할 수 있다. 「'자'의 탄생(『ものさし』の誕生)」(『문예타이완』, 1942.1)에서 타이완인 초등학생의 별명을 소개하는 대목은 다음과 같다.

. . . .

42 呂赫若, 1943년 4월 15일자 일기, 陳萬益 主編, 『呂赫若日記·(昭和17-19年)手稿本』, 台南: 國家台灣文學館, 2004, 115면.

43 呂赫若, 1943년 5월 2일자 일기, 陳萬益 主編, 위의 책, 134면.

44 周金波, 「団仔の辯解」, 『文藝臺灣』, 臺北: 文藝臺灣社, 1941.10, 64면.

통통하게 생긴 그 친구의 성은 여우(遊) 씨라 타이완의 독법으로 읽으면 '기름(油)'이 되어 '아브라(あぶら)'로 불렸고, 이름이 천수이뽀(陳水波)라는 친구도 역시 타이완음 때문에 '당츠이포', 즉 '타구(痰壺)'가 되어 버렸다.[45]

한자의 타이완 독음을 일본어의 뜻으로 전환시켜 해학의 효과를 연출했다. 철저하게 '이중 언어'적인 이 대목은 민난어와 일본어를 동시에 아는 경우가 아니면 이해하기 어려울 것이다. 모어와 일본어의 긴밀한 결합은 평론 「내가 좋아하는 작품에 대하여(私の好きな作品について)」(『문예타이완』, 1943.3)를 통해서도 확인할 수 있다. 이 평론에서 저우진뽀는 단도직입적으로 "내가 좋아하는 작품이라는 과제는, 거꾸로 나에게 좋은 작품이라는 것으로 고쳐지지 않으면 손에 잡히지 않는다"[46]고 밝히고 있는데 중국어를 모르는 한 이 대목을 전혀 이해하지 못할 것이다.

중국어에서는 한자 '호(好)'는 사람이 주어가 되고 물건이 목적어가 되면 '좋아하는'이라는 뜻이지만 반면 물건이 주어가 되면 '에게 좋은'이라는 뜻이 되기 때문에 이러한 선언이 생긴 것이었다. 다시 말해 작가는 일본어를 모어의 문법대로 풀고 나서 다시 이 과정을 생략하고 일본어로 표현했다. 그가 주로 작품을 발표한 『문예타이완』이 일본인이 주관하고 일본인 독자를 향한 잡지였음에도 별도로 설명을 붙이지 않았던 것은 뤼허뤄와 마찬가지로 타이완인이 경험하고 있던 이중 언어 실황을 고스란히 일본인에게 전가했던 것이다.

10년 가까이 일본에서 생활하고 귀향한 이후에도 주로 일본인의 문예단체에서 활동했던 저우진뽀 또한 점차 제국의 언어를 멀리하는

45 周金波,「『ものさし』の誕生」,『文藝臺灣』, 臺北: 文藝臺灣社, 1942.1, 32면.
46 周金波,「私の好きな作品について」,『文藝臺灣』, 臺北: 文藝臺灣社, 1943.3, 23면.

경로를 보였다. 타이완에 돌아간 지 얼마 되지 않았던 1941년 10월에 그는 「타이완 아이의 변명(団仔の辯解)」(『문예타이완』, 1941.10)에서 한편으로 '오바상'이 '아고(阿姑)'와 뜻은 동일하면서도 실감을 주지 못한다고 비평하면서, 다른 한편으로 일본어로의 전환을 거역할 수 없는 시대의 흐름으로 호명했다. 그러나 1년 뒤 「팅쯔쟈오 외(停仔脚 其の他)」(『민속타이완』, 1942.10)에서 '면상(眠床)'의 어감을 묘사하는 데 이 두 가지 방향은 전자만 남게 되었다.

> 眠床의 번역어는 네야라든지 침상이라든지, 혹은 간단히 상이라든 지 베드라든지 간에 모두 재래어만큼 금방 감이 오지 않는다. 면상 은 더 환상적이고 고전적이며 이에 대한 우리의 상념은 끝이 없다. (중략) 다다미 생활의 관념으로는 도저히 상상도 못할 별세계이다.[47]

재래어에 담겨 있는 그윽한 재래 문화를 자랑하는 한편 일본어와 일본 문화에 대한 경멸감을 감추지 않았다. 도쿄 유학 시절에 집필한 처녀작 「수암(水癌)」(『문예타이완』, 1941.3)에서 재래식 가옥을 다다 미로 개조한 것에 대한 만족감을 표출하면서 이를 "높은 생활"을 향 한 첫걸음으로 규정하고 "다다미 위에서 일본인다운 생활을 시작하 자!"고 호소했던 작가의 분신격 주인공과 대조해 보면 저우진뽀의 거 대한 변화를 쉽게 발견할 수 있다. 비록 서로 다른 문학단체에 속해 있었지만 이중 언어 실황을 관통함으로써 모어의 가치에 눈뜨게 되 는 것에 저우진뽀와 뤼허뤄는 공통성을 보였다.

다민족 사회와 다언어 문화에 익숙해왔던 타이완인 작가가 일본어 전용을 일본어=공식 언어, 타이완어=생활 언어라는 도식으로 재정 립하면서 이중 언어 상황을 상대적으로 자연스럽게 받아들였던 데

· · · · · · · · · · · ·

47 周金波, 「停仔脚 其の他」, 『民俗臺灣』, 臺北: 東都書籍株式會社臺北支店, 1942.10, 25면.

반해 단일 민족으로 살아왔던 조선인 작가에게는 조선어=민족=국가라는 도식이 적용되고 있었다. 타이완인 작가에 비하면 그들은 일본어와 모어 사이의 경계선을 더 예민하게 자각하고 있었고 일본어 사용을 조선어와 조선 민족의 소멸로 인식했다. 따라서 타이완인 작가에 비하면 대부분 조선인 작가는 일본어 창작을 더 강력하게 배척했던 한편 이에 대한 반발로 맞춤법 제정, 표준말 사정, 외래어 표기법 제정 등을 비롯한 한글의 정리와 통일, 대중적 보급 작업에 열중했다.[48]

다른 한편, 비록 실제적인 수준은 알 수 없지만 1943년까지 타이완 사회의 전반적인 일본어 해득자 비율은 80%에 이르렀다. 이에 비해 22.15%에 불과했던 조선 사회에서는 일반 민중과 지식인 사이의 일본어 수준 격차가 더욱 심했다. 그 결과 타이완인 작가에 비하면 조선인 작가는 일본어로 창작했을 때 일본인이나 조선인 중의 일본어 작가를 예상 독자로 상정했으며 자문화와의 단절감을 더욱 뼈저리게 느끼고 있었으리라. 즉 타이완인 작가에 비하면 조선인 작가는 자신의 일본어 창작이 실제로 일반 민중 또는 일상생활에서 이탈된다는 사실을 더 분명하게 의식할 수밖에 없었던 것이다. 따라서 그들의 일본어 창작은 타이완의 그것과 달리 모어 창작의 연장선상에 있지 못했고 모어 창작에서 이탈되어 매우 다른 양상을 드러냈다.[49]

세 번째, 1937년 6월부터 타이완 문단이 통째로 일본어 전용 시기

----

48 이준식, 「일제 침략기 한글 운동 연구: 조선어학회를 중심으로」, 『사회와 역사』 제49집, 서울: 한국사회사학회, 1996.12, 49~82면 참고.

49 사에구사 도시카쓰(三枝壽勝)에 따르면 이광수의 이른바 친일적 언동들은 주로 일본어 작품에 집중되어 있었다고 한다. 김윤식과 방민호도 각각 이광수와 이효석의 일본어 창작과 조선어 창작 사이의 간극을 밝힌 바 있다. 사에구사 도시카쓰 지음, 심원섭 옮김, 『(사에구사 교수의)한국문학 연구』, 서울: 베틀북, 2000, 172면; 김윤식, 앞의 책, 107~153면; 방민호, 『일제 말기 한국문학의 담론과 텍스트』, 서울: 예옥, 2011, 199면.

로 휩쓸렸던 데 반해 조선 문단은 적어도 조선어학회 사건 이전까지 그나마 언어 선택의 자유가 있었다. 따라서 '이중 언어 창작'은 타이완 지식인에게 일본어와 모어를 어떻게 결합시켜야 하느냐 라는 문제였는가 하면 조선인 작가에게는 과연 일본어로 창작해야 하는지 라는 문제로 구현되었다.[50] 조선인 문학자들의 이런 고민은 1938년 11월에 '조선 문화의 장래와 현재(朝鮮文化の將來と現在)' 좌담회[51]에서 일본인 작가들로부터 "작품은 모두 국어로 창작했으면 좋겠다"[52]라는 주문을 본격적으로 받았을 때부터 시작되었다. 1939년 여름 한효, 김용제, 임화 사이에서 벌어진 논쟁[53]을 거쳐 1942년 3월 『녹기』에 게재된 '국어로 문학을 창작한다는 나의 신념—반도 문인에게 묻는다(私が國語で文學を書くについての信念—半島の文人にきく)' 및 1943년 2월에 열린 '신반도문학에 대한 요망(新半島文學への要望)' 좌담회에 이르러서도 일관되었다. 결국 조선과 타이완의 '이중 언어 창작'

• • • • • • • • • • • •

50 이런 데서 조선인 작가의 창작 언어가 이데올로기적인 선택을 암시했을 가능성이 발생했는데 임종국과 방민호는 그것을 주장하고 반대 입장을 취하는 연구자로는 호테이 토시히로, 시라카와 유타카, 김윤식, 김재용, 윤대석 등이 있다.

51 이 좌담회는 1938년 10월 일본 신협극단의 「춘향전」 공연을 계기로 같은 11월 하야시 후사오가 대륙으로 가는 길에 경성을 들렀을 때 열렸던 것이다. 『경성일보』 학예부장인 데라다 에이(寺田瑛)의 주선으로 열렸으므로 『경성일보』(1938.11.29~11.30, 12.2, 12.6~12.8)에 연재되었고 그 후 하야시 후사오가 관여하고 있던 일본 문학지 『문학계(文學界)』 1939년 1월호에 「조선 문학의 장래(朝鮮文學の將來)」로 전재되었다. 다무라 히데아키(田村栄章)에 따르면 이 좌담회에서 일본어 사용 문제가 최초로 일본인에 의해 강요되었다고 한다. 田村栄章, 『植民地期における日本語文學と朝鮮』, 서울: J&C, 2004, 113면.

52 村山知義·林房雄·秋田雨雀·張赫宙·辛島驍·古川兼秀·鄭芝溶·俞鎭午·林和·李泰俊·金文輯·寺田瑛, 「朝鮮文化の將來と現在座談會4·半島作家の表現力 國語と朝鮮語を繞る諸問題」, 『京城日報』, 京城: 京城日報社, 1938.12.6.

53 이 논쟁에 관해서는 韓曉의 「國民文學問題」(『京城日報』, 1939.7.13~16, 18~19), 金龍濟의 「文學の真實と普遍性」(『京城日報』, 1939.7.26~8.1), 林和의 「言葉を意識する」(『京城日報』, 1939.8.16~20) 등을 참고할 수 있다.

은 실상 다른 차원에 있었다. 타이완의 경우는 '제도'로서의 일본어 창작을 하면서도 '신체'로서의 모어의 삽입 및 침투를 보인다는 어휘적 차원의 '이중 언어 창작'이었다면, 조선의 경우는 일본어인가 조선어인가라는 언어 체계적 차원의 '이중 언어 창작'이었다.

상술한 세 가지 이유로 인해 비록 조선인 작가의 일본어 창작은 1902년 이인직의 「과부의 꿈(寡婦の夢)」(『미야코신문(都新聞)』, 1902. 1.28~29)까지 거슬러 올라갈 수 있지만 타이완의 경우처럼 문학사의 일부가 되지 못해 일본에 재주한 조선인 작가가 일본인 독자를 상정하면서 일본 문단에서 발표한다는 식으로 어디까지나 조선 문학의 맥락에서 이탈되었다. 시라이시 키요시가 지적했듯이 장혁주, 김사량으로 이어진 이 흐름은 일제말기에 이르러서도 조선 문단에 의해 받아들여지지 않았다.

일제말기 조선의 현지적 이중 언어 창작을 보면 비록 1937년 1월 12일부터 총독부 기관지 『매일신보(每日申報)』가 '국어면(國語面)'을 창설하여 "각종 신문 잡지에 실린 내지인의 조선에 관한 정치, 경제, 학예 등의 논문을 전재하는 것을 중심으로 하고, 다른 한편 조선인이 창작한 국문 기사를 점철"한다는 의도를 밝혔지만[54] 1942년 5월 징병제 실시 발표 및 10월 조선어학회 사건 이전까지 일본어 창작은 매우 산발적으로 나타났다. 1942년에 접어들면서 조선에서 발표된 조선인의 일본어 작품이 대폭 증가하다가 1945년에 다시 대폭 감소했다. 이 사실은 〈표 3〉을 통해 확인할 수 있다.

. . . .

54 「國語面創設に就いて」, 『每日申報』, 京城: 每日申報社, 1937.1.12.

<표 3> 1910~1945년 조선에서 발표된 조선인의 일본어 창작 작품[55]

연도	일본어 창작 작품	연도	일본어 창작 작품
1910~1923년	0	1935년	0
1924년	2	1936년	1
1925년	2	1937년	2
1926년	2	1938년	0
1927년	2	1939년	10
1928년	8	1940년	8
1929년	7	1941년	15
1930년	11	1942년	40
1931년	3	1943년	44
1932년	8	1944년	51
1933년	4	1945년	15
1934년	2		

다음에 이광수의 경우를 통해 조선인 작가의 이중 언어 창작을 구체적으로 살펴보겠다. <표 4>는 1938년 11월~1945년 8월에 이광수가 창작한 소설들이다.

<표 4> 일제말기 이광수 소설 연표[56]

표제	장르	발표지면 또는 발행처	발표 시기	언어	작가 서명
無明	단편	문장	1939.1	조선어	李光洙
箱根嶺의少女	단편	신세기	1939.1	조선어	春園
늙은 竊盜犯	장편	신세기	1939.2~1940.4	조선어	春園
꿈	단편	문장	1939.7	조선어	李光洙
길놀이	단편	학우구락부	1939.7	조선어	春園
鬻庄記	단편	문장	1939.9	조선어	李光洙
玉蜀黍	단편	총동원	1939.11	일본어	李光洙

• • • • • • • • • • • •

55 이 도표는 大村益夫·布袋敏博 編, 『朝鮮文学関係日本語文献目録(1882.4~1945.8)』, 東京: 緑陰書房, 1997에 의거하여 만들어졌다.

56 이 도표를 만드는 데 大村益夫·布袋敏博 編, 앞의 책; 최주한, 『이광수와 식민지

표제	장르	발표지면 또는 발행처	발표 시기	언어	작가 서명
善行章	단편	가정지우 (家庭の友)	1939.12	조선어	李光洙
亂啼烏	단편	문장	1940.2	조선어	春園
옥수수	단편	삼천리	1940.3	조선어	春園
心相觸れてこそ	장편	녹기	1940.3~7	일본어	李光洙
山寺の人々	단편	경성일보	1940.5.17~19, 21~24	일본어	李光洙
金氏夫人傳	단편	문장	1940.7	조선어	春園
世祖大王	장편	경성: 박문서관	1940.9	조선어	李光洙
그들의사랑	장편 (미완)	신시대	1941.1~3	조선어	제1회는 李光洙, 2회부터는 香山光郎
봄의노래	장편 (미완)	신시대	1941.9~1942.6	조선어	香山光郎
元曉大師	장편	매일신보	1942.3.1~10.31	조선어	春園
棉花	단편	방송지우	1943.1	조선어	香山光郎
加川校長	단편	국민문학	1943.10	일본어	香山光郎
蠅	단편	국민총력	1943.10	일본어	香山光郎
兵になれる	단편	신태양	1943.11	일본어	香山光郎
大東亞	단편	녹기	1943.12	일본어	香山光郎
歸去來	단편	방송지우	1944.1	조선어	香山光郎
四十年	장편 (미완)	국민문학	1944.1~3	일본어	香山光郎
元述の出征	단편	신시대	1944.6	일본어	香山光郎
反轉	단편	일본부인 (조선판)	1944.7	조선어	春園
두사람	단편	방송지우	1944.8	조선어	香山光郎
防空壕	단편	방송지우	1944.9	조선어	香山光郎
少女の告白	단편	신태양	1944.10	일본어	香山光郎
區長님	단편	방송지우	1945.1	조선어	香山光郎
明朗한世上	단편	방송지우	1945.1	조선어	香山光郎

• • • • • • • • • • • •

문학의 윤리』, 서울: 소명출판, 2014 등 자료를 참고했다. 그리고 김재용 선생님께서 소중한 자료를 제공해 주셨다.

표를 통해 알 수 있듯이 일제말기 이광수의 창작 언어의 전환은 조선 문단에서 일본어가 확산되다가 다시 쇠퇴한 과정과 겹쳤다. 구체적으로 말하자면 1939년 말~1940년 초부터 매우 산발적으로 일본어로 쓰다가 1943년 10월 이후 본격적으로 일본어로 작품을 발표했다. 그리고 1944년 중반부터 다시 모어 창작으로 돌아왔다. 1940년 3월의 「옥수수」까지는 주로 모어로 소설을 창작했다. 이 시기의 작품에서 일본어 사용을 보면,

「무명」, 「상근령의 소녀」(1939.1)

(ㄱ)「시우신(취침)」하는 소리에 우리들은 다 자리에 누어서 잠을 기다리고 있었다.[57]

(ㄴ) 그 少女는 이번에는 머리에 개천 물에 銀魚인가 무슨 물고기가 헤염치는 그림을 박은 수건으로 머리를 동였다.(네에사마 가부리라는 것이다.)[58]

(ㄷ)『도모모 아리가또우 고자이마시다. 사요나라(참 고맙습니다. 안녕히 게시오)』
하고 그 집에서 뛰어나왔다.[59]

「길놀이」(1939.7)

(ㄱ) 그들을 미루꾸통들은 떼어서 흐르록이랑, 광이랑, 토끼랑, 헤이다이상이랑 이런 더음 장난감을 가지고 한참 동안 재갈대고 즐겨하였으나,(중략)[60]

(ㄴ) 해수관음은 개천가 큰 바위에 우끼보리로 새긴 관세음보살 상이다.[61]

- - - - - - - - - - -

57 李光洙,「無明」,『文章』, 京城: 文章社, 1939.1, 42면.
58 春園,「箱根嶺의少女」,『新世紀』, 京城: 新世紀社, 1939.1, 32면.
59 春園, 위의 글, 37면.
60 春園,「길놀이」,『學友俱樂部』, 京城: 學友俱樂部社, 1939.7, 152면.
61 春園, 위의 글, 153면.

「육장기」(1939.9)

「찌배、 찌배、 찌배、 찌배、 찌배」

솔새 소리가 나오。 두뺨이 하얀 새오。 솔 밭에 산다고 솔새라하고 두볼이히다고 <u>호오지로</u>라고하는 놈이오。[62]

「선행장」(1939.12):

「아버지 <u>젠꼬오시오</u>(善行章)를 빼앗것서。 <u>가끼도리</u> 잘 못 햇다 고。 스물에 여섯박게 안마젓다 고。 선생님이 <u>젠꼬오시오</u> 도루내라 구。 이 다음에 공부 잘 하면 또 주신다 구」

하고는 또 고개를 숙이고 울엇다。 (<u>젠꼬오시오</u> 라는 것은 동굴한 은바탕에 남빗 <u>사구라</u>를 노흔 것으로서 특히 국어공부를 잘하는 아이에게 주어 옷깃에 붓치게하는 것이다)[63]

(밑줄은 인용자)

밑줄 친 부분은 일본어였다. 1939년 1월에 발표된 「무명」과 「상근령의 소녀」에는 공식적인 구령(감옥에서의 구령)이나 일본인과의 대화만 일본어로 되어 있었는데 조선어로 일본어 발음을 표기했고 괄호 속에서 조선어 뜻을 병기했다. 일본어가 조선어를 대체하여 공식적인 언어가 되었지만 매우 표피적인 차원에 머물러 있었다는 사실을 투사했다. 흥미로운 점은 일본 고유 물건인 '네에사마 가부리(ねえさまかぶり, あねさんかぶり)'를 언급했을 때 조선어 의역을 직접 사용하면서 괄호 속에서 조선어로 일본어 발음을 병기했던 것이다. 이광수가 모어로 창작했을 때 조선인 독자를 상정하고 있었으며 모어에 대한 자의식을 강하게 표출했다는 사실은 자명하다.

1939년 중반 이후 미묘한 차이를 보였다. 위 인용문에서 작가는 '선행장'에 대해서만 별도로 설명을 붙였을 뿐 정치 또는 일본에 관

----

62 李光洙, 「鬻庄記」, 『文章』, 京城: 文章社, 1939.9, 23면.
63 李光洙, 「善行章」, 『家庭の友』, 京城: 朝鮮金融組合聯合會, 1939.12, 42면.

한 용어들('헤이다이상', '사구라')이나 외래 문물에 관한 용어들('미루꾸', '우끼보리', '가끼도리')을 조선어로 일본어 발음을 표기하면서 직접 사용했다. 일본어가 정치적·문화적 차원에서 일제말기 조선에서 급속히 퍼지고 있었다는 사실을 투사했다. 그러했음에도 「육장기」에서 솔새의 조선 이름과 일본 이름을 소개한 대목이 시사하듯이 이광수에게 조선어는 일본어로 대체할 수 없는 조선 문화의 운반체였다. 일본어가 공식적인 언어로 정치나 근대 문물을 의미했는가 하면 조선어는 일상적인 언어로서 조선의 전통과 직결되었다.

이광수의 이러한 언어 인식은 1940년 9월 10일 『매일신보』에 '춘원(春園)'으로 발표한 「심적 신체제와 조선 문화의 진로 6(心的新體制와 朝鮮文化의進路 6)」을 통해 확인할 수 있다. 이 글에서 그는 조선어와 일본어가 종교적·생활적 차이로 인해 서로 등가물이 되지 못한다고 밝히고 나서 "조선인의 생활 조선인의 감정은 당분간은 조선어 아니고는 완전히 표현되지 않는다는 것만은 이해할 수 있을 것이니 여기 조선 문학의 존재 이유의 제일조가 있는 것이다"라는 결론을 도출했다. 결국 "앞으로 의무 교육이 실시되어서 아동이 전부 국민 교육을 받고 그들이 장성하여 어른이 되고 조선어만을 아는 자들이 다 노사하기까지는 조선 문학의 필요가 있"었다. 말하자면 "넉넉잡고 금후 오십년간 조선문 문학의 독자는 끊어지지 아니할 것이다"라는 것이었다.[64]

이로 보건대 이광수에게는 일본어와 모어는 양자택일의 관계에 있었으며 각각 서로 독립된 문화 체계를 의미했다. 따라서 조선인이 일본인이 아닌 이상 조선어가 지속될 수밖에 없었고 일본어 전용은 불가능했다.[65] 다시 말해 이광수에게 일본어 창작은 결코 모어 창작의

64 春園, 「心的新體制와 朝鮮文化의進路 6」, 『每日新報』, 京城: 每日新報社, 1940.9.10.

연장선상에 있지는 못하고 궁극적으로 조선어 또는 조선 문화와 대립된 세계를 의미하며 어디까지나 조선인 독자들을 배제한 신기루에 불과했다. 1941~1942년 사이에 조선어로 창작된『봄의 노래』를 이광수가 일본어 창작으로 진입하기 전의 과도기적 작품으로 본다면(이 작품이 미완작이었다는 사실도 과도기적 성격을 시사한다) 일본어와 조선어가 서로 다른 역할을 담당하고 있었던 현상은 그의 이러한 이중 언어 인식을 극명하게 드러냈다.

> 「もつとも生命力の强い草だ。三センチの長さに切られたものからも芽を吹く。」
> 벌서 팔구년이나 전에 동네 소학교에서 이과시간에 스즈끼선생이 말슴하시던 것을 생각하였다.
> (중략)
> 「强い正しい日本人になるんだぞ」
> 스즈끼선생은 씰룩씰룩하는 입으로 늘 이런 말을 하였다. 안해도 없는 스즈끼선생은 구장네 사랑방을 빌어서 있다가 중풍이 되어서 돌아갔다.
> 「유골은 고향으로 보낼 것 없다. 이 동네에 아모데나 묻어다오. 내가 사랑하는 생도들이 자라는 양을 보겠다.」고 유언하여서 요시오네 선산 근처에 묻었다.(중략)
> 「사람은 죽어도 없어지는 것이 아니야. 신으로나 사람으로나 즘생으로나 태어나는 거야」
> 스즈끼선생은 이런 말도 하였다. 그는 죽어서 신이 되어서 십여년이나 가르처내인 아이들을 지킬 생각이었을 것이다.
> 「お前 志願兵に行け」

. . . .

65 "朝鮮語를廢止한다고 一部에떠드는者가있지만 이런政策은 朝鮮人의感情을 도리혀 惡化해서 反對의効果를낳지나 안을가 憂慮합니다 朝鮮의言語文化等 이런것은 끝까지保存하지않으면 안되리라고 생각합니다" 「時局 有志圓卓會議」, 『三千里』, 京城: 三千里社, 1939.1, 43면.

하고 요시오가 맨처음으로 권유를 받은 것은 스즈끼선생에게서였다.[66]

같은 인물의 말이었지만 정치적·일본적인 부분은 일본어로, 일상적·전통적 부분은 조선어로 별도로 표기하여 물과 기름처럼 섞이지 않았다. 일본어에는 더 이상 조선어 번역을 병기하지 않았고 언어의 전환이 매우 빈번하게 발생했다. 결국 이 소설에서 일본어는 젊은 세대 사이의 인사말이나 공식적인 강연에만 국한되어 있었을 뿐, 조선어와 유기적으로 결합하기는커녕 아예 조선어로 이루어져 있던 일상에 침투하지 못했다. 이러한 현상은 일본어 창작으로 이어져 전반적으로 조선어 텍스트와 매우 다른 양상을 보인 일본어 텍스트를 산출했다. 조선어 텍스트가 조선인의 윤리관이나 조선 농촌의 현실, 재래 민속을 서사하는 데 집중되었다면 일본어 텍스트는 국책적인 성격이 농후했다. 그리고 조선인 대신 일본인 인물을 등장시킨다는 경향을 보였다. "아직 국어를 아는 자 삼백만에 불과하다 하니 조선 민중 중에 이천만은 조선어만을 아는 자다"[67]는 일본어 보급 상황에 대한 이광수의 파악을 보면 그의 일본어 창작은 사실상 일본인 독자를 상정했으리라.

이광수의 일본어 소설에서 조선어는 아무 의미 없는 기호로 퇴화되거나 일본 문화의 맥락에서 벗어난 것으로 반드시 설명이 뒤따라야 하거나 했다. 어느 경우든 일본적 맥락 바깥에 독립적으로 존재하고 있는 조선적 맥락의 존속함을 시사했다. 예컨대,

「카가와 교장」(1943.10)
(중략) 후사코는 이 때다 싶어

66　香山光郎, 「봄의노래」, 『新時代』, 京城: 新時代社, 1941.9, 220~222면.
67　春園, 「心的新體制와 朝鮮文化의進路 6」, 『每日新報』, 京城: 每日新報社, 1940.9.10.

『아버지. 정말로 하녀 한 명만 부탁드립니다. 어머니는 몸도 약하시고. ケヂベ라도 좋아요.』
라고 강경하게 요구했다.[68]

「군인이 될 수 있다」(1943.11)
「아버지. 옆집 권 씨네 할아버지가 죽었어요. 모두 アイゴーアイゴー하고 울고 있어요」[69]

「사십년」(1944.1~3)
(ㄱ) (중략) バルカムギ라는 발까지 감는 각반이 걸려 있었다.[70]
(ㄴ) 물건을 지고 다니는 상인이라는 뜻으로 トンチムチャンサ라고 불린 사람들인데 어쩌면 조선의 역사보다도 오래된 계급인지도 모른다.[71]
(ㄷ) 언제나 깔끔하게 サンビ(문사, 학자)의 옷차림을 하고 있어 아무래도 가난한 방랑자로 보이지 않았다.[72]

가타카나로 표기된 단어는 조선어 어휘를 발음 그대로 표기한 것이었다. 「카가와 교장」과 「군인이 될 수 있다」에서는 아무 설명을 붙이지 않았다. 'アイゴーアイゴー(아이고 아이고)'라는 조선인의 울음소리는 특별한 의미가 없으므로 별도로 설명하지 않아도 좋지만 'ケヂベ(계집애)'라는 일반 명사에 대해서도 설명하지 않는 것은 의미심장했다. 일본인 '후사코'에게 조선인 하녀를 의미하는 '계집애'는 기실 '아이고 아이고'라는 울음소리와 마찬가지로 아무 의미가 없는 기호에 불과하다는 작가 의식을 엿볼 수 있다. 작가가 조선인에 대한

• • • • • • • • • • • •
68 香山光郎, 「加川校長」, 『國民文學』, 京城: 人文社, 1943.10, 10면.
69 香山光郎, 「兵になれる」, 『新太陽』, 東京: 新太陽社, 1943.11, 41면.
70 香山光郎, 「四十年(第一回)」, 『國民文學』, 京城: 人文社, 1944.1, 93면.
71 香山光郎, 위의 글, 94면.
72 香山光郎, 위의 글, 96면.

일본인의 경멸감을 뼈저리게 의식하고 있었기 때문에 의도적으로 조선인을 호명하는 '계집애'를 아무 의미 없는 기호로 무화한 게 아니었는가?

이에 비해 'バルカムギ(발감기)', 'トンチムチャンサ(등짐장수)', 'サンビ(선비)'를 비롯한 조선의 고유문화와 관련된 단어들을 사용하는 데 이광수는 설명을 소홀히 하지 않아 조선 문화에 대한 강한 자의식을 드러냈다. 반드시 조선어 발음을 표기하고 나서 다시 일본어로 설명한 것은 「상근령의 소녀」에서 일본 고유 물건을 언급하는 데 조선어 의역을 직접 사용한 것과 선명한 대조를 이루어 모어에 대한 일관된 집착을 보여주었다. 비록 작가는 일본어로 창작하기 시작했지만 조선어 번역 불가능 의식은 그대로였다고 할 수 있다.

특히 주목할 만한 것은 일본어 텍스트가 조선어 텍스트와 논리의 불일치를 드러냈다는 점이다. 「난제오」와 「카가와 교장」에서 간소한 생활에 대한 논의를 보면 다음과 같다.

> (ㄱ) 사실 나 자신도 비단옷이 좋았다. 음식이나 거처나 다 화려한 것이 마음에 좋았다. 이 마음을 떼어버리지 못하고 회색무명 옷이나 입는다면 그것은 안해말 마따나 위선일 것이다.
> 「돈이 좀 많았으면」
> 나는 이런 생각을 할 때가 가끔 있다. 스스로 부끄럽기도 하고 또 원체 복이 없는 자가 부귀를 구한다고 올것이 아닌 줄을 잘 알기 때문에 돈에 허욕은 내어본 일이 없지 마는,
> 「돈이 좀 있었으면」
> 하는 가여운 생각은 가끔 일어나는 내다. 더구나 오늘 모양으로 꼭 돈이 좀 있어야 할 처지를 당한 때에는 돈 생각이 자못 간절하다.
> 나는 간혹 길가 거지에게 돈을 준다. 내생에나 이런 공덕으로 좀 넉넉히 살아보자 하는 천한 동기에서다.[73]

(ㄴ) 『(중략) 이제부터 일 년이 결전의 일 년이니까. 적어도 이 일
　　년은 고생하는 일 년으로 해야 하지 않겠나? 전선 장병에 대
　　한 의리로 봐서도 그렇다.』[74]

　(ㄱ)은 조선어 텍스트, 그리고 (ㄴ)은 일본어 텍스트의 일부였다. 비
록 시간적 격차는 있었지만 전자가 재래의 윤리적 맥락에서 욕망과
복분을 복합적으로 논의한 것과 후자가 단순하게 일본적 국가의식을
선전한 것은 논리의 층위는 사뭇 달랐다. 전자가 자서전적 소설이었
으므로 화자를 작가의 분신으로 볼 수 있는 데 비해 후자는 일본인
인물을 등장시켜 일본적 발화와 작가의 사실상의 거리를 암시했다.
　모어 창작과 일본어 창작 사이의 모순은 궁극적으로 작가가 일본
어 창작을 모어 창작의 연장선상에 위치시키려 하지 않았던 데서 기
인된 게 아니었는가 싶다. "조선 문학은 조선문으로 쓰이는 것이"라
는 서술[75]을 보면 이광수는 일본어 창작을 조선 문학으로 인식하지
않았다. 비록 부득이하게 일본어로 창작하게 되었지만 그는 스스로
'무모'하다고 그것을 부정했다.[76] 단일한 일본 문화와 단일한 일본적
사고방식을 부각하고 일본인 인물을 전경화함으로써 이광수의 일본
어 창작은 조선어 창작과의 간극을 정점에 도달하게 했다. 이처럼 일

● ● ● ● ● ● ● ● ● ● ●
73　春園, 「亂啼烏」, 『文章』, 京城: 文章社, 1940.2, 39~40면.
74　香山光郎, 「加川校長」, 『國民文學』, 京城: 人文社, 1943.10, 10면.
75　"어느나라의 文學이라함에는 그 나라의 文學을쓰이기를 基礎條件으로삼는 것이다.
　　支那文學이 漢文으로 쓰이고 英文學은 英文으로쓰이고 日本文學은 日文으로 쓰이는
　　것은 元亨利貞이다.(중략) 朝鮮文學은 朝鮮文으로 쓰이는것이다. 朝鮮文으로 쓰이지
　　아니한 朝鮮文學은 마치 나지아니한 사람 잠들기前 꿈이란 것과같이 無意味한일이
　　다." 李光洙, 「朝鮮文學의槪念」, 『四海公論』, 京城: 四海公論社, 1935.5, 31면.
76　1944년에 이광수는 여전히 "사투리란 둘째 셋째 문제이고 무엇보다 국어로 소설
　　을 쓰고자 하는 것 자체가 도대체 무모하"다고 주장했다. 崔南善·香山光郎·馬海松,
　　「東京對談」, 『朝鮮画報』, 東京: 朝鮮文化社, 1944.1, 김윤식 편역, 『이광수의 일어
　　창작 및 산문선』, 서울: 역락, 2007, 226면에서 재인용.

본어와 조선어 사이의 간극을 최대화함을 통해 그는 일본어로 소설을 쓰면서도 일본어 창작을 거부할 수 있었던 게 아니었는가? 철저히 '일본적'인 일본어 창작을 만듦으로써 그는 조선 문학이 조선어로만 창작이 가능하다는 신념을 역설적으로 실천했다고 할 수 있다. 다시 말해 그의 일본어 창작은 일견 매우 국책적인 것처럼 보이지만 실제로 도리어 일본어 전용에 대한 거부를 역설적으로 보여주었다.

조선 문단에서 모어와 일본어를 확연하게 구분했다는 현상은 타이완 문단의 경우와 선명한 대조를 이루었다. 타이완인 작가가 일본어와 모어를 혼용함으로써 독자적인 이중 언어 체계를 창출하여 모어에 대한 감각을 닦아갔는가 하면 조선인 작가는 일본어 창작과 모어 창작 사이의 간극을 최대화함으로써 일본어 전용에 대한 거부를 실천했다. 궁극에 있어 일본어를 내면화하지 않았으므로 광복 이후 조선인 작가들은 아무 문제없이 모어 창작으로 되돌아갈 수 있었다.[77]

덧붙여 조선과 타이완의 일본어 창작을 바라보던 일제말기의 외부적인 시각에 대해 한마디 언급하겠다. 『타이완공론』 1943년 12월호에 실린 '조선특집'에는 「조선 작가와 국어 문제(朝鮮作家と國語問題)」라는 글이 있었다. 저자 시라이시 키요시에 관한 자료는 찾을 수 없지만 글을 통해 그가 일본인이었음을 쉽게 판단할 수 있다. 이 글에 나타난 조선과 타이완의 용어 문제에 대한 일본인의 인식을 정리해보겠다. 시라이시 키요시는 조선인 작가들이 거의 한글로 창작하고 있다고 인식했다. 그에 따르면 조선인 작가가 제시한 이유는 일본어로 쓰면 작품의 맛을 제대로 낼 수 없다는 것이었다. 시라이시는 조

----

77 반면에 일본어를 어느 정도 내면화했던 타이완인 작가들은 광복 이후 다시 한 번 언어의 전환을 겪을 수밖에 없었다. 뤼허뤄, 천훠취앤, 룽잉쫑, 예스타오 등은 중국어로의 회귀에 성공했지만 장원환 같은 경우는 끝까지 일본어로 창작했고 저우진뽀는 절필했다.

선 작가의 이러한 용어 선택 문제가 결국 태도의 문제였다고 판단하여 조선의 문학작품이 어둡다든가 조선의 문화가 제멋대로 하는 성격을 가지고 있다든가 하면서 통렬하게 비난을 퍼부었다. 그에 따르면 조선어 창작은 조선의 황민화에 방해가 되기 때문에 결코 용인할 수 없다고 했다. 타이완의 경우는 작가들이 일제히 일본어로 창작한다는 점에서는 "조선보다는 한층 바른 문학운동자"들이긴 했지만 타이완인의 생활만 다루었기 때문에 "국어의 가면을 쓰고 있지만 타이완어로 된 문학작품이나 다름없다"고 비난했다. 조선과 타이완의 이중 언어 창작에 대한 당시 제국 측의 이러한 낮은 평가는 매우 시사적이라 생각된다.

2. '국어'에 대한 불안

㉑ 말을 잃어버린 사람들

'국어'란 국가를 대표하는 표준어로서 강한 배타성을 지니고 있다.[78] 일제말기의 조선과 타이완에서 일본어는 국어로 정착되면서 보편적·절대적인 척도가 되어 정치권력, 경제 수익 및 사회 계급과 밀접한 관계를 맺었다. 일본어가 점차 절대 가치로 정립된 사실을 식민지 작가들은 뼈저리게 느끼고 있었다.

1944년 6월에 천훠취앤은 타이완총독부 정보과와 타이완문학봉공회의 파견으로 진꽈스(金瓜石) 광산을 약 1주일 동안 고찰한 후 그 견문을 바탕으로 소설 「안전하게 일하세요(御安全に)」를 창작했다. 이 소설에서 그는 외부 사회와 거의 절연된 광산에서마저 일본어가 가

---

78 周婉窈, 앞의 책, 80~81면.

장 중요한 평가 기준으로 적용되고 있었다는 사실을 작품화했다.

> 국어도 능통하고 읽고 쓰는 것도 문제없고 상당한 연공을 쌓은 사람이라 언젠가 오장(伍長)으로 승진시켜 주겠다고 했더니 아니에요 아직은 젊은이 못지않게 일할 수 있으니 그냥 놔 두세요 하고 그대로 지주부(支柱夫)로 일해 온 걸 과장은 문득 떠올렸다.[79]

'장동후이(張東輝)'라는 타이완인 광부를 소개하는 대목이다. 갱내에서 개개인이 서로 떨어져 육체노동에 종사하는데 읽고 쓰기는커녕 일본어로 대화할 기회조차 거의 없다. 그럼에도 여전히 일본어 수준은 타이완인 노동자를 평가하는 가장 중요한 기준으로 기능된다. 이처럼 일본어의 절대 가치는 보편적이고 절대적이며 개인적 이익과 직접 연결되어 있다. 이 대목만을 통해 저자의 태도를 확인하기는 어렵지만 식민지 작가 천휘취앤이 일본어의 절대 권위를 뼈저리게 의식하고 있었다는 점만은 분명하다.

조선인 작가들도 같은 현실 인식을 드러냈다. 1944년 8월에 발표된 이광수의 「두 사람」은 일본어가 절대적 표준으로 정착되면서 조선인의 복창을 강요했다는 사실을 여실히 형상화했다. 이는 특히 징병검사 장면을 통해 압축적으로 예술화되었다. 징병검사는 철저히 일본어로 이루어진 것은 물론이고 '코오슈(甲種, 갑종)'라든지 '테이슈(丁種, 정종)'라든지 조선인의 신체에 대한 평가도 일본어의 형태를 띠며 조선인의 '후꾸쇼오(復唱, 복창)'를 요구했다. 일제의 평가 시스템이 일본어로 구현되어 공식적인 자리에서 절대적인 권위를 펼치고 있었을 뿐만 아니라 식민지인의 복종을 강요했음을 이광수는 담담하게 서술했다.

----

79 高山凡石,「御安全に」, 臺灣總督府情報課 編, 『決戰臺灣小説集(乾卷)』, 臺北: 臺灣出版文化株式會社, 1944, 71면.

군의는 대견한 드시 용석이와 왈쇠의 벌거벗은 몸을 우아래로 훑
터보았다.

"요—시."

용석이와 왈쇠는 옷을 입고 징병관 앞에 여러 장정이 늘어앉은 자
리에 와 앉아서 제 차례가 돌아오기를 기다렸다.

김주사 손자가,

"테이슈(丁種)"

하고 긔운없는 〈후꾸쇼오〉를 하고 물러나오는 것을 보고 용석이
와 왈쇠는 몸에 소름이 끼침을 깨달았다. 그러나 내야 헤이슈(丙種)
테이슈(丁種) 될 리는 없지 하고 마음이 튼튼하였다.

징병관이,

"코오슈(甲種)"

하고 선언할 때에 목청껏,

"코오슈"

하고 〈후꾸쇼오〉하는 소리가 장내를 울리는 것을 보면 용석이와
왈쇠도 주먹이 불끈 불끈 쥐어지도록 긔운이 났다.

"나는 저보다 더 크고 여무진 소리로 후꾸쇼—를 하리라."[80]

조선의 농촌 청년인 '용석'과 '왈쇠'가 징병검사를 받는 대목이다.
여기서 이광수는 일본어 구령을 한글로 표기했을 뿐 설명을 달지 않
았다. 일본어가 공식적인 언어로서 이미 구석진 시골까지 침투했다는
사실에 대한 작가의 인식을 엿볼 수 있다. 흥미로운 점은 '용석'과
'왈쇠'의 심리 묘사를 보면 일견 일제의 공식적인 가치 시스템을 받
아들인 것처럼 보이지만 "〈후꾸쇼오〉"를 "후꾸쇼—"로 달리 수용하
듯이 실제로 공식적인 가치 시스템과 미묘한 간극을 유지하는 것이
다. 식민지 조선의 시골 청년인 '용석'과 '왈쇠'의 일본어와 표준 일
본어 사이의 이러한 간극은 식민지 청년과 제국의 평가 기준 사이의

80 香山光郎, 「두 사람」, 이경훈, 『이광수의 친일문학 연구』, 서울: 태학사, 1998, 378~
379면.

간극을 가시화했다. 비록 그들이 "요ー시"나 "코오슈"라는 평정 결과로 제국의 심사를 무사히 통과했지만 그들의 '복창'은 제국이 요구한 그것이 될 수 없었다.

작가의 진실한 의도를 쉽게 짐작할 수 없지만 위의 두 작품을 통해 일본어 상용 국책 아래 일본어가 점차 평가 시스템과 결합하여 모어를 배제하고 있었다는 사실에 대한 작가의 인식을 볼 수 있다. 이러한 작가 의식이 드러난 작품들은 특히 문단 통제가 엄격해진 1944년 이후 많이 등장했다. 이에 비해 일본어 상용을 둘러싼 식민지 작가의 진실한 고민은 주로 1942년 중반부터 1943년 중반까지 집중적으로 형상화되었는데 말을 잃어버린 식민지 인물상을 통해 압축적으로 표상되었다.

천훠취앤은 말을 하지 못하는 식민지인을 표상하면서 그 원인이 일제의 민족 차별이었음을 암시했다. 그의 자서전적 소설 「길(道)」(『문예타이완』, 1943.7)의 주인공 '칭난(靑楠) 천훠취앤'은 장뇌를 추출하는 기술 개발에 큰 성과를 거두었을 뿐만 아니라 문학에도 뛰어난 재주를 보이는 다재다능한 청년이다. 그럼에도 타이완 출신으로 인해 직장에서 소외받고 승진하지 못한다. 저자는 주인공의 말을 모두 내적 묘사로 처리하는 한편, 항상 일본인의 판결을 기다려야 하는 주인공의 수동적인 위치를 부각했다.

> (ㄱ) 「많이 취해서 방을 잘못 찾았나 보다.」하고 생각할 사이도 없이, 「이 멍청한 놈!」라는 호통이 들리는 동시에 그는 뺨따귀를 두어 번 맞았다. 미처 고통을 호소하기도 전에 그는 그 대단한 위세에 눌려 「이런 이런 깜짝이다!」하고 속으로만 답답해했다.
> 더 냉정하게 하지 않으면 안 되겠다고 생각을 고쳐, 그는 옷깃을 여미었고 단정하게 고쳐 앉았다. 불만이 있다면 경청하

겠다는 듯이 자세를 바로 했다. 사내를 바라본 그의 눈에 뭔가 혐오한 표정이라도 있는 모양이었다. 갑자기 사내의 눈에는 당황한 기색이 보였다.

「너는 老鰻(불량배를 가리킴) 아니었나? 난 경찰인데………．」

하고 사내는 계속 의심의 눈초리로 그를 쏘아보며 또박또박 말했다.

「老鰻로 보고 때린 거란 말이야?」그는 목구멍까지 나온 말을 간신히 참았지만 끓어오르는 분노를 느낄 수밖에 없었다. 그의 눈에서 아주 불쾌한 빛을 발견했는지, 경찰이라고 자칭한 그 사내의 눈에는 다시 방금과 같은 당황한 기색이 보였다.[81]

(ㄴ)「그런데 자네가 좀 삐기고 다닌다고들 하던데………」

급작스럽지만 계장은 모든 것을 알고 있다는 듯이 말을 꺼내고는, 담배 한 모금 깊이 빨았다.

「그냥 놔둡시다. 남들의 입을 막을 수는 없잖아요.」

그는 뭐라고 말하고 싶었지만, 말해도 소용이 없을 것 같고, 그리고 어디서부터 어떻게 말해야 될지 몰라 목까지 나오는 말을 몇 번이나 삼켰다.[82]

(ㄷ)「그런데 자네는 왜 아직 개성명(改姓名)하지 않았나?」 잠깐 뜸을 들이더니 계장은 마치 그것이 문제가 되었다는 투로 난처한 듯하면서도 한편으로는 나무라는 듯한 표정으로 그를 쳐다봤다.

(중략)

평소 같으면, 그는 성명 변경에 대한 모든 견해를 피력하고 계장의 비평을 구했을 것이다.─(중략)─그는 그런 견해를 가지고 있었다. 그러나 지금의 경우에는 그는 「견해」 따위는 있을 수가 없었다.[83]

(ㄱ)은 주인공이 일본인 경찰의 습격을 당한 대목이다. 느닷없이

....

81 陳火泉, 「道」, 『文藝臺灣』, 臺北: 文藝臺灣社, 1943.7, 91면.
82 陳火泉, 위의 글, 115면.
83 陳火泉, 위의 글, 124~125면.

침해를 당한 주인공은 다만 표정이나 눈빛으로 불만을 표출할 뿐, 말하지는 못한다. 일본인 경찰이 스스로 잘못을 깨닫기 전까지 주인공은 아프다거나 깜짝인다거나 하는 본능적인 감탄조차 자제한다. 일본인 경찰로 육화된 제국의 국가 폭력이 일방적이고 절대적인 결정자였기 때문에 식민지인은 말은커녕 '그'라는 3인칭 대명사[84]가 암시하듯이 이름조차 잃어버렸다. 식민지인이 말을 잃어버린 것은 궁극적으로 일본인의 명명과 판결을 기다려야 하는 위치에 놓여 있는 데서 비롯되었다.

(ㄷ)도 마찬가지로 제국의 절대적인 국가 권력으로 인한 식민지인의 실어증 현상을 형상화했다. 개성명(조선에서의 창씨개명에 해당됨)이라는 국가 제도에 부딪치자 불공평한 대우를 받은 피해자는 순식간에 피고인의 위치에 놓이게 되어[85] 말을 잃어버렸다. 절대적인 국가 제도 앞에서 식민지인이 "「견해」 따위는 있을 수가 없었"기 때문이었다. (ㄴ)은 일상생활에서 식민지인이 말을 잃어버린 장면이다. 일본인 동료의 중상을 들은 주인공은 변명하는 말을 참는 것 외에 아무것도 할 수 없다. 승진 문제로 이미 민족 차별의 극복 불가능성을 뼈저리게 느꼈기 때문이다. 이 대목들은 식민지인의 실어증이 궁극적으로 제국 질서 속에서 그들이 기본적으로 발언권을 갖지 못하고 있었기 때문이라고 암시했다.

「길」과 같은 1943년 7월에 발표된 뤼허뤄의 「석류」(『타이완문학』,

---

84 전편에 걸쳐 '그'라는 삼인칭 대명사로 작가의 분신격인 주인공을 호명하는 현상은 일제말기 조선과 타이완의 소설에서 쉽게 확인될 수 있다. 전형적인 사례로는 저우진뽀의 「수암」(『문예타이완』, 1941.3), 이석훈의 「이웃 여인(隣りの女)」(『녹기』, 1942.3) 등을 꼽을 수 있다.

85 "그는 법정에 서게 된 피고인이 진술하는 어조로 대답했다. 왜 문책을 받은 죄인처럼 당황하고 있는지 그 자신도 몰랐다. 왜 좀 더 당당하지 못할까 하고 분노는 그의 속에서 부글부글 끓어오르는 것 같았다." 陳火泉, 앞의 글, 125면.

1943.7)는 발광이라는 장치를 동원해 식민지인의 실어증을 최대화하면서 화살을 식민지 현실로 돌렸다. 남의 집 양자가 된 '무훠(木火)'는 느닷없이 정신이 이상해졌는데 발광의 증상은 외부 세계와의 소통 불능으로 구체적으로 그려졌다.

하지만 무훠는 저항도 하지 않고 큰 입을 연 채 얼굴이 하늘로 향한 자세로 움직이지 않았다. (중략) 갑자기 진성(金生)은 화가 나서,
「이 바보! 어서 뱉어내지 않니?」
하고 안간힘을 다 써 무훠의 귀를 잡아당겼으나 무훠는 아무 반응도 없었다. 하나도 변함이 없는 그 표정을 본 순간, 진성은 동생이 이미 자신과 아무 관계가 없는 다른 세계의 인간임을 깨달아 솟아오른 슬픔에 입술이 떨렸다.
(중략)
무훠는 아주 난폭하게 굴지는 않았다. 초점이 없는 눈이 항상 미지의 곳에 주시하고 아무 소리도 들리지 않는 표정으로 큰 입을 연채 손이 닿는 대로 입에 넣었다.[86]

외부 세계와의 소통 불능은 당시 타이완인이 봉착하고 있던 언어적 장벽을 쉽게 상기하게 한다. 흥미로운 점은 뤼허뤄가 이런 '무훠'가 죽은 후 다시 형과의 소통을 회복한다고 설정한 것이다.

(중략) 그리고 이 어두움 속에 무훠가 있으며 무훠가 자신의 손을 끌어당기고 있는 것 같기도 했다. 그는 눈을 감고 잠시 동안 그대로 서 있었다. 이번은 무훠의 얼굴이 뚜렷이 떠올랐다.
(중략) 다시 한 번 무훠의 얼굴이 머릿속에 떠올랐다. 그리고 문득 무훠의 표정이 「형, 괜찮아.」하는 듯하다고 느껴졌다. (중략)[87]

86 呂赫若, 「柘榴」, 『清秋』, 臺北: 清水書店, 1944, 44~46면.
87 呂赫若, 위의 글, 76면.

'무휘'가 다시 신체적으로 언어적으로 느껴진 것은 '합로(合爐)'라는 전통 의례에 의해 생가로 돌아와 '양자'라는 신분에서 벗어났기 때문이다. 제4장에서 상론하겠지만 일제말기 소설에서 흔히 등장된 입양 모티프는 식민지 현실에 대한 작가의 인식과 연관지어 해독되어야 한다. 소설의 이러한 설정은 식민지의 운명에서 벗어날 희망을 발견하지 못했음에도 식민지 현실에 대해 심각한 부정적 인식을 가지고 있었다는 작가 의식을 극명하게 드러냈다.

저우진뽀 또한 언어적 장벽의 근원을 부조리한 제국 질서에서 찾았다. 「'자'의 탄생」(『문예타이완』, 1942.1)에서 그는 제국 앞에서 식민지 차세대가 실어증에 걸린 장면을 등장시켰다.

> 「허어, 아브라라니 그게 참 재미있는 별명이네.」
> 다들이 우스워져 웃었다.
> 「난 흰 원숭이야. 얘는 타구고.」
> 「그건 또 왜?」
> 어딘가 타구와 비슷한 점이라도 있나 하듯이 사관은 훑어보았다. 「타구」의 유래도 「아브라」의 유래도 알고 있지만 우원송은 설명을 주저했다. 알쏭달쏭한 국어로 무리하게 설명하다가 오히려 마각을 드러낼지도 모른다고 이미 제육감이 말해주기 때문이었다. 하지만 이제는 그의 차례였다.
> 「구레(吳)군항의 구레에다가, 문장의 후미(文)에다가, 오스메스(雄雌)의 오(雄)로 쓰는 거야.」
> 아예 우원송이라고 분명하게 덧붙여서 말해버리자 하고 몇 번이나 생각했지만 끝내 그 말을 하지 못했다.[88]

일본인 장교와 허물없이 어울려 놀다가 자신의 이중 언어 현실에 부딪치자 타이완인 아이는 말을 잇지 못하게 된다. 전술한 바와 같이

• • • • • • • • • • • •

88 周金波, 「『ものさし』の誕生」, 『文藝臺灣』, 臺北: 文藝臺灣社, 1942.1, 35면.

'타구'나 '아브라'라는 별명은 모두 타이완어와 일본어를 결합한 결과로 철저하게 이중 언어적인 것이다. 아직 한낱 초등학생에 불과한 '우원슝(吳文雄)'까지 일본인과의 언어적 차이를 절감하고 대화를 중단할 수밖에 없다. 자기소개할 때 그는 일본 이름과 비슷한 느낌을 주는 한자의 훈독만 소개할 뿐, 타이완 이름의 특색을 드러낸 음독을 회피하여 의도적으로 일본인과의 언어적 차이―그의 식민지인 신분을 의미한다―를 은폐하려 한다. 비록 일견 일본인 군인과 타이완인 아이의 우정을 표현한 것처럼 보이지만 이 소설은 식민지인과 일본인 사이의 신분적 격차의 고착화를 직접 겨냥했다.

반 년 뒤에 발표된 서간체소설 「팬의 편지(ファンの手紙)」(『문예타이완』, 1942.9)에 이르러 저우진뽀의 이러한 문제의식이 더욱 분명해졌다. 이 소설의 주인공 타이완인 '라이진룽(賴金榮)'은 차별대우를 더 이상 받지 않기 위해 일본 입적까지 한다. 그러나 비록 법적으로 일본인이 되었음에도 존경하는 일본인 작가를 상대하자 여전히 말을 더듬게 되어 넘어갈 수 없는 장벽을 절망적으로 느끼게 된다. 결국 식민지인으로서의 열등감은 언어적 장벽으로 가시화되고 다시 일본인과의 거리감으로 구현된다. 식민지인이 비록 법적으로 일본인이 되더라도 실제적인 제국 질서 속에서 결코 일본어나 일본인과의 간극을 극복할 수 없다는 작가의 인식을 엿볼 수 있다.

　　상상하던 것보다 10살 20살도 젊어 보이신 선생님의 발랄한 모습을 보고 저는 터놓고 얘기하고 싶었습니다. 하지만 어째서 십분의 일, 아니 백분의 일조차 표현하지 못하고 말았습니다.
　　(중략)
　　선생님, 저는 타이완인 여성에게 연애의 정서가 없다는 얘기를 몇 번이나 반복했습니다. 그럴 때마다 연래의 정서, 연래의 정서라고 연발하여 선생님을 당혹하게 만들었지요. 그것은 연애의 정서였습니다.

선생님은 알아듣는 표정이셨지만 정말 연래로 생각하셨는지요. 설령 저도 같은 내지인이었다면 이 사람이 긴장해서 그렇구나 하고 넘어가시겠지만 저 같은 경우는 국어의 이해력마저 의심받을 수 있어서 참으로 민망합니다.[89]

'국어'의 절대성으로 인해 언어 장애가 생긴 식민지인을 형상화함으로써 문제의식을 제국 질서로 확대한 글쓰기는 조선에서도 확인할 수 있다. 이석훈의 「혈연」(『동양지광』, 1943.8)에는 다음과 같은 장면이 있다.

얼마 되지 않아 야프로니야역에서 젊은 병사 한 명이 차에 올라 그들의 맞은편에 앉았다. 차 안에 사람이 그리 많지 않았다. 특무조장(特務曹長)이라고 자칭한 이 병사는 곧 쾌활하게 용식과 이야기를 나누기 시작했다. 이것저것 잡담을 나누고 나서 드디어,
「고향은 어디세요?」
라고 병사가 물었다.
「가고시마(鹿児島)입니다.」
라고 용식은 대답했다.
「어쩐지 가고시마 사투리가 있다고 생각했어. 나는 미야사키(宮崎)입니다. 이웃이네요.」
두 사람은 완전히 의기투합한 모양이었다. 병사는 캐러멜과 담배 등을 꺼내고 권했다. 용길은 담배를 피우지 않아서 캐러멜을 집어먹었다.
병사와 용식은 가고시마와 만주의 일로 이야기꽃을 피웠다. 용식의 일본어 실력에 용길은 완전히 탄복했다. 그래서 그는 더욱 딱딱해지고 거의 말을 하지 않았다.[90]

만주의 열차 안에서 벌어진 장면이다. 일본인의 서양자(壻養子)[91]가

89 周金波, 「フアンの手紙」, 『文藝臺灣』, 臺北: 文藝臺灣社, 1942.9, 41~42면.
90 牧洋, 「血緣」, 『東洋之光』, 京城: 東洋之光社, 1943.8, 94면.

된 사촌동생 '용식'이 유창한 일본어로 일본인과 이야기를 나누는 것을 보고 '용길'은 실어증에 걸리고 만다. 유창한 '국어' 앞에서 자신의 서투른 일본어의 식민지적 흔적을 발견하고 그것을 은폐하려는 것은 타이완인 아이 '우원송'의 모습과 겹친다. 그러나 언어 장애는 '용길'에게만 국한되지 않고 유창하게 일본어를 구사하고 있는 '용식'에게도 마찬가지다. '용식'은 고향 질문에 대해 처가인 가고시마로 대답하고 조선인 신분을 의도적으로 감춘다. 이 점을 감안하면 일본인 병사와 쾌활하게 이야기를 나누고 있는 '용식'은 사실상 조선인 '용식'이 아니라 일본인의 가면을 쓰고 있는 정체불명의 인간에 불과하다. 일본인 앞에서 조선인의 목소리로 발화하지 못한다는 점에서 일본 국적을 획득한 '용식'이나 일본 헌법과 국적법의 적용 대상에서 배제된 '용길'이나 마찬가지다.

다시 말해 비록 법적으로 일본 국적을 획득한다 하더라도 조선인이 조선인으로서 발화하지 못하는 이상 실어증에 걸린 것이나 다름없다. 비록 조선과 가고시마가 명목상은 모두 일본의 지방이고 조선어와 가고시마어가 모두 일본의 사투리지만 가고시마어가 일본인 병사의 친근감을 쉽게 불러일으키는 데 반해 조선어 사용자는 스스로 입을 다물게 된다. 유창한 일본어를 구사하고 일본에 입적했음에도 모어와 식민지 출신을 감출 수밖에 없는 '용식'의 모습은 비록 정확한 표준 일본어를 구사하지 못하면서도 "거짓 없는 규슈인"으로서 당당하게 발언권을 독점하고 있는 일본인 병사의 모습과 선명한 대조를 이룬다.

제국의 언어 교육 연구자인 야마사키 무츠오(山崎睦雄)는 비록 공

91 양자가 됨과 동시에 양가의 딸과 결혼하는 것이다. 최석영, 「식민지 시기 '내선(內鮮)결혼' 장려 문제」, 『일본학연보』 제9집, 대구: 일본연구학회, 2000.8, 279면.

식 담론에서 '국어'는 흔히 표준어(교제 언어 또는 강연 언어)를 가리키지만 실상 표준어 사용자보다는 도리어 상용어(가정 언어) 사용자가 더 순수한 일본 정신을 소유하고 있다고 지적한 바 있다.[92] 결국 제국 질서에서 인정된 것은 일본어 실력보다도 일본적 정체성이었기 때문에 식민지인은 그 언어 실력이 어떻든 권력의 중심에서 배제되기 마련이었다. 이 사실을 밝힌 이석훈의 문제의식은 언어적 차원에서 벗어나 제국 질서로 확대되었다. 다시 말해 식민지인의 실어증은 일본어의 도달 불가능성에서 기인되었다기보다는 궁극적으로 제국 질서 속에서 식민지인의 발언권 결여에서 비롯되었다. 이런 사실을 보여주는 것에서 조선인 작가 이석훈과 타이완인 작가 저우진뽀는 매우 유사한 문제의식을 드러냈다.

「팬의 편지」와 「석류」, 「길」, 「혈연」은 모두 1942년 중반~1943년 중반 사이에 탈고되고[93] 발표되었다. 이 시기에 이르러 정체성에 대한 식민지 작가들의 논의가 언어적 차원까지 확대되었음을 알 수 있다. 1937년 7월 이후 일제의 시책은 조선과 타이완에서 거의 병행적으로 전개되었으므로 문학에서 동일한 모티프는 거의 동시적으로 등장했다. 특히 1942년 5월 징병제 실시 공포와 10월 조선어학회 사건 이후 조선에서도 일본어 전용이 강요되어 조선인 작가도 타이완인 작가와 마찬가지로 제국과의 관계를 식민지의 언어 문제와 연관지어 검토하기 시작했다.

그러나 비록 매우 비슷한 문제의식을 보였음에도 작가의 접근법은

---

92 山崎睦雄, 『二語併用地に於ける國語問題の解決』, 臺北: 新高堂書店, 1939, 53~55면.
93 뤼허뤄의 일기에 따르면 「석류」는 1943년 6월 3일부터 7월 2일까지 창작되었고 소설 내적 시간을 보면 「길」은 1942년 봄부터 1943년 7월경까지 창작되었던 것으로 짐작된다. 「혈연」은 『동양지광』 1943년 8월호에 게재되었을 때 '6월 29일'이라는 탈고 날짜가 명기되었다. 陳萬益 主編, 앞의 책, 172~203면; 牧洋, 앞의 글, 95면.

사뭇 달랐다. 타이완인 작가가 흔히 일본인의 일본어를 기준으로 상
정하며 그것과의 간극을 꾸준히 확인했던 데 비해 조선인 작가는 조
선인 방관자의 등장이 암시하듯 고유의 언어에 대한 강한 자의식을
표출했다. 전자가 동화의 흔적을 더 많이 노정했는가 하면 후자는 거
리를 두면서 동화를 검토했다고 할 수 있다.

㉯ 군사훈련과 맞닿은 일본어 교육

앞서 언급했듯이 일제말기의 일본어 교육은 문화적 차원의 문제로
그치지 않고 궁극적으로 병력 양성에 목적을 두고 있었다. 따라서 학
교뿐만 아니라 지원병 훈련소나 여자 청년 특별 연성소 등을 비롯한
연성 장소에서도 가장 핵심적인 내용으로 제시되었다. 다시 말해 일
본어 교육은 군사훈련의 성격을 부여받아 폭력성을 극명하게 나타냈
다. 식민지 지식인은 이런 사실을 작품화하면서 보류적인 태도를 드
러냈다.

「조사 교육(てにをは敎育)」(『순간대신(旬刊臺新)』, 1942.12)은 저우
진뽀가 타이완총독부 육군병 지원자 훈련소를 견학하고 나서 쓴 보
고문이었다. 타이완에서 육군특별지원병 제도의 실시는 조선보다 4
년 늦은 1942년 4월 1일부터였다. 1942년 1월 26일, 타이완총독부 정
보부에서 '육군 지원자 훈련소 생도 모집요강'을 공포했고 6월 9일에
합격자 명단을 발표했다. 전기 합격자 507명은 7월 10일부터 육군병
지원자 훈련소에 입소하여 훈련을 거친 후 현역병으로 편성되었고
후기 합격자 512명은 다음해 1월 20일에 입소하여 제일 보충역으로
편성되었다.[94] 저우진뽀가 다룬 것은 바로 타이완의 제1차 육군 지원

---

94 周婉窈, 앞의 책, 138~139면; 臺灣總督府 編, 『臺灣統治槪要』, 臺北: 臺灣總督府,
   1945, 71면.

병 전기 합격자들의 일본어 훈련 상황이었다.

보고문에서 저자는 특히 조사 교육에 초점을 맞춰 일본어 훈련이 극히 엄격하게 펼쳐지고 있었다는 사실을 보여준다. 부사격 조사와 목적격 조사를 구분하지 못하고 숫자 '6'과 '7'을 정확하게 발음하지 못했다는 타이완인의 특성을 겨냥해서 훈련소에서 "7+2 7-2 7×2 6÷2" 부터 "70-{60÷(7-2)} {4×(16+7)} -70"까지 단계별로 난이도가 체증하는 수학 도식 7개를 벽에 붙여 생도들을 수시로 훈련시켰다. "「군대에서 그런 과오는 용인할 수 없습니다. 심각한 문제가 될 수 있으니까요.」"[95]라는 말이 암시하듯 지원병 훈련소에서 일본어 교육은 실상 군사훈련의 일부로 되어 있어 강한 목적성을 적나라하게 드러냈다. 보고문의 특성 때문에 저우진뽀는 거리를 두면서 일본어 훈련의 실황을 담담하게 서술했다. 그러나 작가가 끊임없이 자신의 경우와 연결시켜 이러한 일본어 훈련의 비합리성을 강조한 것에 주목할 필요가 있다.

> (ㄱ) 「여기의 학생은 전도(全島)에서 뽑힌 뛰어난 인재들이라 학습이나 훈련에 있어서 그동안 아주 빨리 진보했어. 국어도 발음이나 조사의 사용법, 경어법 등등 모두 성실하게 하니까 걱정할 필요가 없네요.」
> 하지만, 나는 고약한 심성에서 그런 건가 하고 한참 동안 안심할 수 없었다.
> 현하의 국어 문제는 국어를 어느 정도 상용하고 있는가가 이슈가 되고 있는 것 같지만, 동시에 어느 정도의 국어를 상용하고 있는가 라는 것도 당연히 문제로 삼아야 한다는 생각에서 나 자신이 발음법, 경어법, 초보적인 조사의 사용법에조차

- - - - - - - - - - - - -

95 周金波,「てにをは教育」, 中島利郎·黄英哲 編,『周金波日本語作品集』, 東京: 緑蔭書房, 230면.

구애받아 온 것이었다.[96]

(ㄴ) 「세번째 표의 10+12÷2 등은 잘 헷갈립니다. 10 더하기 12를 2
로 나누라는 것인데 10에 12를 더하고 2를 나누어 버리네요.」
「알았습니다.」
하고 맞장구쳤으나 자신이 먼저 헷갈린 것 같아서 내심이 상
당히 당황했다.
(중략)
「7을 많이 사용하네요.」
「주로 발음이 어려운 7과 6을 사용했습니다. 70, 17, 47, 67은
제일 못하는 모양입니다.」
「지지로 읽네요. 그건 완전히 못합니다.」
나는 진지하게 머리를 긁적이었다.[97]

훈련을 맡은 장교와 작가의 대화이다. 작가가 이런 일본어 훈련의
효과에 대해 언급하지 않고 대신 자신의 일본어 한계를 부단히 거론
했다는 점이 주목을 요한다. 상술한 바와 같이 저우진뽀는 일본에서
오래 생활한 경험을 소유한 타이완의 지식인 엘리트로 타이완인 작
가들 가운데서도 일본어 실력이 가장 뛰어난 인물로 꼽혔다. 이에 비
하면 지원병 입소자들은 대부분 19~23살의 초등학교 초등과를 수료
한 자로서[98] 일본어 실력이 저우진뽀와 결코 비견될 수 없었다. 비록
엄격한 훈련을 거친다 하더라도 실제 효과가 의심스럽다는 저우진뽀
의 의심은 자신의 실제 상황을 솔직하게 피력함으로써 우회적으로
표출되었다. 군사훈련의 성격을 지니게 된 일본어 훈련에 대한 그의
부정적 태도는 1944년 9월에 발표된 「조교」에서 더욱 극명하게 나타
났다.

---

96 周金波, 앞의 글, 228면.
97 周金波, 위의 글, 229~230면.
98 臺灣總督府 編, 앞의 책, 72면.

「조교」는 저우진뽀가 1944년 6월에 타이완총독부 정보과와 타이완 문학봉공회의 파견으로 타이난쩌우(臺南州) 더우리우(斗六) 국민도장(國民道場)을 약 1주일 동안 고찰하고 그 견문을 바탕으로 창작한 소설이었다.『타이완시보』1944년 9월호에 게재된 후 1945년 1월에 타이완총독부 정보과에서 편찬한『결전타이완소설집』곤권(坤卷)에 수록되었다.

주인공 타이완인 '하스모토 히로타카(蓮本弘隆)'는 국민도장 제1차 수련생이다. 수련을 마친 후 국민학교 시절의 은사이던 '야마다(山田) 교관'의 위탁을 받아 본의 아니게 국민도장에 남아 조교가 된 그는 항시적으로 도장의 분위기에 압박감을 느끼며 자신의 이질감을 절감한다. 한편 자신과 비슷한 학력을 지닌 동무들이 모두 동원을 받아 시대의 흐름에 흔쾌히 뛰어 들어갔다는 현실을 의식하며 시대에 뒤처진 자신의 모습을 회의하고 초조감을 느낀다. 다른 한편으로는 도장에서 훈련받은 일반 타이완인에게서 자신의 모습을 확인하고 그들에 대해 깊은 연민과 동정을 느낀다.

그는 일본어를 알아듣지 못해 야단맞는 삼부생인 '차이슈껀(蔡樹根)'에게 친근감을 느끼고 일본어로 설명하지 못해 체벌을 받을 뻔한 일부생인 '라이차이무(賴財木)'를 구해준다. 수련생들이 타이완어로 이야기하는 것을 그냥 넘기고 편지 쓰는 일까지 도와준다. 어느 날 '하스모토'는 총을 수취하는 중대한 임무를 맡게 되는데 일본어를 잘 모르는 '차이슈껀'은 '하스모토'의 명령을 잘못 이해해 총 번호표가 들어 있는 상의를 빨래하고 만다. 고열 상태에 있는 '하스모토'는 평소에 쌓인 스트레스가 폭발하여 모든 책임을 '차이슈껀'에게 돌리면서 자신이 일본적 소양이 부족하냐고 '야마다 교관'에게 캐묻는다. 소설은 이것을 악몽으로 밝히고 '하스모토'가 '야마다 교관'으로부터 책임감이 대단하다는 칭찬을 받는 것으로 마무리되었다.

1943년 2월을 전후하여 연합군은 반공(反攻) 태세로 돌입하여 1944년 6월부터 기타규슈(北九州) 및 남선 지방을 공습하기 시작했다. 이 상황에서 1944년 3월에 타이완총독부는 '타이완 결전 비상조치 요강'을 공포했고 5월에 황민봉공회 본부에서 '민중 총궐기'를 선언했다. 「조교」는 바로 타이완이 요새화되어 모든 타이완인이 동원을 받았던 배경 아래 창작되었다. 국민도장은 전장에 병력을 수송함을 목적으로 설치된 훈련 장소였다. 주로 징병 적령기의 농촌 청년을 대상으로 15~25일 동안 일본어와 산학을 비롯한 과목들을 가르치고 군사훈련도 실시했다.[99] 이 소설은 특히 국민도장에서의 일본어 교육에 초점을 맞췄다. 일본어 수준은 전투력과 직결되어 있었으므로 국민도장에서는 일본어 수준에 따라 수련생을 3부로 나누었다. 즉,

> 초등학교 졸업생은 일부생. 국어강습소 수료는 이부생. 국어를 모르는 자는 삼부생.[100]

소설에서 일부생 '라이차이무'와 삼부생 '차이슈껀'을 통해 군사훈련에 편입된 일본어 교육의 문제점을 적시했다. '라이차이무'와 '차이슈껀'은 같은 마을에서 소집된 타이완의 농촌 청년들이다. 타이완어 사용이 금지된 국민도장에서도 그들은 사사로이 타이완어로 벼베기 이야기를 한다. 비록 국민도장에 갇혀 있지만 일가의 생계와 생사야말로 유일한 관심사이다. 이처럼 타이완인을 일상생활과 현실 고민으로부터 강제로 소환하는 데 국민도장과 일본어 교육은 강제적 성격을 극명하게 드러냈다. 작가는 일본어 훈련의 폭력적인 성격을 '라이

---

99 和泉司, 『日本統治期台湾と帝国の〈文壇〉:〈文学懸賞〉がつくる〈日本語文学〉』, 東京: ひつじ書房, 2012, 371~373면.

100 周金波, 「助教」, 『台湾時報』, 臺北: 臺灣總督府台湾時報發行所, 1944.9, 147면.

차이무'를 통해 집중적으로 형상화했고 이러한 일본어 훈련의 폐해를 '차이슈껜'을 통해 보여줬다.

'라이차이무'는 초등학교 5학년 때 아버지와 형을 한꺼번에 잃었고 어머니와 동생과 함께 산다. 어머니의 위독 소식을 듣고 더듬거리는 일본어로 귀가를 신청하는 대목은 일본어로 식민지인의 일상생활을 통제하는 제도의 비인간성을 적나라하게 드러낸다.

> 「들어, 가도, 좋, 습니, 까?」
> 「그래. 왜?」
> 「어머님이 죽는 병입니다. 빨리 돌아가 좋아? 사람 한 사람 왔습니다.」
> 「뭐? 좀 더 잘 말해 봐.」
> 머쓱한 위병은 그 커다란 후골을 대굴대굴 오르내리며 몇 번이나 반복했다.
> 「바보! 자네는 그래도 일부생인가? 일부생이라면 뭐든지 잘해야 돼. 이리 와. 가르쳐 줄 테니까.」
> 위병은 순식간에 당황해져,
> 「아버님, 형님, 학교 5년 때 함께 죽었어. 나는 열심히 백성(百姓)했다. 조교님.」
> 옆에서 듣고 있던 하스모토는 튀어나올 뻔한 말을 가까스로 참고 끼어들었다.
> 「몇 번 내무반의 누구. 어머니가 위독 상태이니 고향에서 사람이 면회하러 왔습니다. 이렇게 해야지.」[101]

일본어는 단순히 소통하는 데 목적을 두지 않고 절대적인 정확성을 강요했다는 의미에서 군사적 성격을 지니게 되었다. 일본어의 폭력적인 성격은 어머니가 죽을 때까지 모자가 끝내 만나지 못한다는 사실로 최대화되고 '하스모토'라는 관찰자의 시선을 통해 확인된다.

· · · · · · · · · · · ·
101 周金波, 앞의 글, 151면.

'조교'라는 참여자의 위치에서 스스로 벗어나 방관자의 포즈를 취하게 된 '하스모토'를 통해 작가 저우진뿌의 보류적인 태도를 엿볼 수 있다.

저우진뿌는 더 나아가 이러한 일본어 훈련의 폐해를 지적했다. '차이슈껀'이라는 삼부생이 차를 달라는 말조차 알아듣지 못하는 '국어를 모르는 자'라는 점을 감안하면 그가 '하스모토'의 말을 잘못 이해하여 번호표가 들어 있는 옷을 빨래하고 번호표를 꾸깃꾸깃한 조각으로 만들어 버린다는 설정은 매우 자연스럽다. 그러나 작가는 그것을 '하스모토'의 악몽으로 처리했다. 왜 그랬는가?

만약 소설이 '차이슈껀'의 실수로 마무리되었다면 일본어를 모르는 이상 심각한 문제를 불러일으킬 수 있으므로 일본어를 반드시 습득해야 한다는 국책 선전이 되었을 것이다. 실제로 전쟁 말기에 인력 부족으로 인해 급히 소집된 일반 식민지인의 일본어 수준이 상당히 저하한 것이 보편적인 문제가 되었다. 미야다 세츠코(宮田節子)에 따르면 1944년 3월 징병제 실시 직전에 전라남도의 한 부락을 대상으로 실태 조사를 했던 나카타니 타다하루(中谷忠治)는 "거의 반년 이상의 예비 훈련을 받은" "징병검사의 예행연습을 통해 모집된 장정들"의 일본어 수준은 "내지인의 2살 반, 즉 뱃속 나이 3살의 아이와 마찬가지다"고 혹평한 바 있다고 한다.[102] 그러나 저우진뿌는 전복적인 설정을 통해 화살을 훈련 제도 자체로 돌렸다.

문제를 야기한 것이 '차이슈껀'의 '국어' 수준이 아니라 '하스모토' 자신의 정신적 불안이라는 설정이 암시하듯 문제는 일본어 수준의 저하에 있다기보다는 일본어에 대한 불안 자체에 있다. 그리고 이런 불안은 결코 강제적 집중적인 훈련에 의해 해소될 수 있는 게 아니

---

102 宮田節子, 앞의 책, 118면.

다. 비록 국민도장에서 일본어 수준에 따라 수련생을 엄격하게 분류하고 있지만 실제로 일본어에 대한 불안은 이러한 분급과 관계없이 보편적으로 존재한다. 이는 중학교 졸업생인 '하스모토'가 삼부생 '차이슈껜'의 일본어를 모르는 모습에서 자신의 모습을 확인해 나가는 점을 통해 알 수 있다.

> 연한 먹으로 「삼부, 차이슈껜」이라고 가슴에 적혀 있는 것을 하스모토는 멀리 바라보고 있었다. 당번은 야단을 맞을 때마저 빙긋빙긋 웃으며 전혀 반응이 없는 모양이었으나, 잠시라도 눈을 떼면 벌써 원래의 자리에 돌아가 기운 없이 웅크려 앉았다. 누가 뭐라고 해도 전혀 개의치 않는다는 그의 모습은 극히 평화로워 보였다.
> 외관은 모르지만 하스모토로 하여금 묘한 친밀감을 느끼게 한 친구였다. 하스모토의 경우는 일부생 중의 일부생이라 국어는 필요 이상의 것까지 알고 있었으나 그럼에도 불구하고 사무실의 당번을 했을 때 몇 번이나 야단을 맞은 적이 있다. 말을 못 알아듣기 때문이 아니었고 멀거니 당번의 일을 잊어버리기 때문이었다.—아니, 멀거니 라고 할 수도 없었다. 오히려 머리가 하도 복잡해서 당번의 일에 집중하지 못했다. 그런데 어쩌면 남이 보기에는 자신도 이 당번처럼 멍해 보였을지도 모른다.[103]

'남이 보기'라는 데서 '남'이 평가권을 장악하고 있던 일본인을 가리키는 것은 말할 필요도 없다. 식민지 지식인이 더 이상 '조교'라는 가치 시스템의 보조역으로 기능하지 못하고 스스로 일반 식민지인과 동일시한다. 주인공 '하스모토'의 이런 자각은 불과 1년 반 전에 발표된 「조사 교육」에서 지원병 훈련소에서 자신의 일본어 한계를 끊임없이 떠올린 저우진뽀 자신의 모습과도 겹친다. 저우진뽀가 자신의 일본어 한계를 밝힘으로써 판정자의 위치에서 스스로 벗어나 훈련받

103 周金波, 앞의 글, 148면.

은 피판정자의 위치에 서게 된 것과 마찬가지로 '하스모토'도 '조교'라는 공모자의 위치를 스스로 포기한다. '하스모토'라는 창씨명의 한자 발음에 '근본을 연민한다(憐本)'라는 뜻, 즉 동포를 연민한다는 뜻이 내포된 것도 의미심장하다. 저우진뿌는 언어 문제를 지식인까지 확대시킴으로써 사실상 더욱 보편적인 정체성 문제를 제시했다.

타이완인 작가가 제국의 시각을 모방하다가 도리어 타이완적 입장을 확인하고 그것을 명확히 하기에 이른다는 경로를 보인 반면 조선인 작가는 조선적 입장에 대한 강한 자각에서 출발했다. 모어에 대한 향수 및 모어 최대화 지향을 드러냈던 한편, 일본어와 실제로 겨루는 과정에서 모어 상실의 불안을 강하게 표출했다.

이광수의 「선행장」은 1939년 12월에 조선어로 발표된 작품이었다. 1인칭 시점으로 전개된 이 소설의 줄거리는 상당히 간단하다. 초등학교에 다니는 아들 '면'이 추석날 저녁 때 돌아와서 아버지인 '나'에게 받아쓰기를 잘못했기 때문에 선생님에게 '젠꼬오시오'를 빼앗겼다고 고백한다. 많은 학생들 앞에서 '젠꼬오시오'를 빼앗긴데다가 이틀 동안 잘못 쓴 14자의 글자를 각각 백자씩 써야 하는 벌을 받은 아들을 '나'와 아내가 불쌍히 여긴다는 이야기다.

이른바 '선행장'이란 원래 대일본제국 해군에서 착용된 완장 중 한 가지였다. '일반 선행장'과 '특별 선행장' 두 가지가 있는데 전자가 하사관이나 일반 병사들이 착용한 것으로 근무 연수를 표시했던 데 비해 후자는 용감한 행위가 있거나 뛰어난 근무 성적을 거둔 하사관이나 병사에게 수여한 표창이었다. 이광수의 소설은 일제말기의 학교 교육에서 선행장의 사용을 보여줌으로써 일본어 교육이 전쟁 체제로 편입되었다는 사실을 말해준다. 이러한 편입은 강제로 이루어진 것이며 일본어를 일방적으로 최대화, 절대화했다. 초등학교에서 "특히 국어공부를 잘하는 아이에게 주어 옷깃에 붓치게 하는" '젠꼬오시오'는 성인 사회에서 '국어가정'을 비롯한 일본어 표창 제도와 궤를 같이했다. 주목해야 할 것은 이광수가 화자의 눈을 통해 선행장을 빼앗긴 아이에게 동정의 시선을 보내고 있었다는 점이다.

　　면이는 분명 피곤한 모양이엇다. 학교에서 선생님께 옷깃에 달앗던 「선행장」을 떼울때에 바든 정신적 타격이 필시 컷슬 것이다. 오륙십명 아이들 중에서 당한 망신의 부끄러움이 감정적인 면에게는 정녕 견디기 어려웟슬 것이다. 나종에 드른말이지만 「선행장」을 떼울때에 면은 어떠케나 슬피울엇는지 선생님도 고개를 돌니섯다고 한다. 그리고 아비에게 그런 사연을 보고할때에 심경도 어지간히 어려운 일이엇슬 것이다. 게다가 해가 질 때 까지 사생을 하고 돌아왓스니 퍽은 피곤하엿슬 것이다.(중략)
　　아침밥을 먹을 때에 안해가 면이 더러
　　「너 젠꼬오시오 떼울 때에 울엇니?」
　　하고 물엇다. 나는 참아 면이가 「선행장」을 떼우던 광경을 뭇지 못 하고 잇섯던 것이다.
　　어머니가 뭇는 말에 면은 입 까지 가저갓던 밥수깔을 힘업시 내리면서 고개를 끄덕끄덕하엿다. 그러고는 그 커다란 눈에서 눈물이 쑥 쏘다젓다. 그러고는 목이 메어서 밥이 아니 넘어가는 모양이엇다.
　　「반에서 다른 애들 보는데서 젠꼬오시오를 떼윗니?」
　　안해는 한 마디 더 물엇다.
　　「응」
　　하고 면은 또 고개를 끄덕끄덕하엿다. 굵은 눈물이 꿀어안즌 무릅우에 뚝뚝 떨어젓다.
　　「어린 것이 얼마나 부끄러 슬까?」
　　안해는 이 말을 하면서 눈물을 참지못하고 고개를 돌렷다. 나도 안해의 이 말에 면이가 교실에서 여러 아이들 보는 압헤서 선생님께 걱정을 듯고 저고리 깃에 달럿던 은바탕에 남빗 사구라 노흔 선행장을 떼우고 울던 광경을 눈 압헤 보는듯 하엿서 눈이 쓰럿다. 그것을 떼우고 나서는 운동장에 나와서도 다른 아이들을 대할 때에 퍽으나 면목 업섯슬 것을 생각하엿다.[104]

일견 학생과 학부모가 일본어 표창을 소중히 여김을 표현한 것처럼 보이지만 선행장을 빼앗는 행위의 폭력성—학생에게 신체적으로 정신적으로 끼친 고통에 초점을 맞추고 있다. 학부모의 시선을 통해 이 사건이 아이에게 입힌 상처를 밝히고 '선행장'을 수여하는 주체가 실제로 '선행'을 결여한다는 아이러니를 보여준다. 일본어 교육의 폭력적인 성격에 초점을 맞춘 위의 묘사는 저우진뿌의 「조사 교육」과 「조교」를 쉽게 떠올리게 한다. 이처럼 일제말기 군사훈련에 편입된 일본어 훈련의 폭력은 어른에게 국한되지 않고 아이들까지, 그리고 훈련소에 국한되지 않고 학교까지 휩쓸었다. 흥미로운 점은 여기서 조선어와 일본어의 교체가 등장한 것이다. '아내'가 선행장이 빼앗긴 사건을 처음 들었을 때의 반응은 다음과 같다.

> 「그럼 안 뺏겨요? 그 것을 무엇에 써요? 공부가 그 따위고야 중학
> 교에를 어떠케 들어가요? 윈 스므 마디에 열네 마디를 잘 못 쓰다니?
> <u>아다마가 와루이네</u>。(중략)」[105]
> (밑줄은 인용자)

전술한 바와 같이 이광수는 분명하게 모어와 일본어 사이의 경계선을 의식하고 있었다. 그의 소설에서는 등장인물이 강렬한 감정을 표출하면 인물의 모어로 표기하는 경우가 다분했다. 특히 이 소설은 전편이 조선어로 구성되었는데 밑줄 친 일본어가 문득 튀어나온 것이 매우 특이하다고 하지 않을 수 없다. 가장 합리적인 해석은 '머리가 나쁘다'는 일본어 문장이 질책할 때 많이 사용된 표현으로 정착되었을 만큼 당시의 학교 교육에서 보편적으로 사용되었던 것이다. 다

---

104 李光洙, 「善行章」, 『家庭の友』, 京城: 朝鮮金融組合聯合會, 1939.12, 46~47면.
105 李光洙, 위의 글, 43면.

시 말해 일본어는 일반 조선인에게 일방적인 책망과 직접적인 가해의 도구로 체감되었다. 어머니의 이러한 무의식은 아이가 선행장 사건에서 입은 상처와 동전의 양면처럼 공동으로 일본어의 폭력성에 대한 작가 의식을 말해준다.

조선어와 일본어의 교체는 다음 대목에서도 발견할 수 있다. 선행장 사건이 아이에게 끼친 영향을 걱정해서 아이의 생각을 타진하는 대목이다.

> 「너 선생님을 원망하니?」
> 안해는 눈물을 씻고 이러케 면을 보고 물엇다.
> 「아니 ありがたいと思つて居るよ」
> 면은 서슴지안코 이러케 대답하엿다.
> 「先生は眞劍だよ。とても眞劍だよ」
> 면은 이런 소리를 하엿다. 신깽(眞劍)이란 말은 바로 일전에 요미까다에서 배운 말인줄을 나는 안다. 그러나 면은 무슨 뜻으로 선생님을 신깽이라고 하엿는지는 알수업다.
> 「能く云つて呉れた。先生はありがたいんだよ」
> 나도 이러케 말하지 아니 할 수 업섯다.[106]
> (밑줄은 인용자)

학부모 자신이 선생님의 행위를 부정적으로 인식하고 있음을 쉽게 파악할 수 있다. 여기서 선생님의 행위를 긍정적으로 평가하는 부분이 모두 일본어로 되어 있는 것은 흥미롭다. 아들의 '신깽'이란 표현의 진정한 뜻을 알 수 없고 다만 그것이 일본어 교과서에서 따온 표현임을 안다는 설명이 암시하듯 일본어로 진행된 이 대화는 실상 화자 부자의 진실한 의도를 담지하지 못하고 공식적인 교육에서 그대

• • • • • • • • • • •
106 李光洙, 앞의 글, 47면.

로 옮겨온 장치에 지나지 않는다. 비록 일본어는 국가 폭력에 의해 철저하게 강요되었지만 조선인에게는 진실성을 결여한 언어 이상 되지 못해 일상화, 내면화되는 데 근본적인 한계를 지니고 있었다. 화자가 이 사건에서 도출한 교훈도 매우 흥미롭다.

> 「응 울지 말어。잘 하면 선생님이 또 젠꼬오시오를 주실 것 아니야? 세상 살아가는것이 다 그런 것이야。잘 하는 자에게는 주고 잘 못 하는 자에게서는 가젓던 것도 빼앗는 것이야。알아들엇니?」[107]

약육강식의 논리를 설명하는 파워폴리틱스적인 해석이다. 여기서 '빼앗는 것'은 과연 아이의 '젠꼬오시오'뿐인가? 작가가 이 사건의 시간적 배경을 조선의 전통 명절인 추석날 저녁 때로 설정한 것은 우연이 아니었을 것이다. 1937년 7월 중일전쟁이 발발한 후, 한편으로 물자를 절약해 전쟁에서 필요한 물적 자원을 보장하기 위해서였고, 다른 한편으로는 식민지인을 정신적으로 철저하게 동화하기 위해 일제는 조선과 타이완에서 고유의 풍습을 폐지했고 일본식 생활로 획일함을 강요했다.

이런 취지하에 1937년 10월, 조선총독부 사회교육과에서 '생활 개선 십칙(生活改善十則)'을 제정, 공포했다. 그 가운데 '누습의 타파'가 제시되었는데 음력 폐지는 그 중요한 일환으로 실시되었다.[108] 음력이 폐지되었으므로 전통 명절도 사실상 폐지되어 공식적으로는 일본의 명절만 남아 있었다. 집에서 "송편과 포도와 배"를 마련하지만 초등학생인 '면'이 추석날 당일에 일본어 수업에서 선행장을 빼앗기고

• • • • • • • • • • •
107 李光洙, 앞의 글, 42면.
108 「生活改善十則·① 비상시국민의결의를 실생활에나타내도록」, 『每日申報』, 京城: 每日申報社, 1937.10.16.

늦게까지 총독 관저 정문을 사생한다는 이야기는 바로 이런 배경 아래 이루어졌다.

전술한 바와 같이 이광수는 조선어와 조선 문화를 불가분의 관계로 인식했다. 결국 폐지된 추석날이나 아이가 국어를 잘못한다는 이유로 공식적인 평가 시스템의 대변자인 '선생님'으로부터 상처를 받는 일이나 이광수에게는 동전의 양면이었다. 한 아이의 조우를 통해 그는 조선 민족이 언어와 문화의 위기에 봉착했다는 현실을 압축적으로 작품화했다. 그러나 일본어 교육의 폭력성을 분명하게 인식하며 비판적인 시선을 보내고 있으면서도 작가는 고발이나 체념으로 그치지 않고 "잘 하면" 또 받을 수 있다는 희망을 드러냈다.

일본어 전용을 강력하게 거부하고 있으면서도 이 무렵에 일제말기의 일본어 창작을 시작했던 이광수의 내적 풍경은 이런 데서 엿볼 수 있다.[109] 내선일체라는 통과 제의를 거쳐 강자가 됨으로써 주도권을 점유하고 나서 같은 약육강식 논리에 의해 조선어와 조선 문화를 최

....

109 이 소설이 발표된 1939년 말부터 1940년까지라는 시기는 이광수의 전향 논리 구축에 있어서 매우 중요한 시기였다. 그가 조선문인협회의 초대 회장이 된 것은 1939년 10월의 일이었고 1940년 2월에 가야마 미쓰로(香山光郎)로 창씨개명을 했다. 이광수 본인은 "내가이錯誤를 完全히 淸算하기는 昭和九年의 내宗教思想의 一轉機에서 한것이지마는 그것이作品에 나타나기는 無明以後엿다『無明』『사랑』『春園詩歌集』그러고 이번의 長篇『世祖大王』과 其他短篇小說들은 내가 偏狹하고 錯誤된 民族觀念을 完全히 離脫하고 天皇을 내 임금님으로 모시고 日章旗를 나와 밋 내子孫들이 피로 지킬 國旗를 사랑하면서 쓴 作品들이다"며 1939년 1월을 그의 일제말기 '국민문학' 창작의 기점으로 회상한 바 있다. 방민호에 따르면, 『사랑』후편 결말 부분의 미묘한 어조 변화에서 내선일체론과 일제의 전쟁 논리를 전면적으로 수용하는 기미가 감지되고, 「육장기」에 이르면 완연히 변질된 『법화경』 사상으로 치장된 그의 전향 논리는 기자의 입을 빌려 밝힌 「칠백년전의 조상들을 따른다―『향산광랑』된 이광수씨」 및 「창씨와 나」의 단계를 거쳐 일본어로 쓴 「동포에게 보낸다」, 「행자」, 『내선일체수상록』등으로 나아가면서 점입가경을 이루었다고 한다. 春園, 「朝鮮文學의懺悔」, 『每日新報』, 1940.10.1; 방민호, 앞의 책, 352면.

대화하고자 하는 의도가 작용하고 있었다. 현시점을 과도기로 인식했기 때문에 그는 거부하고 있던 일본어 창작으로 전신할 수 있었다. 다시 말해 그의 일본어 창작은 조선어와 조선 문화를 포기한 것을 의미하기는커녕 도리어 조선어와 조선 문화의 최대화를 지향하고 있었다. 이처럼 현재가 아닌 미래를 주시하고, 굴종이 아닌 궐기를 지향하고, 따라가기보다는 "잘 하는" 데서 초월을 기대하고 있었기 때문에 「선행장」은 국가 폭력에 압도된다는 어두운 정서로 그치지 않고 국가 폭력을 극복할 수 있다는 자신감에서 비롯된 밝은 어조로 마무리될 수 있었다.

> 저고리 깃에 달렷던 은바탕에 남빗 사구라를 노흔 「선행장」이 업시 면이가 터덜거리고 학교를 향하고 걸어갈 것을 생각할 때에 나는 그의 마음이 얼마나 적막할까 하고 한긋 가엽고도 한긋 빙그레 웃어짐을 금할 수가 업섯다.[110]

모어에 대한 지향에 입각하여 일본어를 받아들인다는 논리는 매우 우회적으로나마 전달되었다. 그러나 이런 논리는 내면화되는 데 타고난 한계를 지니고 있었다. 이처럼 일본어 전용을 거부하는 지점에서 일본어 창작을 하고 있었기 때문에 그의 일본어 창작은 앞서 지적했듯이 조선어 창작의 연장선상에 있지 못했을 뿐만 아니라 오히려 일본어와 조선어 사이의 간극을 최대화했다.

이석훈은 일본어에 실제로 부딪치는 과정에서 느낀 모어 상실의 불안과 모어에 대한 향수를 표출한다는 점에서 이광수의 연장선상에 있었다고 할 수 있다. 『국민총력』 1941년 4월호에 게재된 「여명―어떤 서장」은 그 제목과 부제가 암시하듯 1910년대 초 한일합방의 격

---

110 李光洙, 앞의 글, 47면.

동기를 시간적 배경으로 했으며 독립운동자의 전향, 근대 학교제도의 수립, 여성의 해방 등 일련의 변화에 초점을 맞췄다. 그 가운데 헌병이 기독교계의 사립학교를 방문하여 학생들에게 신학기부터 공립학교로 전학함을 요구하는 제3절은 일본어 교육과 관련된 부분으로 볼 수 있다. 1911년 8월 23일, 조선총독부는 칙령 제229호로 조선교육령을 공포하여 11월 1일부터 시행하였다. 강령 제5조에 의하면 초등학교 교육은 특히 일본어 교육을 중심으로 이루어졌다.[111] 조선어와 한문도 교과목으로 배치되었지만 일본어와의 연관성에 중점을 두면서 강의할 것이 요구되었던 것을 감안하면 사실상 일본어 과목의 보충 역할로만 기능되었다.[112] 시간 배정도 일본어가 매주 10시간이었던 데 비해 조선어 및 한문은 1학년과 2학년은 6시간, 3학년과 4학년은 5시간으로 절반 정도밖에 되지 않았다.[113] 이러한 의미에서 공립학교의 설립은 일본어 교육의 강화로 읽힌다.

소설에서 공립학교의 설립은 아무 예고 없이 국가 권력의 육화로 볼 수 있는 일본인 '헌병'에 의해 일방적으로 통고된다. 일본인 헌병이 들어올 때 교사와 학생이 보이는 반응에 대한 묘사는 작가 이석훈이 일본어 교육의 강제적·폭력적 성격에 대한 인식을 말해준다.

　　낮은 조선식 건물로 된 신명학교의 거적을 깐 비좁은 교실 안에서

111 "데五됴 보통교육은보통의디식과기능을교슈ᄒ야특히국민의성격을(왜국에디ᄒ야) 함양ᄒ며국어(왜어)를넓히펴기도록 을삼음" 「所謂"朝鮮敎育令"」, 『新韓民報』, 桑港: 北美大韓人國民會, 1911.9.20.

112 "國語ᄂ國民精神이宿ᄒ바-니ᄯ知識技能을得케ᄒ에缺치못홀것인즉何敎科目에對ᄒ야도國語의使用을正確히ᄒ고其應用을自在케ᄒ을期ᄒ이可ᄒ" "(중략)朝鮮語及漢文을授ᄒ에ᄂ常히國語와聯絡을保ᄒ야時々로ᄂ國語로解釋케ᄒ이有홈" 「總督府公文·普通學校規則 第一章 第七條 三」, 「總督府公文·普通學校規則 第一章 第十條」, 『每日申報』, 京城: 每日申報社, 1911.10.25.

113 허재영 엮음, 『조선 교육령과 교육 정책 변화 자료』, 광명: 경진, 2011, 23면.

그들은 책상다리로 앉아서 상체를 흔들며 와글와글 책을 읽고 있었을 때, 느닷없이 두 명의 헌병이 교실의 장지창을 드르륵 열었다. 한 명은 헌병 보조원으로 불리는 반도인이었는데, 별만 달았다.

선생은 깜짝 놀랐다. 생도들도 놀라 쥐 죽은 듯이 잠잠해졌다.[114]

저자는 한편으로 사립학교의 전근대적인 모습을 부각하면서 일본어 교육을 근대 문물로 표현하려는 의도를 드러냈고, 다른 한편으로 이러한 일본어 교육의 폭력적 성격을 적시했다. 특히 일본인 헌병이 신학기부터 모두 공립학교에 입학했으면 한다는 일방적인 통고를 남기고 돌아간 후 한문과 한글을 가르치는 조선인 교사에 대한 묘사는 프랑스 작가 알퐁스 도데(Alphonse Daudet)의 「마지막 수업」을 쉽게 떠올리게 한다.

드디어 헌병이 돌아간 후, 선생은 어쩐지 슬픈 듯한 표정으로
「여러분, 공립학교에 가고 싶은 사람은 손을 들어보세요.」
하고 말했다. 생도들은 슬픈 듯한 선생의 표정을 보고 손들 용기가 나지 않았다. 서로 곁눈질을 하거나 뒤를 보면서 이미 손 든 사람들도 어찌할까 하고 손을 도로 내렸다. 선생은 손을 들지 않는 생도들을 바라보며 대단히 만족스럽듯 빙긋 웃었다. 그리고 감격한 듯이 두 눈에 눈물을 글썽이면서
「오! 역시 나의 훌륭한 제자입니다.」
하고 외쳤지만, 다음 순간 그는 시대에 뒤쳐져 가는 자신을 지키려 하는 자기의 가련한 모습을 깨달아 마음의 동요를 느끼지 않을 수 없었다.[115]

일본어 교육을 거역할 수 없는 시대의 흐름으로 해석하고 조선인

114 李石薰, 「黎明—或る序章」, 『國民總力』, 京城: 國民總力朝鮮聯盟, 1941.4, 110면.
115 李石薰, 위의 글, 111면.

교사로 하여금 스스로 반성하게 설정했지만 조선인 교사의 슬픔은 독자의 심금을 울릴 만한 힘을 가지고 있다. 1년 뒤 발표된 「선생님들(先生たち)」(『동양지광』, 1942.8)을 이 소설의 상호 텍스트로 읽으면 후일에 장성한 학생이 어린 시절의 조선어 선생을 해후한다는 대목은 일종의 후일담으로 읽힌다. 조선어 폐지에 대해 명시적으로 언급하지는 않았지만 노인인 데다가 실업자가 된 옛날 선생님의 궁핍한 모습을 묘사하는 안타까운 필치에서 모어를 잃은 슬픔을 쉽게 확인할 수 있다. 이처럼 일제의 일본어 보급은 이석훈에게 모어 상실에 대한 불안과 슬픔으로 구현되었다. 다음 절에서 상론하겠지만 이석훈의 경우를 통해 일견 국책을 향해 치닫게 되는 것처럼 보이지만 실상 조선적 입장을 기준으로 적용하면서 여기서 이탈된 자신을 불안하게 여겼던 조선인 작가의 일면을 엿볼 수 있다.

🕀 과연 당신의 말이 더 훌륭한가?

일본어 보급에 대한 일본인과 식민지인의 기본적인 입장은 확연히 달랐다. 앞서 논한 바와 같이 일본 측이 일본어 보급에 기대한 것은 첫째, 국민정신의 함양이었고, 둘째, 병력의 양성이었다. 따라서 일본인의 구체적인 주장은 비록 다소 차이가 있었지만 일본어 창작을 국어보급운동의 일부로 인식하며 여기에 일본어 보급의 실현을 기대하고 일본어의 모어화(母語化)를 권장한다는 기본적인 입장은 조선에서나 타이완에서나 마찬가지였다.

1939년에 야마사키 무츠오는 타이완의 경우를 예로 들면서 식민지에서의 일본어 보급을 검토하는 『이중 언어 지역의 국어 문제의 해결(二語併用地に於ける國語問題の解決)』이라는 책을 간행했다. 이 책에서 그는 식민지의 고유 언어와 일본어의 차이점을 모두 고유 언어의 단점으로 규정했다. 그에 따르면 각 민족은 본질적으로 서로 다른

정신적 경향과 관습을 가지고 있으므로 갑 민족이 을 민족을 가르칠 때 을 민족의 고유 언어·전통·관습을 인정하고 허용하며 그것을 교육의 바탕으로 삼는다면 파란색과 빨간색을 혼합한 것처럼 원색을 산출하지 못한다고 했다. 백지상태로 환원시켜 처음부터 염색하는 방법이 최선책이라고 주장했다.[116] 야마사키의 이런 견해는 비록 전체를 대변할 수 없다 하더라도 적어도 일제말기 당시 일부 일본 지식인의 언어 인식을 보여줬다. 일본인의 언어적 우월감을 예민하게 포착하고 강렬하게 반발하는 데 타이완과 조선의 지식인들은 놀랄 만큼 일치했다.

태평양전쟁이 발발하기 직전인 1941년 말에 타이완인 작가와 조선인 작가들은 동시에 일본어 모어자로서 절대적인 가치를 독점한다는 일본인의 우월감과 민족주의적인 편견에 대한 문제의식을 드러냈다.

(ㄱ) (중략) 도쿄 유학생까지 된 사람이 국어를 상용하지 않는 게 말도 안 된다고 내대(內臺) 항로에서 같은 배를 타는 내지인에게 야단맞는 학생도 학급회나 테이블 스피치를 비롯한 자리에서 유창한 국어로 사람을 놀래게 만든다. 그렇다고 그래도 말이 안 되냐고 따질 수 있는 일은 아니다. (중략) 하지만 그 정도의 일을 가지고 거만하게 피는 물보다 진하다는 등 어리석은 말을 공언하는 것은 대국민(大國民)의 도량에 어울리지 않는다는 비웃음을 면하기 어렵다. 마음에 쓰레기같은 더러운 것을 품고 피는 물보다 진하다고 하는 게 좀 지나친 일이 아닌가?[117]

(ㄴ) 나의 소년 시대를 회상하면 노래의 성쇠는 그 시대의 정치성과도 밀접한 관계가 있는 것 같다고 생각된다. 내가 7, 8살 때, 가장 먼저 외웠던 것은 유명한 아메리카의 군가인 『조지아

116 山崎睦雄, 앞의 책, 224~240면, 246~247면.
117 周金波, 「囝仔の辯解」, 『文藝臺灣』, 臺北: 文藝臺灣社, 1941.10, 64면.

행진곡』이었다. (중략)

일한병합이 되고 나의 고향에서도 어느덧 『모시모시 카메요』
가 들어와 한창 유행했는데 그 때부터 시대는 크게 전환했다.
(중략) 이처럼 오늘날은 초등학교에 다니는 애들 가운데 아메
리카의 노래를 부르는 애가 한 명도 없다고 해도 좋을 정도로
조선의 아이는 기기 시작할 때부터 이미 『하도 포포』와 『모
지모지 카메요』이다.

하지만 민족성 탓인지 일본의 노래는 다분히 조급하고 의젓
하지 못하다. 더욱 대국민에게 어울리는 의젓한 노래를 만들
지 않으면 안 된다고 생각된다.[118]

　(ㄱ)과 (ㄴ)은 각각 같은 1941년 10월에 저우진뽀와 이석훈이 발표
한 「타이완 아이의 변명」과 「수상 삼제·[2]가요와 시대(隨想三題·[2]
歌謠と時代)」의 일부였다. 저우진뽀는 자신의 이중 언어적인 실황을
솔직하게 고백하고 나서 이런 현상을 '피'의 문제로 간단하게 귀결해
버린다는 일본인의 편견에 강렬하게 반발했다. 같은 시점의 조선 문
단에서 이석훈은 우회적으로 일본어 획일주의에 대한 거부감을 표출
하면서 일제의 언어 통제를 편협한 민족주의적 감정이라 비판했다.

　같은 시점에 발표된 두 글에 나타난 감정의 유사함에 경탄하는 한
편, 태평양전쟁이 발발하기 직전까지 일본어를 중심으로 전개된 일제
의 민족주의적 편견에 대한 식민지 작가들의 문제의식이 이미 보편
화되었던 사실을 알 수 있다. 반면 타이완신문사 문화부장을 담당하
고 있던 타나카 야스오를 비롯한 일본 지식인들은 식민지에서의 일
본어 순수화를 강력하게 주장했다. 1943년 5월에 타나카 야스오는 『타
이완공론』에서 다음과 같이 타이완인 작가들에게 가혹한 비판을 퍼
부었다.

· · · · · · · · · · · ·
118　李石薰, 「隨想三題·[2]歌謠と時代」, 『京城日報』, 京城: 京城日報社, 1941.10.1.

국어의 아름다움은 뛰어난 예술가만이 지킬 수 있다. 이 사실을 감안한다면 본도인 작가들이 국어 수준 미달을 당연한 것으로 받아들이는 게 황민의 치욕이라고 하지 않을 수 없다. 국어를 완전히 익히고 보다 더 자유롭게 풍부하게 국어를 구사할 수 있도록 더 엄격하게 자신을 단련해야 정확한 황민문학을 수립할 수 있고 작가의 위치를 확보할 수 있다.[119]

일본어의 순수성을 반복해서 강조하는 데 식민지 작가들의 불순한 일본어로 인해 일본어의 순수성이 파괴되리라는 일본인의 깊은 불안이 깔려 있었다. 이러한 불안은 결국 식민지 작가의 완벽한 일본어 구사력에 대한 강요로 변모되어 식민지 작가에게 보편적인 압력으로 체감되었다.[120] 그러나 앞서 논의했듯 타이완인 작가들은 이러한 제국의 헤게모니에 대한 반발로 도리어 모어의 향기를 자각하기에 이르러 모어의 순수화를 요구하기 시작했다. 다음에 이석훈을 통해 조선인 작가의 경우를 살펴보겠다.

일본인의 언어적 우월감에 대한 이석훈의 비판적 시각은 그의 소설 「영원한 여자(永遠の女)」(『경성일보』, 1942.10.28~12.7)에서도 확인할 수 있다. 총 41회에 걸쳐 연재된 이 중편소설은 한 일본인 여성 '마키야마 사유리(牧山小百合)'의 조선 체험을 중심축으로 일제말기의 조선을 화폭처럼 서사했다. 특히 일본인 주인공을 내세우고 많은 일본인들을 등장시키는 점이 매우 독특하다.

'마키야마 사유리'는 도쿄에서 실연을 당해 경성까지 도피하러 온

119 田中保男,「私は斯う思ふ－臺灣の文學のために」,『臺灣公論』, 臺北: 臺灣公論社, 1943.5, 85면.
120 이무영도 일반 일본인 독자들이 조선인 작가의 일본어 작품을 좀 더 너그럽게 봐 주었으면 좋겠다고 호소한 바 있다. 李無影,「國語の新聞小説と作者の言葉・釜山日報「靑瓦の家」」,『大東亞』, 京城: 三千里社, 1943.3, 151면.

다. 경성에서 그녀는 다시 옛날부터 그녀를 좋아하던 일본인 청년 '이시이 군죠(石井軍三)'와 의형인 '야마다 노부오(山田農夫雄)'의 사랑을 만나게 되고 조선인 '이준걸'과의 사이에서도 호감이 생겼지만 끝까지 도쿄의 애인 '에가와 라이타(江川雷太)'에 대한 미련을 버리지 못한다. 그녀는 야학에서 일본어를 가르치는 것을 계기로 빈민 자녀들을 수용하는 '명성학원(明星學園)'에서 일본어 강의와 거의 모든 사무를 담당하게 된다. 폐병에 걸린 '사유리'는 마침내 경성에서 목숨을 거둔다. 소설은 '이시이 군죠'와 '에가와 라이타'가 '사유리'의 유업을 이어받겠다고 각오하는 장면으로 마무리되었다.

이 소설이 각별히 중요한 이유는 조선어학회 사건이 발생했던 시점에 연재되었기 때문이다. 이 점을 감안하면 이 소설에서 언어에 관한 부분은 각별히 주목할 만하다. 우선 조선에서의 일본어 교육을 바라보는 일본인의 시각에 대한 포착을 보면 다음과 같다.

'사유리'가 처음으로 일본어를 가르치는 조선의 야학을 구경하게 된 것은 호기심 때문이다. 그러나 우연히 관찰자가 된 그녀는 금방 판정자의 위치에 서게 된다. 그녀는 조선인 교사의 틀린 발음을 바로잡고 조선인이 일본어를 열심히 배우는 열정을 인정해준다.

> (ㄱ) 사유리는 모든 사람의 시선 속에서 춘삼의 아내 옆에 앉았지만 『선생님』
> 하고 부르며 일어섰다. 모두 놀라서 사유리를 쳐다봤다. 사유리는 상냥하게
> 『코사이마스가 아니라 고자이마스입니다. 여러분 국어를 열심히 공부하고 계시는 모습을 보고 저는 매우 기쁘게 생각되지만 처음부터 발음을 정확하게 하시면 좋겠네요』
> 하고 말하고 다시 앉았다. 늙은 선생은 웃으면서
> 『네에, 감사합니다. 도쿄에서 야마다 농장에 오신 분이시네요. 부디 날마다 오셔서 가르쳐 주십시오』

하고 말했다.[121]

(ㄴ) 『여자하고 나이 드신 분들이 열심히 국어를 배우는 모습을
보고 눈시울이 뜨거워졌더라』
(중략)
『(중략) 도쿄의 사람들에게 조선의 이런 모습을 보여주고 싶네』
그녀는 감격한 목소리로 말했다.[122]

평가 시스템을 독점하고 있다는 일본인의 우월감을 쉽게 발견할
수 있다. 조선에 온 지 얼마 되지 않고 친척집에서 기거 생활을 하고
있는 젊은 여성이 "50세 가까운 털보"인데다가 "자신"과 "위엄"을 겸
비한 조선인 교사에게 쉽게 도전할 수 있는 것은 두말할 필요도 없이
그녀가 '국어'의 중심지인 '도쿄'에서 왔기 때문이다. 일본어에 대한
조선인의 '자신'은 일본어 모어자 앞에서 힘없이 꺾여버릴 수밖에 없
다. 일본인의 절대적인 일본어가 조선인에게는 무한히 가까워질 수는
있으나 결코 도달할 수 없는 기준이라는 조선인 작가의 인식을 엿볼
수 있다. 소설의 표제이자 이 절의 표제가 된 '영원한 여자'란 바로
이러한 도달 불가능한 기준의 절대성을 야유하는 자조어린 표현이
아니었는가?

다른 한편 일본인의 조선어 인식에 대한 작가의 포착은 조선인 아
이들에게 일본어를 가르치게 된 '사유리'의 일기장을 통해 드러났다.

(중략) 조선인으로서 태어나고 자라온 저 아이들을 우리의 손으로
조금이라도 내지인과 구별이 없는 명랑한 황민의 생활을 살게 만들
고 싶은 생각이 또다시 든다.
지금까지 몇 번인지 모른다. 나는 저 어리고 순진한 아이들이 내

121 牧洋, 「永遠の女」, 『靜かな嵐』, 京城: 每日新報社, 1943, 295~296면.
122 牧洋, 위의 글, 297면.

가 모르는 언어로 서로 이야기하고 있는 걸 보고 슬픔을 느꼈다. 어떻게든 빨리 국어로 유창하게 이야기하도록 만들 수 없을까? 내 말이 뭐든지 알아들어 줄 수 없을까? 저 귀여운 아이들과 자유롭게 즐겁게 이야기를 나누면서 나와 같은 기분으로 웃고 같은 마음으로 슬퍼하고 그리고 같은 희망으로 공부할 수 없을까?……그런 날이 언제 올 수 있을까?[123]

'사유리'는 "조선인으로서 태어나고 자라온" 것을 반드시 후천적인 훈련 작업을 거쳐야만 보완할 수 있는 일종의 선천적 불구로 인식한다. "저 아이들"("저 어리고 순진한 아이들", "저 귀여운 아이들")이라는 조선의 아이들을 타자로 이화하는 그녀의 표현은 타이완 소설 「길」에서 사용하는 '그'라는 3인칭 대명사와 마찬가지로 식민지인들이 겪고 있는 타자화, 소외화에 대한 식민지 작가의 공통 인식을 극명하게 드러냈다.

'사유리'는 '타자'의 모어를 "모르는 언어"로 흐려 버려 일본어 모어자와의 소통을 차단하는 의미 없는 장애물로 폄하한다. 평가 시스템을 독점하고 있는 일본인이 자민족의 특수성을 보편화시키고 다시 절대화시켰던 사실은 여실히 작품화되었다. 실제로 이런 현상은 당시의 재조 일본인에게서 보편적으로 확인할 수 있다. 1929년에 경성사범학교를 졸업한 후 전주 제2보통학교 훈도를 거쳐 1942년부터 전주사범부속국민학교 훈도를 맡게 된 이이다 아키라(飯田彬)[124]의 일본어 교육 현지 보고서인 「국어로 키운다(國語にそだてる)」(『국민문학』, 1943.1)를 보면 '사유리'와 매우 유사한 서술을 발견할 수 있다.

• • • • • • • • • • •

123 牧洋, 앞의 글, 381~382면.
124 정선태, 「일제 말기 초등학교, '황국신민'의 제작 공간: 이이다 아키라의 『반도의 아이들』을 중심으로」, 『한국학논총』 제37집, 서울: 국민대학교 한국학연구소, 2012.2, 681면.

당신은 조선어를 할 줄 아십니까? 내가 자주 받는 질문 중의 하나
이다. 이런 질문의 이면에는 조선어를 모르면서 어떻게 일년생을…
라는 의문이 분명히 잠재하고 있다. (중략) 이런 질문을 받으면 나는
당신 갓난아이 이전의, 혹은 갓난아이의 언어를 할 줄 아십니까…。
(중략)[125]

낯선 식민지의 언어를 무의미의 언어로 무화하고 식민지인을 후천
적 개발을 거쳐야 할 존재로 왜소화한다는 논리는 사유리와 동일했
다. 이석훈은 일본인의 이러한 논리를 뼈저리게 인식한 나머지 봉공
에 투신한 일본인 주인공을 부각함으로써 자신의 냉철한 시선을 감
추었던 게 아닌가? 일본인의 언어 인식에 대한 반발은 의식적으로든
무의식적으로든 모어에 대한 예민한 감수성을 반복해서 드러내는 데
우회적으로 나타났다.

이석훈은 이 소설에서 '온돌', '사랑(舍廊)'을 비롯한 조선 고유 명
사들을 한글 발음대로 표기하면서 조선어의 번역 불가능성을 우회적
으로 보여줬다. 특히 평양 여성의 조선어 발음을 세밀하게 묘사한 대
목은 모어에 대한 그의 명석하고 강렬한 신체적 감각을 말해준다.

『모시모시……』
젊은 여성의 아름다운 목소리였다.
『모시모시……』만 국어로 얘기하고 『저는 송애라인데요』부터는 평
양 여성이 특유한 비음에 가까운 사투리였다. 달콤하지만 억양은 약
간 강했다. 시원시원하고 또렷한 느낌을 준 것이었다.[126]

모어에 대한 섬세한 감각은 이 소설에서 보여준 조선 전통 문화에

● ● ● ● ● ● ● ● ● ● ●
125 飯田彬, 「國語にそだてる」, 『國民文學』, 京城: 人文社, 1943.1, 24면.
126 牧洋, 앞의 글, 317면.

대한 예민한 감수성과 동전의 양면이었다. 이 사실을 감안한다면 이석훈이 봉공의 길에 나서게 된 일본인의 군상을 내세운 한편 조선인들을 방관자로 부각했던 것은 동참하지 않는 방관자의 자세였다고 할 수 있다. 일본인 군상은 일견 소설의 국책적인 성격을 강화한 것처럼 보였지만 실제로는 도리어 조선인 인물을 국책 선전의 역할에서 구출했고 조선인 저자를 국책 선전과 거리를 유지하게 했다.

일본인의 언어적 우월감에 대한 반발과 모어에 대한 강한 자각은 조선어학회 사건 이후 보다 더 극단적인 형태로 나타났다. 언어 통제가 강화되었던 결과로 이석훈은 겉으로 일본어를 지향하게 되었지만 그가 내놓은 것은 '정확한 표준 일본어'였다.

> 어떤 사람은 하나의 사투리, 하나의 지방 문학으로서의 이른바 조선식 국어로 해도 괜찮다고 주장한다. 마치 미국 문학의 일부가 미국 사투리로 씌어지거나 또한 같은 미국도 서부와 남부의 독특한 사투리로 씌어지거나 하는 것과 같이. 그러나 내 생각에는 『정확한 표준 일본어』를 익히지 않으면 일류의 문학이 될 수 없다. 탁점의 사용법이 아직 상당히 불충분한 점도 있다. 조사의 사용법도 우리들은 아직 불충분하다. 그러나 이런 것들은 약간의 노력과 공부로 곧 해결될 문제이다. 다만 오늘날 우리는 서투르게나마 국어로 쓰는 것이다. 서투른 국어라고 신경 쓰거나 비웃거나 하는 것은 언제까지나 안 된다.[127]

『국민문학』 1943년 1월호에 실린 「국어 문제 회담(國語問題會談)」에서 그의 발언의 일부였다. 탁점(濁点)이나 조사의 완벽한 사용까지 요구한 "『정확한 표준 일본어』"를 그는 주장했다. 「영원한 여자」를 통해 알 수 있듯이 그는 실제로 순전한 표준 일본어를 조선인에게 도

• • • • • • • • • • • •
127 近藤時司·寺本喜一·李無影·琴川寬·牧洋, 「國語問題會談」, 『國民文學』, 京城: 人文社, 1943.1, 59~60면.

달할 수 없는 지점으로 인식했다. 결국 그가 내세운 이른바 '정확한 표준 일본어'는 현실에서 결코 도달할 수 없는 신기루였다. 현실적인 목표를 내세워 그것을 향해 실제로 노력한다기보다는 도달할 수 없는 목표를 내세운 것은 문제적이었다. 여기의 문제성을 짚고 넘어가기 위해 그의 담론에 나타난 일련의 모순과 균열에 주목할 필요가 있다.

이석훈은 한편으로 '정확한 표준 일본어'를 주장하면서 다른 한편으로 "서투른 국어라고 신경 쓰거나 비웃거나 하는" 일본어 모어자들의 교만함을 비판했다. 그리고 한편으로 '정확한 표준 일본어'의 습득을 "약간의 노력과 공부로 곧 해결될 문제"로 축소하면서, 다른 한편으로 그것의 실현을 어렴풋한 장래로 유예하고 "오늘날"의 "서투른 국어"—즉 "조선식 국어"—를 위해 변명했다. 그뿐 아니라 이 발언을 두 달 뒤 발표된 「영원한 여자」에 대한 자평과 상호 텍스트로 읽으면 양자의 모순을 쉽게 발견할 수 있다.

> 그리고 배재중학교의 어떤 국어 선생이 「조선식 국어」의 영역에서 벗어나지 못한다는 의미의 비평을 했다고 들었는데, 이 점도 연구할 만한 여지가 충분히 있다. 물론, 나 자신이 아직 국어 구사력이 빈약해서 도쿄 문단의 일류 작가의 글에는 도저히 비견할 수는 없으나 어느 정도 학교에서 국어 교육을 받았다고 조선어로 생활하고 조선어로 글 써 온 우리는 하루아침에 완벽한 국어를 자유분방하게 구사할 수 있는 것은 아니다. 지금의 단계로서는 「조선식 국어」(솔직히 말하면 어디가 조선식인지 모르지만)도 어쩔 수 없는 일일 것이다. 「조선식 국어」라고 경멸을 받으면서도 우리는 국어 소설을 쓰지 않으면 안 된다.
>
> (중략)
>
> 서투른 국어, 조선식 국어의 시정은 전술한 그 국어 교사의 지면적(紙面的)인 교시를 받고 싶다. 하나씩 하나씩 구체적인 예시를 지적해 주셨으면 좋은 공부가 되리라 생각된다.[128]

일본인 독자의 지적에 대한 강렬한 반발을 통해 그가 실제로 「영원한 여자」의 문제의식을 이어가고 있었음을 알 수 있다. 「영원한 여자」에서 의도적으로 조선인의 "번역식 국어"를 반영하면서[129] 이 자평에서 자신의 소설에는 "「조선식 국어」"가 없다고 선언한다는 자기모순은 모어의 영향에 대한 강한 자각을 역설적으로 말해준다. 결국 '정확한 표준 일본어'에 대한 그의 표면상의 지향은 격분에서 비롯된 마조히즘적인 것에 지나지 않았고 '정확한 표준 일본어'의 쉬운 습득을 역설한 것은 일본어의 정확성 표준성 문제를 기술적 측면의 지엽적인 문제로 축소하려 했던 게 아닌가? 다시 말해 '정확한 표준 일본어'에 대한 과도한 욕망은 실제로 내면화되지 않은 부실한 것이었다.

이 사실을 잘 설명하기 위해 이 시기 그의 텍스트에서 이중 언어의 사용 양상을 살펴보겠다. 각각 1943년 5월과 6월에 탈고된 「북방의 여행」과 「혈연」에서 조선의 고유 명사를 일본어로 직접 의역하는 독특한 현상을 발견할 수 있다.

> 「북방의 여행」
> (ㄱ) 그들의 선조는 이른바 さむらひ(士)의 혈통으로 장사치나 백성과는 연이 먼 전통이 있었다. 철도 그 혈통을 이어받아 작가의 길을 택했고, 태봉도 원래는 「하얀 손」의 주인공이 될 사람이었다.[130]
> (ㄴ) 「응, 그래. 태호는 もち하고 唐もろこし하고 そば(冷麵) 좋아했었지. (중략)」[131]

128 牧洋,「國語の新聞小説と作者の言葉·京城日報「永遠の女」」, 『大東亞』, 京城: 三千里社, 1943.3, 149면.
129 예컨대, "『잘 부탁드립니다. 이시이 씨는 광산가보다도 역시 더 음악가같으시네요』 애라는 역시 이 지역의 여성답게 시원시원하게 유창하지만 번역식 국어로 얘기하고 호호호 하고 쾌활하게 웃었다." 牧洋,「永遠の女」, 앞의 책, 330면.
130 牧洋,「北の旅」, 『國民文學』, 京城: 人文社, 1943.6, 29면.

「혈연」
　오랜만에 형제들이 모여서 온가족은 마치 <u>盆</u>과 <u>お正月</u> 한꺼번에 맞이한 것처럼 밝고 기뻐했다.[132]
　(밑줄은 인용자)

　(ㄱ)에서 작가는 조선의 양반 계급을 일본어 'さむらひ'로 직접 대체하면서 한자까지 '양반(兩班)'을 피하고 '사(士)'로 대체했다. (ㄴ)은 만주로 이주한 숙모가 20년만에 조카가 좋아하던 음식을 회상하는 대목인데 '떡'과 '옥수수', '냉면' 등 조선 음식들을 일본 음식으로 의역했다. 이어 「혈연」에서는 조선의 전통 명절인 '추석'과 '설'을 각각 일본의 '盆'과 'お正月'로 치환했다. 조선의 전통 문화를 담고 있는 조선어 고유 명사를 일본어로 직접 대체하는 이러한 수법은 독자로 하여금 위화감을 느끼게 한다. 특히 풍년을 기원하는 '추석'을 불교에서 사자의 명복을 비는 '盆'으로 대체한 것은 누구도 인정하기가 어려울 것이다. 이런 식으로 이석훈은 '정확한 표준 일본어'를 철저히 실천하는 것처럼 보이면서도 모어의 번역 불가능성을 역설적으로 반증했다.

　이석훈의 일본어 창작의 이러한 특징을 분석하고 나서 조선어학회 사건 이후 그의 급속하고 극단적인 전신을 보다 더 잘 이해할 수 있다. 그의 극단적인 일본어 지향은 일본어에 대한 거부에 바탕을 두고 있었으며 결과적으로 일본어의 실천 불가능성을 보여줬던 게 아닌가? 따라서 한편으로 강한 마조히즘적 성격을 보였고, 다른 한편으로 텍스트의 위화감과 담론의 균열을 빚어냈다.

　타이완인 작가와 조선인 작가는 일본인의 언어적 우월감을 예민하

<hr />

131　牧洋, 앞의 글, 같은 면.
132　牧洋, 「血緣」, 『東洋之光』, 京城: 東洋之光社, 1943.8, 93면.

게 감수하고 있는 데 동일했지만 언뜻 보아 정반대의 길에 서게 된 것처럼 보였다. 전자가 모어에 대한 감수성을 반복 표출하며 모어 순수화를 요구하기에 이르렀는가 하면 후자는 '정확한 표준 일본어'를 향해 치닫는 것처럼 보였다. 그러나 이석훈의 경우를 통해 알 수 있듯이 조선인 작가의 '정확한 표준 일본어'는 사실상 일본어에 대한 거부를 바탕으로 하여 역설적으로 일본어와의 절대적인 간극을 보여줬다. 타이완이 제국을 향한 구심운동에서 원심력을 획득했는가 하면 조선은 처음부터 구심운동의 요구를 내면화하지 않은 채 출발했으므로 균열과 모순을 통해 원심적 방향으로 일관되었다. 구체적인 경로는 사뭇 달랐지만 제국에서 이탈하는 방향은 동일했다.

3. '국어'에 대한 도전

앞서 일제말기 조선과 타이완에서 식민지 작가의 이중 언어 창작과 이중 언어 인식을 살펴봤다. 타이완인 작가가 일본어와 모어의 혼용을 익혀 가면서 점차 모어 순수화를 요구하기에 이르렀는가 하면 조선인 작가는 일본어에 대한 거부에서 출발하여 일본어 창작을 극단적인 형태로 이끌어감으로써 모어 창작의 정신을 역설적으로 실천했다. 다시 말해 겉으로 일본어 창작으로 경사해 나가는 것처럼 보였지만 실제로 그들이 보여준 것은 제국에서 이탈하는 원심운동이었다. 이 절에서 식민지 작가의 이러한 원심운동의 진폭에 주목하고자 한다.

이 점에 관해 기존 연구에서는 주로 '전유(專有, appropriation)'라는 포스트 콜로니얼리즘의 용어를 활용하여 일본어로 창작하면서도 모어의 정신을 전달한다는 '포스트 콜로니얼한 일본어'라는 현상을 제시하여 언어 비틀기가 곧바로 제국주의 담론을 비트는 것임을 주장

한다. 연구 대상도 김사량의 「천마(天馬)」(『문예춘추』, 1940.6)와 「풀속깊이(草深し)」(『문예』, 1940.7)에 국한되어 있다.[133]

그러나 전술한 바와 같이 조선에서의 일본어 창작은 1942년 이후에야 비로소 본격화되었다. 이런 의미에서 1940년에 발표된 두 작품은 문제가 미처 백열화되기 전에 쓰여졌으므로 연구 대상으로 활용되는 데 한계를 지니고 있다. 특히 앞서도 지적했듯이 김사량은 주로 일본 문단에서 활약했고 일본 독자를 예상했기 때문에 특히 언어 문제에 있어서 연구 대상으로 삼는 게 그리 적당하지 않다. 기존 연구의 이러한 한계를 염두에 두면서 필자는 타이완인 작가와의 비교를 통해 일제말기 조선 문단에서 활약했던 중견 작가인 이광수, 이석훈과 신인 작가인 김사영의 경우를 살펴봄으로써 식민지 작가의 원심운동의 진폭을 재조명하고자 한다.

㈁ 표준성에 대한 도전

표준성은 '국어'의 특징 가운데 하나이다. 일본의 민족주의적 지식인들은 흔히 "국어는 국민정신의 모태"라고 역설하면서[134] '조선식 국어'나 '타이완 국어'의 비표준성을 준열하게 비판했다. 그러나 그들의 이런 논리에는 심각한 자기모순이 내포되어 있었다.

우선 식민지에서의 일본어 교육은 교실에서 펼쳐졌으므로 일상생활과 상당한 거리가 있었다. 일반 민중을 대상으로 하는 국어강습소

---

133 주요 연구로는 윤대석의 일련의 연구들(「1940년대 '국민문학' 연구」, 서울: 서울대학교 박사학위 논문, 2006.2;『식민지 국민문학론』, 서울: 역락, 2006;『식민지 문학을 읽다』, 서울: 소명출판, 2012), 그리고 정백수(앞의 책), 김윤식(『일제 말기 한국 작가의 일본어 글쓰기론』, 서울: 서울대학교출판부, 2003), 김재용(『협력과 저항』, 서울: 소명출판, 2004) 등의 연구를 꼽을 수 있다.
134 山崎睦雄, 앞의 책, 52면.

나 애국반이 상당히 초라한 형편이었음은 말할 것도 없고 학교에서 진행된 교육마저 일본인의 언어 습관을 무시한 경우가 많았다. 따라서 국어강습소나 공학교에서 가르치는 일본어를 그대로 사용하면 부자 사이에서 서로 높임말을 사용하는 우스꽝스러운 장면까지 연출할 수 있었다.[135] 일상적인 생활 용어를 취급하지 않는다는 의미에서 식민지에서의 일본어 교육 자체는 '국어 상용'에 어긋나고 있었다.

또한 식민지에 건너온 일본인들 가운데 표준 일본어를 구사하는 비율은 상당히 낮았다. 이른바 표준 일본어란 도쿄 지역의 중층 계급이 사용하는 논리적, 문법적, 문자적인 언어를 가리켰는데[136] 통계에 따르면 일제 시기 조선과 타이완에 건너온 일본인들 가운데 지리적으로 가깝고 경제가 상대적으로 낙후된 규슈 지역 사람들이 절대다수였다.[137] 따라서 비록 일상생활에서 일본인과 가까이 지냈다 하더라도 일본어 사투리만 접할 수 있었을 뿐, 표준어를 습득할 기회는 그리 많지 않았다.

더 정확하게 말하자면 일본 본토에서도 '표준 국어'는 미처 완전히 형성되지 않았다. 표준 국어의 형성은 근대 학교제도의 수립과 직결되었으므로 1890년 소학교령 개정에 따른 의무교육의 실시 이후에야 비로소 가능해졌다. 노구치 엔타로(野口援太郎)의 1926년 연구에 따르면 "종래 우리나라의 소학교에서는 문법의 지식을 조금이라도 가르

. . . .

135 山崎睦雄, 앞의 책, 57~59면.
136 山崎睦雄, 위의 책, 52면.
137 타이완총독부의 통계에 따르면 1940년 10월 1일 타이완 재주 일본인 312,386명 가운데 39,998명(12.8%)이 가고시마 출신이었고 31,589명(10.1%)이 구마모토(熊本) 출신이었으며 18,206명(5.8%)이 후쿠오카(福岡)에서 왔다고 한다. 모두 규슈에 속한 지역들이었다. 이에 비하면 도쿄 출신은 10,818명(3.4%)에 불과했다. 조선에 건너온 일본인 또한 규슈 지역이 제일 많았다. 臺灣總督府 編, 『臺灣島勢要覽』, 臺北: 臺灣總督府, 1945, 32면; 최석영, 앞의 논문, 278면.

치지 않는" 상황이었다.[138] 비록 1929년부터 교과서에서 서면체 문법과 구어체 문법을 구분하면서 문법을 가르치기 시작했지만 적어도 1935년까지는 여전히 언어 공동체를 형성하지 못했다.[139] 말하자면 적어도 1930년대 중반까지는 일본의 전문 연구자마저 '표준 일본어'에 대한 개념은 그리 분명하지 않았으리라. 즉 비록 일본인이 툭하면 식민지인의 일본어가 표준어가 아니라고 힐난했지만 엄격하게 말하자면 그들 자신의 일본어도 '정확한 표준 일본어'가 되지 못했다.

수준에 따라 일제말기 식민지의 일본어를 크게 세 가지 형태로 나눌 수 있었다. 첫째는 식민지적인 일본어, 즉 정확성이 결여되고 일본인의 습관에 맞지 않는 이른바 식민지식 일본어였다. 수준의 차이가 있지만 식민지의 일반 민중과 대부분의 작가들은 이 분야에 속했다. 둘째는 습관에 부합되지만 어조 또는 용어가 도쿄 지역과 차이가 있고 문법도 그리 정확하지 않은 일본어였다. 식민지에 재주하고 있던 대부분의 일본인들은 이 분야에 속했다. 셋째는 이른바 '표준 국어' ―더 정확하게 말하면 문법적인 문제가 없는 도쿄 사투리―였다. 이러한 '표준어'를 구사할 수 있는 사람은 도쿄 출신인데다가 고등교육을 받은 일본인 또는 도쿄에서 고등교육을 받으며 그곳에서 오래 생활하던 식민지 지식인 등 극히 소수에게만 국한되었다.

식민지의 이런 복잡한 언어 실황을 간과하여 다만 식민지인의 일본어가 표준하지 않다고 강렬하게 규탄한 일본인들의 자기모순은 동화 과제를 꾸준히 고민하고 있던 식민지 지식인들을 속일 수 없었다. 일제말기 소설에서 이 점에 대한 작품화는 당시 식민지 지식인의 고민이 얼마나 깊이 있게 전개되었는지를 말해준다. 그들은 결코 민족

---

138 野口援太郎, 『高等小學校の研究』, 東京: 帝國教育會出版部, 1926, 234면.
139 山浦渚, 「言語規範形成における教育の影響: ら抜き言葉をてがかりとして」, 『国語教育思想研究』 4号, 東広島: 国語教育思想研究会, 2012.5, 99면.

주의적인 연구자들이 비판하듯이 근시안적이고 사물의 본질까지 투시하지 못한 무능력자가 아니었다. 이 사실은 다시 '친일'이라는 문제가 얼마나 복잡한지를 거듭 말해준다.

「향수」(『문예타이완』, 1943.4)는 저우진뽀가 정체성 문제를 정면으로 검토하는 작품이었다. 이 소설에서 그는 일본＝근대 문명＝절대적 진리라는 도식의 붕괴를 보여주고 근대 문물의 가치에 대한 회의를 드러내는 한편, 일본과 '지나'/타이완 사이에서 끊임없이 동요하고 고민하는 타이완 지식인의 모습을 압축적으로 형상화했다.

소설은 1인칭 화자의 시점으로 전개된다. '나'는 도쿄에서의 오래된 유학 생활을 마치고 타이완으로 돌아왔지만 항상 도쿄와 비교하는 습관을 버리지 못해 압박감과 고독감에 괴로워한다. 자신을 일본인으로 오인한 동포들의 경원의 시선을 감지하면서 옛날의 고향에 대한 그리움을 뼈저리게 느끼는 한편, 고향에 대한 그리움이나 도쿄에 대한 향수나 모두 "개념적인 정서"에 지나지 않을지도 모른다는 더 깊은 고독과 절망에 사로잡힌다. 이러한 주인공 화자는 작가 저우진뽀의 분신으로 읽힌다.

주목하고자 하는 대목은 '나'와 일본인 '하녀' 사이에서 펼쳐진 대화이다. 오랜만에 찾아간 온천지에 도착한 '나'는 일본의 온천에 대한 향수에 일본인이 경영하는 여관을 선택하게 된다. '나'의 타이완인 신분을 식별한 일본인 '하녀'는 은근히 경멸감을 드러내는데 '나'는 그것을 예민하게 감지한다. 결국 일본을 숙지한 식민지 지식인 '나'와 일본인이지만 상대적으로 신분이 낮고 편력도 부족한 '하녀' 사이에서 치열한 신경전이 벌어진다.

하녀의 말로는 여기가 원래 인구가 만 명 이상인데다가 역사가 오래된 마을로 타이완인의 붉은 벽돌집이 늘어서 있었는데 4, 5년 전에 어떤 금광회사의 기사(技師)가 우연히 유황을 발견한 바람에 지명까지 새롭게 만들어지는 등 한동안 대대적으로 홍보되었다고 한다. 요새 물자난으로 인해 큰 여관도 지을 수 없는 형편이지만 산 너머의 타이완인 마을에나 가보세요, 거기가 상당히 번화하니까 하는 말은 내가 궁상맞은 얼굴로 벽감의 족자를 바라보는 것을 보고 불쌍히 여겨서 그런지 하는 말이었다.

그래서 나는 아닙니다 그런 곳은 이미 볼 만큼 봤으니 여기가 훌륭합니다고 하지 않고 어때, 냉맥주나 가져와 한 잔 같이 할 수 없을까 했다. 내 말이 지나치게 차분해서 그런지 그녀는 얼굴을 붉혀서,

「몰랐네요. 말을 잘하시는 것.」

「아니, 아가씨는 규슈 출신이네. 규슈면 구마모톤가?」

「아니! 그건 어떻게 알아?」

「알지. 난 구마모토에 잠시 체류한 적이 있거든.—스이젠지(水前寺) 생각이 나네.」

「우리집은 쿠혼지(九品寺)야. 스이젠지에 자주 갔었지.」

「쿠혼지면 진중(鎮中) 포함이 있네. 크게 싸웠던 놈이지.」

출중한 미모라고 할 수는 없지만 그녀의 이중턱과 놀랄 때마다 눈의 표정이 하도 청결해서 나의 호변을 자극했다. 그리고 30대 된 것이 눈으로 알 수 있지만 중년 여인의 교태가 안 보여서 나의 말솜씨가 한층 더 대단해졌다. 언제 타이완에 왔느냐, 도쿄에 몇 년 살았느냐, 아이가 있냐 캐묻는 다음에, 이어서 나이가 몇 살이냐 하는 등 사소한 질문을 연발해서 그녀를 당황하게 만들었다.[140]

식민지 지식인 '나'는 유창한 일본어와 풍부한 일본 경험에 의해 일본인 '하녀'에게서 발언권을 빼앗는다. 여기서 식민지인은 더 이상 침묵하지 않고 "호변"과 "말솜씨"를 보여 역으로 일본인을 "당황하게 만"든다. 식민지인과 일본인의 위치가 역전되고 '식민지의 거세된 남성'[141]은 주도권을 회복했다. 식민지 지식인은 '정확한 표준 일본어'

140 周金波, 「鄕愁」, 中島利郎·黃英哲 編, 앞의 책, 101~102면.
141 Louis Montrose, 「The Work of Gender in the Discourse of Discovery」,

를 점유함으로써 일본인의 절대적 언어적 권위를 전복시켜 제국 질서의 소멸을 요청했다.

훗날 저우진뽀의 아들 저우전잉(周振英)이 지적했듯이, "그때는 미처 민족자결사상이 풍미하지 않았다. 성실한 노력을 통해 강해지고 민족 차별을 해소하고자 하는 생각이 가장 일반적인 논리였다."[142] 일본인과 대면할 때 식민지인의 언어적 한계를 지방 사투리라고 사칭하며 식민지 출신을 의도적으로 감추는 현상이 보편적이었던 당시의 실제 상황을[143] 감안하면 이처럼 적극적으로 제국의 절대적 기준을 점유함으로써 당당하게 일본인을 압도하는 방책은 긍정할 만한 점이 없지 않다고 해야 한다. 이를 실천할 수 있는 심리 상태와 언어 수준을 겸비한 것이 동화가 어느 정도 이루어져야만 비로소 가능했지만 저우진뽀가 제국의 기준을 점유하고 나서도 '제국의 위계'에 다시 빠지지 않았던 것은 주목할 만하다.

일본인 '하녀'와 헤어지고 혼자서 온천을 찾아간 '나'는 타이완의 전통 악기를 집단적으로 헌납한 상징적인 장면을 목도하여 타이완 전통의 소멸을 압축적으로 경험하게 된다. 결국 '나'는 일본인 여관

『Representation』 No.33, Berkeley: University of California Press, 1991, 12면; Anne McClintock, 『Imperial Leather: race, gender, and sexuality in the colonial contest』, New York: Routledge, 1995, 30면; Revathi Krishnaswamy, 『Effeminism: the economy of colonial desire』, Ann Arbor: University of Michigan Press, 1998, 18~20면을 참고할 수 있다.

142 周振英, 「我的父親 —— 周金波」, 中島利郎·周振英 編著, 『臺灣作家全集別集·周金波集』, 臺北: 前衛出版社, 2002, 368면.

143 당시의 소설에서도 이런 현상을 많이 형상화했다. 타이완의 경우는 우쭤류의 『후쯔밍』에는 타이완인의 일본어 발음이 규슈 사투리와 비슷해서 타이완인 유학생이 후쿠오카나 구마모토에서 왔다고 사칭하는 경우가 많다는 대목이 있고, 왕창숑의 「격류」에서도 타이완인 유학생이 시코쿠(四國)나 규슈를 고향으로 사칭하는 장면이 있다. 吳濁流, 『胡志明 第2篇·悲恋の卷』, 臺北: 國華書局, 1946, 2~3면; 王昶雄, 「奔流」, 『台湾文學』, 臺北: 啓文社, 1943.7, 117면.

으로 돌아갈 길을 잃어버려 "다시 돌아갈 수 없겠지"라는 깊은 불안을 품고 울부짖으며 암야 속에서 헤매게 된다. 제국의 절대적 기준을 점유할 수 있을 만큼 깊이 동화되었지만 도리어 제국에 대한 안도감으로 되돌아갈 수 없게 된 것은 '친일'의 패러독스라 할 수 있다.

제국의 기준을 포기한 저우진뽀는 어디로 향하고 있었는가? 「향수」에서 표준 일본어를 사용하지 않고 '老鰻', '小姐', '武生' 등을 비롯한 타이완의 어휘들을 아무 설명 없이 직접 삽입한 것은 그의 방향을 암시했다. 이러한 타이완식 일본어 창작은 당시 타이완 문단의 일본인들이 가장 강렬하게 규탄하고 있던 것이었다.[144] 일본인이 주관하고 일본인 주필이 절반 이상을 차지한 『문예타이완』에서 주로 작품을 발표했음에도 저우진뽀는 일본인의 어감을 당당하게 무시하고 식민지의 이중 언어를 그대로 일본인에게 전가했다. 이런 식으로 그는 일본인이 내세운 기준을 점유하는 데 그치지 않고 타이완의 입장에 입각한 제3의 길을 모색하기에 이르렀다.

조선인 작가의 경우는 이석훈을 통해 살펴보겠다. 일본어 표준성 문제에 대한 이석훈의 검토는 점차 심화되어 갔다. 1942년 후반에 발표된 「영원한 여자」에서 그가 주목한 것은 조선인과 표준 일본어 사이의 간극이었다. 표준 일본어의 대변인으로서 그는 도쿄 출신의 주인공을 설정했다.

조선인과 표준 일본어 사이의 간극은 도쿄 출신인 '사유리'의 시선을 통해서 확인된다. 처음에 일본인 관찰자의 눈에 비춰진 것은 평범한 조선 여인 '춘삼의 아내'가 일본어를 열심히 배우는 모습이다. '사유리'의 의형에 따르면 '춘삼의 아내'는 "밤이면 근처의 야학에 가서

----

144 예컨대, 야마사키 무츠오는 "타이완어적인 국어"를 통렬하게 비판하면서 이런 "속악하고 변형된 국어가 타이완에서 보급된다면 국어 운동이 철저히 실패했다고 하지 않을 수 없다"고 비난한 바 있다. 山崎睦雄, 앞의 책, 63~64면.

국어와 산술을 배우고 있어. 이미 회화가 가능"[145]하다고 한다. '사유리' 자신도 "달빛 아래 부랴부랴 야학에 가는 춘삼의 아내의 모습"을 직접 확인한다. 그러나 그녀의 뒤를 따라 야학에 가게 된 '사유리'가 확인한 일본어 교육의 현장은 그리 여의치 않다. 일본어 공부의 주체는 대부분 농촌의 유휴 노동력인 노약자들인데다가 "모두 낄낄 웃거나 소곤소곤 수다 떨거나"하여 일본어 공부를 심각하게 취급하지 않는다. 이런 오합지졸의 야학은 강제 동원의 성격을 감추지 못한다. 특히 일본어 선생마저 가장 초보적인 인사말조차 제대로 발음하지 못한 것은 문제적이다.

> 야학은 농장 북쪽 변두리에 외따로 서 있는 초가집으로 된 마을의 집회소였다.
> 벌써 수업이 시작했다. 마을답지 않은 훤한 전등빛 속에서 젊은 조선 여인과 노파들 가운데 할아버지들도 꽤 있었다. 선생은 이미 50세 가까운 털보의 중노인이지만 매우 정정하고 힘찬 목소리로
> 『이번엔 회화 연습을 합시다』
> 하고 먼저 말해 놓고
> 『아침 인사는 뭐라고 합니까』
> 하고 질문했다. 여자들은 싱글싱글 웃으며
> 『오하요코사이마스』
> 하고 제각각 대답했다. 선생은
> 『그렇습니다. 오하요코사이마스입니다』
> 하고 매우 자신 있게 선생으로서의 위엄을 갖추며 말했다.[146]

결국 '춘삼의 아내'가 열심히 야학에 다니는 것은 강제 동원의 결과일 가능성이 높고 그녀의 실제적인 일본어 회화 수준은 또한 의심

145 牧洋, 「永遠の女」, 『靜かな嵐』, 京城: 每日新報社, 1943, 290면.
146 牧洋, 위의 글, 295면.

스럽다. 소설의 내적 시간이 "소화 12년경", 즉 중일전쟁이 발발했던 1937년쯤이라는 점을 보면 식민지에서 첫 번째 일본어 보급 박차를 가하던 시점이었다. 전술한 바와 같이 1938년 말에 이르러 조선의 일본어 해득자 비율은 1933년보다 72%의 증가율을 보였다. 일견 큰 성과를 거둔 것처럼 보였지만 도쿄 출신의 일본인 주인공이라는 절대적 기준의 시선을 통해 조선인과 표준 일본어 사이의 간극은 환원되었다. 이 소설이 발표된 시점이 바로 조선어학회 사건이 발생한 시점이었다는 사실을 감안하면 작가의 문제의식은 일본어 보급의 문제점을 제시함으로써 일본어 보급을 추진했다기보다는 조선에서 맹목적으로 전개된 일본어 보급 운동에 대한 부정적 인식을 우회적으로 드러냈을 가능성이 더 높다. 일본인 주인공이라는 유용한 보호막을 동원한 것도 자신의 비판적 입장에 대한 자의식에서 비롯된 게 아니었는가?

1943년 6월 29일에 탈고된 「혈연」에서 이석훈은 표준성이 결여되면서도 표준성을 내세우고 있는 제국의 자기모순을 직접 겨냥하기에 이르렀다. 그는 도쿄 출신이 아닌 가고시마 출신의 일본인을 등장시켜 그 사투리를 부각했다. 가고시마인과의 접촉을 통해 일본어를 습득한 '용식'의 일본어는 "가고시마 사투리가 있다"는 것이다. 이러한 의미심장한 설정은 이 시점에 '정확한 표준 일본어'를 역설하고 있는 이석훈의 내적 풍경을 시사했다. 일본인 자신의 표준하지 못한 일본어를 부각함으로써 일본어의 표준성을 야유했고 '정확한 표준 일본어'의 신기루적인 본질을 적시했다. '정확한 표준 일본어'에 대한 그의 표면적인 열정은 오히려 역설적으로 그것이 내면화된 요구가 아니었음을 증명했다.

타이완인 작가 저우진뽀가 동화를 관통함으로써 획득한 일본적 경험에 의해 제국의 기준을 직접 점유하고 '국어'와 제국 질서에 정면으로 도전했는가 하면 조선인 작가 이석훈은 '국어'와 제국 질서에 대한 거부감에 입각하여 그것과 조선인 사이의 넘어설 수 없는 간극을 반복 확인했다. 전자가 동화의 흔적을 역력하게 보이고 후자가 동화의 요구를 내면화하지 않았다는 점에서 서로 구분되었지만 제국에서 이탈하는 종국적인 방향은 동일했다.

    ㄷ 전도(顚倒)와 전복(顚覆)

    앞 절에서 일본어의 표준성 문제에 대한 식민지 지식인들의 검토를 살펴봤다. 이 절에서는 일본어의 권위에 대한 그들의 도전에 주목하고자 한다. 1937년 4월에 '국어 보급'은 '국체명징'의 중요한 구성 부분으로 밝혀진 후 국책의 성격을 부여받았다. 더불어 이는 제도적 차원에서 일본 국가제도의 도입, 교육적 차원에서 근대 학교교육의 수립, 군사적 차원에서 병력의 양성과 직결되어 있었으므로 정치적으로 문화적으로 군사적으로 모두 중요한 위치를 차지하고 있었다. 그러나 일본어의 이런 절대적 권위는 끊임없이 식민지 지식인들의 도전을 받았다.

    이광수가 '가야마 미쓰로(香山光郎)'라는 창씨명으로 1941년 9월부터 1942년 6월까지『신시대』에 연재한 미완의 장편인『봄의 노래』가 본격적인 일제말기 일본어 창작으로 진입하기 직전의 준비작이었다는 점은 앞에서 언급했다. 이미 지적한 바와 같이 이광수에게는 조선어와 일본어는 각각 서로 다른 문화 체계를 의미하며 서로 교차하지 않았는데 이 소설에서 두 가지 문화 체계는 조우하고 충돌하였다. 비록 일본인이 직접 등장하지는 않았지만 남자 주인공 '경직'의 결혼은 준(準) 내선결혼의 성격을 다분히 띠고 있고[147] 그 결혼생활도 조선어

. . . .

147 '경직'은 조선의 유서 깊은 집안인 '한산 리씨 목은'의 후손으로 가문이 몰락했음

와 일본어, 조선 문화와 일본 문화 사이의 충돌로 가득 찬다.

> 하로는 후미꼬가 혼자 벽에서 무엇을 하고 있다가,
> 「시즈에상, 시즈에상」
> 하고 시즈에를 불렀다.
> 「시즈에상이란 다 무엇이냐?」
> 하고 시어머니가 마루 끝에서 소리를 질렀다.
> 「그럼 무어라 고 해요?」
> 하고 후미꼬는 얼굴이 헷슥해진다.
> 「시누 더러 누님이라지, 시즈에상은 다 무엇이냐」
> 「시누는 동생 아니야요? 국어로는 그렇게 부르는 거야요」
> 후미꼬는 지지아니하였다.
> 「옹, 너희 집에서는 시누 더러 이름을 불르는지 몰라도 우리네 집
> 에서는 그런 일 없다. 시누면 누님, 시동생이면 서방님이나 도련님
> 하고 깎듯이 합시오 바치는 거야. 시누, 시동생더러 이름 부르고 반
> 말지거리 하는 것은 무지막지한 상것들이나 하는 일이다」[148]

신부 '후미꼬'와 시어머니 사이에서 벌어진 위와 같은 충돌은 일본
어와 조선어, 그리고 일본 문화와 조선 문화 사이의 충돌로 읽힌다.
흥미로운 것은 '국어'의 절대적 권위가 "무지막지한 상것들"의 비천

• • • • • • • • • • •

에도 그의 부모는 여전히 강한 가문의식을 유지하며 조선의 전통을 고집한다. 가
문에 대한 '경직' 집안의 자긍심은 조선인이 문화 수신자였던 일본 앞에서 느끼
는 긍지심으로 읽힌다. 반면 '경직'에게 딸 '후미꼬(文子)'와의 결혼을 강요하는
'구장'은 옛날에 신분이 낮았지만 최근에 부자가 되어 남의 집과 밭을 빼앗는다.
지원병을 높이 평가하거나 누이바꿈이라는 일본 풍습을 주장하거나 하는 등 일
본적인 사고방식과 가치관을 가지고 있다. 딸 '후미꼬'의 이름 또한 일본을 '근
대', '문명'으로 호명하는 이광수의 일관적인 논리와 맞물려 있다. 이처럼 양자는
각각 당시의 내선결혼 소설에 나타난 조선인과 일본인의 이미지와 겹쳤다. 두 가
지 언어로 진행되고 '국기', '애국행진곡', '궁성요배' 등 요소를 갖추고 있는 결
혼식 또한 외교 의례의 성격을 지니고 있다.

148 香山光郎, 「봄의노래(五)」, 『新時代』, 京城: 新時代社, 1942.2, 152면.

한 습관으로 멸시당하고 도전을 받는 것이다. '국어'에 대한 경멸은 궁극적으로 일본 문화에 대한 조선인의 경멸감에서 비롯된다고 할 수 있다. 비록 이런 태도를 곧바로 작가 이광수의 입장으로 치환할 수는 없지만 조선어와 일본어를 문화의 운반체로서 엄격하게 구분하면서 사용하고 있었다는 사실을 감안하면 적어도 작가가 일본어와 일본 문화에 대한 조선인의 거부감을 의식하고 있었음을 말해준다고 해야 한다.

다시 말해 조선어 사용자가 일본어를 직접 비판하는 장면을 통해 작가 이광수의 깊이 숨어 있는 일본어 전용 및 조선어 말살 정책에 대한 강한 거부감을 엿볼 수 있다. 조선인과 일본인의 위치를 전도시키는 설정은 이광수에게만 국한되지 않았고 조선과 타이완의 일제말기 소설에서 보편적으로 확인할 수 있다. 일본어 보급에 대한 거부감이 식민지 작가들에게 보편적으로 존재했다는 사실을 엿볼 수 있다.

김사영의 「형제」(『신시대』, 1942.11~1943.3)에서도 같은 전도적인 설정을 발견할 수 있다. 3인칭 주인공 화자인 '이현'이 과거를 회상하는 대목이다. "24,5년 전 아니면 더 옛날인지도 모른다"는 서술을 보면 소설 내적 시간이 창작 시간과 일치되면 1910년대, 즉 한일합방이 얼마 되지 않을 때이다. 한 아이의 시각으로 전개된 이야기는 다음과 같다. 어느 날 한 일본인 여성이 '이현'의 형이라고 알려진 일본인 사내아이 '이치로(一郞)'를 데리고 동네에 와서, 근처에서 조그만 집 하나를 마련한다. 그 후 어머니는 자주 그 여인의 집을 찾아가 여인을 욕하고 괴롭힌다. 심지어 할아버지까지 그 여인을 찾아가 심각하게 질책한 바 있다. 그러다가 여인이 마침내 견디다 못해 아들을 남겨두고 혼자서 도망가고 만다. '이치로'는 조선인 아버지 집에서 살게 되는데 '돌바우'라는 조선 이름을 얻고 조선어를 배우게 되며 할아버지와 어머니로부터 이런저런 소외와 학대를 당하기 시작한다.

여기서 일본인 여성과 그녀의 아들 '이치로'가 경험한 일련의 불행들—가치 시스템으로부터 배제당하고 차별받고, 이름과 언어를 박탈당하는 등등—은 쉽게 일본인이 조선인에게 가한 창씨개명, 일본어 전용 등을 상기하게 한다. 특히 언어에 관한 부분은 전형적이다.

우선 현실에서 일본인 앞에서 조선인이 발언권을 상실하는 데 반해 소설에서 조선어에 노출된 일본인 여성은 피동적인 위치에 놓여 실어증에 걸렸다. 일본인 여성이 낳은 아들이 조선인 아내가 낳은 아들보다 연상이라는 점과 일본인 여성에 대한 '할아버지'의 적의적인 태도를 보면 '아버지'와 일본인 여성의 비극적인 연애는 '어머니'와의 결혼보다 먼저 발생한다. 다시 말해 여기서 이효석의 「아자미의 장(薊の章)」(『국민문학』, 1941.11)이나 정인택의 「껍질(殼)」(『녹기』, 1942.1) 등 소설에서 형상화한 성공하지 못한 내선연애의 이야기가 생략되어 있다. 이런 의미에서 「형제」는 그 소설들의 속편이라 할 수 있다. 결혼하지 못해 법적 보호를 받지 못한 일본인 여성은 모럴적으로 약세에 몰려 발언권을 상실하게 된다.

> 아버지가 사랑으로 올라간 후, 어머니는 곧바로 그 여인의 집으로 갔다. 무서운 기세로 여인에게 욕설을 퍼부었다. 퍼부어진 욕설을 들으며 여인은 그 대단한 기세에 압도당해서 그런지, 아니면 말을 전혀 못 알아들어서 그런지, 입을 꼭 다문 채 양처럼 온순하기만 했다.
> (중략)
> 한 번 그런 일이 벌어진 후, 어머니는 종종 그 여인의 집에 가서 「이 갈보!」라든가 「뻔뻔스러운 년!」라든가 「썩 꺼져 버려!」라든가 실컷 욕하고 돌아오곤 했다. 마침내 어머니뿐만 아니라 할아버지까지 다녀오셨다. 비록 어머니처럼 굴지는 않으셨지만, 유연히 수염을 어루만지며 죄인이라도 상대하듯이 하신 그 말씀은 자못 심했다.
> 그럴 때마다, 여인은 뭔가 열심히 생각하고 있는 석상처럼 냉담한 태도로 침묵을 지켰다. 무슨 말이 나와도 단 한 번도 화난 기색이라

도 보이지 않고 늘 단정하게 꿇어앉고 있었다.[149]

　'어머니', '할아버지'와 '그 여인' 사이의 언어적 대조는 극히 선명하다. 조선 가정이 일본인 여성에게 가한 모든 폭력이 '말'의 형식으로 구현되는 한편, 약세에 놓인 일본인 여성의 대응 방식은 "침묵"뿐이다. 법적으로 모럴적으로 모두 보호를 받지 못하기 때문이다. 식민지인이 공식적인 가치 시스템에서 소외당했고 발언권을 박탈당했으며 일본인이 일방적인 평가자가 되었다는 현실은 여기서 완전히 전도되었다.

　전도적인 설정은 아이를 학대하는 대목에 이르러 정점에 도달했다. 조선인 아버지의 집으로 들어간 '이치로'는 조선인 적모와 할아버지의 학대를 받는다. 조선인이 1940년 2월부터 창씨개명을 강요받았고 1942년 10월에 조선어학회 사건으로 인해 모어 말살의 위기에 봉착했던 배경을 감안하면 원래 귀한 장남의 표시를 가지고 있던 '이치로'가 다른 가치 시스템 속에서 소외받는다는 설정은 일종의 비유로 읽힌다. '이치로'가 겪는 학대는 특히 일련의 조선말로 압축적으로 표현되었고 그가 받는 유일한 따뜻한 사랑은 '내지어'로 구현되었다.

　　(ㄱ) 「야! 돌바우! 왜 자꾸만 흘깃흘깃 사람 칩떠보니?」라든가,
　　　　「돌바우! 내가 호랑인가 늑대인가! 사람보고 왜 슬금슬금 피하니?」라든가,
　　　　「꾸물거리지 말고 물이라도 긷고 와! 대복(大福) 데리고 갈 것 없어. 공부에 방해가 되니까」라든가, 이치로가 눈앞에만 있으면 반드시 누군가가 호통 쳤다.[150]
　　(ㄴ) (중략) 어느 밤, 술 취해 돌아온 아버지는 돌바우(어느 새인가

• • • • • • • • • • • •
149 金士永, 「兄弟(二)」, 『新時代』, 京城: 新時代社, 1942.12, 158면.
150 金士永, 위의 글, 160면.

이치로의 이름은 이렇게 바뀌었다. 이치로고 뭐고 어색하니 생각나는 대로 조선식 이름을 지어줬을지도 모른다)의 머리를 어루만지며, 내지어로 뭐라고 부드럽게 말했다(중략)
아버지는 그런 이치로한테 유일하게 잘해주는 사람인 모양이었다. 그러나 아버지도 겉으로는 그런 기색을 드러내지 않았고 다만 술 마시고 돌아오면 곧잘 이치로의 머리를 어루만지며 뭔가 국어로 부드럽게 말하곤 했다. 그러자 이치로는 와악 하고 봇물이 터지듯 아버지의 품에 엎드려 울음을 터뜨린 적이 있다.[151]

　공식 언어(조선어)와 모어('국어')는 각각 폭력의 기호와 위안의 기호로 기능하며 대조적으로 배치되었다. 그리고 아이에게 적용되는 데 공식 언어의 폭력적인 효과와 모어의 위안적인 색채는 한층 더 강화되었다.
　김사영이 겉으로는 피해자의 위치에 놓인 일본인 여성과 아이에게 동정의 시선을 보냈고 조선인의 "지나친 고루함"을 준열하게 비판하고 있었지만 과연 거의 30년 전의 조선인의 편견을 비판하는 데 목적을 두고 있었는지 짚고 넘어갈 필요가 있다. 실상 작가는 꾸준히 오늘날 일본인과 조선인의 우정을 20여 년 전과 대조적으로 서술했다. 일본인에 대한 조선인의 편견이 이미 해소되었다고 강조하면서 왜 굳이 20여 년 전의 민족 갈등에 많은 지면을 할애했는가? 이 문제를 해결하기 위해 소설의 발표 시점이 마침 조선어학회 사건의 파문이 확대된 시기였다는 사실에 주목할 필요가 있다. 조선어가 말살당한 위기에 봉착했던 그 시점에 김사영은 일본인과 조선인의 위치를 전도함으로써 완곡적으로 언어 말살 정책에 대한 불만을 드러내는 한편, 일본인으로 하여금 조선인이 경험하고 있는 언어적 비극을 직접

· · · · · · · · · · ·
151 金士永, 앞의 글, 160~161면.

체험하게 함으로써 그들의 반성을 재촉했던 게 아닌가? 특히 연약한 여성과 아이를 피해자로 설정한 것은 일본인 독자의 동정심을 불러일으키는 데 효과적이었으리라.

작가의 이런 의도는 조선어의 번역 불가능성을 부각하는 것에 의해 방증되었다. 김사영의 소설에서 '지게', '장치기' 등을 비롯한 조선 고유의 도구나 전통놀이는 모두 한글 발음으로 표기된 것은 물론이고, 보편적으로 존재한 일반 도구인 호미까지 반드시 'ホミ'로 한글 발음을 직접 표기했다.[152] 조선의 고유 어휘에 대한 집착은 그가 조선어의 문화적 함의를 뼈저리게 의식하며 조선어를 번역 불가능한 것으로 인식하고 있었음을 말해준다. 특히 '돌(乭)'이라는 한국의 고유 한자를 등장인물의 이름으로 애용한 점도 이 한자를 통해 조선어의 번역 불가능성을 역설하려는 의식에서 기인되었으리라. 「형제」에는 이중 언어자인 '요시죠우(吉藏)'의 입을 빌려 조선 이름의 문화적 함의를 밝힌 장면이 있다.

「선생님, 부돌이란 이름 보세요. 재미있는 이름이지요? 『부돌』이란 조선어로 『붙잡아라』라는 뜻이네요. 그 이름의 유래를 보시면 이렇습니다. 부돌은 지금 외아들이지만 사실은 개를 낳기 전에 아이가 있었습니다. 하지만 낳으면 바로 죽고 낳으면 바로 죽었으니 한 명도 제대로 키우지 못했지. 그러다가 이번은 꼭 해 내겠다는 결심에 태어난 아이에게 『부돌아』라는 이름을 지어주지 않았습니까. 이번은 죽지 않도록 꽉 잡자는 뜻이지요. 아하하하하, 처음엔 그저 어릴 때만 부르는 이른바 애칭같은 것으로 쓸 생각이었겠지만 이제 와서 진짜 이름이 되었지요. 하지만 확실히 그 아이만 죽지 않고 저렇게 훌륭한 젊은이로 커서 부모님께 정성껏 효도를 하는 게 아니에요?」[153]

. . . .

152 金士永, 앞의 글, 159면; 金士永, 「聖顔」, 『國民文學』, 京城: 人文社, 1943.5, 16면, 20면; 金士永, 「道」, 『國民文學』, 京城: 人文社, 1944.5, 105면, 109면을 참고할 수 있다.

일견 단순히 일본의 '언령 신앙'을 설명하는 대목처럼 보인다. 언어(말)에 힘이 담아 있기 때문에 좋은 말이 좋은 일을 불러일으킬 수 있고, 반면 불길한 말이 나쁜 일을 불러일으킬 수 있다는 믿음은 전 세계적으로 있다고 해도 과언이 아니다. 특히 일본에서는 신도 사상과 결합되어 '언령 복이 있는 나라(言靈の幸ふ国)'라는 표현까지 산출할 만큼 일본 문화의 중요한 부분으로 정착되었다. 그러나 그런 표면적인 장치의 이면에 자신의 조선적 혈통을 확인하려는 '요시죠우'의 조선 문화에 대한 깊은 이해와 애착이 깔려 있다. 다시 말해 겉으로는 일본 문화에 관한 이야기처럼 보이지만 기실 조선 문화를 논의하고 있는 것이다. 조선의 토착 신앙과 가족끼리의 따뜻한 사랑이 읽힐 뿐 아니라 특히 일본어로 번역할 수 없다는 점은 주목할 만하다. '乭'이라는 한자는 조선어에만 존재하고 '부돌'의 유래는 조선어의 문맥에서만 설명 가능하다. 조선어학회 사건의 여파가 미처 가라앉지 않았던 시점에 작가가 내선연애의 비극적 결실인 '요시죠우'의 입을 빌려 번역 불가능한 언어 현상을 내놓는 것은 우연이었다기보다는 조선어의 존폐에 관한 깊은 사고가 내재되어 있었다고 해야 한다.

사실과 반대되는 설정을 통해 우회적으로 '국어'의 권위에 도전한 현상은 동 시기의 타이완 소설에서도 쉽게 확인할 수 있는데 뤼허뤄의 「옥란화」(『타이완문학』, 1943.12) 또한 일본인 인물을 식민지의 고유문화에 노출시킴으로써 현실 속에서 중심 위치에 있던 '국어'를 주변화하고 소리를 잃은 언어로 왜소화했다. 타이완에 처음 오고 타이완어를 전혀 모르는 일본인 '스즈키 젠베에(鈴木善兵衛)'가 아직 공학교에 입학하지 못해 일본어를 모르는 타이완인 아이들과의 교류는 다음과 같다.

. . . .

153 金士永, 「兄弟(三)」, 『新時代』, 京城: 新時代社, 1943.1, 132~133면.

(ㄱ) 그 다음에 그는 옛날이야기를 들려주었다. 우리들은 그때부터야 비로소 조용해지고 가만히 그의 입만 쳐다봤다. 그는 카치카치 산, 혀 잘린 참새, 우라시마 타로(浦島太郎), 모모타로(桃太郎) 등 이야기를 들려주었다. 몸짓과 손짓으로 익살맞게 이야기했기 때문에 못 알아듣는 일본어였지만 우리들은 아주 재미있게 들었다.[154]

(ㄴ) 스즈키 젠베에는 수면을 주시한 채 돌아보지도 않고 「아후(阿虎)야, 졸리니?」하고 묻는 모양이었다. 나는 무슨 말인지 못 알아들어서 가만히 있었다. 그는 돌아보고 실쭉 웃었다. 그것만으로 나는 만족했다. 그와 함께 있다는 안도감에 나도 웃었다. 그리고 「키. 물고기가 있어?」하고 물었다. 말이 안 통해서 그는 「응, 응」하고 고개를 끄덕일 뿐이었다. 「키. 오늘 저녁에 엄마한테 맡겨서 같이 먹자!」「응, 응」하고 스즈키 젠베에는 또다시 돌아보며 웃었다.[155]

언어에 의하지 않는 매우 독특한 소통 장면들이다. 기존 연구에서 흔히 뤼허뤄가 이런 장면들을 통해 사랑에 의해 언어를 비롯한 민족 간의 장벽들을 넘어설 수 있다고 주장했다고 하지만[156] 작가가 특별히 언어적 소통이 필요한 '옛날이야기 들려주기'라는 게임을 선택하게 된 것은 그리 단순하지 않은 듯하다. 한 아이가 과거를 회상하는 형식을 통해 도쿄에서 온 일본인의 '국어'를 소리가 없는 말로 만든 것은 「형제」에서 한 아이가 과거를 회상하는 식으로 일본인을 실어증에 걸리게 하는 것과 궤를 같이 했다. '스즈키'의 발음이 어려워 '키'로 간소화한다는 설정도 「형제」에서 일본 이름이 "어색"하다는 이유로 조선 이름으로 대체한다는 설정과 같은 맥락에 있어 식민지

• • • • • • • • • • •

154 呂赫若, 「玉蘭花」, 『台湾文學』, 臺北: 啓文社, 1943.12, 125면.
155 呂赫若, 위의 글, 127면.
156 王建國, 『呂赫若小說研究與詮釋』, 臺南: 臺南市立圖書館, 2002, 109~117면을 참고할 수 있다.

인이 식민자에 의해 명명되어야 했다는 현실을 전도했다.

두 소설의 많은 유사점은 우연한 현상이었다기보다는 일본어 상용 국책에 대한 식민지 지식인의 공통된 문제의식에서 비롯된 자연스러운 결과였다고 해야 한다. 「옥란화」가 발표된 1943년이 타이완 황민 봉공회가 '국어 상용 강화 운동'을 시작한 해였다는 사실을 감안하면 뤼허뤄는 이런 식으로 도쿄에서 온 일본인의 '국어'를 소리가 없는 말로 거세함으로써 대대적으로 전개된 '국어 상용 강화 운동'에 우회적으로 항의했던 게 아닌가? 결국 언어에 의하지 않는 소통은 언어의 장벽을 넘은 사랑을 보여주기 위한 것이었다기보다는 일본어의 절대적 권위에 대한 야유였다고 해야 한다.

전도적인 설정으로 일본어의 권위 위에 구축된 언어 서열에 도전하는 현상 외에 식민지 소설에서 전복적인 설정을 통해 제국의 언어 질서를 넘어서는 대목도 종종 등장했다. 양자는 제국 질서에 대한 식민지 작가의 거절을 우회적으로 표현했다는 점에서 공통성을 지녔다. 앞서 저우진뽀의 「조교」에서 국민도장 수련생인 '라이차이무'의 귀가 신청 장면을 통해 강제적인 일본어 훈련의 폭력성을 적발한 것을 살펴보았다. 흥미로운 점은 작가가 그것으로 그치지 않고 전복적인 설정으로 일제가 역설하는 '도의'의 허위성까지 적시하여 제국의 헤게모니에 의심의 시선을 보냈던 것이다. 귀가를 신청하러 찾아온 '라이차이무'를 등장시키기 직전에 '야마다 교관'이 '라이차이무'의 동생이 써온 편지를 조교들 앞에서 읽고 극찬하는 장면이 있다. 편지의 내용은 다음과 같다.

「형. 저는 열심히 공부하고 있습니다. 형도 군대의 일을 열심히 배우고 있습니까? 형. 마을에서 다들 형이 장차 대단한 사람이 될 것이 틀림없다고 합니다. 우리 동네는 적령자가 모두 12명입니다. 형은 반드시 영예로운 병사가 될 거라고 합니다. 형. 어머니는 그동안 병에 걸려 계십니다. 하지만 제가 형의 분까지 효도해 드릴 테니 안심하십시오..」[157]

　일제말기 널리 퍼져 있던 '군국미담'들과 비교해도 손색 없는 국책 순응적인 편지였다. 이 편지로 마무리되면 「조교」도 순전한 국책순응물이 되었을 텐데 더듬거리는 일본어로 귀가를 간절히 요구하는 '라이차이무' 본인의 등장 때문에 감추어진 내용이 가시화되었다. 편지의 내용과 현실 사이의 거대한 균열이 주목을 요한다. '야마다 교관'이 끝까지 이 편지를 '라이차이무' 본인에게 전해주지 않는 점과 '라이차이무'의 낮은 일본어 수준을 감안한다면 이 편지는 아예 '라이차이무'에게 보여주기 위해 쓴 것이 아닐 가능성이 높다.

　미야다 세츠코에 따르면 당시 일본의 군대에서는 방첩의 필요로 인해 일본어로 쓰인 편지가 아닌 이상 군대 바깥으로 유출할 수 없었다고 한다.[158] 군대의 예비 단계로 볼 수 있는 국민도장에서도 모든 편지는 일본어로 되어야 했으리라. 따라서 '차이슈껀'과 같이 일본어를 전혀 모르는 수련생들이 조교 '하스모토'의 도움이 없다면 편지를 쓸 수 없다는 장면이 등장했다. 그러나 비록 수련생이 일본어를 읽을 줄 알더라도 편지가 수련생 본인에게 전달되지 않을 수도 있다.

　황호덕이 제국의 통제 아래 모든 봉인된 '편지'가 언제든 훤히 읽을 수 있는 '엽서'로서 존재하지 않을 수 없기 때문에 의도된 수신자 외의 다른 수신자가 항상 전제되고 있었다고 지적한 바 있는데[159] 「조교」가 보여준 것은 더욱 가혹한 현실이었다. 즉 의도된 수신자의 수신 행위가 항상 차단되었으므로 발신자의 편지는 아예 수신자에게

· · · · · · · · · · · ·
157　周金波, 「助敎」, 『台灣時報』, 臺北: 臺灣總督府台湾時報發行所, 1944.9, 150면.
158　宮田節子, 앞의 책, 116면.
159　황호덕, 『벌레와 제국』, 서울: 새물결, 2011, 297~298면.

보내지는 것이 아니라 검열자를 위해 준비하게 되었던 사실이다.

결국 일본어로 된 편지는 일본인 검열자에게만 보여준 작위적인 군국미담에 지나지 않았고 진실한 정보는 모어의 형태를 띠어 비공식적으로 전달되었다. 저우진뿌가 보여준 일본어와 모어의 이런 관계는 앞서 지적한 조선 문단에서 일본어 창작과 조선어 창작 사이의 관계와 매우 유사했다. 비록 일본어는 유일한 공식적인 언어로 남아 있었지만 실제로는 작위적인 장치로 충만한 허수아비에 지나지 않았다. 반면 모어야말로 고유문화와 일상적 정보의 운반체였으며 강인한 생명력을 유지했다. 식민지 작가 저우진뿌는 이러한 아이러니적인 현상을 예민하게 포착하여 전복적인 설정을 통해 이를 효과적으로 표현하는 한편 '국어'의 권위를 우회적으로 야유했다.

일제말기 식민지 소설에서 빈번하게 등장한 전도와 전복은 일본어 상용 정책에 대한 식민지 작가들의 집단적인 거부감을 드러냈다. 이러한 심상치 않은 형식의 이면에 제국에 대한 회의, 불만 등 심상치 않은 정서들—부정적인 정서들이 숨어 있었다. 식민지 작가들이 정면으로 표현하지 못한 정서들을 우회적인 형식을 통해 표출했다는 집단적인 뒤틀어짐은 표면상의 구심운동이 실제로 제국에서 이탈하는 원심력을 축적하고 있었음을 암시했다. 이런 뒤틀어짐은 전쟁이 막바지에 이르러감에 따라 더욱 두드러져 제국에서 이탈하는 방향을 역력하게 드러냈다.

희화화

사회적·민족적 유대감이 공통된 언어에 의해 구축될 수 있다고 일부 연구자들은 주장한다.[160] 고마고메 다케시(駒込武)는 언어에 의해

---

160 John J. Gumperz ed. 『Language and Social Identity』, New York: Cambridge

구축된 유대감을 '언어 내셔널리즘'이라고 호명한다. 그에 따르면 '언어 내셔널리즘'은 "일본어는 일본인의 정신적인 혈액"이라는 논리를 바탕으로 제국의 언어를 보급함으로써 이민족을 제국 내로 수렴한 것이었다고 한다.[161] 다시 말해 일본어 상용은 궁극적으로 언어에 의해 식민지인을 제국에 유용한 '황민'으로 개조하기 위한 수단이었다. 그러나 그 결과를 보면 식민지 지식인들이 비록 겉으로 제국과 어느 정도 화해를 이룬 것처럼 보였지만 실제로는 제국에서 이탈하는 원심운동을 하고 있었다.

앞서 살펴본 바와 같이 일본어로 고유문화를 재현할 수 없다는 주장은 대부분 식민지 작가들의 의견이었다. 일본어 상용에 대한 이러한 주류적인 거부적 입장은 일본어 상용을 비뚤어지게 표현하는 수법, 즉 희화화를 산출했다. 희화화는 일제말기의 식민지 소설에서 꾸준히 등장했다. 이는 마치 이광수가 폭력적인 학교 일본어 교육의 결과로 제시한 "모두 삐뚤삐뚤하엿"던 "글ㅅ자들"[162]처럼 비뚤어진 외형을 통해 비뚤어진 거부적 입장을 우회적으로 표출했던 것이다. 일제말기 조선과 타이완의 소설에서 쉽게 확인할 수 있는 이런 공통된 수법은 조선인 작가와 타이완인 작가의 매우 유사한 심리를 투사했다고 할 수 있다.

이광수가 기본적으로 일본어 상용을 반대했기 때문에 작품에서 조선어와 일본어를 결합시키려는 시도를 보이지 않았다는 것에 대해서는 앞서 논의한 바 있다. 이 경우 동시에 등장한 조선어와 일본어는 각각 조선 문화와 일본 문화의 운반체로서 끊임없이 부조화를 일으켜 해학적인 효과를 빚어냈다. 『봄의 노래』를 통해 이 점을 살펴보겠다.

● ● ● ● ● ● ● ● ● ● ●

University Press, 1982, 7면을 참고할 수 있다.
161 駒込武, 『植民地帝国日本の文化統合』, 東京: 岩波書店, 1996, 357면.
162 李光洙, 「善行章」, 『家庭の友』, 京城: 朝鮮金融組合聯合會, 1939.12, 45면.

조선의 구석진 "산골작"을 공간적 배경으로 설정하면서 대부분의 경우 등장인물을 일본식 이름으로 호명하는 것 자체는 해학적인 효과를 낳는다. 특히 조선 본명도 함께 등장시킨 것은 일본식 창씨명에 골계적인 요소를 가미한다. 모녀간의 대화를 묘사한 다음의 대목을 살펴보자.

> 「언년네더러 좀 달라고 그랬다。이 다음에 주마 고」
> 언년이란 스미꼬의 전 이름이다。
> (중략)
> 「어머니」
> 「응」
> 「저어、경직이가 온다 고 했어。저 정숙이 오빠말야」
> 「경직(敬稙)이?」
> 정숙이는 스즈에의 구명이오 경직이는 요시오의 구명이다
> 「응」
> 「경직이가 왜?」
> 도시꼬는 말이 없었다。[163]

여기서 조선어는 생활어, 일본어는 서면어로 서로 다른 역할을 담당하고 있다. 그리고 전자의 등장은 후자의 허수아비적인 성격을 제시하여 해학적인 효과를 얻는다. 작가가 한편으로 창씨명으로 글을 이끌어가면서, 다른 한편으로 꾸준히 조선 본명을 제시한 것은 일본어가 실제로 조선인의 일상에 침투하지 못했다는 사실을 분명하게 의식하고 있었음에도 당국의 주문을 염두에 두지 않을 수 없었다는 이광수의 복잡한 내적 풍경을 시사했다. 어느 한쪽을 선택하지 않고 현실 속의 충돌 양상을 그대로 작품화한 것은 언어 선택의 기로에 서

• • • • • • • • • • •
163 香山光郎, 「봄의노래(二)」, 『新時代』, 京城: 新時代社, 1941.10, 190~191면.

있었던 작가의 일본어 상용에 대한 거부를 말해주며 얼마 되지 않아 본격적인 일본어 창작으로 돌입한 행위의 문제성을 시사했다. 해학적인 효과는 '요시오'(즉 '경직')와 구장의 딸 '후미꼬'의 결혼식을 묘사하는 대목에 이르러 정점에 도달했다. 이 결혼식은 조선의 전통 의례와 군국주의적인 의례를 결합시켰다는 점에서 희화적인 효과를 산출했을 뿐만 아니라 이중 언어의 사용으로 인해 해학적인 효과를 최대화했다. 다음은 면장이 주례하는 장면에 대한 묘사이다.

> 면장은
> 「エ─これより、新郎牧山義雄君、新婦金田文子孃の結婚式を擧行致します」
> 하고 먼저 국어로 선언한 후에, 다시 조선말로,
> 「어, 이제부터 신랑 마끼야마요시오군, 신부 가나다후미꼬양의 혼례식을 거행합니다」
> 라고 스스로 통역하고 (중략)[164]

"먼저 국어로 선언한" 것은 결혼식과 같은 공식적인 자리에서는 마땅히 공식적인 언어를 사용해야 하기 때문이다. 그러나 그 다음에 "다시 조선말로" "스스로 통역하"지 않으면 안 되었던 것은 마을 사람들이 대부분 '국어'를 모르기 때문이다. 〈표 2〉를 통해서 알 수 있듯이, 소설이 발표되었던 무렵 조선의 일본어 해득자는 3,972,094명으로 총인구 23,913,063명의 16.61%밖에 차지하지 못했다. 이 사실을 감안한다면 소설의 공간적 배경인 구석진 산골에서는 일본어 해득자는 그리 많지 않았으리라. 실상 신랑의 어머니조차 "국어로 주고 받는 말을 알아듣지 못"한다고 작가는 특별히 설명을 덧붙였다. 결국

---

164 香山光郎, 「봄의노래(五)」, 『新時代』, 京城: 新時代社, 1942.1, 185~186면.

'공식적인 언어'는 장엄한 분위기를 만들기는커녕 도리어 골계적인 느낌을 줬다. 이는 궁극적으로 일상 언어와 공식 언어의 불일치에서 비롯되었다. 즉 맹목적으로 일본어 상용에 박차를 가하고 있던 당국의 시책에 대한 작가의 비판 의식에서 비롯되었다.

뤼허뤄의 「일년생(一年生)」(『흥남신문』, 1943.4.4)은 입학하기 전에 어머니한테 간신히 일본어 몇 마디를 배워두고 선생님의 칭찬을 기대하던 일년생 '천완파(陳萬發)'가 의미 모르는 일본어를 잘못 구사하다가 연출한 우스꽝스러운 장면을 그렸다. 소설은 우선 '천완파'라는 타이완인 아이의 입학에 대한 열망과 일본어에 대한 강렬한 욕망을 정치하게 묘사했다. 제국의 제도와 언어에 대한 이런 열망은 식민지 타이완에서 태어난 젊은 세대가 이미 제국의 평가 시스템을 내면화했다는 사실을 보여줬다. '천완파'는 가까스로 자신의 이름과 아버지의 이름, 집 주소, 가족 구성을 순서대로 기억해 두었을 뿐 그 의미를 전혀 모른다. 그럼에도 그는 의미조차 모르는 일본어를 자랑거리로 여기며 모어와 모어를 사용하는 동포에 대해 경멸을 느낀다.

(ㄱ) 천완파는 순식간에 득의양양해져, 타이완어로
「난 엄마보다 대단하지. 엄마는 일년생 되기 전까지 국어를 몰랐겠지. 난, 아직은 일년생도 아니지만, 국어 할 줄 안다. (중략)」[165]

(ㄴ) 천완파는 마음속으로 기억해 놓은 국어를 연습하면서 아이들의 이야기를 듣습니다. 모두 타이완어가 아닌가? 국어를 할 줄 모르겠지 하고 생각이 들자, 국어를 아는 자신이 갑자기 대단해진 것처럼 생각되었습니다
「난 급장이야.」[166]

165 呂赫若, 「一年生」, 『興南新聞』, 臺北: 興南新聞社, 1943.4.4.
166 呂赫若, 위의 글.

(ㄱ)과 (ㄴ)의 공통점은 주인공으로 하여금 모어와 모어 사용자에 대한 경멸을 표출하게 하면서 동시에 주인공과 일본어 사이의 간극을 부각한 것이다. 제국의 평가 시스템을 내면화하는 데 한계가 있었음을 암시한다. (ㄱ)에서 어린 나이(8살)의 타이완인 주인공은 '국어'를 가치 판단의 기준으로 의심 없이 받아들이며 '국어'를 강렬하게 지향한다. 미처 공식 시스템에 진입하지 못한 타이완인 아이에게까지 '국어'는 절대적인 가치가 되어 버렸다. 그러나 작가가 특별히 '천완파'의 "득의양양"이 "타이완어"의 형식으로만 표현이 가능하다고 강조한 것은 주목할 만하다. 비록 식민지인은 제국의 기준과 언어를 받아들였지만 오히려 이런 데서 '일년생'의 한계를 확인하고 제국과의 절대적인 간극에 봉착하게 된다. 다시 말해 제국을 향한 구심운동은 오히려 제국에서 이탈하는 원심력을 축적했다. 작중 인물이 실제적인 원심적 방향과 표면적인 구심운동 사이의 간극을 인식하지 못해 해학적인 효과를 산출했지만 이 점을 인식하면서 장식 없이 그대로 보여주는 작가의 행위는 문제적이었다. 이 시점의 뤼허뤄가 이미 동화의 패러독스를 분명하게 의식하기에 이르렀던 사실을 엿볼 수 있다.

(ㄴ)에서는 어린아이의 심리 묘사를 통해 식민지인이 '국어'를 권력의 기호로 인식하고 있었다는 사실을 밝혔다. '국어'가 문명의 언어이고 권위의 언어인데 반해 "타이완어"는 야만의 언어, 지배받아야 할 언어라는 이항 대립 구도를 쉽게 발견할 수 있다. 일견 일본어 보급 정책의 대성공처럼 보이지만 일본어를 모르면서 일본어를 모르는 동포들을 경멸한다는 설정은 매우 풍자적이다. 일제말기의 타이완 소설에서 모어를 기피하거나 모어 사용자를 경멸하는 인물상을 쉽게 확인할 수 있는데[167] 뤼허뤄의 「일년생」은 어린이 주인공을 표상하

----

167 전형적인 사례로 천훠취앤의 「길」(『문예타이완』, 1943.7), 왕창숑의 「격류」(『타

고 경어체를 사용함으로써 비판적인 의미를 감소하는 한편 해학적인 색채를 가미했다. 이미 식민지인과 일본어 사이의 절대적인 간극을 확인했고 제국에서 이탈하는 종국적인 방향에 눈뜨게 된 작가는 더 이상 적발이나 비판에 머무르지 않고 거리를 두며 사건의 전개를 방관할 수 있는 여유를 보였다고 할 수 있다. 이는 타이완인 피교육자와 일본인 교육자의 자설자화를 통해 압축적으로 드러났다.

선생님의 칭찬을 벼르던 '천완파'는 선생님이 무엇이라도 질문하는 것을 기다린다. 그러나 아무리 선생님의 얼굴을 들여다봐도 선생님은 질문을 하지 않는다. 결국 성급하게 선생님의 인정을 받으려 하는 '천완파'는 다음과 같이 우스꽝스러운 장면을 연출하고 만다. 다소 길지만 원문의 풍자적인 색채를 파괴하지 않기 위해 이 대목을 인용하겠다.

천완파는 어떻게 선생님의 주의를 끌 수 있을까 하고 고민한 끝에 과감하게 일어섰습니다. 다른 애들이 모두 자리에 앉은 다음에도 그대로 서 있었습니다. 예측한 대로 선생님은 이쪽을 보셨습니다. 기뻐해진 천완파는 미소를 띠우며 선생님을 뚫어지게 봤습니다. 그리고 이번엔 꼭 국어로 대답해서 선생님을 놀래자 하고 벼르고 있었습니다.

드디어 선생님은 천완파 앞까지 오셨습니다.

「왜 그러니? 앉으세요」

하고 선생님은 말씀하셨습니다. 천완파는 선생님이 뭐라 얘기한 것을 보고, 으스대며 대답했습니다.

「네, 선생님, 저는 천완파라고 합니다.」

선생님은 놀랬듯이 눈을 동그랗게 뜨셨습니다. 선생님은 내지인 여성이셨습니다. 그리고 선생님은 다시 말씀하셨습니다.

「참 똑똑하네. 앉으세요.」

「저희 아버지는 천따추안(陳大川)이라고 합니다.」하고 천완파는 더

이완문학』, 1943.7) 등을 들 수 있다.

큰 목소리로 대답했습니다.

　선생님은 다시 이상한 표정을 지으셔서,

「그래? 대단하다. 앉으세요.」

「저희 집은 리우퀘추(六塊厝) 12번지입니다.」하고 천완파는 가슴을
쭉 펴며 대답했습니다.

「그러니? 참 좋다. 자, 예의 바르게 합시다. 오늘은 인사법을 배웁
시다. 같이 합시다. 그럼, 자네부터 따라해 보세요. 콘니지와—」

　선생님의 말씀이 하도 길어져서 천완파는 잠시 멀뚱거렸습니다.
하지만 선생님이 입을 다무신 것을 보고,

「저한테 여동생 두 명, 그리고 남동생 한 명이 있습니다.」

　하고 거의 고함치듯이 말하고 나서 가만히 선생님의 얼굴을 들여
다보았습니다. 이젠 선생님이 반드시 칭찬해 주시리라 생각했습니
다. 선생님도 가만히 천완파의 얼굴을 쳐다보셨습니다. 그리고 갑자
기 미소를 띠우셨습니다. 그것을 보고 천완파는 순식간에 득의해져
마치 선생님의 칭찬을 들었듯이 동창생들을 한 바퀴 둘러보고 앉았
습니다.[168]

　해학적인 효과는 일본어 사용자가 실제로 일본어의 의미를 전혀
모른다는 간극에서 비롯되었다. 인용문은 일견 일본어에 대한 식민지
인의 맹목적인 추종을 표현하는 것처럼 보이지만 사실상 그리 단순
하지 않다. 우선 주목해야 할 점은 '천완파'의 일본어 사용이 철저히
자기중심적인 점이다. 그가 구사하는 일본어는 미리 기획해두고 반복
연습을 거친 일종의 연애 활동에 불과하며 상대방 의사에는 전혀 관
심이 없다. 그리고 그의 일본어 말하기는 명확한 목적—선생님의 칭
찬을 받고 '급장'이 되는 것—을 가지고 있다. 다시 말해 그는 자신의
목적 달성에만 주력할 뿐 '국어' 자체에 관심이 없다. 겉으로는 비록
일본어는 문명의 언어, 권위의 언어로서 인정받는 것처럼 보였지만

168 呂赫若, 앞의 글.

실제로는 권력과 신분의 기호 이상 되지 못해 표의 또는 소통이라는 언어의 기본적 역할조차 감당하지 못했다. 결국 비록 일본어가 공식적인 언어로 강요되었지만 실제로는 허수아비에 지나지 않았고 유일한 소통 수단은 여전히 모어였다. 이러한 사실을 적시하는 데 「일년생」은 『봄의 노래』와 같은 맥락에 있었다. 이광수와 마찬가지로 뤼허뤄도 희화화 수법을 통해 식민지에서 일상 언어와 공식 언어의 분할 양상을 여실히 제시했다.

또 한 가지 주목해야 할 점은 일본어 선생의 일본어 사용 또한 철저히 자기중심적인 것이다. '천완파'가 일본어를 일방적으로 사용하며 상대방의 반응을 자의적으로 해석한 것과 동일하게 이 "내지인 여성" 일본어 선생 또한 상대방의 반응을 전혀 고려하지 않고 일방적으로 수업을 이끌어가려 한다.[169] 결국 일본어의 권위를 인정하는 데 식민자와 식민지인 사이에 어느 정도 의견 일치를 보였지만 실제로는 서로 다른 입장과 목적을 가지고 있는 동상이몽의 결합에 지나지 않았다. 비록 같은 일본어를 구사하고 있었지만 식민자와 식민지인은 각각 엇갈린 이야기를 펼쳐나갈 수밖에 없었고 식민지인과 제국의 언어 사이의 간극은 점차 가시화되었다.

「일년생」이 타이완 6년 초등 의무교육의 실시를 경축하는 글들과 더불어 타이베이에서 발행한 『흥남신문』의 같은 면에 실려 있었다는 사실은 주목할 만하다. 의무교육의 실시는 이미 전쟁의 주도권을 상실한 일제가 일본어 교육에 의해 타이완 육군특별지원병제 실시를 뒷받침하여 식민지의 인적·물적 동원에 박차를 가하기 위한 조치였다. 그러나 비록 겉으로는 타이완의 일본어 보급이 상당히 큰 성공을

---

169 참고로 이이다 아키라가 자신의 일본어 교육 경험을 소개한 보고서에서도 일본인 교사가 일방적으로 조선 아이들에게 일본어를 주입하는 교육 방법을 확인할 수 있다. 飯田彬, 앞의 글, 24~32면.

거두어 1943년 10월까지 80%라는 높은 해득자 비율에 이르렀지만 일본어가 일상화, 내면화되는 데 한계를 지니고 있었던 것은 조선의 경우와 마찬가지였다.

'국어보급운동'이 한층 더 급속히 전개되기 직전에 타이완인 작가들이 조선인 작가들과 동일하게 식민지의 일상과 제국의 언어 사이의 메우기 어려운 간극을 작품화하기에 이르렀다는 사실은 매우 시사적이다. 동화의 주문이 급박해졌던 상황에서 식민지 작가는 도리어 동화의 한계를 더 분명하게 인식하기에 이르렀다. 조선인 작가가 처음부터 일본어를 내면화하려는 시도조차 보이지 않았는가 하면 타이완인 작가는 일본어에 대한 욕망을 일상화, 내면화하는 데의 한계를 여실히 제시했다. 후자의 경로는 조선의 일제말기 '국민문학'의 종국적인 원심적 방향을 짐작하게 하는 데 시사점을 제공했다.

이광수와 뤼허뤄가 학교 교육을 받은 자를 대상으로 형상화했는가 하면 전쟁이 막바지에 이르러 일반 민중을 대상으로 하는 일본어 보급이 전면적으로 전개되었던 1944년에 발표된 김사영의 「길(道)」과 저우진뽀의 「조교」는 군대의 예비 단계로 볼 수 있는 청년 특별 연성소와 국민도장에서 일반 민중이 보여준 일본어와의 간극을 희화적으로 표현했다. 급하게 소집된 조선 농촌 청년들은 출석을 부를 때 일본어로 '네'라고 대답해 달라는 요구를 받자 "대개는 네 하고 조선어로 얼버무리거나 헤에 하고 알 수 없는 대답을 하거나 히죽히죽 웃는 것만으로 끝내거나" 심지어 자신의 창씨명인 줄 몰라 황급한 와중에 조선어 사투리까지 튀어나온 우스꽝스러운 장면을 연출한다. 특히 이런 조선 농촌 청년들을 일본 창씨명으로 호명하면서 서술한 것은 풍자적인 효과를 한층 더했다.[170]

• • • • • • • • • • •

170 金士永, 「道」, 『國民文學』, 京城: 人文社, 1944.5, 106면.

타이완인 작가 또한 타이완인 국민도장 수련생이 반장의 "여러분 참 멋있다"라는 칭찬을 "여러분 참 맛있다"고 잘못 전달하는 장면을 등장시켰다.[171] 매우 유사한 장면들의 등장은 식민지 작가들의 공통된 문제의식을 투사했다. 그들이 집단적으로 선택한 희화화 수법은 검열을 의식하는 자아 보호 조치이기도 했지만 다른 한편 형언하기 어려운 복합적인 심정을 표출하는 데 필연적으로 산출한 비뚤어진 표현 형식이기도 했다. 이런 의미에서 희화화 수법은 식민지 작가들의 표면적인 구심운동과 실제적인 원심적 방향 사이의 간극을 가장 직관적으로 표상했다고 할 수 있다.

171 周金波,「助教」,『台湾時報』, 臺北: 臺灣總督府台湾時報發行所, 1944.9, 140면.

제 4 장 '내선일체' 소설과 '내대일여(內臺一如)' 소설

'내선일체' 소설과 '내대일여' 소설은 각각 조선인 작가와 타이완 인 작가가 '내선일체'와 '내대일여'라는 동화 슬로건을 중심으로 하여 정체성을 검토하는 소설을 일컫는다. 이른바 '정체성'이란 '민족 정체성'의 준말인데[1] 구체적으로 말하면 조선에서는 일본 제국을 '국가'로서 받아들이는 문제, 타이완에서는 일본적 정체성을 내면화하는 문제를 가리킨다. 동화 과제에 대한 식민지 작가들의 검토는 바로 이러한 정체성 고민을 중심으로 전개되었다. 정체성 고민이야말로 식민지 문학을 동 시기의 일본 문학과 구별짓는 결정적인 요소였다는 사실을 감안하면 '내선일체' 소설과 '내대일여' 소설은 조선과 타이완의 일제말기 문학에서 각별히 중요한 위치를 차지했다고 할 수 있다.

'내선일체' 소설과 '내대일여' 소설의 중요한 위치에 대해 당시 지식인들은 이미 충분히 인식하고 있었다.

> (ㄱ) 국민문학이라고 할 때 작가가 가장 먼저 떠올리는 문제는 내선일체이다.[2]
> (ㄴ) 제가 황민문학의 수립이라는 대회 발표문에서 언급했던 황민문학은 바로 지금 카미카와(神川) 씨가 말씀하신 민족 사이에서 불타는 정신을 묘사하고 해결안을 찾아나가는 문학이라고 할 수 있다고 생각됩니다.[3]

• • • • • • • • • • • • •

1 '정체성'이란 용어는 주로 한국 문학 연구에서 많이 사용된다. 타이완 문학 연구에서 대등한 용어는 '국족인동(國族認同)'인데 글자 그대로 해석하면 국가 또는 민족에 대한 소속감으로 해석할 수 있다.

2 崔載瑞, 『轉換期の朝鮮文學』, 京城: 人文社, 1943, 233면.

(ㄱ)은 최재서가 조선의 일제말기 '국민문학'의 수립, 그리고 (ㄴ)은 저우진뽀가 타이완의 일제말기 '황민문학'의 수립을 각각 논의하는 대목이다. 그들은 모두 민족 문제를 일제말기 '국민문학'과 '황민문학'의 가장 핵심적 과제로 인식했다. '내선일체' 소설과 '내대일여' 소설은 1937년 중일전쟁 이후 '내선일체'와 '내대일여' 슬로건의 본격적인 등장과 함께 형성되었고 태평양전쟁이 발발한 후 전개되었으며 1942년 중반~1943년 중반에 전성기를 맞이했다. 특히 타이완의 일제말기 문학은 주로 정체성 검토를 중심으로 전개되었을 뿐만 아니라 정체성 고민을 정면으로 진솔하게 다루었으므로 광복 이후 흔히 민족, 국가를 고민한다는 '인동문학(認同文學)'이라고 일컬어진다.

이 장에서는 '내선일체' 소설과 '내대일여' 소설에서 식민지 작가들의 정체성 검토에 초점을 맞춰 제국을 향한 표면적인 구심운동의 종국적인 원심적 방향에 주목하고자 한다.

1. 식민지 작가의 '내선일체'와 '내대일여' 담론

일제의 동화정책이 '내선일체'와 '내대일여'라는 슬로건으로 구현된 것은 중일전쟁 발발 이후였다. 관련 담론은 태평양전쟁의 발발에 따라 확대되다가 1943년 후반 전쟁의 백열화와 함께 정점에 이르렀다. 이런 사실을 감안한다면 '내선일체'와 '내대일여'는 실상 조선과 타이완의 인적·물적 자원을 보다 더 효율적으로 동원하기 위한 수단에 지나지 않았다.[4]

- - - - - - - - - -

3 長崎浩·陳火泉·周金波·神川清, 「徵兵制をめぐつて」, 『文藝臺灣』, 臺北: 文藝臺灣社, 1943.12, 6면.
4 참고로 경성제대 법문학부 조교수이던 모리타니 카츠미(森谷克己)는 "조선이 대동

'내선일체'는 1936년 8월 미나미 지로(南次郎)가 제7대 조선 총독으로 부임한 후 이슈화되기 시작하여, 1937년 7월 7일 중일전쟁 발발 후에는 일본어 보급, 창씨개명, 종교·풍습의 통합, 지원병제 내지 징병제의 실시 등 일련의 방침으로 점차 구현되었다.[5] 이 슬로건이 실제로는 '선만일여(鮮滿一如)'의 연장선상에 놓여 있었던 사실을 감안하면 만주사변 이후 대륙병참으로서의 조선의 전략적 지위가 부상했던 문맥 속에서 등장되었다.[6] 다른 한편, 1937년 9월, 일본 본토에서 전개된 '국민정신총동원운동'에 대응하여 타이완총독부는 '타이완총독부 국민정신총동원 실시 강요'를 공포했다. 흔히 일컬어진 '황민화운동'은 바로 그것이었다.[7] 일본어 보급, 개성명 등을 비롯한 '내대일여'의 일련의 구체적인 시책은 이 시점부터 본격적으로 실시되었다.

제1장에서 일제가 식민지의 '차이'를 내세움으로써 동화의 필요성을 역설했다고 지적했다. 그 외 '차이'는 식민지에 대한 차별의 근거로 기능하기도 했다.[8] 즉 일본인의 '내선일체'와 '내대일여' 담론은

아 건설을 위해 내지에 협력할 수 있는 최대의 것은, 뭐니 뭐니 해도 노동력 자원의 공급일 것이고, 「내선일체」도 이런 협력을 통해 점점 그 결실을 맺을 수 있다"고 명시적으로 밝힌 바 있다. 森谷克己, 「大東亞の建設と半島の人的資源の重要性」, 『朝鮮』, 京城: 朝鮮總督府, 1942.4, 1면.

5 1941년 7월 5일, 조선문인협회는 성명서를 발표하여 "敎育令의改正, 志願兵制度의 實施, 創氏制度 等"의 실시를 "內鮮一體의 고마운 表現"으로 나열했다. 朝鮮文人協會, 「聖戰四周年을마지하야 知識人에게訴함①」, 『每日新報』, 京城: 每日新報社, 1941.7.5.

6 미나미 지로 총독은 1936년 8월 26일 착임하기 전후의 담화, 유고, 훈시 등을 통하여 조선 통치의 근본 방침을 국체명징, 선만일여, 교학진작, 농공병진, 서정쇄신이라는 5대 지침으로 요약했다. 그 가운데 '선만일여'에 대해서는 1937년 4월 20일에 지사회의 석상에서 "최근 일만 관계에 반도가 점하는 지위는 크고 일만일체의 내용으로 선만일여의 실체의 성립은 극히 필요하다"라고 그 이유를 밝혔다(林鍾國, 『親日文學論』, 서울: 平和出版社, 1966, 20면). 이 사실을 감안하면 '내선일체'는 대륙에 진출하기 위한 방침이었다.

7 林呈蓉, 『皇民化社會的時代』, 台北: 台灣書房, 2010, 42~46면.

8 윤대석은 식민지 지배가 환원 불가능한 차이를 환원 가능한 차별로 표상하고 그것

차별을 배제하기는커녕 도리어 차별을 합리화했다.[9] 다시 말해, 식민지인의 일방적인 동화―즉 일본인화―를 강요하면서 차별의 해소를 동화가 완성된 이후로 유예했다.

1903년 11월 10일에 타이완 민정장관 고도우 신페이(後藤新平)는 학사(學事) 자문회 석상에서 "비록 세상에서 이른바 동화주의를 표방하는 나라라도 도중에 정반대의 방침을 실시하는 경우가 많았고 (중략) 동화라고 한다면 의미가 일정하고 범주가 분명하며 방법이 부동하듯이 생각하는 사람도 있지만 실제로는 동화는 여러 종류가 있다. 반면에 이른바 억압주의도 마찬가지로 확고부동한 것으로 생각하는 사람도 있지만 동화라든가 억압이라든가 하는 것은 궁극적으로 저술자의 편의에 따라 사용되는 명칭에 지나지 않는다. 양자가 복잡한 관계에 있는 것을 인식하지 않으면 안 된다. 비록 회유 또는 동화를 목표로 하면서도 가끔씩은 억압주의가 필요한 경우가 실제로 있다고 생각된다"[10]고 하면서 '동화'와 '억압'의 경계선을 지운 바 있다. 그리고 다른 강연에서 그는 타이완인 학생들에게 "만약 너희들은 3000년 동안 황국에 충성을 다해온 모국인과 동등한 대우를 받으려고 한다면 향후 80년 동안 모국인으로 동화하는 데 주력하라. 그 전까지 비록 차별받는다고 하더라도 어쩔 수 없는 일이니 불평하지 말고 모든 타이완인의 모범이 되어라"[11]고 하며 '내대일여'를 차별을 해소하는 과정이 아니라 차별의 해소를 위해 거쳐야 하는 과도적 과정으로

· · · · · · · · · · ·

을 통치의 근거로 삼는다고 지적한 바 있다. 윤대석, 「식민자와 식민지인의 세 가지 만남」, 『우리말글』 제57집, 경산: 우리말글학회, 2013.4, 357면.

9 호사카 유우지(保坂祐二)에 따르면 '동화'는 '평등'을 의미하지 않고 그 개념 자체에 '차별'이 포함되어 있다고 한다. 保坂祐二, 『日本帝國主義의 民族同化政策 分析』, 서울: J&C, 2002, 24면.

10 持地六三郞, 『臺灣殖民政策』, 東京: 冨山房, 1912, 286~287면.

11 蔡培火, 『日本々國民に與ふ: 殖民地問題解決の基調』, 東京: 臺灣問題研究會, 1928, 42면.

설명했다. 일본인의 이런 논조는 1937년 중일전쟁이 발발하고 '내대일여'의 절박성이 부상한 이후에도 크게 다르지 않았다. 다음의 인용문을 보자.

> 일시동인이라는 성지(聖旨)를 바탕으로 한 타이완 통치 방침이야말로 황민화운동의 기반이다. 단적으로 말하자면, 타이완인은 내지인과 마찬가지로 제국의 신민이며 어떤 차별도 받지 않는다. 하지만, 그들이 귀화한 지 얼마 되지 않아 성격, 감정, 언어, 풍속, 교육 등 면에서 내지인과 많은 차이점이 있으므로 내지와 똑같은 법도로 다스린다면 도리어 지배 효과에 악영향을 끼치리라. 따라서 법률을 비롯하여 여러 면에서 내지와 약간의 차별이 있다. 이런 차별들은 인격상의 차별이 아니고 차별을 위한 차별도 결코 아니다. 타이완인을 '좋은 일본인'으로 만들기 위한 차별이므로 국가의 사랑과 성의를 내포하고 있다.[12]

1939년에 간행된 다케우치 키요시(竹內淸)의 책에 수록되어 있는 강연 내용이었다. 다케우치 키요시도 고도우 신페이와 마찬가지로 민족 간의 '차이'를 '차별'의 근거로 설명하며 '차별'을 타이완인이 완전히 "제국의 신민"이 되기 전까지의 당연한 통과제의로 호명했다. 실제로 타이완에서 1899년의 칙령 제289호에 의하여 국적법이 시행되었지만 1945년 광복 때까지 제국의 헌법과 호적법의 적용 대상에서 배제되어 있었다.[13] 이러한 전제 아래 비록 겉으로는 내지인과 타이완인의 공학과 통혼 제도가 마련되어 있었지만 '차별'이야말로 입법, 경제, 인재의 양성 및 발탁 등을 비롯한 모든 면에서 기본적인 제도로 작용했다.[14]

· · · · · · · · · · · ·

12 竹內淸, 『事變と臺灣人』, 東京: 日滿新興文化協會, 1939, 206~207면.
13 林呈蓉, 앞의 책, 91~93면; 윤건차 지음, 하종문·이애숙 옮김, 『日本—그 국가·민족·국민』, 서울: 일월서각, 1997, 156~162면.

일본인이 활발하게 '내대일여' 담론을 펼쳤던 데 반해 타이완인 측의 태도는 상당히 냉담했다. '내대일여'에 대한 타이완 지식인들의 주안점은 타이완인이 실제로 받고 있는 차별대우의 해소에 놓여 있었다. 전형적인 담론으로는 인간적인 감정의 보편성을 강조하며 사랑에 의해 민족 간의 풍속습관적인 차이를 극복하고자 주장하는 저우진뽀의 논리와 제국의 역사에 적극적으로 참여함으로써 주변적인 위치에서 벗어나고자 하는 천휘취앤의 주장이 있었다. 전자가 제국에게 평등한 대우를 우회적으로 요구했는가 하면 후자는 스스로 자발성을 요구함으로써 평등한 대우를 획득하고자 했다. 비록 방향은 정반대였지만 궁극적인 목표는 일치했다.

· · · · · · · · · · ·

14 『일본 본국민에게: 식민지 문제 해결의 기조』에서 차이페이휘는 교육, 인재의 발탁, 경제, 법도 등 면에서 일제의 차별 정책을 지적하면서 이른바 동화주의나 내지 연장주의가 착취주의의 별명이자 우민 정책의 간판에 지나지 않는다고 날카롭게 규탄했다. 실제로는 1945년 광복 때까지 타이완인을 대상으로 펼친 교육은 일본어와 실학을 중심으로 했고 중학교의 타이완인 진학률은 상당히 낮았다. 1941년 4월 '국민학교령'의 실시와 함께 명목상은 '일대공학(日臺共學)'이 이루어졌지만 실제는 수업 내용은 여전히 일본인, 타이완인, 원주민에 따라 구분되었다. 그 결과 타이완인은 비록 교육을 받았다고 하더라도 종사할 수 있는 직업은 극히 국한되었다. 이런 사실은 일제말기 타이완 소설에 등장한 지식인이 대부분 의사였다는 사실을 통해서 확인할 수 있다. 더구나 같은 직업에 종사하려면 타이완인이 훨씬 더 높은 실력과 자격을 갖추어야 했고 비록 같은 직업에 종사한다고 하더라도 일본인보다 훨씬 적은 봉급을 받았다. 그 외에 일본인은 보조금을 받을 수 있었다는 등 여러 가지 특권을 향유하기도 했다. 蔡培火, 앞의 책, 44~93면; 矢内原忠雄, 『矢内原忠雄全集 第二卷·帝国主義下の台灣』, 東京: 岩波書店, 1963, 342~353면; 山川均 著, 蕉農 譯, 「日本帝國主義鐵蹄下的台灣」, 王曉波 編, 『台灣的殖民地傷痕』, 臺北: 帕米爾書店, 1985, 65면; 近藤釰一 編, 『太平洋戰下の朝鮮及び台灣』, 茅ケ崎: 朝鮮史料研究会近藤研究室, 1961, 19면; 井手勇, 『決戰時期臺灣的日人作家與皇民文學』, 臺南: 臺南市立圖書館, 2001, 276면 참고.

(ㄱ) 풍속 습관은 다르다고 하더라도 인정은 동일하다. 공영권의 십억 인구가 함께 음미해야 할 말이리라.

인정이 동일하면 갑에게 좋은 일이라면 을에게도 병에게도 정에게도 좋을 것이니 서로 깊이 이해하는 것이 결코 우연이 아니다.[15]

(ㄴ) (중략) 확실히 타이완은 일본의 영토가 되어 50년 동안 일본의 역사 속에서 연성해 왔습니다. 하지만 그것만으로 과연 황병(皇兵)의 이름을 더럽히지 않을까 하는 문제를 우리가 먼저 반성하지 않으면 안 된다고 생각됩니다. (중략) 우선 정신적으로는 순직하게 존황양이(尊皇攘夷)의 정신을 향수해 나가지 않으면 안 되는 게 아닌가. (중략) 따라서 비록 국외자가 보기에는 다소 어색하다고 하더라도 이런 정신을 습득하지 않으면 시대의 흐름에 따라가지 못하는 게 아닌가.

(중략) 끌려가지 말고 자신의 길은 스스로 걸어가지 않으면 안 됩니다.[16]

(ㄱ)은 저우진뽀(周金波)가 황민봉공회 기관지 『신건설』의 특파원으로서 사쿠라이(櫻井) 상회(商會)를 인터뷰한 후 쓴 보고문의 일부였다. 이 글에서 그는 언어적·풍속습관적인 차이를 뛰어넘어 보편적인 "인정"을 바탕으로 구축된 "동일"함을 역설했다. "성격, 감정, 언어, 풍속, 교육"의 차이에 근거하여 법도적 차이의 합리성을 설파했다는 다케우치 키요시의 입장과 연관지어 읽으면 매우 문제적이었다. 보다 보편적인 '인정'에 입각하여 "갑에게 좋은 일"을 '을', '병', '정'—즉 "공영권의 십억 인구"—에게 적용함을 '갑'(일본 제국)에게 요구하고자 하는 작가의 숨은 의도를 엿볼 수 있다. 다시 말해 일본인이 민족적 차이에 근거하여 타이완인의 일방적인 동화를 강요했던 데 반해

15 周金波,「不言の内臺一如─「サクラヰさん」を訪ねて」,『新建設』, 臺北: 皇民奉公會中央本部, 1944.2, 23면.

16 長﨑浩·周金波·陳火泉·神川淸, 앞의 글, 8~9면.

저우진뽀는 민족적 차이를 넘어선 이해심과 인간애를 일본인에게 요구하면서 '내대일여'의 차별적 본질을 겨냥했다.

(ㄴ)은 타이완 징병제 실시를 공포하기 직전인 1943년 10월 17일에 열린 '징병제에 관하여(徵兵制をめぐつて)' 좌담회에서 천휘취앤이 한 발언이었다. 천휘취앤은 현 단계에서 타이완인이 아직 일본과 합일하고자 한다는 각오에 도달하지 못하고 있음을 솔직하게 인정하면서 일본과의 결합이 "시대의 흐름"인만큼 그런 각오를 의도적으로 양성해야 한다고 역설했다. 그는 '내대일여'를 타이완인의 유일한 길로 인식하면서 이런 인식을 바탕으로 자발적으로 이 길을 선택함으로써 주도권을 장악하자고 타이완인에게 호소했다. 즉 "정신"의 힘에 의해 "일본의 역사"에 적극적으로 참여함으로써 '내대일여'라는 과도기를 재빨리 통과하여 '동일'함을 획득하자는 것이었다. 일본과 타이완의 차이점 또는 차별대우를 과도기적 현상으로 받아들였다는 점, 그리고 타이완인에게 일방적으로 요구했다는 점에서 그의 주장은 일견 다케우치 키요시나 고도우 신페이의 논리와 일치하는 것처럼 보였지만, 일본인들이 이 과정 자체에 목표를 두고 있었던 데 반해 천휘취앤은 궁극적으로 과도기 이후, 즉 차별 단계 다음에 올 '동일'을 지향하고 있었다는 사실은 주목할 만하다. 특히 주목해야 할 점은 '정신'의 자발적인 "습득"을 역설하면서도 "자신의 길"을 꾸준히 자각하고 있다는 점에서 이러한 '정신'이 자기모순을 태생적으로 가지고 있을 수밖에 없었던 것이다. 이런 의미에서 천휘취앤의 입장은 일본인들과 근본적인 차이가 있었다고 지적해야 한다.

타이완인 문학자들의 '내대일여' 담론은 '타이완'의 주체적인 입장을 자각하고 있으면서도 일상적인 차원, 즉 민족 차별의 해소에 집중되어 있는 게 특징이었다. 그러나 사실상 중국의 영토로 있다가 일본의 식민지가 되어 모국의 대립면에 놓이게 되었던 타이완인들의 정체성 인식이 상당히 복잡할 수밖에 없었다는 사실은 말할 필요도 없다. 1920년대 말의 타이완에서 태어나 일제말기의 타이완을 직접 경험했던 일본인 타이완문학 연구자 오자키 호츠키(尾崎秀樹, 1928~1999)와 타이완인 문학자 쭝짜오정(鍾肇政, 1925~)은 광복 이후 각각 다음과 같이 일제시기 타이완인의 정체성 인식을 회고한 바 있다.

> (ㄱ) 타이완인은 50년 동안 일본 통치로 인해 차별당하고 소외되었다. 이에 대한 형언할 수 없는 분노는 식민지 지배의 교묘한 장치에 의해 강압되고 혹은 회유되어 어느새 체념을 일부에 키웠다. 그들은 일본인에게 받는 경멸에 사로잡혀 열등감을 가지게 된 것은 아니었던가. 일본의 눈을 통해서 중국에서의 전쟁을 보고 '성전(聖戰)'이라는 색안경을 통해서 그것을 아시아인의 해방의 꿈으로 비춘 게 아니었던가. 그리고 그것을 거부하는 것은 당시에는 그대로 죽음을 의미했다.[17]
>
> (ㄴ) 물론 그들은 자신이 한족의 후예임을 잘 알고 있었다. 그럼에도 불구하고 대일본제국의 신민으로서 살아갈 수밖에 없었다. 그들이 몰래 '내지인'을 '개새끼(狗仔)', '네발 새끼(四脚仔)'로 불러 심리적 만족감을 얻으려고 한 것은 비열한 근성 때문이었던가? 아니다. 저항할 수 없는 강권 앞에서 그들은 이런 식으로라도 약간의 위안을 얻으려고 할 뿐이었다.
> 그들의 마음속에는 조국이 담겨 있었다. 그들은 조국을 '탕산(唐山)', '창산(長山)'으로 부르면서 가끔씩 동경을 불태웠다. 하지만 조국은 무엇인가? 바다 건너편에 있다는 것밖에 아무것도 몰랐다. 다시 말해 조국은 개념으로만 존재할 뿐이었다. 그뿐 아니라 몇 십 년 전의 전쟁에서 참패하여 타이완을 양도했던 것은 바로 이 조국이었다. 조국으로부터 버림받은 사람들임을 잘 알고 있었다. (중략)
> 그러면 아예 대일본제국의 신민이 되어 버릴까? 그러나 내지인이 내지인이고 타이완인이 타이완인이란 게 어쩔 수 있겠

17 尾崎秀樹, 『旧植民地文学の研究』, 東京: 勁草書房, 1971, 204면.

나? 일본인은 언제나 흙발로 머리 위에 올라서 있는 족류이므로 아무리 발돋움을 해도 그 높이에 닿지 못했을 것이다. 비록 내지인이 기회만 되면 일시동인을 역설했지만 그들 누구도 그런 소리를 믿지 않음을 타이완인이 누구보다도 잘 알고 있었다.[18]

오자키 호츠키와 쭝짜오쩡은 일본 제국과의 관계, 중국을 바라보는 시각, 그리고 자민족 또는 타이완에 대한 자의식 등 세 가지 면에서 타이완인의 정체성 인식을 다각적으로 분석했다. 이런 복합적인 정체성 인식이 일제말기의 담론에서 창백하게 동등한 대우를 요구한다는 형태로 쇠퇴했던 것은 타이완 지식인의 '내대일여' 담론과 그들의 실제적인 심리 사이의 간극을 말해준다. 이러한 간극은 궁극적으로 동화와의 거리에 대한 그들의 자의식에서 기인되어 텍스트에서 일련의 균열과 자기모순으로 가시화되었다.

'내대일여'가 식민 통치 기반이 마련되어 있고 타이완인과의 충돌이 어느 정도 완화되었던 상황에서 제시되었다면, '내선일체'는 일본과 조선의 민족적 갈등이 가장 심했던 시점에 일종의 회유 정책으로서 제시되었다. 중일전쟁과 태평양전쟁의 발발에 따라 비록 '내대일여'와 '내선일체'는 언어, 종교, 병력 동원 등의 면에서 거의 병행적으로 전개되었지만 '내대일여'보다는 '내선일체'의 급진적인 성격이 더 두드러졌다고 지적해야 한다. 따라서 '내대일여'에 비하면 '내선일체' 담론에 내포된 일본인의 자기모순, 일본인과 조선인 사이의 간극, 그리고 조선인의 담론과 실제 심리 사이의 균열이 더 거대하게 나타날 수밖에 없었다. 여기서 주로 조선인 담론과 실제 심리 사이의 균열을 살펴보겠지만 우선 일본인 측의 '내선일체' 담론의 맥락을 정리

• • • • • • • • • • • •
18 鍾肇政, 『鍾肇政全集 18·隨筆集(二)』, 桃園: 桃園縣立文化中心, 1999, 368면.

할 필요가 있다.

일본인의 '내선일체' 담론은 특히 조선인을 천황을 위해 충성을 다하는 신민으로 소환하는 데에 초점을 맞추었으며, 현 단계를 '일시동인'에 바탕을 둔 '평등'의 시기라기보다는 조선인의 완전한 충성을 구축하는 과도기로 설명했다.[19] 비록 타이완에서처럼 '차별'의 합리성을 명시적으로 역설하지는 않았지만 '차이'를 고스란히 '차별'로 치환하여 '차별'을 '내선일체'의 특징으로 묵과한다는 점에서 타이완의 경우와 다를 바 없었다. "내선인 사이의 모든 구별을 철폐함"을 "궁극의 목적" 또는 "종국적인 목적"으로 표현한 것은[20] 실상 그것을 모호한 '장래'로 유예했다. 조선은 헌법과 호적법의 적용 대상이 되지 못했을 뿐만 아니라 1945년까지 국적법의 적용 대상에서 배제되었다.[21] 이런 상황에서 교육, 직장 대우를 비롯한 여러 면에서 조선인이 실제로 차별대우를 받고 있던 것은[22] 타이완인과 동일했다.

· · · · · · · · · · ·

19 中村榮孝, 「内鮮一體論」, 『朝鮮の教育研究』, 京城: 朝鮮總督府, 1938.12, 41면; 「南總督の内鮮一體論」, 『朝鮮及滿洲』, 京城: 朝鮮及滿洲社, 1939.6, 5~6면; 森田芳夫, 「内鮮一體運動に考ふべきこと」, 『同胞愛』, 京城: 朝鮮社會事業協會, 1939.7, 9~10면; 南次郎, 「内鮮一體を徹底的に具現せよ」, 『朝鮮鐵道協會會誌』, 京城: 朝鮮鐵道協會, 1939.7, 4면 등을 참고할 수 있다.

20 「總督訓示」, 『每日申報』, 京城: 每日申報社, 1919.9.4; 南次郎, 위와 같음.

21 윤건차 지음, 하종문·이애숙 옮김, 앞의 책, 158면.

22 조선인을 대상으로 하는 교육은 황국 신민을 양성하는 데 목표를 두며 일본어와 실학을 중심으로 했고 "概念的抽象的教育의排除"를 철저히 실천했다. 비록 1938년의 제3차 조선교육령에 의해 표면적으로는 공학 제도가 마련되었지만 1939년 12월에 발표된 이광수의 단편소설 「선행장」에서 주인공 부부가 자녀의 장래 직업을 논의하는 장면을 통해 조선인의 진로가 여전히 농업, 의학, 음악, 사범에 국한되어 있었음을 알 수 있다. 일본인과 조선인 사이의 소득 불평등에 대해서는 1943년에 간행된 『과원 가계 조사 자료(課員家計調査資料)』를 참고할 수 있다. 체신성 종업원들 가운데 90엔대 미만의 계급은 모두 조선인이었고 90엔대 이상은 모두 일본인이었다. 그뿐 아니라 일본인의 평균 월소득이 170.42엔이었음에 비하면 조선인은 121.51엔에 지나지 않았다. 이로 보건대 직장에서 일본인이 상대적으로 높은

미야다 세츠코는 조선인의 '내선일체' 담론의 핵심이 바로 이런 차별로부터의 탈출에 있다고 지적하면서 여기서 제국과 식민지의 동상이몽을 추출한다.[23] 필자도 조선 지식인의 '내선일체' 담론의 궁극적인 목적이 차별의 해소에 있었다고 본다. 이는 동화정책에 대한 조선과 타이완의 공동 입장이었다. 그러나 타이완과의 비교를 통해 조선 지식인의 '내선일체' 담론의 특징을 확인할 수 있다. 전자가 일상적 차원에서 차별의 해소를 요구했던 데 비해 후자는 구체적인 차별의 해소보다도 '민족'(조선 민족)과 '국가'(일본 제국)의 배치 문제, 그리고 조선 민족과 야마토 민족의 배치 문제를 중심으로 논의를 펼쳤다.

문제는 늘 간단명료했다.—일본인이 철저히 될 자신이 있는가? 이런 질문은 다시 다음과 같은 의문을 일으켰다. 일본인이란 무엇인가? 일본인이 되기 위해서는 어떻게 해야 하는가? 일본인이기 위해서는, 조선인이라는 것을 어떻게 처리해야 하는가?

이들 의문은 이미 지성적인 이해나 이론적인 조작만으로는 해결될 수 없는 마지막 장벽이었다. 그러나 이 장벽을 뛰어넘을 수 없는 한, 팔굉일우도 내선일체도 대동아공영권의 확립도 세계신질서의 건설도, 통틀어 대동아전쟁의 의의가 아리송해진다. 조국 관념의 파악이라고는 하지만 이들 의문에 대한 명확한 대답을 지니지 않는 한, 구체적 현실적이라고 할 수는 없다.[24]

· · · · · · · · · · · ·

지위를 차지하고 있었을 뿐만 아니라 평균 소득도 조선인에 비하면 훨씬 높았다. 오오야 치히로(大屋千尋)에 따르면 1935~1942년 사이의 평균 소득을 보면 대체로 일본 남성〉일본 여성〉조선 남성〉조선 여성이었다고 한다. 「教學振作、農工倂進 庶政刷新을覺悟하라 知事會議 席上에서 南總督訓示要旨」, 『每日申報』, 京城: 每日申報社, 1937.4.21; 李光洙, 「善行章」, 『家庭の友』, 京城: 朝鮮金融組合聯合會, 1939.12, 44~45면; 朝鮮總督府遞信局保險監理課 編, 『課員家計調査資料』, 京城: 朝鮮總督府遞信局, 1943, 25면; 오오야 치히로, 「잡지 『內鮮一體』에 나타난 내선결혼의 양상 연구」, 『사이間Sai』 제1호, 서울: 국제한국문학문화학회, 2006.11, 278면.

23 宮田節子, 『朝鮮民衆と「皇民化」政策』, 東京: 未來社, 1985, 156~164면.

24 石田耕造, 「まつろふ文學」, 『國民文學』, 京城: 人文社, 1944.4, 5면.

1944년에 이르러서도 최재서는 여전히 이 문제들을 가장 핵심적인 문제로 제시하고 있었다. 민족과 국가의 서열 배치, 그리고 조선 민족과 야마토 민족의 서열 배치에 대해서는 여러 논의가 있었는데 여기서 상론하지 않겠다.[25] 타이완인이 '내대일여'를 어느 정도 내면화했고 일상적인 차원에서 이를 검토하게 되었다면 조선 지식인은 '내선일체'를 내면화하는 데 주저했다. 따라서 그들의 검토는 일상적 차원에서 전개된 것이 아니라 이데올로기적 차원에서 일본과의 결합의 합리성 및 가능성을 중심으로 전개되었다.

이러한 차이가 발생한 이유로는 조선의 단일민족적 구성, 그리고 중국의 개입이 없었던 점을 들 수 있겠지만 가장 중요한 원인은 앞서 지적했듯 '내선일체'가 일본과 조선의 민족적 갈등이 매우 심각했던 시점에 제시되었기 때문이었다.[26] 타이완에서 동화가 어느 정도 실제로 발생되었던 데 반해 조선 지식인은 반일의 지점에서 '내선일체'에 접했던 것이다. 따라서 양쪽의 관심사는 매우 다른 차원에 집중될 수밖에 없었다. 타이완 지식인들이 동화를 기준으로 동화 과제를 검토했다면 조선 지식인들은 동화에 대한 거부에 입각하여 동화 과제에 접근했다. 이때 조선 지식인들의 '내선일체' 담론은 실제적인 정체성

⋯⋯⋯⋯⋯⋯

25 조선인의 '내선일체' 담론에 관해서는 윤대석의 박사학위 논문인 「1940년대 '국민문학' 연구」(서울: 서울대학교 박사학위 논문, 2006.2, 24~29면)를 참고할 수 있다. 조선 민족의 완전 해체와 전면적인 일본에의 동화를 주장하는 '완전동화론'과 '조선적인 것'을 보존해야 한다고 주장하는 '평행제휴론'으로 대별할 수 있는데 그 가운데도 '조선적인 것'에 대한 태도를 중심으로 여러 가지 지류와 다양한 스펙트럼을 산출했다. 조선인뿐만 아니라 일본인도 동시에 황민으로 거듭나지 않으면 안된다는 주장도 있었다.

26 이에 대한 조선총독부의 견해는 1935년에 조선총독부에서 간행한 책에서도 일본과 조선 "양 민족의 융화 결합을 기대하는 것"이 "실제 문제로서는 먼 장래에 기대를 걸 수밖에 없다"고 했다는 것을 통해 엿볼 수 있다. 善生永助, 『朝鮮の人口問題』, 京城: 朝鮮總督府, 1935, 113면.

인식과 거대한 간극을 산출한 나머지 내면화되지 않은 주관의지로
가득 차 있었다.

> (ㄱ) 조선인 스스로 자진해서 마음속으로부터 일본 국민이 되는
> 것이 가장 필요하며, (중략)[27]
> (ㄴ) 반도인이 중대한 결심을 하지 않으면 안 된다. (중략) 결심 여
> 하에 따라 반도인의 일개인, 일가, 그리고 전체의 운명이 달
> 라진다.
> 그 중대한 결심이란 무엇인가? 우리는 천황에게 귀일하지 않
> 으면 안 된다는 것이다. 번연하게 그리고 철저하게 천황의 신
> 민이 되어 버린다는 것이다. 그리고 이는 어쩔 수 없는 일이
> 지 대충 해도 좋고 안 해도 좋은 성질의 일은 아니다. 꼭 하지
> 않으면 안 되는 성질의 필연하고 당연한 귀결이다.[28]
> (ㄷ) 무슨 일이 있어도 천황의 신민이 되겠다, 일본인이 되겠다고
> 돌진하는 조선인 측의 기백에 의해서만 내선일체는 이루어진다.
> (중략)
> 이 길뿐이다. 이 길 제외하고는 다른 길이 없다.[29]

  "조선인", "반도인"을 확고히 자각하면서도 '내선일체'의 거부할
수 없는 성격으로 인해 스스로 주관의지를 요청하는 것은 이 담론들
의 공통된 특징이다. 주관의지에 대한 간절한 요청은 역설적으로 주
관의지가 내면화되지 않았음을 말해준다. 내면화되지 않은 주관의지
야말로 조선 지식인들의 '내선일체' 담론의 가장 큰 특징이었다.
  이 절에서 일본과 타이완, 조선의 '내대일여', '내선일체' 담론을 살
펴봤다. '내대일여'와 '내선일체'는 당초부터 '차별'의 과정으로 제시

• • • • • • • • • • • •

27 朴熙道,「創刊に際して」,『東洋之光』, 京城: 東洋之光社, 1939.1, 3면.
28 香山光郎,「重大なる決心－朝鮮の知識人に告ぐ【1】」,『京城日報』, 京城: 京城日報社,
   1941.1.21.
29 香山光郎,「内鮮一體隨想錄」,『協和事業』, 東京: 中央協和會, 1941.2, 15~23면.

되었다. 따라서 식민지에서의 '내대일여'와 '내선일체' 담론도 차별로 부터의 탈출을 궁극적으로 지향하면서 제국과의 기본적인 입장 차이를 연출했다. 이는 양자의 공통점이었다고 할 수 있다. 그러나 타이완 지식인들이 '내대일여'를 어느 정도 내면화했고 일상적인 차원에서 차별의 해소를 검토하기에 이르렀는가 하면 조선 지식인들은 '내선일체' 과제를 내면화하지 않은 채 정치적 차원에서 '내선일체'의 합리적 가능성을 반복 논의했다. 궁극적으로 동화에 대한 거부에 입각하여 동화 과제에 접근한 조선 지식인들은 양자의 간극을 내면화되지 않은 주관의지로 채우게 되었다. 타이완과 조선의 이런 차이는 텍스트에도 투사되었는데 다음 절에서 텍스트 분석을 통해 조선과 타이완 일제말기 문학의 특징을 구체적으로 살펴보겠다.

2. 동화의 세 가지 시뮬레이션

윤대석은 일제말기 식민자와 식민지인의 만남을 사제와 형제, 연인과 부부, 그리고 우연적 만남 등 세 가지로 나눠 식민자라는 '타자'에 대한 식민지 작가의 시각을 살펴본 바 있다.[30] 이 책에서 필자는 일본인과의 만남을 식민지 작가가 동화를 고민하던 과정에서 의식적으로든 무의식적으로든 설정한 동화의 시뮬레이션으로 포착하고 그것을 연애 또는 결혼, 입양, 그리고 동거—즉 조선인과 일본인이 한 공간에서 거주하면서 일상적으로 접촉하게 되는 경우—로 나눠서 살펴보겠다. 이러한 시뮬레이션은 담론에 비하면 동화에 대한 식민지 작

• • • • • • • • • • •
30 윤대석, 「식민자와 식민지인의 세 가지 만남」, 『우리말글』 제57집, 경산: 우리말글 학회, 2013.4, 341~364면.

가들의 실제적인 인식을 보다 더 여실히 드러냈는데 다음은 세 가지 모티프를 통해 식민지 작가들의 '내선일체'와 '내대일여' 인식을 조명하고자 한다.

㉤ 연애·결혼 모티프

일제말기의 총력전 체제에서 가정과 사회가 날로 국가화되었고 일본인과 식민지인 사이의 연애와 결혼 또한 개인적인 영역에서 벗어나 국가적인 차원의 정치적 의미를 부여받았다. 일제는 1910년대부터 '혼혈'을 동화의 수단으로 활용했던 한편,[31] '결혼'의 상징적 의미를 감안하여 식민지 황실과의 결혼을 직접 주도했다. 1920년 4월 영친왕 이은과 일본 황족 나시모토노미야 마사코(梨本宮方子)의 결혼 및 1931년 5월 덕혜옹주와 일본 쓰시마(対馬) 섬 도주의 후예인 소우 다케유키(宗武志)의 결혼, 그리고 1937년 4월 만주국 황제 푸이(溥儀)의 동생 푸제(溥杰)와 일본 화족의 딸 사가 히로(嵯峨浩)의 결혼이 그것이었다.

일반 식민지인과 일본인 사이의 통혼에 대해 일제는 처음에 대체로 간섭하지도 장려하지도 않는 방임 정책을 취했다. 1920년대 초부터 동화 담론의 부상에 따라 관련 법적 제도를 점차 정비하기 시작했다. 일본 제국의 호적법이 식민지에서 적용되지 않아 법적으로 신분 관계를 규명한 호적이 없던 조선과 타이완에서는 결혼에 따른 입적과 제적이 있을 수 없었고 일본인 쪽의 호적 사항란에만 결혼 사항을

----

31 예컨대 제5대 타이완 총독인 사쿠마 사마타(佐久間左馬太)는 '5개년 계획 이번 사업(五カ年計画理蕃事業)'(1910~1914)의 일부로 무력으로 타이완 원주민의 저항을 진압했던 한편, 일본인 경찰과 원주민 여성의 결혼을 촉진시켰다. 星名宏修, 「植民地の「混血児」－「内台結婚」の政治学」, 藤井省三·垂水千恵·黄英哲 編, 『台湾の「大東亜戦争」: 文学·メディア·文化』, 東京: 東京大学出版会, 2002, 280~281면.

기입했다.[32] 이러한 결혼은 법적으로 인정되지 않았기 때문에 통혼을 위한 법적 준비는 주로 호적제도를 마련함으로써 정비되었다. 1921년 6월 7일에 조선에서 '내선인 통혼 법안(內鮮人通婚法案)'이 발포됨으로써 일선인 간의 송적 수속이 규정되었고 같은 해 7월 1일에는 '조선인과 일본인과의 혼인 등의 민적 수속에 관한 건(朝鮮人ト內地人トノ婚姻等ノ民籍手續ニ關スル件)'이 발포되어 호적상의 상호 수속 절차가 마련되었다. 이에 대한 보충으로 1922년 12월에 조선호적령이 공포되고 1923년 7월 1일에 실행되었다.[33]

타이완에서는 1920년 8월 22일에 '내대공혼 편의법(內臺共婚便宜法)'이 공포되었다. 그러나 호적제도가 마련되어 있지 않았기 때문에 내대결혼은 법적으로 성립하지 않았다. 1932년 11월의 율령 제2호 및 1933년 1월의 부령 제8호에 의해 제정된 '본도인의 호적에 관한 건(本島人ノ戶籍ニ關スル件)'이 1933년 3월 1일부터 시행되어 타이완인의 호적이 확립되었다.[34] 동시에 '내대공혼법(內臺共婚法)'이 공포되었다. 여기에 이르러 내대결혼이 비로소 법적으로 인정되었다. 조선인과 타이완인이 일제 호적법의 적용 대상에서 제외되었던 배경 아래 일본인과의 결혼이 법적으로 성립한 것은 법적으로 일본인이 될 가능성을 열어 어느 정도 일제 동화정책의 기만적인 성격을 감추었다.

1937년 중일전쟁이 발발한 후, 식민지와 보다 더 긴밀한 정신적·이익적인 유대를 구축하여 식민지 청년 남성을 효율적으로 동원하기

• • • • • • • • • • •

32 「通婚民籍手續法 發布에就하야(一)」, 『東亞日報』, 京城: 東亞日報社, 1921.6.10; 鼓包美, 「戶籍に関する諸法令制定に就て」, 『台湾時報』, 臺北: 臺灣總督府台湾時報發行所, 1921.3, 90면.

33 최석영, 「식민지 시기 '내선(內鮮)결혼' 장려 문제」, 『일본학연보』 제9집, 대구: 일본연구학회, 2000.8, 275~276면.

34 畠中市藏, 「本島に於ける戶籍制度の變遷」, 『臺灣警察時報』, 臺北: 臺灣警察協會, 1934. 1, 62면.

위해 일제는 식민지와의 통혼을 장려했다. 조선의 경우를 예로 들면, 1938년 9월의 조선총독부 '시국 대책 조사회'에서 "내선인의 통혼을 장려하는 적당한 조치를 강구할 것"을 "내선일체의 강화 철저"의 중요한 내용으로 제시했고, 1940년 12월 19일에 『매일신보』에서 사설을 발표하여 내선결혼에 대한 장려를 명시했다.[35] 통계 자료에 따르면 1937년에 내선결혼이 1,206쌍이던 것이 1941년에는 5,747쌍에 이르렀고[36] 내대결혼은 1937년에 28쌍이던 것이 1942년에 45쌍에 이르렀다.[37] 비록 연구자들이 많이 지적했듯이 일본 우생학계를 비롯한 세력들의 반대로 통혼 장려는 실제로 적극 추진되지 않았지만[38] 일제 말기 일본인과의 연애와 결혼을 소재로 한 소설들은 제국과 식민지의 통혼이 이슈화되었던 배경 아래 발생했다. 통혼 장려가 '내선일체'와 '내대일여'라는 동화의 슬로건과 거의 동시적으로 부상했다는 사실을 감안하면, "형태도 마음도 피도 살도 모두 일체가 되어야 한다"[39]는 '내선일체'와 '내대일여'의 요소를 배제하면 이 소설들을 제

・・・・・・・・・・・

35 朝鮮總督府 編, 『朝鮮總督府時局對策調査會諮問答申書』, 京城: 朝鮮總督府, 1938, 6면; 「내선결혼의 장려」, 『每日新報』, 京城: 每日新報社, 1940.12.19. 구체적인 표창과 장려는 국민총력조선연맹의 주도로 이루어졌는데 이정선, 「전시체제기 일제의 총동원정책과 '內鮮混血' 문제」, 『역사문제연구』 제29권 제1호, 서울: 역사문제연구소, 2013.4, 228면을 참고할 수 있다.

36 保坂祐二, 앞의 책, 208면.

37 黃嘉琪, 「日本統治時代における'内台共婚'の構造と展開」, 『比較家族史研究』 第27號, 東京: 比較家族史学会, 2013.3, 140면.

38 '혼혈'에 대한 일본 우생학계의 불안에 관해서는 小熊英二, 『単一民族神話の起源』, 東京: 新曜社, 1995, 235~270면; 駒込武, 『植民地帝国日本の文化統合』, 東京: 岩波書店, 1996, 358~359면을 참고할 수 있다. 이정선에 따르면 조선총독부가 내선결혼 장려를 내세웠던 것은 실제로 통혼을 촉진시키기 위해서라기보다는 일본과 조선의 철저한 일체를 추구한다는 인상을 줌으로써 조선인 일반이 일본인이라는 자각을 갖도록 유도하기 위해서였다고 한다. 이정선, 위의 논문, 230면.

39 鈴木裕子, 『從軍慰安婦・内鮮結婚』, 東京: 未来社, 1992, 84면에서 재인용.

대로 검토할 수 없다.

타이완의 일제말기 소설에서 일본인과의 연애와 결혼이 소설의 중심적 이야기로서가 아니라 파편적인 삽화 아니면 간단한 언급에 머무르는 경우가 대부분이었다. 다음은 저우진뽀가 일본인 여성에 대한 타이완 청년 남성의 동경을 매우 간결하게 서술한 대목들이다.

> (ㄱ) 선생님, 저는 타이완인 여성에게 연애의 정서가 없다는 애기를 몇 번이나 반복했습니다. 그럴 때마다 연래의 정서, 연래의 정서라고 연발하여 선생님을 당혹하게 만들었지요. 그것은 연애의 정서였습니다. 선생님은 알아듣는 표정이셨지만 정말 연래로 생각하셨는지요. 설령 저도 같은 내지인이었다면 이 사람이 긴장해서 그렇구나 하고 넘어가시겠지만 저 같은 경우는 국어의 이해력마저 의심받을 수 있어서 참으로 민망합니다.[40]
>
> (ㄴ) 대체로 궈춘파(郭春發)는 처음부터 어딘가 유난히 무모한 남자라는 인상을 남겼다. 언젠가 칭두(淸杜)의 결혼 문제를 애기하다가 마침 그 자리에 있던 그가 「그렇게 중요한 문제인데 어머니가 마음대로 정하고 칭두 군에게 강요하면 안 되지요. 칭두 군은 대단한 생각이 있는데 아무래도 내지인 아내를 맞이하고 싶다고 했던데? 나야 그 심정을 잘 알지.」라고 이치에 안 맞는 말을 남기고 나가 버린 것을 보니 세상에 어찌 그런 말을 태연하게 할 수 있나 하고 아진(阿錦)은 하도 어이가 없어서 아무 말도 못하는 일이 있었다.[41]

(ㄱ)은 1942년 9월에 발표된 「팬의 편지」의 일부이다. 이 서간체 소설은 한 타이완인 청년 남성이 일본인 소설가에게 편지를 쓰는 형

40 周金波, 「フアンの手紙」, 『文藝臺灣』, 臺北: 文藝臺灣社, 1942.9, 41~42면.
41 周金波, 「氣候と信仰と持病と」, 『台湾時報』, 臺北: 臺灣總督府台湾時報發行所, 1943. 1, 117면.

식으로 민족 차별에서 기인한 타이완인의 고민을 피력했다. 위 인용
문은 이 타이완인 청년이 믿고 존경하는 일본인 소설가를 직접 만난
후 쓴 내용으로 식민지인이 일본인 앞에서 느낀 강한 자기혐오를 언
어적 한계에 대한 강한 자의식을 통해 압축적으로 드러냈는데 은근
히 표출한 일본인 여성에 대한 욕망은 중점이 되지 못했다. (ㄴ)도 마
찬가지로 이 제재를 매우 지엽적으로 처리했다. 1943년 1월에 발표된
「기후와 신앙과 지병(氣候と信仰と持病と)」을 표제로 한 이 소설의 중
심적 줄거리는 주인공 '차이따리(蔡大禮)'가 일본의 신도(神道) 신앙을
맹목적으로 추종하다가 토착 신앙으로 되돌아온 것인데 그 아들 '칭
두'의 결혼 문제는 이 대목을 제외하고는 다시 언급되지 않았다.

이처럼 저우진뽀는 일본인 여성에 대한 동경을 타이완인 청년 남
성의 보편적인 심리로 인식했던 한편, "이치에 안 맞는 말"이라면서
현실성이 결여된 문제로 스스로 부정하고 정면으로 다루지 않으려
했다. 실제로 내대연애·결혼은 당시의 타이완 문단에서도 존재했는
데 주도적 역할을 담당하고 있던 장원환의 결혼과 여성 작가 황펑쯔
(黃鳳姿)의 연애가 전형적인 사례였다.[42] 그럼에도 이 모티프에 대한
냉담한 태도는 "내대결혼을 제창하는 극, 일본인도 타이완인도 받아
들이지 않네"[43]라는 단가를 통해서 그 이유를 엿볼 수 있다. 1941년
4월경 저우진뽀가 재출발된 타이완문예가협회에서 극작부 이사를 담
당하고 있던 시기에 쓴 단가였다는 사실을 감안하면 이 자조어린 구

· · · · · · · · · · ·

42 장원환은 일본 유학 동안에 일본인 여성 사다카네 나미코(定兼波子)를 알게 되어
   1937년에 결혼했다. 황펑쯔는 초등학교 때 일본인 타이완민속 연구자 이케다 토시
   오의 제자가 되어 그의 도움으로 10대의 어린 나이에 『칠낭마생(七娘媽生)』, 『칠
   야팔야(七爺八爺)』, 『타이완의 소녀(台灣の少女)』 등 3권의 저서를 출판했고 광복
   이후 이케다 토시오와 결혼했다.
43 周金波, 「私の歩んだ道 ─ 文学·演劇·映画」, 中島利郎·黃英哲 編, 『周金波日本語作品
   集』, 東京: 緑蔭書房, 1998, 253면.

절은 내대결혼 제재에 대한 일제말기 타이완 문단의 무관심한 태도를 여실히 투사했다고 할 수 있다. 그가 내대결혼 제재를 극히 지엽적 파편적인 형식으로 처리한 것은 바로 이런 현실 인식 때문이었던 게 아닌가?

파편적인 삽화로나마 완결된 내대연애·결혼 이야기가 등장한 타이완 소설로는 장원환의 「우울한 시인(憂鬱な詩人)」, 룽잉쭝의 「연무의 정원(蓮霧の庭)」, 왕창숑의 「격류」, 그리고 우쭤류의 장편소설 『후쯔밍(胡志明)』[44]의 제1편과 제2편을 꼽을 수 있다. 이를 〈표 5〉로 정리할 수 있다.

〈표 5〉 일제말기 타이완에서 발표된 타이완인 작가의 내대연애·결혼 소설

표제	장르	언어	저자	발표 지면	발표 시기	타이완 측의 성별	결과
憂鬱な詩人	단편	일본어	장원환	문예타이완	1940.5	남	무산/실패
胡志明第1篇	장편의 일부	일본어	우쭤류	광복 전에 미발표	1943.4(탈고)	남	무산/실패
蓮霧の庭	단편	일본어	룽잉쭝	타이완문학	1943.7	남	무산/실패
奔流	단편	일본어	왕창숑	타이완문학	1943.7	남	무산/실패
胡志明第2篇·悲恋の巻	장편의 일부	일본어	우쭤류	광복 전에 미발표	1944.9(탈고)	남	무산/실패

〈표 5〉를 통해 알 수 있듯이 내대연애·결혼 소설은 1940년 상반기부터 등장하기 시작했고 1944년 하반기까지 매우 산발적으로 나타났다. 제2장에서 지적했듯이 1940년 초는 타이완 문학의 창작 언어가 일본어로 바뀌었던 시기였다. 이 점을 감안하면 일본인과의 연애·결혼을 다룬 소설은 일본어로의 전환과 거의 동시적으로 발생했다고

44 후일에 『아세아의 고아(亞細亞的孤兒)』로 개제되어 널리 알려진 이 책은 비록 광복 이후에 최초로 간행되었지만 실제로 1943년부터 일제의 감시를 피하며 창작되다가 1945년 광복 이전에 탈고되었다.

할 수 있다.

타이완 측의 성별을 보면 모두 남성이다. 일본인 여성에 대한 타이완인 남성의 연모는 교양적인 생활과 문화적 정취에 대한 동경과 한데 뒤엉켜 있었다. 「연무의 정원」에서 '나'는 '미카코(美加子)'와의 결혼생활을 "스스로 설계한 문화주택 풍의 아담한 집을 지어 밤하늘에 가득하고 뚝뚝 떨어질 것 같은 별들 밑에 있는 발코니에서 바람을 쐬면서 조용히 얘기를 나누는"[45] 풍아한 삶으로 구상화했다. 「격류」에서 '나'가 "꽃꽂이와 다도의 맛을 알게 된 것도, 키모노와 타카시마다를 사랑하게 된 것도, 노와 가부키에 심취할 줄 아는 것도 모두 이 사람을 통해서였다."[46] 제국의 여성과 결혼함으로써 식민지인의 여러 모로 구속된 삶을 제국의 경제적으로 문화적으로 보다 여유 있는 생활로 발전시키려는 욕망은 식민지인이 제국의 여성을 점유함으로써 제국의 문화를 욕망한다는 프란츠 파농(Frantz Fanon)의 이론으로 설명할 수 있다.[47] 결국 일본 여성에 대한 욕망은 남부진이 지적했듯이 '신여성'에 대한 욕망이었으며 일본어와 일본 문화를 향한 경사를 불러일으켜 최종적으로 일본으로의 동화로 수렴되었다.[48]

다른 한편, 이러한 성별 설정은 일제말기의 현실을 여실히 반영하기도 했다. 실제로 일제말기의 조선과 타이완에서 동일하게 식민지 남성—제국 여성의 구도가 주류를 이루었다. 1940년의 통계에 의하면 조선에서 이루어진 내선결혼 가운데 조선인 남성과 일본인 여성과의 결혼이 약 77%의 점유율을 보이고 있었다.[49] 타이완에서는 1921년부

45 龍瑛宗, 「蓮霧の庭」, 『台湾文學』, 臺北: 啓文社, 1943.7, 195면.

46 王昶雄, 「奔流」, 『台湾文學』, 臺北: 啓文社, 1943.7, 110면.

47 Frantz Fanon, translated by Charles Lam Markmann, 『Black Skin, White Masks』, New York: Grove Press, 1967, 63~82면.

48 南富鎭, 『文学の植民地主義: 近代朝鮮の風景と記憶』, 京都: 世界思想社, 2006, 68~69면.

49 최석영, 앞의 논문, 283면.

터 타이완인 남성과 일본인 여성의 결혼이 우세를 차지하기 시작했다.[50] 이런 현상은 궁극적으로 스즈키 유우코(鈴木裕子)가 지적했듯이 일본이 통혼 장려를 통해 식민지의 징병 적령자 남성을 동원하여 일본 남성의 빈자리를 메우도록 했기 때문에 발생했다.[51]

흥미로운 점은 위 소설에서 일본 여성에 대한 욕망을 품고 있는 타이완인 남성들이 『후쯔밍』 제1편에서의 '후쯔밍'을 제외하고는 모두 사랑을 고백하지 않은 채 스스로 내대연애를 포기한다는 점이다. 그 이유로 「연무의 정원」과 「격류」에서 다음과 같이 일본인과 타이완인 사이의 경제적 격차와 풍습의 차이를 지적했다.

> (ㄱ) 부끄러운 이야기지만 나는 극히 박봉이다. 게다가 아버지가 지은 빚도 있다.
> (중략)
> 그렇다면 우리는 괜히 습속이라는 무거운 돌에 짓눌리겠지. 그리고 나는 어떤 비굴한 정서에 얽매이고 있다. 이 정서는 결국 결혼 생활에 검은 그림자를 드리우겠지.
> 나의 친구는 내지에서 내지인 여성과 결혼했지만 왠지 일상적인 말다툼이라도 있으면 예민해진 감정들은 그 정서에 노출된다고 한다.
> 특히 나의 경우는 더욱 그 정서를 자극하기 쉽겠다고 생각된다. 그러니까 강한 여성이 아니면 그 습속을 헤쳐 나갈 수 없겠다.[52]
> (ㄴ) 인간적으로 나는 과연 이 사람과 결혼할 자격을 갖추고 있는

• • • • • • • • • • • •
50 黃嘉琪, 앞의 논문, 138~139면. 일본인과 당시 '생번(生蕃)', '숙번(熟蕃)'으로 일컬어진 토착민 사이의 통혼 건수는 극히 적었으므로 편의상 일본인과 한인 사이의 결혼만 고찰한다.
51 이상경, 「일제 말기 소설에 나타난 '내선결혼'의 층위」, 김재용·김화선·박수연·이상경·이선옥·이재명·한도연, 『친일문학의 내적 논리』, 서울: 역락, 2003, 119면에서 재인용.
52 龍瑛宗, 앞의 글, 195~196면.

가? 아니 그것보다도 외아들인 내가 이 사람을 타이완이라는 벽지로 데리고 가지 않으면 안 되는데 그때도 지금까지의 행복감이 계속 유지될 수 있는가 하면서 마치 줄타기하는 것과 같은 기분이었다.[53]

룽잉쭝은 '나'의 경제적 곤경을 이유 중 하나로 지적하고 나서 "습속"과 "비굴한 정서"를 제시했다. 왕창슝 또한 "이 사람과 결혼할 자격"이라든가 "마치 줄타기하는 것과 같은 기분"이라든가 하는 매우 추상적인 표현들을 사용했다. 이런 추상적인 표현들의 구체적인 함의를 검토하기 위해 타이완인 남성이 일본 여성에게 마음을 밝히는 유일한 장면—'후쯔밍'이 '나이토 히사코(內藤久子)'에게 거절을 당한 장면—에 주목할 필요가 있다. 거절당한 '후쯔밍'이 제2편에 와서 '츠루코(鶴子)'에 대한 호감을 감추어 다른 타이완인 주인공의 모습과 겹친다는 의미에서 이 유일무이한 장면이 다른 소설들의 전편이라는 성격을 갖추게 된다고 할 수 있기 때문이다.

「히사코 씨………. 히사코 씨는 저를 어떻게 생각하십니까?」
「왜? 뭐 특별히………하지만 저도 쯔밍 씨의 마음을 전혀 모르는 게 아닙니다. 하지만…………쯔밍 씨는 타이완인이잖아요………….」
라고 말끝을 흐려 버리고 고개를 숙였다.[54]

드디어 용기를 내 사랑을 고백한 '후쯔밍'이 부딪힌 것은 "타이완인"이라는 절대적인 사실, 즉 민족적 장벽이다. 우쭤류는 '후쯔밍'의 사랑을 타이완인 교직원과 학생들이 겪는 심한 차별대우와 병행적으로 서술하면서 일본인과 타이완인 사이의 민족적 장벽을 다음과 같

· · · · · · · · · · · ·
53 王昶雄, 앞의 글, 111면.
54 吳濁流, 『胡志明第1篇』, 臺北: 國華書局, 1946, 73면.

이 구체적으로 제시했다.

　(중략) 비록 히사코가 나의 사랑을 받아들인다고 하더라도 나는 히사코를 부양할 능력이 없다. 분수를 모르는 게 아닌가? 그렇지. 나는 공학교의 훈도이다. 영영 출세 못하는 신세이다. 아무리 노력해도 한낱 교장이 될까 말까 할 사람이다. 운이 좋아 출세한다고 하더라도 고작이야 20~30년 후 번계(蕃界, 원주민 거주지—인용자) 근처의 공학교 교장이나 될까? 천(陳) 수석은 24,5년이나 일했는데도 6급봉도 못 받는 게 아닌가? (중략) 히사코는 예전에 「타이완인이 그래서 안 되는 거야.」라고 리(李) 훈도를 비꼬아대지 않았는가? 그런 히사코는 나를 좋아할 리가 없다. 그렇지. 언젠가 내가 마늘을 먹지 않았는데도 나보고 마늘 냄새가 난다고 비웃었지. (중략) 「타이완인이 목욕탕을 안 쓰는 걸 보니 후 선생님은 태어나서부터 한 번도 몸을 안 씻어 보겠네요」하고 매우 심하게 이야기한 적이 있는데 나는 한마디도 변명하지 않았다. (중략)
　구정에 히사코와 함께 보정(保正)의 초대를 받았는데 닭백숙이 나왔을 때 히사코는 소곤소곤 「야만적이다」라고 했지만 막상 먹어 보니 맛있다고 게걸스럽게 먹어대지 않았는가? (중략)
　결국 마음속에서는 「히사코 씨, 히사코 씨, 히사코 씨는 왜 타이완인으로 태어나지 않았나? 아니 왜 나는 일본인으로 태어나지 않았나? 만약 그 중 한가지였더라면……」하고 그는 혼자서 괴로워했다.[55]

　민족적 장벽은 경제적인 격차, 그리고 음식 습관, 목욕 문화를 비롯한 사소한 일상생활의 차이에서 비롯된 일본인의 민족적 편견으로 구현되고 다시 그것에 의해 절대화되었다. 이로 보건대 룽잉쭝의 "습속"과 왕창숑의 "이 사람과 결혼할 자격"이라는 것은 각각 일상적인 차이와 경제적인 격차를 가리켰고, "비굴한 정서"와 "마치 줄타기하는 것과 같은 기분"은 절대화된 민족적 장벽에 대한 의식을 가리켰

- - - - - - - - - -
55 吳濁流, 앞의 책, 45~46면.

다. 결국 타이완인 남성은 민족적 장벽에 대한 강한 의식 때문에 일본인과의 연애와 결혼을 스스로 포기했다.

주인공이 내대연애·결혼을 시도하지도 않은 채 일본 여성에 대한 호감을 스스로 수습한 것은 작가들이 내대연애·결혼 제재를 다루는 소극적인 방식과 같은 맥락에 있었다. 실제로 타이완인 작가들보다 당시의 타이완 문단에서 활약하고 있던 일본인 작가들이 이 제재에 더 많은 관심을 보였다. 쇼오지 소오이찌(庄司總一)의 『천씨 부인(陳夫人)』 제1부(東京: 通文閣, 1940)와 제2부(東京: 通文閣, 1942), 「월내향(月來香)」(『순간타이신』, 1944.9~?), 마스기 시즈에(眞杉靜枝)의 「남방의 말(南方の言葉)」(『ことづけ』, 東京: 新潮社, 1941), 사카구지 레이코(坂口褃子)의 「쩡씨 일가(鄭一家)」(『타이완시보』, 1941.9)와 「시계초(時計草)」(『鄭一家』, 臺北: 淸水書店, 1943), 카와사키 덴지(川崎傳二)의 「12월 9일(十二月九日)」(『타이완문예』, 1944.6), 고바야시 이츠시(小林井津志)의 「피마자는 성장하다(蓖麻は伸びる)」(『타이완문예』, 1944.11) 등 소설들은 일본인과 타이완인을 결혼까지 이끌어갔을 뿐만 아니라 그 사이에 태어난 혼혈아의 정체성 불안까지 다루었다. 이에 비하면 일본인과의 결혼을 회피하는 타이완인 작가의 태도는 상당히 문제적이었다고 하지 않을 수 없다. 일본어와 일본 문화를 향해 경사해가는 한편, 민족적 장벽의 절대성을 절감하면서 '내대일여'와 거리를 두려는 태도를 보였다고 할 수 있다.

상대적으로 동화 과제를 적극적으로 전유한 타이완은 1912년에 이미 "일본이 성공을 거둔 유일한 식민지"로 평가받았고[56] 1920년대 초부터 비무장항일의 시대로 접어들었다. 이런 사실을 감안한다면 1937년 이후 대대적으로 선전된 '내대일여'는 상대적으로 안정적인 환경

· · · · · · · · · · · ·

56 持地六三郎, 앞의 책, 4면.

에서 전개되어 1940년대에 타이완인의 일상생활의 여러 면에 실제로 침투했다고 짐작된다. 아이러니한 점은 '내대일여'가 일상화되면 될수록 타이완인이 오히려 일본인과의 절대적인 간극을 확인하게 되고 관망적인 태도를 취했던 것이다. 그 결과 일본 여성에게 어렴풋한 사랑을 품고 있다가 민족적 장벽에 대한 강한 의식 때문에 스스로 포기한다는 양식이 내대연애·결혼 소설의 공통 양식이 되었다.

타이완의 경우와 달리 1937년 일제가 황민화운동을 대대적으로 추진했을 때까지 조선에서의 항일민족운동은 지속되었고 일제도 문관을 조선 총독으로 임명한 바가 없었다.[57] 치열한 항일민족운동에서 갑작스레 황민화운동에 휩쓸린 조선인은 심각한 민족적 갈등을 안고 있었고 '내선일체'에 대하여 매우 복잡한 태도를 드러냈다. 이러한 복잡한 심리는 조선인 작가의 내선연애·결혼 소설에도 투사되었다.

일제말기 조선인 작가의 내선연애·결혼 소설을 정리하면 〈표 6〉과 같다.[58]

〈표 6〉 일제말기 조선에서 발표된 조선인 작가의 내선연애·결혼 소설

표제	장르	언어	저자	발표 지면	발표 시기	조선 측의 성별	결과
箱根嶺의少女	단편	조선어	이광수	신세기	1939.1	남	무산/실패
混冥에서	단편	조선어	백신애	조광	1939.5	여	무산/실패
가을	단편	조선어	유진오	문장	1939.5	남	무산/실패
綠의塔	장편	일본어	이효석	국민신보	1940.1.7~4.28	남	성공
心相觸れてこそ	장편	일본어	이광수	녹기	1940.3~7	여, 남	한 쌍은 가결혼, 한 쌍은 무산/실패

• • • • • • • • • •

57 반면 1919년 10월부터 1936년 9월까지 일제는 무관 대신 문관을 타이완 총독으로 임명했다.

58 장혁주, 김사량 외에 정인택의 작품도 제외했다. 생모가 일본인이므로 그 내적 세계는 일반 조선인의 경우와 다소 차이가 있었으리라 짐작되기 때문이다.

표제	장르	언어	저자	발표지면	발표 시기	조선측의 성별	결과
冷凍魚	중편	조선어	채만식	인문평론	1940.4~5	남	무산/실패
그들의사랑	장편(미완)	조선어	이광수	신시대	1941.1~3	남	소설 중단
幻の兵士	단편	일본어	최정희	국민총력	1941.2	여	무산/실패
天上物語	장편(미완)	일본어	김성민	녹기	1941.3~10	남	소설 중단
봄의노래	장편(미완)	조선어	이광수	신시대	1941.9~1942.6	남	무산/실패
薊の章	단편	일본어	이효석	국민문학	1941.11	남	무산/실패
血	단편	일본어	한설야	국민문학	1942.1	남	무산/실패
妻の故鄕	단편	일본어	홍종우	국민문학	1942.4	남	성공
東への旅	단편	일본어	이석훈	녹기	1942.5	남	희망을 암시함
兄弟	단편	일본어	김사영	신시대	1942.11~1943.3	남	결혼은 실패했지만 아이를 남김
影	단편	일본어	한설야	국민문학	1942.12	남	무산/실패
森君夫妻と僕と	단편	일본어	조용만	국민문학	1942.12	여	무산/실패
北の旅	단편	일본어	이석훈	국민문학	1943.6	남	사랑이 없는 결혼을 이룸
血緣	단편	일본어	이석훈	동양지광	1943.8	남	사랑이 없는 결혼을 이룸
大東亞	단편	일본어	이광수	녹기	1943.12	남(중국인으로서 등장함)	희망을 암시함
蝴月	단편	일본어	오본독언	국민문학	1944.4	여	무산/실패
女人戰紀	장편	조선어	채만식	매일신보	1944.10.5~1945.5.15	남	아이를 남김
民族の結婚	단편	일본어	최재서	국민문학	1945.2	여	성공

〈표 6〉을 통해 알 수 있듯이 내선연애·결혼 소설은 1939년 초에
나타났다. 그러나 1939년에 발표된 「상근령의 소녀」와 「혼명에서」,
「가을」 등 3편의 작품은 이 소재를 본격적으로 다룬 소설이 아니었

다. 따라서 내선연애·결혼 소설의 본격적인 등장은 1940년 1월 『녹색의 탑(綠の塔)』의 연재부터였다고 해야 한다. 이로 보건대 일본인과의 연애와 결혼 소재는 조선과 타이완에서 거의 동시적으로 발생했다. 중일전쟁이 발발한 이후 식민지인을 동원하기 위해 일본인과의 통혼을 장려하기 시작했던 조선·타이완총독부의 정책도 원인 중 하나로 지적할 수 있지만 전쟁이 곧 태평양전쟁으로 확대될 전야에 일제의 식민 지배가 영원히 지속될 것처럼 보였던 상황에서 식민지 작가들이 '내선일체', '내대일여'를 새삼스럽게 고민하지 않으면 안 되었다는 사실도 부인할 수 없다.

그러나 조선에서 이 제재의 전개 양상은 타이완과 사뭇 달랐다. 작품의 양이 훨씬 더 많고 광복 때까지 지속적으로 등장했을 뿐만 아니라 매우 다양하고 다각적인 양상을 보였다. 그리고 파편적인 삽화가 아니라 중심적인 서사로 등장한 경우가 대부분이었다. 조선인 작가의 이런 높은 관심은 타이완인 작가의 냉담한 태도와 선명한 대조를 이루었다. 이는 '내선일체'에 대한 그들의 높은 관심을 말해주는 한편, 동시에 역설적으로 '내선일체'에 대한 매우 불안정한 입장을 시사했다. 심적 준비가 부족할 때만 '내선일체'의 합리성과 가능성을 다각적으로 반복 검토할 필요가 있었기 때문이다.

타이완인 작가에 비하면 조선인 작가는 상대적으로 창작 언어를 선택할 자유를 가지고 있었다. 이런 상황에서 내선연애·결혼 소설이 대부분 일본어로 창작되었다는 사실은 일본인과의 연애, 결혼 소재가 작가에게 일본으로의 동화 문제를 의미했음을 거듭 말해준다. 그러나 흥미로운 점은 타이완 소설에서 일본으로의 동화와 일본어로의 경사가 일본 여성에 대한 일방적인 사랑으로 구현되었던 데 비해 조선 소설에서는 일본 여성에 대한 욕망은 그리 확실하지 않았던 것이다.

조선인 측의 성별이 대부분 남성이었다는 것은 타이완과 동일하지만 사랑을 적극적으로 추구하는 쪽이 일본 여성이었다는 설정은 주목할 만하다. 타이완인 남자 주인공이 먼저 일본 여성에게 사랑을 느꼈던 데 반해 일본 여성의 정열 앞에서 조선인 남자 주인공은 매우 피동적이고 우유부단한 자세를 보였다. 이런 특징은 일제말기 최초의 내선연애 소설로 지적할 수 있는 「상근령의 소녀」에서 이미 두드러지게 나타났다.

가와바타 야스나리(川端康成)의 유명한 단편소설 「이즈의 무희(伊豆の踊子)」(『문예시대』, 1926.1~2)의 영향을 다분히 엿볼 수 있는 이 소설의 줄거리는 극히 단순하다. 도쿄에서 중학교를 다니는 '나'는 수학여행으로 상근령을 넘었을 때 다리가 하도 아파 지팡이 하나 얻기 위해 어떤 아줌마의 집을 방문하게 된다. 아줌마가 지팡이를 만들기 위해 나무를 찍으러 직접 뒷산으로 가는 동안 억지로 만류된 '나'를 위해 아줌마의 딸은 감의 껍질을 벗겨준다. 모녀의 지나친 호의는 '나'를 매우 당황스럽게 만든다. 특히 '나'가 이미 감을 다섯 개나 먹었는데도 '소녀'가 감을 왜 안 먹느냐고 책망까지 하는 것이 부담으로 느껴진다. '나'가 그 집을 떠날 때 모녀는 남은 감을 모두 싸주고 '나'가 남겨준 돈을 끝까지 거절한다. '나'에게 돈을 되돌려주지 못하기 때문에 울고 있는 '소녀'를 보고 미안한 나머지 '나'도 눈물을 흘리게 된다. 정확히는 내선연애라고 할 수 없지만 일본인 소녀와 조선인 청년 사이의 어렴풋한 애정은 쉽게 확인할 수 있다.

이 소설에서 일본인 모녀의 지나친 호의를 신체적·정신적인 폭력으로 형상화하면서 사랑의 폭력 앞에서 조선인 청년을 피동적인 위치에 놓는다. '나'의 실제적인 상황(배가 부르다는 사실)을 외면하고 '나'의 간청까지 들은 체 만 체하며 일방적으로 은혜를 베푸는 '소녀'의 행위는 사실상 일종의 폭력에 다름없다. 이는 '나'가 이 "은혜"로 인해 부담을 느끼며 눈물까지 흘린다는 사실을 통해 확인할 수 있다.

다른 한편, 말을 걸어온 측도 '나'를 집까지 초청한 측, 그리고 감을 억지로 대접한 측은 모두 일본인 모녀이며 전 과정을 거쳐 조선인 청년은 이끌려가기만 하는 무기력함을 보인다. 이런 피동적인 모습은 일본인 측이 일방적으로 강요하는 우정에 대한 경계심과 거부감을 우회적으로 표출한다.

이광수가 전향 후의 심적 상태를 본격적으로 형상화하기 시작하던 시점에 발표된 작품으로 이 소설은 각별한 의미를 지니고 있다. 주인공을 작자 이광수의 분신으로 읽으면 소설의 내적 시간이 1909년경, 즉 한일합방 무렵이 되는데 이 사실을 감안하면 「상근령의 소녀」는 이광수가 '내선일체'를 의식하면서 창작했을 가능성이 높다. '소녀'를 "은인" 또는 "관세음보살"로 높이 평가하고 "감격"을 반복해서 강조하면서도 은연중에 '소녀'를 가해자에 가까운 존재로, '소녀'의 "은혜"를 폭력으로, 그리고 이 "은혜"를 입게 된 조선인 청년의 심정을 부담스러움으로 부정적으로 서술한 것은 사실상 '내선일체'를 일본 측이 일방적으로 주도한 폭력적인 행위로 제시했다.

연구자들은 흔히 프란츠 파농의 이론을 빌어 일본 여성의 사랑을 통해 조선인 남성이 일본인화될 수 있고, 일본인의 문화, 일본인의 아름다움, 일본인의 일본주의와 결혼할 수 있다고 주장하지만[59] 일본 여성의 사랑의 폭력성과 조선인 남성의 무기력함에 대한 강조는 문제가 그리 단순하지 않음을 암시했다.

> 밤에 현은 아사미가 돌아올 때까지 자지 않고 기다렸다. 그녀는 들어서자마자 현을 껴안고 미친 듯한 정열을 보였다.

● ● ● ● ● ● ● ● ● ● ● ●

59 윤대석, 「1940년대 '국민문학' 연구」, 서울: 서울대학교 박사학위 논문, 2006.2, 144~145면; 조윤정, 「내선결혼 소설에 나타난 사상과 욕망의 간극」, 『한국현대문학연구』 제27호, 서울: 한국현대문학회, 2009.4, 255~256면.

(중략)

　　난폭한 격정의 폭발이었다. 현이 감당할 수 없을 정도로 폭풍과 같이 격렬하여, 그런 때만 슬픔도 거리낌도 망각 속에 묻혀 버리는 것이었다.[60]

　「아자미의 장」의 일부였다. 조선 청년 '현'은 일본 여성 '아사미(阿佐美)'와 동거하게 되는데 그들의 관계를 시작한 측도 중단한 측도 '아사미'이고 '현'은 피동적인 태도로 일관한다. '아사미'는 '현'에게 '아자미'처럼 알 수 없는 엑조틱한 존재로[61] 사랑의 대상이라기보다는 도리어 그 불온한 성격 때문에 그를 "당황스럽"게 만든다. 그녀의 "사랑은 아주 제멋대로인 것 같"고 "미친 듯한 정열", 즉 폭력으로 감지된다.

　주목을 요한 것은 이 소설에서 일본 여성의 사랑을 폭력으로 부각하는 한편, 이런 폭력을 '죽음'과 연결시켰다는 점이다. 두 사람의 관계를 파멸시킨 직접적인 요인은 '현'의 집에 혼담이 있는 것을 '아사미'에게 들킨 것이지만 더 심층적인 요인은 '아사미'가 친구 애인이 자살을 통해 부모로부터 결혼 허락을 받는 사례를 보고 '현'의 사랑을 의심하기 시작한 것이다. 다시 말해 '아사미'가 '현'에게 요구하는 것은 '죽음'을 통해서 사랑을 증명하는 것이다. 1941년 11월이라는 시점에 이런 설정이 등장한 것은 상당히 흥미롭다. 조선 징병제가 1942년 5월 9일에 발표되었기 때문에 1941년 말은 징병 담론이 확대

60　李孝石,「薊の章」,『國民文學』, 京城: 人文社, 1941.11, 121면.
61　일본어에서 '아사미'라는 이름이 '아자미'라는 꽃의 발음과 비슷하다는 사실을 감안하면 이 소설에서의 '아자미'는 '아사미'에 대한 비유로 읽는다. 이럴 때 '아자미의 장'이라는 표제는 '현'과 '아사미'의 연애 이야기가 일시적인 로맨스에 불과하다는 것을 암시한다. 비록 소설에서 연애의 파국을 명시하지는 않았지만 '아사미'가 분결에 꽃병을 깨뜨린다는 설정을 통해 연애의 실패를 확인할 수 있다.

되던 시점이었다. 내선연애·결혼 소설에서 드디어 '죽음'이라는 기호가 부상했다는 사실은 '내선일체'가 결국 조선인의 목숨을 요구했다는 일제의 동화정책의 본질을 겨냥했다고 할 수 있다.

이럴 때 소설에서 조선인 남성이 드러내 보이는 무기력한 모습은 매우 의미심장했다. 대부분 내선연애 소설에서 조선인 남성은 일본 여성과의 관계를 내버려둔 채 일본 여성의 결정만 기다렸다. 예컨대 「아자미의 장」에서 '현'은 '아사미'의 솔직한 사랑의 고백을 "지나치게 당돌하고 지나치게 대담하다"고 불쾌하게 생각하지만 고맙다며 그녀와 동거 생활을 시작했다. '아사미'가 언젠가 떠날지도 모른다는 의심을 버리지 못하고 심지어 그것을 은밀히 기대하기까지 하지만 그녀가 스스로 떠나는 것을 기다리기만 한다. "뭐라고 해도 대가가 지나치게 크다"며 이 연애를 매우 부정적으로 평가하면서도 능동적으로 포기하지는 못한다.

내선연애·결혼을 '내선일체'의 메타포로 읽으면 이런 설정은 궁극적으로 대등하지 않은 한일관계에 대한 작가의 인식에서 비롯되었고, '내선일체'에 대한 피해자 자의식을 시사했다. 주인공의 "슬픔도 거리낌도" 일본 여성의 "난폭한 격정"에 의해 "망각 속에 묻혀 버리"게 되듯이 '내선일체'에 대한 작가의 거부적인 심리는 일제의 폭력에 의해 억제되었을 뿐이었다.

이로 보건대 내선연애·결혼 소설에 나타난 일본 여성과의 교제는 타이완 소설에서의 그것과 사뭇 달랐다. 타이완 소설에서 일본 여성이 욕망의 객체였는가 하면 조선 소설에서의 일본 여성은 폭력("격정"이라는 이름으로 표현됨)의 주체였다. 전자가 일본 문화의 표상으로 나타났다면 후자는 일제 식민 지배의 육화로 등장했다. 제국의 여성에 대한 욕망이 식민지적 현실을 어느 정도 받아들인 후 나타난 "지배 관계의 원칙"에서 일탈한 현상이었는가 하면, 내선연애·결혼 소설에서 보인 것은 어디까지나 식민 지배 관계의 폭력적 본질을 절감했다는 식민지적 현실에 대한 강박 의식이었다. 조선인 여성─일본 남성의 구도가 산발적으로나마 1944년 하반기까지 꾸준히 등장했다는 사실은 이 점을 방증했다. 이 구도는 내선연애·결혼 소설의 특유한 구도였는데 "본래 지도 또는 정복 민족의 남자가 지도받거나 정복당한 민족의 여자를 아내로 하는 것이 지배 관계의 원칙이"[62]라고 어느 기밀문서에서 그랬듯이 조선에서의 식민 지배 관계를 여실히 재현한 완전한 식민의 메타포로 지적될 수 있다.

〈표 6〉을 통해 알 수 있듯이 내선연애·결혼 소설 또한 비극으로 마무리된 경우가 절대다수였지만 모두 그렇지는 않았다. 『녹색의 탑』, 「아내의 고향」, 「동으로의 여행」, 「북방의 여행」[63], 「혈연」 등은 결혼할 희망이나마 보여주었다. 주목할 만한 것은 성공적인 내선결혼이 사랑이 확고해지기 전에 이미 결혼이 이루어진다는 특이한 형식을 공유했다는 점이다. 이 형식은 특히 「아내의 고향」에서 명확하게 나타났는데 부부가 된 지 20일이 되었음에도 조선인 남편과 일본인 아내는 서로의 인생 이야기는커녕 나이조차 잘 모르는 사이다. 조선인 남성이 일본인 여성의 수난 이야기를 들은 후 만나기도 전에 제의한 "이 기묘한 결혼은 경사스러운 일인가 슬픈 일인가 그 자신도 판단할 수 없"다. 왜 성공적인 내선결혼에서 결혼이 기성사실로 나타났는가? 주목할 만한 것은 「아내의 고향」에서 주인공이 일본인 아내나 '아내의 고향'에 정이 생기는 과정에서 일본 군인이 반복 등장하는 점이

---

62 厚生省研究所人口民族部 編, 『大和民族を中核とする世界政策の檢討·第一分冊』, 東京: 厚生省研究所人口民族部, 1943, 329면.

63 「북방의 여행」에서는 비록 내선결혼이라고 명시적으로 이야기하지는 않았지만 불과 한 달 뒤 탈고된 속편 「혈연」과 상호 텍스트적으로 읽으면 이른바 서양자가 된 것이 실제로 일본인의 서양자가 되는 것임을 짐작할 수 있다.

다. 드디어 "내선일체적인 결합에서 태어난 동아의 아들"이라는 이야기와 동시에 다음과 같은 시가 등장했다.

> 젊은이들의 흘러나오는 피는 동백꽃
> 피의 꽃을 꽂아 연애라도 할까
> 언제 어디서든
> 단 하나 뿐인 희망
> 단 하나 뿐인 사랑[64]

출정 이미지가 두드러지게 나타나는 시였다. 결국 조선인 주인공이 내선결혼을 받아들이는 데 결정적으로 작용한 요소는 지원병제, 징병제의 실시에 따라 조선인의 주관적 의지와 관계없이 그들의 운명이 실제로 일본의 승패와 밀접하게 연결되었던 사실이다. 이러한 배경 아래 조선인 작가가 비록 '내선일체'를 부정적으로 인식했더라도 일본과의 결합을 개인의 의지로 좌우할 수 없는 기성사실로 포착하면서 명랑한 결말을 등장시킬 수 있었다. 목숨을 요구하는 '아사미'의 사랑을 부정적으로 묘사하면서도 『녹색의 탑』에서 조선인의 수혈에 의해 내선결혼이 성공했다고 설정한 이효석의 논리도 같은 맥락에 있었으리라.

앞서 지적했듯 대부분의 내선연애 소설은 사랑의 실패로 마무리되었다. 내대연애를 포기한 쪽이 타이완인이었는가 하면 일본인의 일방적인 떠남으로 인해 내선연애가 무산된 경우가 많았다. 민족적 갈등이 가장 심했던 시점에 회유 정책으로서 제시된 '내선일체'의 폭력적 본질에 대한 조선인 작가의 인식을 거듭 말해주는 한편, 강제적으로 맺어진 결합 관계에 대한 그들의 불안과 불신을 강하게 드러냈다.[65]

• • • • • • • • • • • •

64 靑木洪, 「妻の故鄕」, 『國民文學』, 京城: 人文社, 1942.4, 186면.

예컨대 이광수의 『봄의 노래』와 「소녀의 고백」(『신태양』, 1944.10)에서 일본인은 배신자로 등장했다. 『봄의 노래』에서 '경직'에게 딸 '후미꼬'와 결혼하는 것을 강요한 '구장'은 이 결혼이 이루어지면 '경직'의 집에 경제적 지원을 하겠다고 암시했지만 실제로 지원은커녕 '경직'이 지원병 훈련소에 가자마자 '후미꼬'가 친정에 돌아가 버리고 사생아까지 잉태했다. 더불어 '후미꼬'가 결혼 이전에 이미 처녀가 아니라는 사실도 밝혀졌다. 결국 이 결혼은 '구장' 집에서 일방적인 이익을 도모하기 위해 기획한 기만적인 결혼에 지나지 않았다. 결혼식에서 쉽게 빠져버린 가락지, 가발, 그리고 기러기를 대체한 수탉 등 또한 이 준내선결혼의 기만적인 성격을 암시했다.

「소녀의 고백」에서 조선인 소녀는 "장래에 대한 불안과 약간의 두려움"을 무릅쓰고 일본 청년 '타니무라 카츠마로(谷村克麿)'의 "폭풍 같은" 사랑을 받아들이게 되는데 얼마 되지 않아 '카츠마로'가 자신의 일본인 친구 '카와무라 타에코(川村妙子)'와 혼약이 있다는 사실을 알게 된다. 버림을 당한 '소녀'는 도리어 친구의 애인을 빼앗으려는 배신자라는 비판을 받는다. 누명을 쓰고 있으면서도 원망하지 않고 '카와무라'와 '타니무라' 양가에게 감사의 마음을 피력한다는 '소녀'의 마조히즘적인 서술 방식은 '아버지'의 반대 입장과 교차적으로 나타나 일본인의 '사랑'의 기만적인 성격과 조선인의 막무가내를 부각시켰다. 소설에서 내선연애가 일제의 동화 이데올로기인 동조동근설과 동시에 제시된 점을 감안하면 내선연애에 대한 이광수의 부정적인 시각은 '내선일체'에 대한 강한 불신으로 환원될 수 있다. '내선일체'를 가장 정열적으로 주장했던 이광수가 텍스트에서 이런 불신을

⋯⋯⋯⋯⋯⋯
65 이 시기의 담론과 텍스트에서 '진심', '성심', '마음의 만남', '허심탄회' 등 표현들이 유난히 많이 등장했다는 사실은 역설적으로 일제에 대한 불신을 시사했다.

보여준 것은 무엇을 의미했는가? '내선일체'의 욕구가 실제로 내면화되지 않았던 게 아닌가? 그 결과 그는 '내선일체'의 정치적 의미를 뼈저리게 느끼면서 내선연애·결혼을 추상적 이데올로기적 차원에서 형상화했다. 다음의 편지를 통해 이 사실을 쉽게 확인할 수 있다.

(중략)

김 군. 나는 지금 이 몸을 나라에 바치라는 명령 아래 있네. 이 생명을 조국을 빛내기 위한 한 토막의 땔나무로서 대륙의 제단 위에 올릴 때가 왔네. (중략)

그러나 김 군. 내 마음속에 품고 있던 조국을 위한 모든 이상과 계획은, 실례의 말이지만, 모두 자네에게 맡기고 전지로 나가겠네. (중략)

마지막으로 개인적인 일이 있는데 이미 지나가 버린 일이라 의미가 없어졌지만, 나는 영매(令妹)에게 청혼할 생각이었네. 설령 아버지와 어머니께서 허락하신다면, 이미 부탁했을지도 모르네. 그러나 아버지와 어머니로 대표된 세대는 아직 우리 젊은 사람들의 마음을 이해 못하실 지도 모르네. 지금 보니 그런 말씀을 드리지 않았던 게 잘된 것 같기도 하네.

또 한 가지 일이 있는데 이것도 개인적인 일이네. 후미에는 자네를 존경하고 있네. 만일 내가 전사한다면 후미에는 히까시(東)가의 상속자가 될 것이고 자네도 장남인 걸 보니 자네와 후미에의 결혼 따위는 있을 수 없다고 생각되네. 그것이 후미에에게도 나에게도 유감이지만 자네에게는 그리 대수롭지 않겠네. 자네는 아버님처럼 집안의 생업에 관심을 끊고 의미 깊은 일생을 보내리라 믿네. 그러니까 연애나 결혼 따위 자네에게는 전혀 문제가 되지 않을지도 모르네. 나도 자네에게 그것을 바라 마지않네. 하지만 일본의 한 여성이 진심으로 자네를 믿고 사랑하고 있다는 사실만으로도 내선일체에 깊고 깊은 의의가 있지 않은가? 나는 매우 기쁜 일이라 생각하네. 내가 영매를 경애하고 있는 것도 그런 의미에서 이미 충분히 목적을 달성했다고 믿네.[66]

• • • • • • • • • • • •

66 李光洙, 「心相觸れてこそ(三)」, 『綠旗』, 京城: 綠旗聯盟, 1940.5, 120면.

『마음이 만나서야말로』에서 일본인 '타케오(武雄)'가 출정하기 직전에 그의 조선인 친구 '충식'에게 남긴 편지의 일부였다. '타케오' 남매와 '충식' 남매가 서로 연모하는 사이지만 '타케오'는 남녀의 결합을 제쳐두고 '내선일체'의 궁극적인 목적지—전장을 내놓으면서, 내선연애를 추상적 상징적인 차원에서 거론한다. 그가 죽음을 눈앞에 두고서야 비로소 사랑을 밝힌 것은 당초부터 결혼에 목적을 두지 않기 때문이다. 심지어 그는 내선결혼을 "있을 수 없"는 것으로 인식하고 있다. 조선인 여성과 결혼하기 위해 부모의 뜻에 어긋나고 싶지 않는 것도, 가문을 이어간다는 이유가 충분히 내선결혼의 걸림돌이 될 수 있다는 것도 그가 사실상 내선결혼을 흔쾌히 찬성하지 않음을 시사한다. 그에게 있어 내선연애의 의미는 남녀의 결합에 있는 게 아니라 '내선일체'에 대한 상징적인 의미로만 기능한다. 따라서 결혼을 실천하지 못한다는 유감보다는 사랑을 밝힘으로써 '충식'에게 '총후봉공'을 재촉하는 데 이 편지의 목적이 있다.

결국 '타케오'와 '충식'의 여동생 '석란'의 결혼은 "형식뿐인" "가결혼"이며 '타케오'가 중국군을 회유하는 데 반드시 '석란'의 도움이 필요하기 때문에 비로소 이루어진다. 유탄에 맞아 실명된 데다가 중국어를 전혀 모르는 '타케오'가 '석란'의 도움이 없으면 길을 보지도 못하고, 중국인과 교류도 못하기 때문이다. 결혼을 약속한 과정은 회유 계획을 세우는 과정으로 대체된다.

> 타케오의 소원이 받아들여져 부대장인 오오야마(大山) 소장은 타케오가 치유되자 자유롭게 적군 회유에 나설 것과 석란이 군속으로서 따라가는 것을 허락했다. 소장 자신이 중매가 되어 타케오와 석란은 형식뿐인 가결혼식을 올렸다.[67]

• • • • • • • • • • • •
67 李光洙, 「心相觸れてこそ(四)」, 『綠旗』, 京城: 綠旗聯盟, 1940.6, 104면.

군대의 개입이 시사하듯 이 결혼은 전황이 긴박해진 상황에서 이루어진 철두철미한 정략결혼이다. 남녀의 결합은 형식에 지나지 않고 '석란'은 아내라기보다는 '타케오'에게 배치된 "군속"이다. 둘이 결혼하고 곧바로 중국 병영을 향하게 될 때 이 결혼의 정치적 본질은 전장의 본격적인 등장과 함께 부상했다.

담론에서 내세우던 '내선일체'에 대한 주관적 의지가 실제로 내면화되지 않았기 때문에 이광수는 이처럼 내선연애·결혼을 추상적 이데올로기적인 차원에서 형상화하면서 '내선일체'의 정치적 본질에 대한 강박 의식을 드러내 보였다. 이는 내대연애·결혼 소설에서 볼 수 없는 현상이었다.

소설에서 그의 '일본'과 '조선'이 어디까지나 추상적인 개념이었기 때문에 내선결혼의 문제점도 일상적 세부적인 것이 되지 못했다. 이광수에게만 국한된 현상이 아니었다. 앞서 지적한 바와 같이 룽잉쭝, 왕창슝, 우쭤류 등 타이완 작가들은 일본인과의 경제적 사회적인 격차, 그리고 일상생활 습관의 차이를 넘을 수 없는 민족적 장벽으로 규정했다. 반면 일제말기 당시 유진오가 이미 지적했듯 내선연애·결혼 소설의 경우는 "「아자미의 장」도 그렇고 「피」도 그러한데 '내선'이란 것이 특별한 의미를 가지지 못한 것은 무슨 까닭일까? 이왕 이런 제재를 다룬 바에 좀 더 깊이 있게 파고들어가 풍속, 습관, 풍토, 정치적 사회적 지위 등의 차이에서 비롯된 여러 마찰이나 갈등, 그리고 그것에 대한 극복까지 같이 다루었으면 좋겠다고 생각되는데 왜 그럴까? (중략) 이 작품(「아내의 고향」을 가리킴—인용자)에서도 방금 지적한 여러 가지 '문제'들을 찾아낼 수 없다. 그뿐 아니라 이 작품은 그런 사소한 '문제' 따위를 아주 뛰어넘어 버렸다."[68]

. . . .

68 俞鎭午, 「國民文學といふもの」, 『國民文學』, 京城: 人文社, 1942.11, 8~9면.

내선연애·결혼 소설에서 일본인과의 경제적 사회적 격차를 부각시키지 않는 것은 일반적인 현상이었다. 타이완 소설에서의 일본 여성이 흔히 품위가 있고 지적인 여성이었던 데 반해 조선 소설에서 흔히 등장한 것은 명문 집안 출신의 조선 엘리트와 일본 여급의 만남이었다.[69] 지위가 더 낮은 일본인은 전근대적 한일관계에 대한 작가의 집념을 시사했다. 다른 한편, 타이완 소설에서 일상적인 차이들이 극복 불가능한 민족적 장벽으로 등장했는가 하면 조선 소설에서는 그것을 이해심과 사랑으로 해결할 수 있는 개인적 지엽적 문제로 축소했다. '내대일여'가 실제로 일상 속으로 침투했던 타이완에서 작가들이 일상적 차원에서 일본인과의 절대적 간극을 확인했는가 하면 '내선일체'의 욕구를 내면화하지 않았던 조선에서는 '내선일체' 과제는 일상적 차원의 문제가 되지 못해 추상적 이데올로기적인 차원에 머물러 있었다.

지금까지 일제말기 조선·타이완 소설에 나타난 일본인과의 연애와 결혼 이야기를 비교해 봤다. '내선일체'와 '내대일여'가 거의 동시적으로 추진되었기 때문에 내선연애·결혼 소설과 내대연애·결혼 소설 또한 거의 동시적으로 발생했다. 대부분 비극으로 마무리되었다는 공통점은 '내선일체'·'내대일여'에 대한 식민지 작가들의 비극적인 전망을 시사했다. 다른 한편, '내선일체'와 '내대일여'에 대한 수용 차이 때문에 조선과 타이완에서 이 소재는 매우 다른 전개 양상을 보였다. '내대일여'가 실제로 일상 속으로 침투했던 타이완에서 내대연애·결

69 경성의 인구 구성 속에 성과 계급의 측면에서 가장 낮은 위치를 차지하는 것이 일본인 매춘부와 술집 여급이었는데 신정(新町)으로 대표되는 공창지대에서 활동했던 일본인 매춘부, 명치정·본정을 중심으로 활동했던 일본인 여급의 존재는 식민지인 남성이 가장 손쉽게 점령/제압(?)할 수 있는 식민지 본국인이었다. 윤대석, 『식민지 문학을 읽다』, 서울: 소명출판, 2012, 148~149면.

혼 소설은 타이완인 남성이 일본 문화를 상징한 일본 여성에게 사랑을 느끼면서도 일상생활의 차이를 민족적 장벽의 절대성으로 인식하고 사랑을 스스로 포기한다는 공통 양식을 갖추고 있었다. 단적으로 말하면 일상에서 일본인과의 절대적인 간극을 확인한 타이완인 작가는 기본적으로 이 소재를 회피하고 '내대일어'에 대한 관망적인 태도를 드러냈다.

반면 '내선일체'가 일상화되지 않고, '내선일체'의 욕구가 실제로 내면화되지 않았던 조선에서 내선연애·결혼 소설은 '내선일체'의 폭력적 본질, 즉 전쟁 수행을 위한다는 강한 목적성에 대한 강박 의식을 드러냈다. 식민 지배 관계를 소설화했던 한편, 추상적 이데올로기적인 차원에 머물러 있어 상징적인 의미가 강했다. 작가의 매우 불안정한 입장은 역설적으로 이 소재에 대한 높은 관심으로 구현되고 일본 여성에 대한 욕망은 확실하지 않았다. 당사자가 직접 만나기 전에 이미 결혼이 기성사실로 되어 버린다는 매우 특이한 형식까지 보였다. 동화의 검토가 아니라 식민의 메타포가 된 것이 내선연애·결혼 소설의 특징이었다.

이로 보건대 일제말기의 타이완에서 동화의 욕구가 일상화된 과정에서 도리어 한계에 부딪쳐 스스로 깨져 버렸다면 동 시기의 조선 문단은 동화에 대한 회의에 입각하여 '내선일체'에 접근했다. 기존의 연구에서 많이 지적한 담론과 텍스트 사이의 균열, 그리고 텍스트 자체의 균열 현상은 결국 '분열된' '식민지적 주체'의 형성에서 비롯되었다기보다는 오히려 '식민지적 주체'에 대한 거부에서 비롯되었던 게 아닌가. 다시 말해 담론에서 내세웠던 주관적 의지는 실제로 내면화되지 않았다.

🔲 입양 모티프

입양 모티프는 일제의 창씨개명·개성명 정책과 연관지어 읽어야 한다. 실제로 광복 때까지 조선인과 타이완인은 호적법의 적용 대상에서 제외되었기 때문에 일본인과 결혼하거나 일본인의 양자가 되는 길 외에 법적으로는 일본인이 될 수 없었다.[70] 다른 한편, 조선총독부는 창씨개명을 '내선일체'의 법적 구현으로 호명하면서, 양자 제도와 연관시켰다.[71] 서양자 또는 이성 양자 제도를 공포한 제령 제19호 '조선 민사령 중 개정의 건(朝鮮民事令中改正ノ件)'과 창씨개명을 설명하는 제령 제20호 '조선인의 씨명 변경에 관한 건(朝鮮人ノ氏名ニ關スル件)'이 1939년 11월 10일 동시에 발표되었던 사실은 '양자'와 '창씨'의 제도적 관련성을 말해 준다. 이에 1940년 2월 11일 창씨개명·개성명의 실시와 함께 식민지에서 조선과 타이완을 일제의 '양자'에 비유한 담론들이 속출되었다.[72] 이러한 제도적, 담론적 배경을 감안하면 일제말기 조선, 타이완의 입양 소설은 창씨개명·개성명 정책을 둘러싼 식민지 작가들의 정체성 고민을 담고 있어 제국과의 친족 관계 구축을 검토하는 시뮬레이션으로 읽힌다.

타이완에서의 개성명은 1939년에 이미 준비가 정비되었다. 타이완 민속 연구자이자 경찰인 스즈키 세이이치로(鈴木淸一郞)에 따르면 1939년 당시 타이완총독부 내부에 개성명에 대한 의견이 분분했지만 타

---

70 최석영, 앞의 논문, 277면 참고.

71 朝鮮總督府法務局, 『氏制度の解説: 氏とは何か氏は如何にして定めるか』, 京城: 朝鮮總督府, 1940, 4~18면.

72 "朝鮮, 臺灣等新附한臣民은 天皇의 收養으로하여서 臣이된것이니 이를테면 養子에 比할 것이다"라든가 "신라나 백제, 고구려에서 귀화한 조선인은 양자적으로 일본인이 되었다"라든가 하는 이광수의 담론들이 가장 대표적이었다. 香山光郞, 「日本文化와朝鮮: 實生活을中心으로㊂」, 『每日新報』, 京城: 每日新報社, 1941.4.24; 香山光郞, 「行者」, 『文學界』, 東京: 文藝春秋社, 1941.3, 82면.

이완인의 고유 성명을 일본식으로 변경하는 길을 개척해야 한다는 의견이 유력했다고 한다. 그 이유는 첫째, 동화를 촉진하는 데 기여할 수 있다는 것, 둘째, 국민정신 함양에 있어서 의미가 있다는 것, 셋째, 심리학적인 의미가 크다는 것을 지적했다. 그러나 개성명은 누구나 할 수 있는 게 아니라 일본어 상용의 가정 또는 사상적 습관적으로 일본화된 가정, 국가를 위해 공을 세운 자에게만 적용되었다. 또한 변경 후의 성은 역대 천황의 휘(諱)나 유명한 역사 인물의 이름을 피해야 하는 것은 물론 원래 성의 발상지로 인식된 중국의 지명으로 변경하는 것도 불가하다고 명시했다.[73] 여기에 이르러 개성명 정책은 이미 기본적인 형태를 갖추었다. 1940년 11월 25일, 타이완정신총동원본부에서 '타이완적민 개성명 촉진 요강(臺籍民改日姓名促進要綱)'을 공포했고 1944년 1월 24일에 타이완총독부는 개성명의 신청 제한을 완화하여 개성명을 추진했다.[74] 1943년 말까지 타이완에서 개성명한 가정 수는 17,526개로 1.7%를 차지했고 인구수는 126,211명으로 총인구의 2%를 차지했다.[75] 이로 보건대 타이완의 개성명 정책은 세 가지 특징을 보였다. 첫째, 동화정책의 일환으로 기능했다. 둘째, 일견 강제적이지 않은 것처럼 보이지만 실상 타이완인과 한(漢)문화 사이의 유대를 의도적으로 차단시킨다는 점에서 강력한 이데올로기가 작용하고 있었다.[76] 셋째, 시간적인 제한이 없고 지속적으로 실시했다.

---

73 예컨대, 한족은 천(陳) 성이라면 허난성(河南省) 잉추안(潁川)에서, 홍(洪) 성이라면 간수성(甘肅省) 둔황(敦煌)에서, 장(張) 성이라면 푸지엔성 루린(儒林)에서 기원되었다고 인식한다. 따라서 천성이 잉추안으로, 홍성이 둔황으로 성을 변경한다면 실제로 성을 변경하지 않는 것이나 다름없다. 鈴木清一郎, 「本島人の内地式改姓名に就て」, 『社會事業の友』, 臺北: 臺灣社會事業協會, 1939.9, 12~14면 참고.

74 周婉窈, 『海行兮的年代 —— 日本殖民統治末期臺灣史論集』, 臺北: 允晨文化出版, 2003, 58면.

75 周婉窈, 위의 책, 같은 면.

이에 비해 조선에서의 창씨개명은 1940년 2월 11일부터 공식적으로 시행되었던 점과 동화를 의도하면서[77] 식량 배급, 자녀 입학을 비롯한 일련의 상벌 조치에 의해 강제 실시되었던 점에서 타이완의 개성명과 동일했지만 몇 가지 차이점을 보였다. 가장 큰 차이점은 개성명보다 창씨개명이 매우 급격하게 추진되었던 점이다. 2월 11일부터 8월 10일까지의 6개월 동안 신청을 제출하지 않은 경우 원래의 성이 자동적으로 씨로 변경된 것을 명시적으로 규정했다.[78] 다시 말해, 비록 형식상 원래의 성을 보유했다 하더라도 성이 씨로 변경되는 데 예외가 없었다. 그 결과 1940년 8월 10일까지 조선에서 창씨한 가정 수는 3,170,000개로 75%를 차지했고[79] 1941년 말까지 3,220,693개로 81.5%에 이르러 타이완보다 훨씬 더 큰 비중을 보였다.[80] 시간적 제한을 분명하게 규정하고 단시일 내에 획일적으로 강요했다는 과격한

----

76 일부 연구자는 개성명의 제한을 근거로 개성명 정책이 강제적이지 않았다고 주장하지만 실제로는 이런 제한의 출범은 이견을 무마하는 한편 타이완인이 이익을 추구하는 목적으로 개성명하는 것을 예방하기 위해 준비되었던 것이다(鈴木淸一郎, 앞의 글, 13면 참고). 그리고 개성명하지 않는 자는 '비국민'으로 비판받았을 뿐만 아니라 특별 배급품을 수령하지 못했다. 또한 비록 표준 형태의 일본 씨명으로 변경함을 강요하지는 않았지만 일본적인 느낌을 주는 이름을 강요했다. 이 사실은 뤼허뤄의 일기를 통해 확인할 수 있는데 뤼허뤄는 새로 태어난 아들의 출생 신고를 제출하다가 이름 때문에 거절당해 어쩔 수 없이 일본식 이름으로 고쳤다는 일을 기록했다. 呂赫若, 1942년 6월 8~9일자 일기, 陳萬益 主編, 『呂赫若日記·(昭和17-19年)手稿本』, 台南: 國家台灣文學館, 2004, 177~178면.

77 『조선경찰신문(朝鮮警察新聞)』에 실린 「내선 융화의 일고찰(内鮮融和の一考察)」이라는 사설에서는 창씨개명을 내선 간의 동화 융화의 첫걸음으로 호명하면서 조선인이 창씨개명을 통해 일본인이라는 느낌을 획득할 수 있다고 주장했다. 李種植 編, 『朝鮮統治問題論文集 第一集』, 京城: 井本幾次郎, 1929, 151면.

78 朝鮮總督府法務局, 앞의 책, 17~22면.

79 朝鮮總督府 編, 『朝鮮事情·昭和十六年版』, 京城: 朝鮮總督府, 1940, 214면.

80 朝鮮總督官房情報課 編, 『朝鮮統治と皇民鍊成の進展·朝鮮事情資料第二號』, 京城: 朝鮮總督官房情報課, 1944, 23면.

성격이 각별한 주목을 요한다. 앞서 지적했듯 타이완의 황민화가 전반적으로 반일 정서가 많이 가라앉혀져 있는 상황에서 전개되었던 데 반해 조선은 치열한 항일민족운동에서 급속히 황민화운동에 휩쓸려 심한 민족적 갈등을 그대로 남겨두었다. 조선 황민화의 급진적이고 과격한 성격은 이런 데서 비롯되었다.

명명 행위는 대상에게 신분을 부여하고, 대상에 대한 지배권을 암시한다. 다른 한편, 명명된 자는 새 이름을 받아들임으로써 새로운 정체성과 명명하는 자의 지배권을 인정하게 된다.[81] 이로 보건대 창씨개명과 개성명은 동화를 촉진시키는 수단이었을 뿐만 아니라 동시에 동화의 결과를 검증하는 시금석이기도 했다. 상대적으로 선택권을 가지고 있었던 타이완인이 개성명에 대해 상당히 냉담한 태도로 일관했다는 사실은 매우 시사적이다.

차이는 다소 있었지만 단적으로 말하면 타이완인 작가들은 개성명에 대해 부정적 입장으로 일관하며 고유의 성을 지켰다. 1942~1943년 사이 뤼허뤄는 '타이공왕(太公望)'이라는 필명으로 『타이완문학』에서 활약했다.[82] 중국 주나라 때 유명한 인물 쟝쯔야(姜子牙)와 같은 뤼 씨라는 의미에서 쟝쯔야의 별칭인 '타이공왕'을 필명으로 사용했던 것으로 짐작된다. 일본 씨명으로 변경하기는커녕 도리어 금령에 도전하여 성씨의 기원을 거슬러 올라갔던 뤼허뤄의 행위는 개성명에 대한 반발로 읽힌다. 광복 이후에도 '황민 작가'로 널리 알려진 저우진뽀와 천훠취앤도 개성명을 거부했다. 일제시기에 왜 개성명하지 않았느냐 라는 타이완문학 연구자 타루미 치에(垂水千恵)의 질문에 대

. . . .

81 陳玉玲, 『台灣文學的國度: 女性·本土·反殖民論述』, 臺北: 博揚文化事業有限公司, 2000, 60면 참고.

82 垂水千恵, 「呂赫若の演劇活動: その演劇的挫折と文学への帰還」, 『日本台湾学会報』 第 2号, 東京: 日本台湾学会, 2000.4, 11면.

해 저우진뽀는 다음과 같이 대답했다.

> 저는 개성명할 수 있었습니다만 별반 불편을 느끼지 않았습니다.
> 도쿄에서 십년이나 살았는데 전차 안에서 저우 군이라고 불렸을 때
> 도 아무 불편을 느끼지 않았습니다. 그것도 사람에 따라 다르겠지요.
> 저는 개인적으로는 오히려 개성명을 좋아하지 않았습니다. 지금 아
> 이들은 일본에 귀화했지만 여전히 저우 그대로입니다.[83]

저우진뽀는 개성명을 개인적·일상적·심리적인 차원에서 해석하면
서 그 이데올로기적 성격을 회피했다. 같은 태도는 천휘취앤에게도
확인할 수 있다. 천휘취앤은 자서전적 소설 「길」(『문예타이완』, 1943.7)
에서 개성명이 불러일으킨 일련의 문제들을 지적하면서 그의 분신이
나 다름없는 주인공의 입을 빌려 개성명을 이데올로기적 문제에서
박리하려 했다.

> (중략) 그에 따르면 이름 속에는 민족의 독자적인 풍속 습관이자
> 독자적인 역사 전통, 민족정신 내지 국민적 감정 같은 게 담겨 있다.
> 때문에 종래의 본도식 이름을 보고 듣는 것만으로도 일본인으로서의
> 동포 의식을 불러일으키기 어려울 것이다. 따라서 일상생활에서 가
> 장 널리 사용된 이름을 내지식으로 바꿀 필요성이 있는 것이다. 그
> 러나 여기에도 일본인이 있는데 그의 이름은 천쭝허우(陳忠厚)이고,
> 저기에도 일본인이 있는데 그 이름은 왕용청(王永成)이라고 한다. 중
> 국에도 만주국에도 일본인인데 그들의 이름은 스원(施文), 장우(張武)
> 따위들이다. 얼마나 반가운 일인가? 오히려 일본국의 폭을 더욱 넓
> 고 더욱 크게 떨치는 것이 아닐까? 그 깊이를 더욱 더 깊게 파는 것
> 이 아닐까? 고이즈미 야쿠모(小泉八雲)가 라프카디오 헌이고 라프카
> 디오 헌이 바로 고이즈미 야쿠모이다. 귀화해서 쿠레 이즈미(吳泉)가
> 된 우칭위엔(吳淸源)의 경우에는 한때 쿠레 이즈미라는 이름을 사용

· · · · · · · · · · · ·

83 周金波, 「私の歩んだ道－文学·演劇·映画」, 中島利郎·黃英哲 編, 앞의 책, 272면.

한 적이 있었지만 그 후 바둑과 관련한 경우에는 다시 우칭위엔이라는 이름을 사용했다. 우선 우취앤이 쿠레 이즈미라면 우칭위엔은 쿠레 키요모도로도 읽을 수 있지 않은가? 우칭위엔은 쿠레 이즈미이고 쿠레 이즈미는 우칭위엔이다.—그 쿠레 이즈미와 우칭위엔 사이에 대관절 차이가 어느 정도라는 말인가? 확실히 그는 일본인 가운데서도 뛰어난 인물임에 틀림없다. 그러면 굳이 이름 따위를 바꾸지 않아도 좋은 것 아닌가? 바꿔도 좋고 바꾸지 않아도 나쁘지는 않다. 어떻든 간에 일본인이라면 그 자체가 일본인이란 증거가 되는 것이다. 어리석은 자들은 개성명을 하고서는 마치 일본인이 된 양 행세를 하고, 개성명하지 못하면 신세타령을 한다. 바보같은 짓이다. 될 대로 내버려두는 게 좋다. 억지로 변경할 것도 없고 피할 것도 없다. 때가 되면 흔쾌히 하면 된다.—그는 그런 견해를 가지고 있었다. (중략)[84]

고유의 성명과 고유의 민족적 정체성 사이의 연관성을 지적하는 한편, 일본 씨명을 거론할 때 초점을 '일본인'의 정신적인 특질에 옮겼다. 개성명을 지엽적인 문제로 축소하려는 작가의 주장에는 사실상 '일본인 되기'라는 문제를 민족적 정체성과 대등한 위치에 놓으려 하지 않는 태도가 깔려 있어 개성명에 대한 보류적인 입장을 드러냈다. 1941년 상반기에 "천 선생님같은 분이 개성명해 주서야지 저희들이 안심할 수 있을 것 같습니다"라는 일본인의 주문에 대해 "'나의 투쟁'이 이미 끝났습니다. 장차 개성명 신청서를 제출하겠습니다"라고 승낙했음에도[85] 1942년 봄부터 집필하기 시작한 것으로 추정된 이 소설에서 이처럼 보류적인 입장을 밝혔던 것이다. 비록 1943년 12월부터 소설집 『길(道)』의 간행을 계기로 '고산범석(高山凡石)'이라는 이름을 사용하게 되었지만[86] 그 이전에도 '청난성(青楠生)', '고산청난

84 陳火泉, 「道」, 『文藝臺灣』, 臺北: 文藝臺灣社, 1943.7, 125면.
85 垂水千恵, 『台湾の日本語文学: 日本統治時代の作家たち』, 東京: 五柳書院, 1995, 90면.
86 垂水千恵, 위의 책, 100면.

(高山青楠)', '칭난산인(靑楠山人)' 등 필명으로 작품을 발표했던 사실[87]을 감안하면 '고산범석' 또한 같은 맥락에 있어 창씨명이라기보다는 필명이나 호에 더 가까웠을 것이다.

1920년대부터 이미 비무장항일의 시기에 접어들어 제국과 어느 정도 화해를 이루어 '다이쇼 데모크라시(大正民主主義, Taisho Democracy)'를 공유한 타이완이었지만 상대적으로 선택권을 가지고 있는 상황에서 이처럼 '일본인'의 외적 표징인 일본 씨명을 단호하게 거부했다. 개성명한 작가는 단 한 명도 없었을 뿐만 아니라 개성명 문제를 이데올로기적 차원에서 다루려 하지 않았다. 다시 말해, '일본인 되기'를 민족적 정체성의 연장선상에서 보지 않고 그것을 일상적인 문제로 축소시켰다. 이런 의미에서 개성명을 통해 타이완인의 정체성을 개조하려는 일제의 기획은 실패했다고 할 수 있다.

이미 사회 전반적으로 반일 정서가 많이 가라앉혀져 있었던 타이완까지 그랬더라면 반일 정서가 고조된 상황에서 급속히 황민화운동에 휘말렸던 조선인 작가의 경우는 창씨개명에 더욱 냉담한 태도를 보였으리라. 그러나 흥미로운 점은 일반 조선 민중이 창씨에 강렬하게 반발했던 반면 이광수, 최재서를 비롯한 일부 지식인들은 오히려 상당히 열정적인 창씨 담론을 펼쳤던 것이다.

조선 문단에서 솔선하여 창씨한 이광수는 「창씨와 나」(『매일신보』, 1940.2.20)에서 창씨의 동기에 대해 첫째, "조금 더 천황의 신민답다고" "믿기 때문이"라는 것, 둘째, "내지인과"의 "차별의 제거를 위"한 "노력 중의 하나"라는 "신념"에서 비롯된다는 것, 셋째, "실생활상에 많은 편의를 가져올 것", 넷째, "일본인이 되는 결심"에서 비롯된다는 것, 다섯째, 조선인이 "진실로 황민화할 각오에 철저하였다"는 것을

━━━━━━━━━━━
87 垂水千惠, 앞의 책, 86면.

당국에게 보여주기 위한 것 등으로 설명했다.[88] 우선 주목할 만한 것은 이광수가 제시한 순서는 타이완인 작가들이 주장한 그것과 정반대였다는 사실이다. 저우진뿌와 천휘취앤이 '일본인 되기'를 강조함으로써 개성명을 형식적 지엽적인 문제로 축소했는가 하면 이광수는 "조선 민족"과 "내지인" 사이의 경계선을 분명하게 의식하고 있으면서 형식적 지엽적인 해결안으로 일본적 정체성의 구축을 대체하려 했다. 타이완인 작가들이 '일본인 되기'를 과제로 제시하고 나서도 이 과제를 민족적 정체성의 연장선상에서 검토하려 하지 않았다면 이광수는 믿음, "신념", "결심", "각오" 등 주관적인 표현들을 대량으로 동원함으로써 '일본인 되기'를 이데올로기적인 차원에 머물게 했다. 외적 형식 또는 지엽적인 문제만 거론하고 실질적인 문제를 외면했다는 점에서 이광수는 바야흐로 천휘취앤이 지적한 '일본인'의 내적 세계를 갖추지 못한 경우에 해당했다. 그가 보여준 것이 실제적인 내적 상황을 불문하고 일단 외형상 일본인의 형식을 갖추자는 권의성(權宜性)이었기 때문이다. 주관적 표현의 나열로 인해 일견 매우 열정적인 것처럼 보이지만 내적 요구에 의해 뒷받침되지 못한 주관의지는 도리어 역설적으로 이 논의의 빈약성을 보여준다.

이러한 특징은 최재서가 자신의 창씨를 설명하는 다음의 대목을 통해서도 확인할 수 있다.

(중략) 나는 작년 말경부터 여러 가지로 자신을 정리하고자 깊이 결의하여 신정에는 그 시작으로서 창씨를 했다. 그리고 2일 아침에 그 사실을 봉고하기 위해 조선신궁에 참배했다. 대전에 깊이 머리를 숙이고 있던 순간 나는 맑은 대기 속으로 빨려 들어가 모든 의문에서 해방된다는 느낌이 들었다.

. . . .

88 李光洙, 「創氏와 나」, 『每日新報』, 京城: 每日新報社, 1940.2.20.

—일본인이란 천황을 받드는 국민이다.[89]

　'일본인 되기'에 대한 진지한 검토는 형이상적인 표현과 종교적인 의례로 대체된다. "일본인이 되기 위"한 의문을 풀기 위해 창씨개명을 했다고 작가는 고백하지만 "결의", "느낌"을 비롯한 일련의 주관적인 표현들만 나열하고 있을 뿐 그것을 뒷받침할 만한 어떠한 실체도 보이지 않는다. 그 결과 '일본인 되기'는 슬로건 차원에 머물게 되었다.

　내면화되지 않는 주관의지에 머물러 있는 이런 이광수와 최재서의 창씨 담론은 궁극적으로 조선 황민화의 급진적인 성격에서 기인했다고 지적하고 싶다. 앞서 지적했듯 조선의 황민화는 민족적 모순이 매우 심했던 시점에 시작되었다. 이광수와 최재서의 경우는 비록 '일본인 되기'의 필요함을 판단했고 그런 판단에 입각하여 스스로 '일본인 되기'라는 요구를 제시했지만 그것은 결코 그들이 이미 모든 모순을 해결했음을 의미하지 않았다. 그들의 '친일'은 미해결된 모순과 회의를 안고 출발했으므로 끊임없이 모순과 균열을 산출했으리라. 다시 말해 그들의 모순과 균열은 동화에 의해 형성된 분열된 주체에서 기인한다기보다는 오히려 동화에 대한 거부에서 비롯되었다. 결국 '일본인 되기'라는 것은 내면화되지 않는 주관의지에 불과했다. 주관의지만 내세웠기 때문에 매우 문제적인 것처럼 보이지만, 그것은 도리어 반발과의 공통성을 시사한다.

　조선보다 15년 앞서 식민지로 전락된 타이완에서 '내대일여'는 상대적으로 일상 속으로 많이 침투했다. 저우진뽀와 천훠취앤은 일상적 차원에서 '일본인 되기'에 접근하면서 일본적 정체성을 내면화할 가

89　石田耕造, 「まつろふ文學」, 『國民文學』, 京城: 人文社, 1944.4, 5~6면.

능성을 보다 더 정면으로 진지하게 검토했다. 아이러니한 것은 '일본인 되기'에 대한 고민을 실제로 내면화한 그들의 경우는 오히려 '일본인 되기'의 한계를 확인했고 민족 정체성을 명확히 정립하기에 이르렀던 것이다. 이어서 텍스트를 통해 이런 패러독스를 구체적으로 살펴보겠다.

창씨개명·개성명을 둘러싼 정체성 검토는 입양 모티프로 이어졌다. 타이완에서 특히 뤼허뤄가 양자·계자 모티프에 각별한 관심을 보였다. 「재자수」(『타이완문학』, 1942.3), 「이웃사람」(『타이완공론』, 1942. 10), 「합가평안」(『타이완문학』, 1943.4), 「석류」(『타이완문학』, 1943.7) 등을 제외하고는 「옥란화」(『타이완문학』, 1943.12)에서도 배경적인 사건으로나마 양자가 등장했다. 조선에는 이광수의 「김씨부인전」(『문장』, 1940.7), 김사영의 「형제」(『신시대』, 1942.11~1943.3), 이석훈의 「혈연」(『동양지광』, 1943.8) 등이 있었다. 이를 통해 알 수 있듯이 입양 모티프는 특히 1942년 중반~1943년 중반 사이에 집중적으로 등장했다. 이 시점에 정체성 고민이 식민지 작가들의 공동 이슈로 부상했던 사실을 암시한다.

우선 뤼허뤄의 경우를 보겠다. 「이웃사람」은 아이를 둘러싼 타이완인 생모와 일본인 양모 사이의 쟁탈전을 묘사했다. 작가는 이 과정에서 양자의 정체성 동요에 주목하면서 그 궁극적인 방향을 타진했다. 1인칭 화자 '나'는 타이완의 하층민 거주지에서 셋방살이를 하는 국민학교 교사인데 뜻밖에도 옆집에 '타나카(田中)'라는 일본인 부부가 이사 온다. 아이를 가지지 못한 '타나카 부부'는 어느 날 3살쯤 되는 타이완인 사내아이를 데려온다. 그동안 타이완인 유모에게 맡긴 친아들로 '나'한테 설명하지만 아이가 밤에 하도 울어 어쩔 수 없이 생가에 돌려보낸다. 이런 일이 몇 번 있은 뒤 아이는 새 집에 익숙해져 울지 않게 된다. 그러다가 어느 날 '나'의 학생 '리찌안산(李健山)'

이 '타나카 부부'의 집에 나타난다. 그의 말로는 '타나카 부부'가 '타미오(民雄)'라 부르는 아이는 그의 친동생이며 '리찌안민(李健民)'이라고 한다. '찌안민'을 '타나카 부부'에게 준 것이 아니라 '타나카 부인'이 억지로 데리고 왔을 뿐만 아니라 아이가 완전히 익숙해질 때까지 생가와의 면회를 단속했다고 설명한다. 얼마 되지 않아 '찌안민'의 생모 '리씨 부인'도 찾아왔는데 '타나카 부인'은 아이의 이름이 '찌안민'이 아니라 '타미오'라고 강력하게 주장하면서 '리씨 부인'을 유모로 아이에게 소개한다. 아이가 '타나카 부인'만 따르고 자신을 알아보지 못한 것을 본 '리씨 부인'은 극히 속상해한다. '타나카 부부'는 '찌안민'을 친아들처럼 사랑해주고 병에 걸린 '찌안민'을 입원시켜 전력을 다해 간호해주며 토착신으로부터 약초를 얻어 먹이자는 '리씨 부인'의 제안을 단호히 거절한다. '찌안민'의 병이 낫자 '타나카 부부'는 아이를 데리고 타이베이로 떠나게 된다. 떠나는 날 리씨 집안도 배웅하러 나오는데 아이는 이미 친어머니를 몰라보게 된다. '나'가 '찌안민'을 입적시켰느냐고 묻자 '찌안민'의 친아버지로부터 "아직입니다"라는 대답을 듣는다.

양자를 둘러싸고 일본어와 타이완어, 일본식 이름과 타이완식 이름, 제국의 근대 문물과 타이완의 토착 풍습이 치열하게 대결한다. 제국의 근대적 의료 덕분에 살아난 타이완인 아이가 일본인 양부모를 따라 생가를 떠나게 되고 일본어로 인사하기 시작한 것은 일견 제국의 언어, 제도, 문물의 전면적인 승리처럼 보이지만 아이가 입적하지 않았다는 사실을 밝히면서 소설이 마무리된 것은 주목을 요한다. 입적하지 않았기 때문에 입양 관계는 법적으로 성립되지 않는다. 따라서 "대체로 민이 남의 자식이라는 것만은 절대적인 일"이라 "타이완 말로는 결국 타나카 부부는 남의 자식을 위해 돈을 낭비하고 있다고 해도 좋다." 비록 아이는 '타나카 부부'와 함께 타이베이로 떠났지만

"리쩌안산 등은 앞으로 타이베이에 놀러 갈 수 있다고 난리하고 있다"라는 구절이 암시하듯 생가와의 관계를 끊지 않는다. 타이완인이 광복 때까지 제국 호적법의 적용 대상에서 제외되었다는 사실을 감안하면 이러한 설정은 일제의 민족 차별 정책에 대한 야유로 읽히는 한편, 다른 한편으로 타이완인이 비록 일시적으로 정체성의 동요를 보이더라도 결코 민족적 입장을 포기해서 제국으로 수렴될 수 없다는 작가의 판단을 보여준다.

이러한 작가의식을 감안하면 친부모에게 아이를 양도할 의도가 당초부터 없다는 사실을 반복 강조한 것은 의미심장하다고 하지 않을 수 없다. '리씨 부인'은 '타나카 부인'의 강탈 행위를 저지하지는 않았지만 "내버려두고 있"을 뿐 아이의 입양을 인정해주지 않는다. 아울러 "찌안민아, 돌아가자"라는 '리쩌안산'의 발화는 양자에 대한 생가의 소환을 압축적으로 표상한다. 생가의 허락이 없다는 사실을 강조함으로써 작가는 '타나카 부인'의 "강렬한 모성애"에 내포된 폭력을 적시했다. 타이완인의 하층민 거주지에서 일시적으로 체류한다는 심상치 않은 행위도 아이를 빼앗기 위한 계획에서 비롯되었을 가능성까지 부상했다. 폭력을 환원함으로써 뤼허뤄는 타이완인의 정체성 동요를 폭력의 결과로 우회적으로 지적하는 한편, 그래서 오래 지속되지 못하리라는 판단을 우회적으로 드러냈다.

1년 뒤 발표된 「석류」는 「이웃사람」의 연장선상에 있어 정체성 검토의 심화를 보여준다. "좋은 작품", "쾌심작"이라는 뤼허뤄 본인의 평가[90]를 보면 「석류」는 그의 내면을 조명하는 데 매우 중요한 위치를 차지했다. 소작인 '진성'은 부모를 여읜 후 혼자 힘으로 어린 동생

....

90 呂赫若, 1943년 6월 3일자, 6일자, 27일자, 7월 2일자 일기, 陳萬益 主編, 앞의 책, 172면, 175면, 196면, 203면.

두 명을 데리고 살아온다. 그러다가 결혼할 나이가 다되어 어쩔 수 없이 막냇동생 '무휘'를 양자로 보내고 자신이 처가에 들어가 입부혼인을 한다. 동생을 양자로 보냈다는 죄책감으로 인해 그는 '무휘'가 느닷없이 정신을 잃고 목숨을 거둔 것이 부모의 분노 때문이라 믿는다. 따라서 그는 '무휘'의 위패가 생가로 돌아오는 것을 강력히 주장한다. 전통적인 합로와 과방(過房)의례를 통해 '무휘'의 위패를 조상의 위패와 합사하고 차남을 '무휘'의 아들로 정하고 나서 그는 드디어 동생의 웃는 얼굴을 떠올리며 안도감을 느낀다.

양자와 생가, 그리고 양가 사이의 관계를 짚고 넘어간다는 점에서 「석류」는 「이웃사람」의 문제의식을 이어가고 있다. 「이웃사람」에서 뤼허뤄는 자신감 있게 결론을 내리지 못했다면 「석류」에서 정체성의 궁극적인 방향을 명시적으로 밝히기에 이르렀다. 「석류」의 핵심 의제는 혈연의 분단과 회복이었다. 사건의 중심인물 '무휘'는 선명한 성격의 소유자가 아니라 위협받은 혈연의 육화임에 불과하다. '무휘'가 양자가 된 것은 혈연의 분단을 의미한다. 입부(入夫)가 정해진 기간이 만료되면 처자를 데리고 본가로 돌아갈 수 있는 데 반해 양자는 생가와 관계를 끊기 때문이다. 정체성의 위기는 '무휘'의 발광을 통해 구현된다. 소통 능력을 잃은 '무휘'를 '진성'은 "역시 자신과 아무 관계가 없는 다른 세계의 인간"으로 느껴 혈연을 바탕으로 한 친족관계의 해소를 절감한다. 이런 설정은 당시 식민지 타이완에서 발생하고 있는 개성명 또는 일본 입적을 둘러싼 뤼허뤄의 정체성 불안을 고스란히 투사했다고 할 수 있다. '형제(兄弟)'에서 '피(血)', '흐름(流)'을 거쳐 '석류(柘榴)'로 누차 개제하면서 각별한 신중함을 보이는 한편,[91]

• • • • • • • • • • • •

91 뤼허뤄는 개제의 이유에 대해서 "「피」라는 표제는 시국 하에 무섭기 때문에 「흐름」으로 개제. 시국적인 부분을 처리하기가 곤란함"이라고 설명하면서 검열에 대한 기피를 보였다. 呂赫若, 1943년 6월 7일자 일기, 陳萬益 主編, 앞의 책, 176면.

정치적인 내용이 과잉한 탓에 줄거리가 어색해졌다고 고백한 것은[92] 바로 이런 현실 인식에서 비롯되었던 게 아니었을까?

'진성'은 '무휘'의 귀환이야말로 부모님과 '무휘' 본인의 소원으로 판단하고 알선에 나선다. 「이웃사람」에서 "돌아가자"라는 생가의 재촉은 여기서 "돌아오는 거다"라는 서술로 이어져 양자의 귀환을 명시적으로 밝혔다. '무휘'의 귀환에 대한 묘사는 다음과 같다.

> 「무휘. 아버지. 어머니.」
> 진성은 솟아오를 눈물을 억지로 참았다.
> 「무휘야. 돌아오는 거다.」
> 잃은 물건을 되찾았듯이 무휘가 다시 곁에 돌아온다는 기쁨을 느끼는 한편 갑자기 치밀어오른 슬픔에 울음을 터뜨릴 뻔한 그는 겨우 이를 악물고 목소리를 묵살하여 벌벌 떨렸다.
> (중략) 아이들도 절을 올리게 하고 선향을 모두 꽂고 나서 그는 선향의 연기를 바라보며 아아, 이제 무휘가 완전히 돌아왔구나 저승에서도 반드시 부모님과 같이 있음에 틀림없겠구나 라고 생각했다. 어쩐지 얼큰한 기분으로 가득 찼다.
> (중략) 진성은 숨을 삼키며 멍하니 위패를 바라보면서 무휘의 영혼이 이제 돌아왔다고 생각했다. 선향의 연기가 옆으로 나부껴 뱅글뱅글 위패를 휘돌기 시작한 것을 보고 그는 갑자기 자신이 흐느끼고 있는 것을 발견했다. 그는 안간힘을 다해 겨우 흐느낌을 삼켰다. 먼 곳에서 개의 울음소리가 들려왔다.
> 아내도 아이들도 모두 숨을 죽여 가만히 있었지만 바로 뒤에 있는 것이 느껴졌다.
> 「무휘가 역시 생가로 돌아오고 싶었구나.」
> 라며, 그는 아내를 돌아다보며 말했다.[93]

· · · · · · · · · · · ·
92 呂赫若, 1943년 6월 15일자 일기, 陳萬益 主編, 앞의 책, 184면.
93 呂赫若, 「柘榴」, 『淸秋』, 臺北: 淸水書店, 1944, 72~75면.

'진성'이 다시 '무휘'를 피부로 느껴 '무휘'와의 소통을 회복한 것은 '무휘'의 귀환 사실을 확인함으로써 "남의 집에 양자로 보냈다고 해서 관계가 없는 사람이 되어 죽어서도 꿈속에서 단 한 번도 얼굴 보여주지 않는" 문제를 해결해낸다. 주목할 만한 것은 '무휘'의 귀환의례는 동시에 '진성' 일가의 귀환의례이기도 하다는 사실이다. 장남이 이미 6살이라는 서술을 통해 '진성'이 곧 처가에서 8년 동안 일해야 한다는 약속을 충족시켜 본가로 돌아갈 수 있다는 사실을 알 수 있다. 다시 말해 이는 '무휘' 한 사람의 합사의례라기보다는 조상으로부터 '진성', '무휘' 형제를 거쳐 아이들로 이어진 혈연적인 계보의 회복이라 해야 한다. 뤼허뤄는 회복의례를 치르고 난 '진성'이 드디어 죄책감을 버릴 수 있다는 설정을 통해 정체성 회복의 합리성을 명시하는 한편, 선향의 연기에 의한 점치기를 통해 정체성 동요를 보였던 주체의 정체성 회복을 확인했다. 이러한 식으로 그는 정체성의 궁극적인 방향을 명시적으로 밝히면서 '흐름'이라는 표제를 통해 이를 보편화했다. 이런 결론의 문제성을 의식했기 때문에 신중하게 표제를 '석류'[94]로 고쳤던 게 아닌가?

또 한 가지 주목해야 할 것은 위기를 통과하고 나서 정체성이 예전보다 더욱 분명해지고 확고해진 사실이다. 가문의 위기에 봉착한 '진성'은 혈연을 각별히 강하게 자각하기에 이른다. 비록 부득이하게 입부혼인을 하게 되지만 "둘째 동생도 막냇동생도 아마 자신을 유일한 기둥으로 삼아 의지하는 마음은 지금도 옛날에도 마찬가지라고 생

....

[94] 사실상 '석류'는 혈연적 계보의 상징적 메타포로서 '형제'나 '피', '흐름'과 동일한 기호이다. 한(漢)문화에서 분가할 때 본가의 나무에서 나뭇가지를 잘라 분가의 정원에 심는 문화적 전통이 있다. 특히 석류나무는 일본에서 기피의 대상이지만 한족의 정원에서 흔히 볼 수 있는 나무이다. 참고로 「석류」 이후 뤼허뤄는 줄곧 정원 식물을 혈연 상속의 상징물로 사용했다. 王建國, 『呂赫若小說研究與詮釋』, 臺南: 臺南市立圖書館, 2002, 110면.

각"하면서 동생들과의 유대를 다진다. 그리고 "손에 느껴진 자식이라는 실감에 이것이 부모님에 대한 효도라고 그는 생각했다"라는 구절이 말해주듯이 혈연을 바탕으로 한 형제간의 유대감을 혈연 상속 인식으로 확대한다. 결국 혈연에 대한 주인공의 자각은 분단으로 인해 희박해지기는커녕 도리어 위기감에 자극되어 한층 강해졌다. 성묘할 때 그는 동생들에게 "여기가 아버지의 묘소야. 잘 기억해두라"라고 당부하면서, "곧바로 뿔뿔이 흩어지겠지만 바로 옆 마을이라 언제든 돌볼 수 있고, 또한 떨어져서 살 뿐, 마음속에서는 무슨 일이 발생해도 절대로 헤어지지 않는다는 신념을 가지고 있으니 아버지여 안심하십시오 가문은 잘 지키겠습니다"라고 스스로 다짐한다. 식민지인의 경우에 적용하면 정체성의 고민을 통과하고 나서 더욱 분명해진 민족적 입장을 획득했다고 할 수 있다.

정체성의 동요를 진지하게 검토함으로써 민족적 입장을 확인하고 정체성을 더욱 확고한 형태로 재정립한 경로는 저우진뽀와 천훠취앤의 소설에서도 확인할 수 있다. 「기후와 신앙과 지병」(『타이완시보』, 1943.1)에서 일본의 신도 신앙을 맹목적으로 추종하던 타이완인 주인공이 중국 대륙 시절부터 시작된 가족사를 회고하면서 민족의 전통 풍습에 대한 관심을 새삼스럽게 일깨우는 제사 장면은 '무훠'의 합사 장면과 매우 유사하여 정체성의 회복을 선언했다. 천훠취앤의 「길」에서 주인공은 "황민으로 가는 길이란 바로 죽음을 의미하는 것이다"라면서 '일본인 되기'가 타이완인이 살아서 도달할 수 없는 지점이라는 사실을 인식함과 동시에 "우리의 혈통, 환경 그리고 생명의 성장"에 대한 "자각"에 도달하여 민족적 입장에 눈뜨게 되었다. 이처럼 뤼 허뤄, 저우진뽀와 천훠취앤의 정체성 검토는 상대적으로 진지한 모습으로 전개되다가 1943년에 이르러 민족적 입장을 재확인하는 방향으로 가고 있었다. 정체성의 위기를 실제로 관통함으로써 그것을 민족 입장을 재정립하는 역량으로 재구성했다고 할 수 있다.

이성 양자를 인정하는 전통이 있는 타이완에 비해 혈연적인 상속을 유난히 중요시해 온 조선에서는 입양은 타이완에서처럼 보편적이지 않았다. 따라서 입양 모티프는 조선 소설에서 주로 계자나 서양자[95]의 형태로 등장했다.

이광수의 「김씨부인전」은 창씨개명이 강제 실시된 시점에 발표되었다. 창씨개명에 대한 작가의 현실 인식이 담겨 있는 것으로 짐작된다.[96] 이 소설은 '김씨 부인'이라는 한 평범한 조선 여인의 일대기인데 여인의 기구한 일생에서 작가가 각별히 주목한 것은 그녀가 드디어 전실 소생 아이들의 적의를 해소시켜 그들과 친족관계를 맺게 된다는 점이다. 그러나 흥미로운 것은 이광수가 바람직한 결과만 제시했을 뿐, 친족관계를 구축하는 과정 자체를 생략했던 점이다. 이는 내면화되지 않은 주관의지만 내세우는 담론과 동전의 양면을 이루어 '일본인 되기'를 회피하는 태도를 드러냈다.

이석훈의 「고향(ふるさと)」(『녹기』, 1941.3)은 비록 입양 모티프는 아니지만 '친일 지식인'의 정체성 불안을 부각한다는 점에서 각별한 주목을 요한다. 이 소설에서 작가는 한 명의 이른바 '친일 지식인'의 경제적·혈연적·사회적 패배감과 방황함을 압축적으로 표현했다. 특히 생전에 '친일파'라는 비난을 받은 주인공의 아버지가 죽은 후 공동묘지에서 묘소를 분간하지 못하게 되는 바람에 주인공이 끝까지

....

95 통계에 따르면 1937년까지 조선인 남성이 일본 가정으로 입부혼인을 하거나 서양자로 들어간 숫자는 48명 이하를 유지하다가 1938년 이후 급증되어 1942년까지 대체로 250명 내외를 유지했다. 최석영, 앞의 논문, 280~281면 참고.

96 참고로 이 소설이 발표된 지 3개월 후 발표된 「동포에게 보낸다 2·나의 참회(同胞に寄す【2】·僕の懺悔)」(『경성일보』, 1940.10.2) 및 「중대한 결심―조선의 지식인에게 고함 3(重大なる決心―朝鮮の知識人に告ぐ【3】)」(『경성일보』, 1941.1.21)에서 이광수가 일제에 대한 조선인의 불신을 "계자 근성"으로 호명한 바 있다.

아버지의 묘소를 찾지 못하고 만다는 설정은 의미심장하다. 「석류」에서 동생들에게 아버지의 묘소를 잘 기억해두라는 장면과 선명한 대조를 이루었다. 뤼허뤄가 정체성의 고민을 실제로 관통함으로써 더욱 강한 민족적 자각에 도달했는가 하면 이석훈은 '친일' 자체에 대해 강렬한 정체성 불안을 느꼈다.

그 결과 입양이 초래한 정체성의 동요를 부각한 게 아니라 정체성이 동요할 가능성을 불안하게 여겨 입양 자체를 문제시하는 것은 조선 입양 소설의 특징이 되었다. 이 점은 김사영의 「형제」를 통해 확인할 수 있다. 일본인 여성과 조선인 남성 사이의 사생아 '이치로'가 홀몸으로 조선인 아버지 집에 들어간 것은 일종의 '입양'이라 할 수 있다. 양자가 된 '이치로'는 장남 또는 적자의 신분을 잃어 제사에 참여하지 못할 뿐만 아니라 개명, 언어 전환, 소외, 학습권 상실 등 일련의 차별대우를 받는다. 일본인 인물로 하여금 조선인이 실제로 경험하고 있는 차별대우를 고스란히 겪게 하는 전도적 설정이 제국의 권위에 대한 도전으로 읽힌 한편, 입양이 매우 부정적으로 부각된 것에 주목할 만하다. 김사영은 입양을 양자에 대한 폭력으로 묘사하며 양자와 양가를 각각 피해자와 가해자로 표상했다. 입양을 '내선일체'의 은유로 읽으면 작가가 주목한 것은 '내선일체'로 인해 발생한 정체성 동요라기보다는 '내선일체' 자체의 비합리성이었다. '내선일체'를 거부하는 지점에서 '내선일체'를 접근했다고 할 수 있다.

입양 모티프를 집중적으로 다룬 조선 소설로는 이석훈의 「혈연」을 꼽을 수 있다. '용길'은 20년 전에 북만주로 이주한 삼촌 일가를 방문하는데 사촌동생 '용식'이 일본인의 서양자가 되었다는 사실을 알게 된다. '용식'은 가고시마에서 신징(新京)으로 온 일본인 형제와 친구로 지내다가 어느 날 그들로부터 "우리의 동생이 되어 주지 않을래"라는 부탁을 듣게 된다. 가고시마에 있는 여동생의 남편이 되어 입적해 달라는 것이다. '용식'은 한 달 동안 고민하다가 결심을 내려 아버지에게만 통고하고 입적 수속을 마친 후에야 어머니에게 알린다. 그리고 가고시마에 가서 아내가 될 처녀와 "새어머니"를 만나고 1, 2년 뒤 결혼하기로 결정한다. '용식'의 이야기를 하다가 '용식' 본인이 들어온다. '용길'과 '용식'이 떠나는 열차 안에서 고향이 어디냐는 일본인 병사의 질문에 '용식'은 가고시마로 대답한다. 병사가 내리고 나서 '용식'은 "선계 운운이라고 분명히 밝히는 것은 어색한 것 같기도 하고…"라고 변명한다. 그러다가 한 조선인 남자가 수많은 만주인과 싸우기 시작했는데 '용식'은 과감하게 나서서 조선인을 곤경에서 구출해준다. 소설은 "민족협화는 참으로 미묘하지요. 어쩌면 정의와 공정이라는 것은 혈연에 의해 유린되기 쉽거든요"라는 '용식'의 수수께끼 같은 말로 끝맺는다.

표제가 암시하듯 이 소설은 '혈연', 즉 제국과의 친족관계 구축에 초점을 맞추었다. '피', '형제', '혈연' 등 공동의 표제는 「석류」와의 공통된 문제의식을 시사한다. 두 소설이 거의 동시적으로 창작되었다는 사실[97] 또한 흥미롭다. 그러나 두 소설의 주안점은 사뭇 달랐다. 「석류」가 정체성의 동요를 기성사실로 제시하면서 그 궁극적인 방향에 주목했던 데 비해 「혈연」은 정체성 동요 여부에 주안점을 두었다. 이석훈은 방관자적인 주인공 화자 '용길'의 시선을 통해 양자가 된 '용식'의 정체성을 끊임없이 확인했는데 '용식'은 생가와의 관계를 유지하는 둥 마는 둥 매우 흔들리는 입장을 보인다. 그는 입적하고

· · · · · · · · · · · ·

97 「혈연」의 전편에 해당된 「북방의 여행」이 1943년 5월 12일에 탈고되었다는 사실을 감안하면 「혈연」은 1943년 5월 12일~6월 29일 사이에 창작되었을 것이다. 뤼허뤄의 일기를 통해 「석류」가 1943년 6월 3일부터 7월 2일까지 창작되었음을 알 수 있다. 牧洋, 「北の旅」, 『國民文學』, 京城: 人文社, 1943.6, 38면; 陳萬益 主編, 앞의 책, 172~203면.

나서 1년 동안 한 번도 생가에 돌아오지 않는다. 생가에서 "아버지 위독"이라는 전보를 보내고도 과연 그가 올 건지 확신이 없다. 그러나 그는 마침내 오고 가족들에게 선물까지 준비한다. "양자가 된 죄를 덜하기 위해서라도" 앞으로 1년에 두 번 정도 돌아오겠다고 수락하면서 "억지로 웃어 보인다." 형의 권위에 부단히 도전한 것은 그가 이미 생가의 질서에서 이탈함을 말해준다. 그 연장선상에서 그는 일본인 앞에서 조선 출신을 감추며 사촌형을 상대하지 않는다. 그러다가 조선인 남성을 도와주고 '혈연'을 거론하면서 조선인으로서의 기본적 입장을 밝힌다. 끊임없이 동요하는 양자의 정체성은 정체성 동요 여부야말로 작가의 주안점이자 문제의식이었다는 사실을 말해준다.

더불어 「혈연」보다 한 달 앞서 탈고한 「북방의 여행」과 상호 텍스트적으로 읽으면 같은 진동이 텍스트 간에도 존재하는 것을 확인할 수 있다. 「북방의 여행」에서 서양자가 생가와의 관계를 철저히 끊고 완전한 정체성 경사를 보이는데 비해 불과 한 달 뒤 양자의 정체성은 매우 흔들리는 양상으로 달리 표상되었다. 같은 제재를 정반대 방향에서 매우 달리 형상화한 두 편의 소설은 작가가 양자의 정체성에 대한 강한 불안을 말해준다. 뤼허뤄가 정체성 동요를 기성사실로 제시했는가 하면 이석훈은 정체성이 동요할 가능성을 문제시했다.

정체성 동요에 대한 이석훈의 부정적인 태도는 극명했다. 「북방의 여행」에서 생모의 슬픔과 집안 분위기의 처량함을 부각한 것, 그리고 「혈연」에서 '용길'을 빌려 "양자가 된다고 해서 친생부모를 잊을 리가 있겠어요"라고 발화한 것은 모두 정체성 동요에 대한 작가의 비판을 말해준다. 이처럼 이석훈은 정체성 동요를 거부하는 지점에서 정체성 동요 여부를 반복 확인하면서 강한 불안을 표출했다. 소설의 난해함과 균열이 작가 자신의 정체성 동요에서 비롯되었다기보다는 이런 데서 비롯되었던 게 아닌가?

입양 모티프는 정체성 문제를 직접 다루었기 때문에 일제말기 소설에서 각별히 중요한 위치를 차지했다. 조선 입양 소설은 정체성이 동요할 가능성 자체를 불안하게 여기며 이런 불안감에 입각하여 '일본인 되기'에 접근했으므로 매우 불안정한 텍스트를 생산했다. 다시 말해, 조선 입양 소설에서 분명하게 보여준 것은 '내선일체'에 대한 주관의지가 내면화되지 않았다는 사실이다. 이런 의미에서 조선인 작가들이 동화를 거부하는 지점에서 동화에 접근했다고 할 수 있다.

이에 비해 타이완 입양 소설에서 정체성의 동요를 기성사실로 제시했다. '일본인 되기'를 둘러싼 현실문제와 실제 고민을 정면으로 다루던 타이완인 작가는 드디어 더욱 명확한 민족적 정체성에 도달했다. 정체성 고민을 실제로 관통함으로써 정체성의 회로를 드러냈다는 의미에서 일종의 '친일'의 패러독스를 보였다고 할 수 있다.

광복이 되자 조선과 타이완의 민족의식이 점차 강화되고 고조된 민족주의에 이르렀다. 이러한 의미에서 보면 일제말기에 동요되던 민족 정체성은 결과적으로 그 동요의 진폭까지 민족 정체성의 주조 작업으로 수렴했다. 물론 기존 연구에서 반복 강조했듯이 이 시기의 문학은 상당한 복잡성과 특수성, 그리고 다양성을 가지고 있어 구분 없이 거론하는 것은 위험하다. 그러나 전반적으로 볼 때 타이완의 경우가 시사하듯 일제말기 식민지 문학은 제국을 향해 구심운동을 하는 과정에서 오히려 제국에서 이탈하는 원심력을 확보했다.

동거 모티프

이른바 동거 모티프란 조선인 또는 타이완인이 일본인과 한 공간 내에서 거주하면서 일상적으로 서로 만나게 되는 제재를 일컫는다. 그동안 충분히 주목을 받지 못한 이 소설들은 연애·결혼 모티프나 입양 모티프에 비하면 젠더 또는 친족의 위계질서에 구애받지 않고 일상적인 차원에서 식민지와 제국의 만남을 검토한다는 의미에서 보다 더 객관적이고 보편적인 의미를 지니고 있다.

식민지에 건너온 일본인은 경성, 타이베이를 비롯한 대도시 또는 교통이 편리한 지역을 중심으로 분포했다.[98] 경성에서 일본인은 본정(本町, 지금의 충무로), 명치정(明治町, 지금의 명동), 약초정(若草町, 지금의 초동), 남산정(南山町, 지금의 남산동), 욱정(旭町, 지금의 회현동) 등 지역들로 이루어진 남촌에서 주로 거주했고 조선인이 상대적 우위를 갖고 있는 동부, 북부, 중부와 확연히 구별되는 양상을 보였다.[99] 같은 분거 현상은 타이베이에서도 확인할 수 있다. 일본인은 주

• • • • • • • • • • •

[98] 『日本長期統計総覧 第1卷』(総務庁統計局 監修, 日本統計協会 編, 東京: 日本統計協会, 1987), 『太平洋戰下の朝鮮及び台湾』(近藤釰一 編, 茅ヶ崎: 朝鮮史料研究会近藤研究室, 1961), 『朝鮮統計要覽』(朝鮮總督府 編, 京城: 朝鮮總督府, 1942), 『日本人の海外活動に關する歷史的調査·台湾篇第五分冊』(大藏省管理局 編, 東京: 大藏省管理局, 1947) 등 자료에 의하면 일제시기 조선과 타이완에서 거주하는 일본인 거주자와 그 비율은 각각 다음과 같다.

연도	일본인 거주자	조선 총인구 수	일본인이 차지하는 비율
1910년 말	171,543	13,313,017	1.29%
1931년 말	514,666	20,262,958	2.54%
1936년 말	608,989	22,047,836	2.76%
1937년 말	629,512	22,355,485	2.82%
1938년 말	633,320	22,633,751	2.80%
1939년 말	650,104	22,800,647	2.85%
1940년 말	689,790	23,709,057	2.91%
1942년 말	752,823	26,361,401	2.86%
연도	일본인 거주자	타이완 총인구 수	일본인이 차지하는 비율
1896년 말	10,584	2,627,656	0.40%
1912년 말	122,793	3,435,170	3.57%
1920년 말	166,621	3,757,838	4.43%
1936년 말	283,706	5,451,863	5.20%
1938년 말	310,748	5,746,959	5.41%
1940년 말	348,962	6,077,478	5.74%
1942년 말	384,847	6,427,932	5.99%
1943년 말	397,090	6,585,841	6.03%

[99] 孫禎睦, 『日帝强占期 都市化過程 研究』, 서울: 一志社, 1996, 360~373면; 황호덕,

로 룽샤커우(龍匣口), 타이베이청(臺北城), 산반쵸(三板橋), 구팅(古亭), 몽쟈(艋舺) 등 지역을 중심으로 타이베이 서부 지역에서 집단 거주지를 형성했다.[100] 이처럼 비록 같은 도시 공간 내에서 거주하고 있었음에도 실제로는 일반 식민지인이 일상생활에서 일본인과 직접 대면하는 기회는 그리 많지 않았다. 이러한 공간 분할 사실을 감안하면 동거 모티프의 강한 모의적인 성격을 알 수 있다.

뤼허뤄의 「이웃사람」(『타이완공론』, 1942.10)은 "내지인과 타이완인의 바람직한 태도를 보여줄 작정"[101]으로 창작되었다. 이 소설에서 일본인이 어수선하고 소란스러운 타이완 하층민 거주지에 이사 온다는 형식으로 일본인과 타이완인의 동거가 시작된다. 작가가 특히 강조한 것은 첫째, 일본인 부부가 타이완인 주택가에 위치한 타이완식 가옥에서 생활한다는 점이었고, 둘째, 타이완인 이웃과의 교제에서 일본인 부부가 주동적이고 친절한 태도를 취한다는 점이었다.

뤼허뤄는 우선 1인칭 화자 '나'의 의아함을 반복 부각함으로써 "타이완인의 하층민 거주지인 이 지역에서 게다가 타이완식 가옥에서 내지인이 산다는 것"의 심상치 않음을 강조했다. 타이완인과 일본인의 분거 현실에 대한 그의 분명한 인식을 말해준다. 이런 현실을 절감하고 있으면서도 일본인과 타이완인이 한 집에서 사는 장면을 등장시킨 것은 "대체 내지인이 살지 못할 곳 따위가 있나요"라는 일본인 인물의 대답이 그렇듯이 '내지인'을 특권에서 추방하기 위했으리라. 다시 말해, 뤼허뤄는 식민지에서 벌어진 심각한 차별 현실을 피부로 느끼면서, 일본인에게 "생활환경, 풍속 습관이 전연 다른 타이완

· · · · · · · · · · ·

『벌레와 제국』, 서울: 새물결, 2011, 338면.

100 黃雯娟, 「臺北市街道命名的空間政治」, 『地理學報』 73期, 臺北: 臺灣大學理學院地理環境資源學系, 2014.6, 89면, 92면.

101 呂赫若, 1942년 10월 1일자 일기, 陳萬益 主編, 앞의 책, 300면.

인의 생활에 싫어하는 기색 없이 적응해가는 것"을 주문했다.

다른 한편, 일본인 이웃에 대한 타이완인 '나'의 감정이 경계심과 "공포감"에서 가족애로 일변하는 원인을 뤼허뤄는 일본인 부부의 친절한 태도에서 찾았다. 처음에 '나'는 일본인 이웃을 우세적인 체격으로 감지하여 압박감을 느꼈는데 실제로 일본인 부부의 호의에 접하다 보니 경계심이나 "공포감"을 일소할 뿐만 아니라 일본인 부인에게 "가끔씩은 어머니와 같다는 착각까지 들 정도"로 가족애를 느끼기 시작한다. 이런 데서 일본인 측의 주동적이고 친절한 자세가 매우 중요한 역할을 하고 있다.

이로 보건대 뤼허뤄가 제시하고자 하는 "내지인과 타이완인의 바람직한 태도"는 특히 일본인 측에게 주문하는 것이었는데 타이완인의 문화를 인정하고 받아들이는 전제 아래 대등하게 대해 달라는 내용으로 요약할 수 있다. 동거가 타이완인 주택가를 공간으로 하는 것은 뤼허뤄에게는 '내대일여'가 '일본 제국'을 시야 바깥으로 배제하여 일본인을 타이완 문화 속으로 수렴하는 것을 의미했음을 말해준다.

「옥란화」(『타이완문학』, 1943.12)에서 일본인과의 동거는 어린 시절에 대한 1인칭 화자 '나'의 추억의 전개에 따라 회상되었다. '스즈키 젠베에'는 도쿄에서 유학하고 있는 삼촌을 따라 타이완에 온다. '나'를 비롯한 아이들은 처음에 이 "일본인"에게 공포감을 느꼈지만 점차 그와 친한 친구가 된다. 아이들이 공포감을 극복하여 일본인과 친하게 지내게 된다는 설정으로 인해 이 소설은 흔히 '내대일여'를 홍보하는 소설로 평가되고 뤼허뤄의 사상적인 전향을 증명하는 데 원용된다. 그러나 일본인과 타이완인 사이의 '우정'을 자세히 살펴보면 상당히 흥미로운 점을 발견할 수 있다.

우선 일본인과 타이완인 사이의 '우정'에는 문화의 각축을 내포했다. 일본인과의 동거는 타이완의 일상에서 이루어졌는데 이야기가 전개되면서 타이완의 토착적인 풍경과 전통적인 풍습은 한 폭의 그림처럼 펼쳐졌다. 일본인은 타이완인 아이들에게 일본의 옛날이야기를 들려주어 '우정'을 표했는가 하면 타이완인의 '우정'은 토착적인 치료법에 의해 일본인의 병을 치료해 주는 형식을 띠었다. 제국의 문화가 언어적 장벽에 부딪쳐 차단되었는가 하면 타이완의 전통과 일상은 '스즈키'의 병을 치유했다는 의미에서 문화적 우월성을 선언했다.

그리고 일견 친절한 것처럼 보이는 일본인 표상 뒤에 제국의 폭력이 숨어 있었다. 소설은 '나'의 시각으로 서술되었지만 "하지만 이는 후일에 어머니의 이야기인데"라든가 "그런데 후일에 삼촌의 이야기에 의하면"라든가 하면서 끊임없이 다른 견해를 내세움으로써 '나'의 회상의 신빙성 없음을 제시했다. 결국 '나'의 회상에 의해 그려진 "항상 웃고 있는 온화한" 일본인 표상이나 일본인 청년과의 따뜻한 우정은 믿을 수 없는 허위적인 장치가 되었다. 이럴 때 '나'와 '스즈키'가 서로 말이 안 통해 직접 소통할 수 없다는 사실도 회상 자체의 허위성을 증명했다. 직접적인 소통이 사실상 불가능했기 때문에 '스즈키'와의 교류는 3장에서 보여줬듯이 일방적인 추측에 의해 진행되며 결국 일본인과의 우정도 타이완인 아이의 일방적인 환상에 지나지 않을 가능성이 부상했다. 떠날 때의 '스즈키'를 "완전히 이상한" "딴사람"으로 표현한 것과 '스즈키'의 얼굴을 기억하지 못한다고 반복 강조한 것, 그리고 소설 전편이 소극적인 정체된 과거 시간으로 일관된 것도 같은 맥락에 있었다.

'사진'이라는 당시 그리 보편적이지 않았던 사물을 '스즈키'와 연결시키는 설정도 '스즈키'의 정체가 그리 단순하지 않음을 시사했다. 도쿄에서 "사진을 연구하고 있다고" 하는 '스즈키'의 "타이완에 온 동기"에 대해 작가는 특별히 언급했는데 즉 "타이완에 대한 호기심이 사람들의 마음을 설레게 한 시기인 모양이었다. 게다가 삼촌의 능변도 한몫을 해서 그런지, 스즈키 젠베에도 사진이라도 찍으러 가자는 결심에 삼촌과 동행했다"는 것이었다. 이러한 '스즈키'의 타이완행에는 정치적인 동기가 도사렸다. 그가 타이완에 온 "다이쇼 9년경", 즉 1920년경은 일제가 본격적인 식민지 연구를 시작한 해였다. 타이완을 점령한 후, 1896년 4월부터 일제는 타이완에서 지배 기관을 설치하여 여러 작업을 시작했다. 이어 국내의 전쟁 물자를 정확히 파악하여 유효하게 전쟁에 대비하기 위해 1918년 4월에 '군수공업 동원법(軍需工業動員法)'을 공포했다. 같은 10월, 내각은 칙령 368조를 공포하여 '군수공업 동원법'이 조선, 타이완, 남사할린 등 식민지에서도 적용됨을 선포했고 1919년 12월과 1920년 2월, 일본 내각과 타이완총독부는 각각 '군수 조사령(軍需調査令)'과 '군수 조사령 실시 수속(軍需調査令實施手續)'을 반포하여 제국 내에서의 자원 조사를 강화했다.[102]

그 가운데 식민지에서 촬영한 수많은 사진들은 식민지라는 미지의 대상을 체계화하고 길들여 중요한 아카이브로 기능했다. 식민지인과 그들의 일상생활을 연구 대상으로 상정하며, 각각의 특징에 따라 분류했고, 주석을 붙인 이 사진들은 일본 중심주의와 식민 이데올로기를 바탕으로 했다.[103] 이런 배경을 감안하면 어린 화자의 시각으로 서술된 "낮에는 그는 별로 집에 있지 않았다"라거나 "무더운 날씨에 여기저기 분주했다"라거나 하는 '스즈키'의 사진 찍기는 단순히 근대적 문물의 차원에서 읽힌다기보다는 식민지 현지 조사 작업이라는 정치적인 차원에서 해독되어야 한다. '스즈키'의 사진기를 식민자의 지배적 시각의 상징물로 읽어야 하는 것은 '스즈키'와의 첫 대면에

• • • • • • • • • • •

102 林佩欣, 「日治時期臺灣資源調查令之頒佈與實施」, 『師大臺灣史學報』 5期, 臺北: 臺灣師範大學臺灣史研究所, 2012.12, 100~101면.

103 선일, 「일제시대 학술조사 사진 아카이브에 대한 연구」, 서울: 서울대학교 석사학위 논문, 2004.2, 47~51면.

대한 묘사를 통해 확인할 수 있다.

> (중략) 스즈키 젠베에는 마침내 어깨에 지고 있던 검은 물건을 내려 우리가 있는 곳을 향해 겨누었다. 지금 생각하면 그게 사진기이었음에 틀림없지만 그때는 무슨 무서운 물건이라도 본 것처럼 겨누어진 우리는 와아 하고 소리를 지르며 뿔뿔이 도망쳐 버렸다. 7살이나 된 나는 울음소리까지 내어 몇 바퀴 빙빙 돌다가 어머니의 품에 뛰어들었다.[104]

　　사진기에 대한 묘사는 쉽게 총을 연상시키게 한다. 실제로 식민지인에 대한 일방적인 폭력을 압축적으로 표상한다는 의미에서 사진기는 총과 많이 유사했다. 어린 화자 뒤에 숨어 있는 작가는 일본인의 '우정'을 폭력으로 감지했으리라. 「옥란화」는 더 이상 일본인과 타이완인의 대등한 우정을 형상화한 소설이 되지 못했다.

　　룽잉쭝의 「연무의 정원」(『타이완문학』, 1943.7)은 타이완인 '나'가 '후지사키(藤崎) 소년'의 편지를 받아 5년 전 산 속에서 요양하던 동안 일본인 '후지사키' 일가와 한 집에서 살았던 일을 회상하는 식으로 전개되었다. '후지사키' 일가는 '나'와 같은 집(타이완식 가옥)에서 생활한다. '후지사키 소년'이 '나'에게 산술 등을 가르쳐 달라는 것을 계기로 '나'도 자주 '후지사키' 집에 목욕하러 가게 되어 서로 친해졌다. '소년'의 어머니는 자주 내지 타령을 하고 여동생도 타이완 음식이나 타이완인에 대해 편견을 가지고 있지만 '소년'의 아버지는 "타이완에서 뼈를 묻을 작정"을 한 사람으로 타이완인 동업자를 "형제처럼" 신뢰한다. 타이완인과 아무 거리감 없이 친하게 지낼 뿐 아니라 딸과 타이완인의 혼담까지 한다. '소년' 본인도 '나'에게 숨김없이 이

• • • • • • • • • • • •

104 呂赫若, 「玉蘭花」, 『台湾文學』, 臺北: 啓文社, 1943.12, 122면.

야기를 하고 '나'와 함께 시장의 음식점에서 타이완 음식을 즐긴다. 특히 '소년'의 누나 '미카코'는 '나'와 서로 호감을 가지고 있는 사이이다. '나'가 전염병에 걸릴 때도 '후지사키' 일가는 꺼리지 않고 알뜰하게 '나'를 보살펴준다.

뤼허뤄의 소설과 마찬가지로 이 소설에서도 일본인과의 만남은 타이완의 일상에서 전개되었다. 타이완인 '나'와 일본인 '후지사키' 일가가 같은 지붕 밑에서 한 집안처럼 대등하게 화목하게 지내는 이상적인 그림은 일본인에게 민족 차별 인식을 버리고 타이완 문화와 합일할 것을 우회적으로 주문했다. "언제나 말버릇처럼 내지에 돌아가고 싶다 돌아가고 싶다고 했던" '소년'의 어머니가 결국 타이완의 땅에 묻히게 된다는 설정은 민족 차별 의식의 생명력 없음을 암시한 한편, 역으로 일본을 포섭함으로써 일본인의 민족적 우월감을 야유했다.

특별히 주목할 만한 것은 전쟁과 거리를 두려는 서술 방식이다. '나'가 '후지사키 소년'의 편지를 받을 때 '소년'이 전장에 있음에도 작가는 전쟁을 외면했다.

> 후지사키 군은 지금의 나한테는 다른 차원에서 살고 있는 것이나 다름없다. 나는 전지를 모르기 때문이다. 초연의 냄새를 모르기 때문이다. 후지사키 군은 아마 군인이 되어도 훌륭하고 용감한 군인이겠지. 나의 상념은 다시 푸른 남해를 건너 어두침침한 늪과 울창한 밀림과 짙은 하얀 구름이 모여 있는 푸르스름한 풍경 속에서 후지사키 군의 모습을 그려 보았으나 거기에 늠름한 젊은이 후지사키 군과 은테 안경을 쓴 후지사키 소년의 얼굴이 번갈아 나타난다.
> 후지사키 군의 편지에는 단 한 줄이라도 전쟁에 관한 이야기나 이역의 신기한 풍속에 관한 이야기 따위 없다.
> 후지사키 군의 편지에는 나하고 같이 보냈던 나날의 추억과 그 후의 일들만 있었다.[105]

중국 대륙과 같은 혈통과 문화를 공유하고 있는 타이완에서 징병제 실시는 조선보다 뒤늦게 1943년 9월 23일에 발표되었다. '나'가 전장을 "다른 차원"으로 호명하면서 전쟁과 거리를 두는 것은 일제의 뿌리 깊은 경계심에 대한 인식에서 비롯되었으리라. 다른 한편, '후지사키 군'의 편지도 전쟁에 대해 무관심한 태도를 취했다. 전쟁과 거리를 두려는 이런 서술 방식은 소설 결말에서 "민족이든 무엇이든 이야기하지만 결국 애정의 문제가 아닌가? 무슨 일이 있든 우리를 연결시키는 것이 애정이니까. 이론은 재미없어. 애정이지"라는 주인공의 결론으로 이어져 '내대일여'를 인간적 일상적인 문제로 전유하려는 작가의 의도를 극명하게 보여줬다. '내대일여'의 출범이 궁극적으로 전쟁을 위했다는 사실을 감안한다면 룽잉쭝의 '내대일여' 글쓰기는 일제의 의도와 사뭇 거리가 멀었다고 해야 한다.

전반적으로 반일 정서가 많이 가라앉혀져 있었던 일제말기 타이완에서 타이완인 작가들의 동화 검토는 매우 일상적인 차원에서 전개되며 동거 모티프는 일본인을 타이완의 일상 속으로 수렴한다는 형태를 가지고 있었다. 뤼허뤄와 룽잉쭝의 소설에서 공통적으로 나타난 것은 첫째, 동화정책의 차별적 본질을 뼈저리게 느끼면서 평등한 대우를 주장한 점, 둘째, 일본인화라는 제국의 요구를 외면하며 동화를 일본인의 토착화로 전유한 점이었다.

앞서 반복 지적했듯이 타이완에 비하면 일제말기 조선에서 제국과 식민지 사이의 모순이 더욱 심각했다. 타이완인 작가에 비하면 대부분 조선인 작가들은 동화의 요구를 실제로 내면화하지 않은 채 동화에 휩쓸렸으므로 일제에 대한 불신감이 더욱 강했고 동화의 정치적 본질에 더욱 민감했다. 그들 중에 특히 이광수가 동거 모티프에 대해

· · · · · · · · · ·

105 龍瑛宗, 「蓮霧の庭」, 『台湾文學』, 臺北: 啓文社, 1943.7, 189~190면.

각별한 관심을 보였다. 1940년부터 그는 『마음이 만나서야말로』(『녹기』, 1940.3~7), 『그들의 사랑』(『신시대』, 1941.1~3), 「카가와 교장」(『국민문학』, 1943.10), 「대동아」(『녹기』, 1943.12) 등 일련의 소설들을 통해 줄곧 이 제재를 시도했다.

『마음이 만나서야말로』에서 동거는 등산 사고라는 우연한 사건으로 인해 이루어졌다. "사오일"이라는 극히 짧은 동안에 부상을 입은 일본인이 조선인 집에서 간호를 받고, 이어 일본인 남매가 어머니를 간신히 설득하여 조선인 남매를 집에서 하루 동안 대접한다는 형식을 취한다. 이런 동거는 일본인과 조선인의 대등한 관계를 전제로 하여 서로에 대한 인식을 바로잡고 깊은 우정을 쌓아 함께 전쟁에 투신하는 계기로 기능한다. 이 소설의 창작 의도를 파악하기 위해 소설의 시작 부분에 있는 '작자의 말'과 같은 1940년 3월에 발표된 「내선일체와 조선 문학(內鮮一體と朝鮮文學)」을 살펴보겠다.

> (ㄱ) 「성스러운 하느님과 폐하의 밑에서 야마토와 고려가 하나가 되길」 저는 이렇게 비는 마음으로 이 이야기를 씁니다. 야마토와 고려는 하나가 되지 않으면 안 됩니다. 그러나 그것은 힘에 의해서거나 심드렁하게 이루어지는 게 아닙니다. 마음과 마음이 만나서 서로에 대한 사모를 바탕으로 결합하여 하나가 되지 않으면 안 됩니다. 그러한 한 경우를 그리고자 하는 것이 이 이야기의 의도입니다. (중략)[106]
>
> (ㄴ) 개인이나 가정의 비이해적(非利害的)인 접촉이 상호의 접촉에서 가장 중요하고 효과적이라는 것은 말할 것도 없지만 그것은 한계가 있어 대량으로 기대하기가 쉽지 않다. 여기에 문학의 화려한 역할이 있다. 즉 조선인이 내지의 문학을 읽음으로써 내지와 접촉하고 내지인이 조선의 문학을 읽음으로써 조선과 접촉하는 것이다. 따라서 바른 일본의 모습을 묘사하는

---

106 李光洙, 「心相觸れてこそ(一)」, 『綠旗』, 京城: 綠旗聯盟, 1940.3, 74면.

문학이나 바른 조선의 모습을 묘사하는 문학은 내선일체를
위한 절호의 자료일 터이다. (중략)[107]

이광수는 '내선일체'를 거부할 수 없다는 판단에 입각하여 "힘"—
즉 폭력—을 배제하고 완전한 평등과 서로에 대한 호의를 바탕으로
구축된 '내선일체'를 기획했다. 이럴 때 일본인과 조선인 사이의 상
호 이해가 중요한데 일상적 접촉이 부족한 상황에서 문학에 의해 접
촉을 할 수밖에 없어서 "바른 일본의 모습"과 "바른 조선의 모습"을
동시에 보여주는 『마음이 만나서야말로』를 창작했다.

"바른 일본의 모습"과 "바른 조선의 모습"이란 어떠한 것인가? 「내
선일체와 조선 문학」에서 이광수는 당면의 문제로 "내지인 측에서는
조선인의 충성의 정도가, 조선인 측에서는 내지인의 성의의 정도가
아직 확실하지 않[108]은 것을 지적하고 나서 바로 이런 데서 문학의
역할이 부상한다고 주장했다. 『마음이 만나서야말로』에서 일본인과
함께 전장으로 떠나는 조선인 표상은 그렇기 때문에 등장했으리라.
다시 말해, 일본인 독자들에게 조선인의 "충성의 정도"를 보여줌으로
써 그들의 "성의"를 주문한 것이었다. 실제로 이광수가 일본인과의
만남을 논하는 데 전쟁을 거론하지 않는 경우는 거의 없었다.

(중략) 내가 부탁하는 것은 가르치는 것보다도 한 사람의 내지인이
한 사람의 조선인을 형제처럼 자매처럼 사랑해 달라는 것이다. (중략)
당신이 한 사람의 조선인을—학생도 좋고 노동자도 좋고 또한 여
행자도 좋고—형제처럼 자매처럼 사랑해 준다면 사랑을 받은 그는
당신을 통해 국어와 일본 정신을 배우고 당신을 통해 일본을 사랑하
고 모든 일본적인 것을 사랑하며 점차 그것을 자기의 것으로 받아들

107 春園生, 「內鮮一體と朝鮮文學」, 『朝鮮』, 京城: 朝鮮總督府, 1940.3, 71~72면.
108 春園生, 위의 글, 66면.

일 터이다. 그리하여 그로 하여금 나라를 위해 생명을 바치게 할 터이다. 당신은 폐하를 위해 한 사람의 병사를 얻게 된 것이다. 아니한 사람의 병사가 아니고 그의 가족, 형제, 자손까지도 획득하게 된 것이다. (중략)

당신이 만일 한 사람의 우수한 학생을 사랑으로 획득한다면 그것은 단지 한 명의 병사만이 아니라 폐하를 위해 한 명의 장군을 얻게된 것이다.[109]

뤼허뤼와 룽잉쭝이 동화를 타이완화로 전유한 것과 달리 이광수는 동화의 본질을 회피하지 않았다. 그는 "국어"(즉 일본어), "일본 정신", "모든 일본적인 것" 등으로 구성된 일본화의 함의를 일일이 구체화하면서 마침내 조선인을 전장으로 소환하여 "나라를 위해 생명을 바치게" 한다는 동화의 종국적인 목적을 밝혔다. 뤼허뤼와 룽잉쭝이 '내대일여'를 일상적인 차원에서 접근했는가 하면 이광수는 '내선일체'의 정치적인 본질을 담담하게 서술했다. "내지인과 조선인이 정으로 연결되지 않으면 진짜가 아니"[110]라는 그의 논리에 따르면 일본인의 "사랑"이 궁극적으로 조선인을 죽음으로 몰고 간다는 사실을 밝히는 순간에 그는 사실상 이 "사랑"의 작위적 본질을 겨냥하여 '내선일체'에 대한 불신을 드러냈다. 조선인 주인공을 죽음으로 보내는 설정과 더불어 소설은 더 이상 명랑한 분위기를 유지하지 못해 '까마귀'나 '눈물', 침묵 등 일련의 부정적 기호를 등장시킬 수밖에 없게되었다.

『그들의 사랑』은 발표 시기가 앞서 인용된 「내선일체수상록(内鮮一體隨想錄)」과 겹쳤다. 이 소설은 일본인이 사랑으로써 조선인의 마음을 얻고 조선인을 일본 제국의 병사로 소환한다는 이광수의 '내선

109 香山光郎, 「內鮮一體隨想錄」, 『協和事業』, 東京: 中央協和會, 1941.2, 20~21면.
110 李光洙, 「心相觸れてこそ(二)」, 『綠旗』, 京城: 綠旗聯盟, 1940.4, 106면.

일체' 인식을 고스란히 소설화한 결과였다고 할 수 있다. 조선인 학생 '리원구'는 아버지의 별세로 인해 퇴학 위기에 봉착하는데 일본인 동창생 '니시모도 다다시(西本忠一)'로부터 동생의 가정교사로서 자기 집에 와서 살라는 초청을 받는다. 같은 집에서 생활하면서 '니시모도' 일가가 '원구'를 통해 조선인 전체를 재인식하게 된 한편, '원구'도 "지금까지 두 마음을 가지고 오던 생활을 청산하고 오직 한 마음으로 일본을 위하여서 충성을 다하기로" 하는 "결심"을 견고히 하기에 이른다. 이런 "결심"은 조선인 학생들의 집단 공격을 받아도 '니시모도 미찌꼬(道子)'를 유혹한다는 죄명으로 '니시모도' 집에서 쫓겨나도 흔들리지 않는다. 십 몇 년이 지나 '리원구'는 창씨개명을 하고 가솔린을 대체하는 액체 연료를 발명하여 제국을 위해 큰 공을 세운 제국 청년으로 장성한 후에도 계속 '니시모도 박사'를 아버지로 추대한다.

『마음이 만나서야말로』에서 이광수의 '내선일체' 인식은 이상적인 가면을 쓰고 있었다면『그들의 사랑』에 이르러서는 가면을 어느 정도 벗었다. 일본인이 사랑으로써 조선인을 제국의 병사로 소환한다는 소설의 핵심 서사를 감안하면 표제에 나온 '그들'은 조선인 주인공 '리원구'와 일본인 여성 '미찌꼬'를 가리키는 것이라기보다는 일본인을 통틀어 일컫는 표현이라고 해야 하는데 소설의 문제성은 이런 데서 부상했다. 우선 "한번 실험을 해보"자는 일본인 인물의 말이 시사하듯 이 내러티브는 일본인과 조선인의 동거—다시 말해, '내선일체' —의 가능성을 검토한다는 모의적인 성격이 두드러졌다. 소설의 모의적인 성격을 감안하면 일본인과 조선인의 동거가『마음이 만나서야말로』에서처럼 대등한 관계를 전제로 하는 것이 아니라 당초부터 일본인이 우위에 놓여 있는 것이 의미심장했다.

아버지를 잃은 조선인이 일본인 집에 들어가 남의집살이를 하게 된 것은 식민지의 메타포로 읽힌다. 일본인과 조선인의 관계를 "주인집"과 "서생"의 관계로 규정하면서 조선 청년이 조선의 땅에서 일본인에게 얹혀산다고 설정한 것은 식민지 현실에 대한 작가의 부정적 인식을 우회적으로 드러냈다. 청소와 빨래 문제에 대한 세부 묘사는 마조히즘적 성격[111]을 극대화한 한편, 제국 신민이 되어가는 데 자기청정(自己淸淨) 과정이 반드시 필요함을 보여준다. 자기청정 과정은 제국 신민의 정체성으로 수렴될 수 없는 부분이 존재했음을 암시했다. 특히 소설의 중단[112]은 민족 결합 실험의 실패를 시사했다. 내지인과 조선인의 만남의 이런 축도의 이면에는 '내선일체'에 대한 작가의 의심이 도사리고 있었던 게 아닌가?

조선인 주인공이 확고한 조선적 입장을 꾸준히 드러낸 것은 작가의 이런 실제 심리에 대한 보충 설명으로 볼 수 있다. 주인공이 일본인의 집에 들어가게 된 것은 "아무리 하여서라도 저 한 사람 때문에 조선 사람의 명예를 손함이 없으리라"는 각오 때문이다. 일상생활에서 일본인의 장점을 인정하는 한편, 동시에 일본인에게 조선 문화의 손색없음을 인정해 달라고 끊임없이 주문을 보낸다. 그 결과 일본인과 조선인이 동거하는 공간은 일견 일본인이 주도하는 공간처럼 보이지만 실제로는 치열한 민족의식의 각축장이 된다. 각축의 결과에 대한 작가의 포착이 중요한데 조선인이 고향에서 얻은 감회가 일본인에 의해 납득될 수 없다고 스스로 판단하여 침묵을 지키는 데 비해 일본인이 "요컨대 자네와 함께 지나보려니, 자네는 우리들과 조금도

∙∙∙∙∙∙∙∙∙∙∙∙∙

111 참고로 타루미 치에는 천휘취앤의 「길」을 분석했을 때 아무리 차별을 받아도 묵묵히 황민화의 길을 걸어가는 주인공의 모범생적인 자세가 자해 행동을 통해 상대방의 죄책감을 재촉하는 이른바 '도덕적 마조히즘(moral masochism)'이 된다고 주장한 바 있다. 垂水千惠, 앞의 책, 98~99면.

112 『신시대』 1941년 5월호 편집 후기에는 소설의 중단에 대해서 "連載中이던 春園의 長篇 「그들의사랑」은 지난달부터 不得已 中斷케 되었습니다"고 설명했을 뿐 구체적인 사연을 밝히지 않았다. 「餘滴」, 『新時代』, 京城: 新時代社, 1941.5.

다르잖은 줄 알았네"라고 피력한 대목을 보면, 조선인은 독자적인 입장을 보류하는 데 비해 일본인은 조선을 향해 경사하게 된다. 이는 민족의식의 각축에서 조선인의 우승을 말해준 한편, 동시에 작가의 일본 초월 욕망을 시사해준다.

'내선일체'에 대한 작가의 의심을 감안하면 이 소설의 창작 의도가 매우 문제적이라고 하지 않을 수 없다. 핵심 서사가 모두 조선어였으므로 이 소설은 조선인 독자를 대상으로 창작한 작품이었음에 틀림없다. 그렇다면 마땅히 조선인 독자에게 "바른 일본의 모습"을 보여줘야 "문학의 화려한 역할"을 실천할 수 있는데 실제로 작가가 제시한 것은 도리어 끝까지 민족적 편견을 버리지 못한 일본인 표상이었다. 일본인 인물들이 '리원구'를 소개할 때 가장 먼저 그의 조선인 신분을 밝힌다는 습관은 십 몇 년 전이나 지금이나 변함없다. 특히 십 몇 년이 지나도 여전히 "원구가 딸 미찌꼬의게 사랑을 청한 것이 괘씸하다는 생각은 뗄 수가 없"는 일본인 '니시모도 박사'의 완고한 민족적 편견은 조선인 '리원구'가 훌륭한 제국 청년으로 장성한 후에도 '니시모도 박사'의 은혜를 감사히 여긴다는 것과 선명한 대조를 이룬다. 결국 조선인 청년의 충성에 대한 반복 강조는 마조히즘적인 효과를 빚어 역설적으로 일본인에 대한 비판이 되었다.

전쟁을 위한 정치적 목적을 겨냥한다는 의미에서 『그들의 사랑』은 『마음이 만나서야말로』의 문제의식을 이어갔다. 작가는 한편으로 조선인이 일본인을 "경계"한 것이 그들을 "정치적 의도를 가진 사람들", 즉 "겉으로 친절을 보여서 조선 학생의 마음을 사 가지고, 그 민족의식을 깨트리려 하는 것"으로 인식하기 때문이라고 지적했고, 다른 한편으로 일본인이 "하나라도 조선 청년의 마음을 걷우는 것이 나라를 위해서 좋"다는 생각에 조선인을 집에 들이게 한다고 서술했다. 조선인의 경계심이 결코 근거가 없지 않음을 스스로 증명함으로써 이광수는 "내지인의 성의"의 기만적인 성격과 '그들의 사랑'이 결코 "마음과 마음이 만"난 "사랑"은 아니라는 사실을 밝혔다.

1943년 이후 일본의 패전 기미가 가시화되자 이광수의 동거 모티프는 식민지인의 일방적인 떠남으로 끝나게 되었다. 「카가와 교장」은 조선인 학생 '키무라 타로(木村太郎)'의 전학 문제를 중심으로 전개되었다. 일본인 '카가와 교장'이 가족과 친구들의 반대를 무릅쓰고 구석진 'K'지에 와서 신설 공립 중학교의 교장이 된 것은 '교육보국'이라는 신념에 학생들을 "모두 한 사람 몫을 하는 일본인으로 만들어내"기 위한 것이다. 물질적인 부족과 생활적인 불편함을 비롯한 여러 어려움에 봉착했는데도 그는 전혀 개의치 않는다. 다만 특히 유망한 제자로 아껴 온 '키무라'가 자신이 모르던 사이에 다른 학교의 입학 시험까지 본 것이 마음에 걸린다. 나중에 '키무라'의 어머니를 통해 알게 되는데 그동안 '키무라'를 데리고 'K'에서 자취 생활을 해 온 '키무라'의 아버지가 건강이 나빠져 경성에서 입원하게 됐으니 '키무라'도 어쩔 수 없이 경성의 학교로 전학하게 된다는 것이다. 결국 '카가와'는 '키무라'를 붙들지 못했고 소설은 "결국 키무라는 가 버렸어"라는 '카가와'의 보고로 마무리되었다.

『그들의 사랑』이 '내선일체'의 가능성을 검토한 실험이었다면 「카가와 교장」은 '내선일체'가 불가능하다는 결론을 명시적으로 밝혔다. 이 소설에서 조선인과 일본인의 동거는 두 가지 형식으로 등장했는데 모두 실패로 끝났다. 우선 '키무라'를 집에 들어서 함께 생활해도 좋다는 아내의 제안을 '카가와'는 단호히 거절한다. "그러나 그것은 불가능한 거야"라고 "카가와는 그렇게 판단해 버렸"던 이유에 대해 이광수는 "교장이 어느 한 학생을 집에 둔다는 것은 좋지 않다고 생각했다"라고 간단히 설명했을 뿐이었다. 일본인과 조선인의 동거에 대한 이러한 냉담한 태도는 1940~1941년 사이에 수많은 평론과 소설을 통해 동거의 거대한 의미를 반복 강조하고 동거를 다각적으로 검토한 것과 선명한 대조가 되었다. 일본의 패전 기미가 가시화되자 곧바로 동화의 검토를 포기한 현상은 이광수가 실제로 '내선일체'의 요구를 내면화하지 않았다는 사실을 말해준다.

다른 한편 조선인 학생 '키무라'의 전학도 동거의 실패로 읽힌다. 'K' 중학교가 '일본 정신'의 육화나 다름없는 '카가와 교장'이 '일본 정신'을 토대로 운영하고 학생들에게 여러모로 철저히 '일본 정신'을 주입하는 황민화 공간이라는 점에서 이광수의 '일본인 가정'과 치환 가능한 기호였다.[113] 이런 의미에서 '키무라'의 전학은 일본화에 대한 조선인의 거부로 읽힌다. 일본인에게 보여준 문학이 마땅히 "바른 조선의 모습을 묘사하는" 문학이어야 '내선일체' 사업에 기여할 수 있다는 작가의 논리를 감안하면 일본어로 창작하고 일본인 독자를 상정한 이 소설에서 일본인을 배신하는 "의리가 없는" 조선인 표상을 부각한 것은 '내선일체'에 대한 거부의 가시화라 할 수 있다. 일본인과의 동거를 일방적으로 중단한 조선인 표상은 그 전에 누명을 쓰고 쫓겨나고도 일본인을 감사히 여기는 조선인 표상과 선명한 대조를 이루어 후자의 마조히즘적 성격을 반증했다.

두 달 뒤 발표된 「대동아」에서 이광수는 또다시 일본인과의 동거를 일방적으로 중단한 식민지인을 표상했다. 중국인 '판위성(范于生)'은 중일전쟁이 발발한 직후 일본인 '카케이(筧) 박사' 일가를 따라 도쿄로 가서 박사의 집에서 체류하게 된다. 그러나 전쟁의 전개에 따라 '판위성'은 날로 우울해져 '카케이' 일가에 대해 마음을 닫는다. 아무

----

113 이광수는 "日本의 國家는 家를 單位로 組成이되엇"고 "日本人의家는 小日本國이다"(香山光郎, 「日本文化와朝鮮: 實生活을中心으로㊂」, 『每日新報』, 京城: 每日新報社, 1941.4.23)라는 논리를 바탕으로 일본인 가정을 국민 수련 도장으로 표상했다.

리 '카케이 박사'가 "일본의 진의"를 설명해 줘도 그는 믿지 못한다고 자신의 입장을 지킨다. 그러다가 어느 날 '판위성'은 불쑥 귀국하겠다는 의향을 밝혀 "일본의 진의가 사실로 입증되는 날이 온다면 다시 선생님의 문하로 오겠습니다"라는 약속을 남기고 귀국해 버린다. 그 후 사오 년 동안 아무 소식이 없다가 1943년 11월 3일의 명치절을 앞두고 나가사키(長崎)에서 "내일 오후 한 시 도착"이라는 전보를 보내온다.

이 소설은 일견 중국까지 수렴하는 동양론으로 확대한 것처럼 보이지만 실상 여전히 '내선일체'를 검토하고 있었다. "진짜 일본을 이해하는 한 사람의 지나인을 만들어내는 것은 하나의 성을 점령하는 것 이상의 승리이다"라는 중일 동거 논리는 "하나라도 조선 청년의 마음을 걷우는 것이 나라를 위해서 좋"다는 내선 동거 논리의 연장선상에 있어 중일 동거가 실상 내선 동거의 변용에 지나지 않는다는 사실을 말해준다. 조선인 대신 제국의 대립항이던 '지나인'을 등장시킨 것은 교전국의 국민을 통해 동거를 거쳐도 "조국이 끊임없이 부르는 목소리가 저의 귀에 들립니다"라든가 "저는 국민으로서의 의무가 있습니다"라든가 하면서 동요하지 않는 민족 입장을 밝힐 수 있기 때문이었으리라. 다시 말해 일본인과의 동거를 일방적으로 중단한 중국인 표상은 'K'교를 떠난 조선인 표상의 연장선상에 있어 동화 검토에 대한 작가의 포기를 거듭 말해준다.

결말에 '판위성'이 느닷없이 내일 도착한다는 전보를 보내온다는 설정은 이야기의 전체적 맥락에서 벗어난다는 위화감을 준다. 앞서 "아마도 충칭에 있을 거"라는 '아케미(朱美)'의 추측은 귀국한 '판위성'이 일제의 완전한 대립면에 서게 되었음을 이미 시사했다. "개인과 개인 가정과 가정의 이해관계를 떠난 순수한 우정적인 접촉이야말로 상호의 이해와 결합의 불이법문"[114]이라는 이광수의 논리에 따르면 동거를 통해서도 "일본의 진의"를 체득하지 못한 '판위성'이 일본과 교전하고 있는 중국으로 돌아가 도리어 일본을 이해하게 될 리가 만무하다. "일본의 진의가 사실로 입증되는" 것을 보여주려면 '판위성'의 귀환 소식을 선고하고 나서 열정적으로 "일본의 진의"를 예찬했을 텐데 그렇기는커녕 도리어 5년 동안 '카케이' 일가의 참담한 변화를 묘사했다. 부정적인 묘사는 제국의 정치에 대한 '카케이 박사'의 믿음이 "학자가 진리를 잃는" "전쟁보다도 불행한 일"임을 시사하며 "학자"와 "정치가"를 구분한 것은 정치와 거리를 두려는 자세를 보였다. 이야기의 전체적인 맥락에서 벗어난 설정은 1943년 말 이광수의 실제적인 '내선일체' 인식과 당국의 강요 사이의 거리를 고스란히 환원했다.

'내선일체'의 필연성을 믿었을 때 이광수는 한편으로 동화의 정치적인 목적을 반복해서 지적했고, 다른 한편으로 일본인을 따라 순순히 전장으로 가는 조선인 표상을 창출함으로써 일본인에게 차별의 해소를 요구했다. 그러나 일제의 패전 기미가 가시화되자 그는 곧바로 일방적으로 동거를 중단한 식민지인을 등장시켜 동화가 내면화되지 않았음을 보여줬다.

동거 모티프를 다루는 데 조선인 작가와 타이완인 작가들은 공통적으로 '이웃', '그들'이라고 일본인을 타자로 규정하면서 지속되지 못한 동거를 등장시켰다. 일본인을 혈연적으로 연결되어 있는 '가족'과 구분하려는 심리적 거리감과 동화에 대한 어두운 전망을 드러냈다. '이웃'이나 '그들'은 비록 지연적으로 연결되어 있지만 유동적인 관계에 지나지 않아 궁극에 있어 영원히 합치될 수 없는 평행선처럼 각자의 궤도를 가지고 있어 이별의 운명에 놓여 있었다. 다시 말해

114 香山光郎, 「同胞に寄す【7】·君と僕との努力」, 『京城日報』, 京城: 京城日報社, 1940.10.8.

일제와 식민지의 관계는 국가―국가, 민족―민족의 관계에서 벗어나지 못해 일체된 내선·내대를 이루지 못했다.

뤼허뤄와 룽잉쭝이 한두 명의 일본인을 타이완인 가정이나 집중 거주지에 들여 그들을 '식객'으로 호명했던 데 반해 이광수는 조선인이 혼자서 일본인 가정이나 주택가에 들어간 것을 설정하여 이러한 조선인을 '서생'으로 규정했다.[115] 이런 차이가 발생했던 원인으로는 첫째, 조선인 작가들이 집중 거주하고 있던 경성에서 일본인의 비중이 타이완인 작가들이 집중 거주하던 타이베이보다 더 높았던 사실,[116] 둘째, 다민족 이민 사회에 익숙해 온 타이완인에 비해 단일민족 문화 속에서 생활해 온 조선인이 외래문화에 더 민감했던 것 등을 들 수 있지만 여기서 특히 식민지 현실에 대한 작가 인식에 초점을 맞춰 해석하고자 한다. 앞서 지적했듯이 '내대일어'가 식민 통치 기반이 마련되어 있고 타이완인과의 충돌이 어느 정도 완화된 상황에서 제시되었다면, '내선일체'는 일본과 조선의 민족적 갈등이 가장 심한 시점에 일종의 회유 정책으로서 제시되었다. 따라서 비록 양자는 언어, 종교, 병력 동원 등 면에서 거의 동시적으로 전개되었지만 '내선일체'의 급진적인 성격은 더욱 두드러졌다. 그 결과 '내선일체'에 대한 조선인 작가의 태도도 더욱 복잡했다.

∙∙∙∙∙∙∙∙∙∙∙∙

115 타이완의 일본어 작품이 내지의 독자를 특별히 의식하지 않았던 것과 달리 조선의 일본어 작품이 1930년대부터 이미 내지인 독자를 충분히 의식하고 있었다는 시라카와 유타카의 지적도 같은 맥락에 있었다. 白川豊, 「植民地期朝鮮と台湾の日本語文学小考――一九三〇~四五年の小説を中心に」, 『年報 朝鮮學』 第二号, 福岡: 九州大學朝鮮學硏究會, 1992.3, 81면 참고.

116 비록 전체적으로는 조선에서 일본인의 비중이 타이완보다 낮았지만 경성에서의 일본인 비중은 타이베이보다 높았다. 예컨대 1940년 말에 타이베이 총인구 1,233,882명 가운데 일본인 거주자는 153,928명으로 12.48%를 차지했던 데 비해 같은 시기에 경성 총인구 930,547명 가운데 일본인 거주자는 총 150,627명으로 약 16.19%의 높은 비율을 차지했다. 朝鮮總督府 編, 앞의 책, 6~7면.

일본인이 타이완의 토착적 공간에 들어가 소극적인 태도를 취하던 타이완인의 경계심을 없애고 서로 화목하게 지내게 된다는 설정은 일제가 타이완에서 통치 기반을 마련하여 타이완인과 어느 정도의 화해를 이루었던 사실과 일치했다. 반면 부득이한 사정으로 일본인 가정으로 들어가 일본인과 치열한 민족의식의 대결을 펼치게 된 조선인 표상은 조선인 작가의 자화상으로 읽힌다. 다시 말해 홀몸으로 일본인 집에서 기거하게 된 외롭고 불안한 조선인 상은 식민지 현실에 노출된 조선인 작가가 느꼈던 고향을 잃은 불안감, 그리고 자문화에 대한 위기감을 압축적으로 육화했다. 궁극적으로 제국을 가해자로 인식하고 스스로 피해자로 자리매김하며 '내선일체' 과정을 타자와 타문화의 침입으로 인식했기 때문에 이광수의 내선 동거 모티프는 피해자의 자의식으로 일관되어 마조히즘적 성격을 강하게 드러냈다.

뤼허뤄와 룽잉쭝이 '내대일어'를 타이완의 일상 속에서 접근하면서 일본인을 타이완의 일상 속으로 수렴하려는 욕망을 드러냈다는 사실은 상당히 흥미롭다. 동화의 과정에서 오히려 일본을 반격할 역량을 축적했다고 할 수 있다. 이에 비해 이광수는 '내선일체'의 정치적인 본질을 반복해서 지적하면서 실제로 '내선일체'의 요구를 내면화하지 않았다. '내선일체'에 대한 거부는 전쟁이 막바지에 접어들어 감에 따라 점차 가시화되었다.

1943년 하반기부터 꾸준히 등장한 일방적으로 동거를 중단하여 본가로 돌아가는 조선인 표상은 같은 시기에 양가를 떠나 생가로 돌아가는 타이완의 양자 표상과 궤를 같이하여 제국에서 이탈하는 조선과 타이완의 일제말기 문학의 공통적인 궤적을 제시했다. 그러나 원심적 방향은 동일하지만 조선인 작가는 더 많은 보호색을 동원했다. 「카가와 교장」과 「대동아」는 '가야마 미쓰로'라는 창씨명으로 발표되었고 일본어로 창작되었을 뿐만 아니라 일본인의 시점에서 서술을 전개했고, '키무라' 부자 대신 '키무라'의 어머니를, 조선인 대신 '지나인'을 등장시켰다. 국책적인 장치의 배치 및 당사자의 결석은 공동으로 일제에 대한 조선인 작가의 더 강한 불신을 시사했다.

3. 문제성의 소설적 구현

'내선일체'와 '내대일여'를 검토하는 과정에서 식민지 작가들은 동화의 한계를 확인해 나가면서 정체성의 회복을 보였다. 이 사실을 확인하기 위해 이 절에서는 일견 동화의 성과를 드러낸 것처럼 보이는 가장 문제적인 세 가지 모티프, 즉 민족 관계의 개선, 동화인(同化人), 그리고 지원병·징병에 초점을 맞춰 식민지 작가들의 동화 인식을 거시적으로 살펴보겠다.

㉮ 멈추어진 '과거': 민족 관계의 실상

조선과 타이완의 일제말기 소설에서 민족 관계의 변화는 과거를 회상하는 식으로 제시되거나 인물의 세대적 변화로 표현되었다. 후자에 대해서는 기존 연구에서 이미 많이 논의했으므로[117] 여기서는 중복을 피하고 과거를 회상하는 식으로 민족 관계 변화를 부각하는 소설을 중심으로 검토하겠다.

· · · · · · · · · · · ·

117 주요 연구로는 김철, 「우울한 형/명랑한 동생: 중일 전쟁기 '신세대 논쟁'의 재독 (再讀)」, 『식민지를 안고서』, 서울: 역락, 2009, 157~197면; 정하늬, 「1940년 전후 가족사 소설의 세대론적 고찰―한설야의 『탑』과 김사량의 『낙조』를 중심으로」, 『인문과학연구논총』 제36권 4호, 서울: 명지대학교 인문과학연구소, 2015, 13~48면; 정하늬, 「신세대 작가 정비석의 일제 말기 소설에 나타난 세대 문제」, 『춘원연구학보』 11집, 서울: 춘원연구학회, 2017, 267~300면 등을 꼽을 수 있다.

1941년부터 식민 초기의 역사를 회고하는 소설들이 산발적으로 등장하기 시작했다. 식민 초기의 역사를 중심적인 서사로 하는 소설로는 조선에 이석훈의 「여명—어떤 서장」(『국민총력』, 1941.4), 「선생님들」(『동양지광』, 1942.8) 등, 타이완에 저우진뿌의 「'자'의 탄생」(『문예타이완』, 1942.1), 뤼허뤄의 「옥란화」(『타이완문학』, 1943.12) 등이 있었다. 그외 식민 초기를 현시점과 대조적으로 배치한 작품으로는 조선에 김사영의 「형제」(『신시대』, 1942.11~1943.3), 이광수의 「군인이 될 수 있다」(『신태양』, 1943.11) 등, 타이완에 천훠취앤의 「안전하게 일하세요」(『타이완문예』, 1944.8) 등을 꼽을 수 있다. 이러한 소설의 등장은 일견 민족 관계의 개선에 초점을 맞춰 '내선일체'와 '내대일여'의 성과를 노래한 것처럼 보이지만 텍스트를 짚고 넘어가면 식민지 작가의 부정적 시각을 쉽게 발견할 수 있다.

저우진뿌와 뤼허뤄는 일본인에 대한 공포감이 친근감으로 변모된 것을 형상화했다. 타이완 육군 지원병 제도의 실시를 앞두고 발표된 「기쁜 말(欣びの言葉)」(『타이완시보』, 1942.2)에서 저우진뿌는 다음과 같이 일본군에 대한 감정 변화를 추적했다.

> 어릴 적 군인의 군화 소리만 들어도 집에 뛰어들었다. 울거나 응석을 부리거나 하면 어머니는 군인이 왔다고 엄포를 놓으셨다.
> (중략)
> 어느 날. 학교 뒷산에서 많은 군인들이 반합으로 밥을 짓고 있었다. 걸어총에다가 검이 걸려 있었다. 검날이 보고 싶었지만 가까이 가기 싫었다. 복도의 기둥 뒤에 숨어 있어 멀리서 군인들을 엿봤다. 그렇더라도 그 날은 기쁘게 집에 들어가서 지식을 자랑했다.
> (중략)
> 며칠 전의 일이었다. 사당 앞에 군인 대여섯 명이 지나가자 아이들이 뛰어나와 「헤이다이상 시츠케」「헤이다이상 시츠케」
> 라며 끈질기게 뒤를 쫓아다녔다. 어머니들은 자랑하듯이 아이를

껴안고 볼에 대고 비벼주었다.

많이 변했네. 늙은이가 중얼거리는 것을 옆에서 듣고 마음이 후끈했다.[118]

저우진뽀가 1920년에 태어났다는 사실을 감안하면 공포감과 경계심에 일본군에게 가까이 가지 못했다는 기억은 1920년대의 일이었다. 이는 1920년경의 타이완을 배경으로 하는 「옥란화」의 서술과 일치했다.

(중략) 일본인이라는 말을 듣고 나는 확 크게 눈을 떴다. 가슴이 철렁했다. 평소에 우리들이 울음을 그치지 않으면 할머니와 어머니는 늘 「이봐, 일본인이 왔네」라고 울음을 그치게 했으니 우리들은 일본인을 더할 나위 없이 무서워하게 되었다.[119]

매우 유사한 묘사는 1920년대 일본군에 대한 타이완인들의 일반적인 감정을 투사했다. 이어 저우진뽀와 뤼허뤄는 대립적인 감정의 해소를 형상화하고 민족 관계의 개선에 주목하는 데 공통성을 보였다. 타이완의 현실과 어느 정도 일치했다고 볼 수 있다. 그러나 작가의 주안점은 민족 관계의 개선에만 놓여 있는 것은 아니었다. 소설 「'자'의 탄생」을 통해 민족 관계에 대한 저우진뽀의 실제적인 인식을 짚고 넘어가겠다.

저우진뽀가 초등학교 3학년 때 지룽 제일 공학교로 전학했던 경험을 바탕으로 창작한[120] 「'자'의 탄생」은 "만주사변도 끝나고 상하이사변의 직후", 즉 1930년대 초를 시간적 배경으로 했다. 작가는 우선 타이

• • • • • • • • • • • •

118 周金波, 「欣びの言葉」, 『台湾時報』, 臺北: 臺灣總督府台湾時報發行所, 1942.2, 68~69면.

119 呂赫若, 「玉蘭花」, 『台湾文學』, 臺北: 啓文社, 1943.12, 122면.

120 周振英, 「我的父親 —— 周金波」, 中島利郎·周振英 編著, 『臺灣作家全集別集·周金波集』, 臺北: 前衛出版社, 2002, 360면.

완인 아이들이 일본인 장교와 허물없이 어울리는 장면을 등장시켰다.

> 트랩을 내려온 한 장교를 「흰 원숭이」가 재빨리 발견했다. 네 사
> 람은 흙장난하던 손을 옷에 비비며 장교한테 뛰어갔다.
> 「흰 원숭이」가 가장 먼저 장교의 팔에 매달렸다. 그건 익숙해진
> 것이었다. (중략)
> 군함이 정박할 때마다 마을은 피부가 까맣게 타고 건강해 보이는
> 수병들로 가득 차 있었다. 바나나 장수와 내지 과자 장수를 제외하
> 고는 마을의 아이들이 가장 좋아했다. 머리를 어루만져 주기도 하고
> 캐러멜을 주기도 했다. 모자 쓴 부위만 하얗게 남아 있는데 왜 거기
> 만 하얀 거야—라고 물어보니 한일자로 꽉 다물었던 입에 미소를 띠
> 우며 껴안았다.[121]

며칠 뒤 발표된 「기쁜 말」에 나온 1940년대 타이완인 아이들이 일
본인 군인들을 쫓아다니는 장면은 여기에 녹아 있었다. 이러한 묘사
에는 1920년대보다 훨씬 완화된 민족 관계에 대한 작가의 인식이 깔
려 있었다. 그러나 민족 관계의 개선만 부각하는 수필 「기쁜 말」에
비해 소설 「'자'의 탄생」은 훨씬 더 복합적인 문제의식을 드러냈다.
결론부터 말하자면 비록 민족 관계가 어느 정도 완화되었지만 타이
완인은 일본인과 가까이 접촉함으로써 도리어 주체적인 타이완적 정
체성에 눈떠 동화의 한계를 확인해갔던 것이다. 타이완인 아이는 자
기를 소개하면서 일본어 능력의 한계에 부딪쳐 일본인 앞에서 자신
을 제대로 표현하지 못한다는 사실을 발견한다. 다시 말해 타이완인
아이는 점차 일본인의 눈에 투사된 자신이 실제적인 자신과 거리가
있을 수밖에 없다는 사실을 인식하게 된다.

다른 한편 그는 의도적으로 타이완식 이름을 일본식 이름으로 고

....

121 周金波, 「『ものさし』の誕生」, 『文藝臺灣』, 臺北: 文藝臺灣社, 1942.1, 34~35면.

처 식민지인의 신분을 감추려 한다. 이처럼 일본인과 대면할 때 타이완인 아이는 스스로 '자'—제국의 기준—를 인식하여 그 기준대로 자신을 수정해 나가면서 실제적인 자신을 멀리한다. 이런 의미에서 일본인 장교와 허물없이 어울리는 타이완인 아이는 의식적으로든 무의식적으로든 일본인 아이를 가장한 타이완인 아이이며 실제적인 타이완인 아이는 아니다. 따라서 타이완인 아이와 일본인 장교의 교제에는 일본인 아이의 등장을 허용할 수 없다.

> 팅쯔쟈오(停仔脚, 亭子脚, 騎樓라고도 함. 건물의 인도 쪽으로 튀어나온 부분을 일컫는 말.—인용자)를 지나는 수병은 한 사람 한 사람 장교에게 거수경례를 했다. 그럴 때마다 우원쑹은 퍼뜩 부동자세를 취하고 싶어졌다. 손을 잡고 걷는 것은 장교의 동생이나 친척의 아들처럼 보였다. 우원쑹은 가끔씩 장교를 쳐다보고 그의 표정을 통해 같은 심정을 읽어내고 싶었다. 하지만 소학교 아동이 단 한 사람이라도 지나가면 그의 행복한 공상은 순식간에 깨져 버렸다. 상대방의 적의 찬 눈빛을 재빨리 찾아냈다.[122]

일본인과의 친밀한 교제를 통해 혈연적 유대의 구축을 상상한 것은 타이완인 아이의 동화 욕망을 말해준다. 그러나 동화의 욕망은 현실에 부딪치자 곧바로 위축될 뿐만 아니라 오히려 더 강한 민족 자의식을 불러일으켜 "소학교 아동", 즉 일본인 아이를 향한 "적의"로 변모된다. 동화의 욕망이 권력을 상징하는 군인에게만 향할 뿐 같은 연령대의 일본인 아이에게는 "적의"밖에 느끼지 못한다는 것은 흥미롭다. 다시 말해 저우진뽀가 보여준 타이완인의 동화 욕망은 권력에 대한 지향을 기반으로 하는 상당히 불안정하고 불철저한 것이었다.

결국 타이완인 아이와 일본인 장교의 우정은 나체로 바닷속에서

- - - - - - - - - - - -
122 周金波, 앞의 글, 35면.

물싸움을 할 때 정점에 도달하지만, 일본인 아이를 흉내 내 씨름을 할 때는 균열이 발생한다. 이 과정에서 타이완인 아이가 끊임없이 국외자의 시선을 가상해서 자신과 일본인 아이를 비교한다고 저우진뽀는 서술했다.

> (ㄱ) 물싸움이 시작됐다. 사방에서 물을 뿌렸지만 장교는 피하지 않고 가까이 다가섰다. 패색을 보고 우원숑은 장교의 어깨에 달라붙었다.
> 　　우원숑은 진심으로 기뻐했다. 모두 나체니 소학교의 아동이라고 치더라도 같은 훈도시(褌)인데 누가 분간할 수 있는가? 분간할 수 있어도 좋다. 모두 똑같이 나체이다.[123]
> (ㄴ) 장교는 실망해서 털썩 주저앉고 말았다. 처음에 호기심에 모여든 사람들은 모두 가 버렸다. 소학교 아동의 씨름이 우레와 같은 갈채를 받고 있었다. 건너편에서 환성이 오를 때마다 우원숑은 구멍에라도 들어가고 싶은 심정이었다. 우와데나게란 무슨 뜻일까? 처음에 짐작이 가지 않아 뻥뻥했지만 점점 창피해져 빨리 끝났으면 좋겠다고만 마음속으로 빌었다. 하지만 그것으로 그치지 않았다. 소리 없는 비웃음과 바늘로 찌르는 것 같은 경멸을 느끼면서 내몰리는 것처럼 바다 속으로 뛰어들었다.[124]

　(ㄱ)에서 일본인 장교와 허물없이 어울릴 때마저 타이완인 아이가 끊임없이 마음속으로 일본인 아이를 의식하고 있는 것은 일본인과 다른 자신의 정체성에 대한 의식을 말해준다. 모든 외적 장식을 배제하는 나체 상태, 즉 균질적인 무분별 상태에 대한 지향은 역설적으로 일본인에게 느낀 이질감을 시사한다. 이처럼 타이완인의 민족 자의식

· · · · · · · · · · ·
123　周金波, 앞의 글, 36면.
124　周金波, 위의 글, 37면.

은 일본인과의 친밀한 사귐을 통해 없어지기는커녕 오히려 분명해진
다. (ㄴ)의 씨름 장면에 이르러 타이완인의 민족 자의식은 좌절감으
로 인해 극대화되었다. 일본인 아이들의 씨름 장면을 보고 장교가 타
이완인 아이들에게 해 보라고 종용했는데 씨름을 한 번도 해 본 적이
없는 타이완인 아이들은 마을 아이들이 싸울 때 쓰는 방법밖에 모르
고 장교의 전문용어도 알아듣지 못해 뭇사람 앞에서 망신을 당한다.
일본의 고유 경기의 등장 때문에 타이완인 아이는 다시 일본인과의
거대한 차이를 확인하고 도망한다.

결국 타이완인 아이는 집에 돌아가는 길에서 일본인과 같이 보냈
던 시간을 회고하면서 "즐거웠"다고 판단하는 한편, "뭔가 허전한 게
거기에 도사리고 있"다는 "어쩔 수 없는 섭섭함"을 절감하여 "아뿔
싸, 아뿔싸"라며 "괴로워한다". 타이완인 아이가 느낀 느닷없는 허전
함은 일본인 장교에 대한 어머니의 불신을 통해 그 정체가 밝혀진다.
그 결과 타이완인 아이는 스스로 "즐거웠던 하루가 이것으로 온통 망
쳐져 버린 것을 깨닫"고 일본인과의 사귐을 실패로 귀결할 수밖에 없
다. 그는 "장교와 손을 잡고 걸었던 자신과 이렇게 어머니에게 꾸중
을 듣고 있는 자신은 딴사람으로 느껴진다. 어머니에게 꾸중을 듣고
있는 지금, 장교와 손을 잡고 걸었던 자신을 떠올리면 무섭고 허무하
다. 만약 장교와 손을 잡고 걸을 때 어머니를 떠올린다면 순식간에
우울해졌겠지"라고 반성하면서 일본인 장교 앞의 자신과 어머니 앞
의 자신의 치환 불가능성을 절감한다. 다시 말해 일본인과 허물없이
어울리는 자신은 일상에서의 자신과 겹치지 못한다는 것이다. "장교
와 손을 잡고 걸었던" 것, 즉 일본인과 가깝게 지낸 것은 타이완인의
일상으로 고착될 수 없어 일종의 예외 상태에 지나지 않는다. 이처럼
'내대일여'의 한계를 깨달은 타이완인 아이는 소학교 전학에 대해
"불안"과 "기우"를 느끼는 한편, "공학교에 대한 집착과 향수"를 느

껴 일본인 아이들 가운데 들어가는 것을 거부하기에 이른다. '내대일여'의 과정은 타이완인이 '자'의 기준으로 자신을 수정해 나가는 과정인 동시에 "자의 탄생"이 암시하듯 타자를 발견함으로써 자신을 확인해 나가는 과정이기도 했다.[125] 제국을 향한 구심운동에서 제국에서 이탈하는 원심력을 확보하여 일본적 정체성의 구축을 포기했다고 할 수 있다. 소설의 내적 시간이 1930년대에 멈추어 있다는 설정 또한 같은 맥락에 있었기에 겉으로 큰 성과를 거둔 것처럼 보이는 '내대일여'의 극복 불가능한 한계를 암시했다.

　1943년 중반부터 문학 동원이 가속화됨에 따라 일본인과 타이완인 사이의 우정을 제재로 한 작품들이 속출했다. 룽잉쭝의 「연무의 정원」(『타이완문학』, 1943.7)과 「노래(歌)」(『타이완문예』, 1945.1), 뤼허뤄의 「옥란화」, 천휘취앤의 「안전하게 일하세요」 등이었다. 이 소설들의 공통 특징은 내지와 타이완 사이 관계의 개선을 형상화하는 한편, 우회적으로 일련의 문제들을 제시한 것이었다. 뤼허뤄의 「옥란화」는 창작 시간과 서사 시간의 균열에서 비롯된 불확정성을 부각함으로써 기억을 재구성할 가능성을 암시하고 일본인에 대한 불신을 드러내는 데 「'자'의 탄생」과 궤를 같이했다. 이에 대해서는 앞서 이미 논의했기 때문에 다음에는 의도적으로 민족 갈등이 심각했던 30년 전의 상황을 1940년대 현재의 상황과 대조적으로 서술한 천휘취앤의 「안전하게 일하세요」를 분석함으로써 '내대일여'에 대한 천휘취앤의 문제의식을 조명하겠다.

· · · · · · · · · ·

125 후일에 왜 '자'에 따옴표를 사용했느냐 라는 나카지마 토시오(中島利郎)의 질문에 대해 저우진뽀는 '나의 풍자'라고 대답했다. 나카지마는 '우원슝'을 소년 시절의 저우진뽀로 치환하여 "나에 대한 풍자"로 해석했지만(中島利郎, 「周金波新論」, 中島利郎·周振英 編著, 앞의 책, 12~14면) 저우진뽀의 풍자의 대상은 '우원슝'이 아니라 '자'였음에 틀림없다. 즉 '자'를 발견하면서 도리어 '자'의 허위성을 확인한다는 패러독스였다.

「안전하게 일하세요」는 진꽈스 광산에서 1910년대 타이완인 광부들이 일본인 관리자의 난폭함에 무력으로 대항했던 극히 대립적인 민족 관계가 1940년대에 "전우애"로 변모된다는 민족 관계의 개선을 중심축으로 전개되었다. 타이완 옷과 맨발이 획일적인 노동복으로 대체된다는 외형적 일치는 정신적인 동화의 은유로 읽힌다. 도원삼결의 (桃園三結義)라는 타이완의 전통 이야기를 본받아 의형제를 맺어 조직적으로 일본인을 공격했던 삼형제는 사이가 틀어져 그들이 공동 대항했던 일본인 관리자의 도움으로 화해한다는 것은 타이완 민족 운동의 침체를 말해준다. 천휘췬앤은 이런 변화를 "역사의 숨결"이라 호명하면서 그 이유로 광산이 개인 경영에서 국가 경영으로 바뀌면서 전체주의적인 공동체를 구축해낸 것과 징병제 실시의 영향을 꼽았다. 즉 "적과 전쟁을 하다 보니 아군 동지끼리는 서로 친해져" 전쟁에 의해 유대감을 구축한다는 것이었다. 그러나 이는 소설의 표면적인 장치에 지나지 않았다.

이 소설을 천휘췬앤 창작의 전체적인 맥락에서 해독하면 처녀작 「길」에서 「장선생」으로 이어진 일본적 정체성의 구축 과제에 대한 관심을 확인할 수 있다. 「길」에서 천휘췬앤은 일본인이 되는 데의 한계를 솔직하게 제시했고 「장선생」에서 전쟁에 직접 참여함으로써 일본적 정체성을 구축할 가능성을 검토했다. 그런가 하면 「안전하게 일하세요」는 매우 우회적으로 문제에 접근했지만 이 두 소설의 문제의식을 이어가고 있었다.

「안전하게 일하세요」에서 일본인과 타이완인을 교차하지 않는 두 단체로 확연히 구분하면서 타이완인을 '그들'로 통틀어 일컫는다. '그들'이라고 호명한 것은 이름을 지움으로써 타이완인에게 보낸 일본인의 타자적인 시선과 무화(無化)를 암시한 한편, 1년 앞서 발표된 「길」에서 작가의 분신격 주인공을 '그'로 호명한 연장선상에 있었다.

「길」의 후반부에 이르러 일본인 단체에서 깊은 고독감을 느낀 타이완인 주인공이 같은 타이완인인 '쯔위애뉘(稚月女)'에게서 자아를 확인해 나가면서 "우리들"이라는 공동체 의식을 형성했다. 「안전하게 일하세요」에서의 '그들'은 '우리들'의 다른 이름으로서 '그'가 드디어 타이완인 단체로 귀환했다는 사실, 즉 민족 자의식의 부상을 시사했다. 일본인의 시점을 취한 것은 이광수의 「카가와 교장」이나 「대동아」와 마찬가지로 일종의 국책적 장치에 지나지 않아 작가의 신중한 태도를 말해준다.

천훠취앤이 가장 관심을 가지고 있었던 민족 차별 문제[126]도 이 소설에서 확인할 수 있다. 그는 우선 "광원의 대다수는 타이완인이다"라고 업종 분배상의 불공평함을 제시했다. 그 가운데 60세를 넘은 늙은이와 여성도 포함되는데 여성까지 광갱에서 날마다 20차 가량의 광석을 운반한다. 그들에게 '일급가급제(日給加給制)'를 실시하여 동원을 최대화한 한편 30년 동안 승진시키지 않는 것은 일본인의 보편 승진과 선명한 대조를 이룬다. 이어 천훠취앤은 일련의 세부적인 균열들을 통해 민족 차별을 제시했다. 일본인 주택가에서 떨어진 "나가야(長屋)"에서 타이완인 광원들이 영위한 삶에 대해 그는 "안정되고 각자의 삶을 즐기고 있는 것 같은 분위기"라고 묘사했지만 환경의 열악함을 지적했다. 유족 부조금이 천 엔이나 있다고 하면서 장례식을 치르고 나면 남은 게 없다고 스스로 해체했다. 드디어 그는 일본인을 "지도자층"으로 호명하면서, 일본인 관리자의 시점에서 타이완인 광

126 타루미 치에는 천훠취앤이 타이완인 신분 때문에 승진하지 못했다는 현실에 충격을 받아 「길」을 창작했다고 주장한다(垂水千惠, 앞의 책, 75~100면 참고). 천훠취앤의 창작 의도가 단순히 실제적인 이익을 도모하는 데 있었다는 타루미의 관점에 동의하기 어렵지만 그가 경제적인 차별을 비롯한 민족 차별 문제에 각별히 주목하고 있었던 것은 부인할 수 없다.

부들을 "어쩐지 인간이라기보다는 악귀들이 장난치는 것 같은 어마어마한 무엇"으로 묘사하며 타이완인이 실제로 인간으로 취급받지 못한다는 사실을 암시했다. 「길」에서 민족 차별을 솔직하게 지적하면서 문제의 해결을 기대했는가 하면 「안전하게 일하세요」는 보다 우회적으로 현실을 비판하면서 문제의 해결을 포기했다.

툭하면 타이완인 광부에게 욕설을 퍼붓거나 때리거나 하는 일본인 관리자의 포악한 모습은 비록 1910년대의 과거 일로 제시되지만 1940년대를 시간적 배경으로 하는 「길」에서 징용을 받지 못한 울분 때문에 아무 죄가 없는 타이완인에게 주먹을 휘두르는 일본인 경찰이나 느닷없이 화를 내 뭇사람 앞에서 타이완인을 구타하는 일본인 동료나 10여 년 동안 같이 일해 왔음에도 "솔직히 말해 타이완인은 인간[127]이 아니야!"라는 모욕하는 말을 하는 일본인 상사의 모습과 겹친다. 다시 말하면 「안전하게 일하세요」에서 1910년대의 일로 제시된 민족 갈등은 실제로는 1940년대의 현실이었다. 천휘취앤은 과거 시제를 보호색으로 활용하여 비판적 입장을 감추었을 뿐 '내대일여'에 대한 문제의식은 그대로 이어졌다. 각별한 신중함은 외적 압력의 확대와 '내대일여'에 대한 작가의 체념에서 그 원인을 찾을 수 있다. 겉으로 민족 관계의 개선을 구가하면서 실제로는 '내대일여'의 불가능성을 우회적으로 지적하는 데 「안전하게 일하세요」는 「'자'의 탄생」이나 「옥란화」와 궤를 같이했다. 전쟁이 막바지에 이르러감에 따라 작가는 보다 우회적인 접근법을 취하고 소극적인 방관자적 위치로 물러섰을 뿐이었다.

조선의 회고적 서사에서 '일본인'이 대부분 공포의 대상이나 이질

---

127 『문예타이완』 1943년 7월호에 최초로 발표되었을 때 'ㅇㅇ'로 고쳤지만 원고에서는 '인간'으로 되어 있었다.

적인 존재로 표상된 것이 타이완과 동일했지만 감정의 변화를 보이지 않는 데서 타이완과 변별되었다.

> (ㄱ)「헌병이 왔다.」
>   누군가 이렇게 외치자 길가에서 장난치고 있던 아이들은 거미 새끼가 흩어지듯이 허둥지둥 집으로 도망쳐 숨었다. 그리고 숨을 죽이며 호기심 많은 두 눈을 반짝이면서 문틈으로 헌병의 모습을 훔쳐보았다.[128]
> (ㄴ) (중략) 말을 탄 일본 헌병이 마을 앞을 지난다고 해서 얼굴빛이 달라져 숨은 것까지는 좋은데 뒤뜰 김칫독에 머리만 들이밀고 있는 것을 (중략)[129]

(ㄱ)과 (ㄴ)은 각각 「여명―어떤 서장」과 「성안(聖顔)」의 일부이며 모두 1910~1920년대를 시간적 배경으로 했다. 이로 보건대 그 시점에 일본인에 대한 감정을 공포감으로 포착한 것이 식민지 문단의 일반적인 현상이었다.[130] 그러나 타이완인 작가들이 이어서 공포감의 해소를 형상화했던 데 반해 조선인 작가들은 정체된 감정을 작품화했다. 「성안」에서 일본 헌병에 대한 여주인공의 공포감이 시간의 추이에 따라 감소하지 않는 것은 "눈 깜짝할 사이에 우르르 헌병대가 집으로 들어와 창고에서 부엌, 서까래 아래까지 뒤졌는데 분녀는 독에 머리를 들이밀지는 않았지만 방구석에서 가슴을 누른 채 움직일 수 없었다"[131]라는 묘사를 통해 알 수 있다. 이에 비해 「여명―어떤 서장」의 서사 시간은 1910년대 초 한일합방 초기에 멈춰 있다. 소설

----

128 李石薰, 「黎明―或る序章」, 『國民總力』, 京城: 國民總力朝鮮聯盟, 1941.4, 104면.
129 金士永, 「聖顔」, 『國民文學』, 京城: 人文社, 1943.5, 7면.
130 일본인이 대부분 헌병이나 경찰, 군인 등 국가 폭력의 기호로 등장한 것도 같은 맥락에 있었다.
131 金士永, 위의 글, 10면.

의 표제가 시사하듯 이 소설은 한일합방 초기를 "여명", "서장"에 비유하면서 독립운동자의 전향, 근대 학교제도의 수립, 여성 해방 등 일련의 사회 변화를 긍정적으로 서술했다. 그러나 현시점에 의해 뒷받침되지 못한 한 비록 '여명', '서장'을 긍정적으로 묘사하더라도 실상 무의미하다. '여명'은 화려한 백주를 예고함으로써만 의미를 갖고 '서장'은 클라이맥스를 호출함으로써만 의미가 있기 때문에 멈추어진 '여명'이나 '서장'은 아무 의미가 없다. 헌병의 친절함을 표현하려는 의도를 드러냈지만, 일본 헌병에 대한 식민지 아이의 공포감이 1910년대 초라는 시점과 함께 멈추었다는 점을 통해 '내선일체'에 대한 이석훈의 보류적인 태도를 엿볼 수 있다.

민족 관계의 개선을 비교의 시각에서 다루는 조선 소설로는 김사영의 「형제」를 꼽을 수 있다. 이 소설은 제목이 시사하듯 조선인과 일본인 사이 형제 관계의 구축을 중심으로 전개되었다. 한일관계는 조선인 '이현'과 그의 이복형이자 한일 혼혈아인 '요시죠우'의 형제 관계로 구현되었다. 한일관계의 개선에 대해 김사영은 한편으로 "이십사오년 전이 아니면 더 옛날이었는지도 모르"는 과거 시점과 현재 시점을 대조적으로 배치하고 다른 한편으로는 '이현'의 '할아버지'로 대변된 구세대부터 '아버지'로 대변된 세대, '이현'의 세대, 그리고 마을의 아이들로 대변되는 미래 세대로 이어진 세대적 추이를 제시했다. 소설의 내적 시간이 창작 시간과 일치했다면 "이십사오년 전"은 1910년대 말, 즉 한일합방 초기로 봐야 한다. 한일합방 초기 조선인의 일본 인식과 일본인 인식은 아이의 시점에서 제시되는데 일본은 "먼 나라"로, 그리고 일본인은 "인력거", "양복", "모자", "구두" 등 근대적인 문물로 표상되는 이질적인 존재로 비쳐졌다. 동시에 조선인의 대일감정은 호기심과 배척적인 태도의 착종이었다. 이에 비해 1940년대에는 지방 행정 장관과 지식인을 비롯한 모든 조선인은 한 결같이 일본인 '키하라(木原)' 일가에게 따뜻한 우정을 보이며 서로 협력해서 '총후봉공'에 투신한다. 이러한 '내선일체'의 이상적인 구도를 제시한 한편, 김사영은 세대 간의 태도 변화를 형상화했다. '할아버지'는 어린아이가 일본인으로부터 과자를 얻어먹는 것조차 엄격하게 단속하는 등 일본인과의 모든 형식의 교제를 일절 거부한다. 일본인 혈통의 손자가 제사에 참여하지 못하도록 하게 할 만큼 일본인과의 친연관계 구축을 철저히 배척한다는 강경한 반일 입장을 지킨다. 이에 비해 '아버지'는 일본 유학 경험이 있을 뿐만 아니라 일본인 여성과 연애하고 아이까지 낳는다. 그러나 주위의 압력에 굴종하여 일본인과의 결합을 포기하고 아들을 보호하지 못한다. '내선일체'를 시도했지만 실패한 인물로 볼 수 있다. '이현'은 '아버지'와 일본인 여성 사이의 비극적인 사랑을 동정하고 이복형에게 가족애를 느끼지만 형제 관계를 밝히는 데 망설인다. '내선일체'를 동경하면서도 피동적인 태도로 일관하는 조선 지식인의 표상이라 할 수 있다. 조선인 아이와 일본인 아이가 이른 봄의 풍경 속에서 허물없이 논다는 소설의 희망 찬 결말은 '내선일체'의 밝은 앞날을 암시했다.

한일관계의 개선은 특히 '키하라 우메(木原ウメ)'의 난산 사건을 통해 압축적으로 형상화되었다. '우메'가 조선인들로부터 받은 알뜰한 보살핌은 한일합방 초기 혼자서 아들을 데리고 조선에 건너온 일본인 여성이 겪었던 냉대와 선명한 대조를 이룬다. 조선인들이 일본인의 어려움을 "마치 자기 일이라도 된 것처럼" "초조하고 걱정하는" 것은 '내선일체'의 완성을 암시한다. 조선인과 일본인의 사랑을 한몸에 받는 신생아의 탄생과 함께 혼혈아 '요시죠우'가 죽음을 맞이한다는 것은 희망이 가득 찬 신시기의 도래와 고통스러운 과도기의 종말을 동시에 선고한다.

이러한 표면적인 이야기를 보면 「형제」는 '내선일체'의 완벽한 메타포라 할 수 있다. 그러나 「형제」에 대한 해독은 이것으로 그쳐서는 안 된다. 소설에서 과거의 사건으로 제시된 민족 차별 문제, 즉 한일 합방 초기 혼혈아 '이치로'가 겪었던 언어 말살, 창씨개명, 소외 등 일련의 불행은 사실상 1940년대 현재 조선인이 경험하고 있던 사건 이었기 때문이다. 또한 이 소설이 일본어로 쓰여진 것을 감안하면 일 본인 독자를 상정했을 텐데 조선인을 비판하는 데, 그것도 이미 지나 간 과오를 비판하는 데 초점을 맞출 리가 없었으리라. 다시 말하면 작가의 비판이 과거가 아닌 1940년대 현재를, 그리고 조선인이 아닌 일본인을 겨냥하고 있을 때만 의미가 있었다.

실상 1942년 5월의 조선 징병제 실시 발표를 전후하여 식민지인의 완전한 동화에 따른 특권 상실을 우려하는 일본인의 경계심이 고조 되었다.[132] 일본인의 국수적 배타적 민족주의의 팽창에 대한 대응으 로 김사영이 「형제」를 창작했던 게 아닌가? 한일관계의 개선을 구가 한 것은 결코 아니며 도리어 '내선일체'의 문제점을 제시한 것이었다. 과거 시제를 동원한 것은 천휘취앤의 「안전하게 일하세요」와 마찬가 지로 일종의 보호색에 지나지 않았다.

1940년대에 이르러 식민지 문단에서 민족 관계의 개선을 묘사한 소설들이 등장했다. 일견 동화의 성과를 구가한 것처럼 보이지만 실 상 작가의 주안점은 '내선일체'와 '내대일여'의 극복 불가능한 한계 에 놓여 있었다. 공통적으로 과거 시제를 동원한 것은 일제에 대한 식민지 작가들의 강한 불신을 시사하여 전쟁 말기 식민지 문학과 제 국의 요구 사이에 커져가는 간극을 가시화했다.

. . . .

132 宮田節子, 앞의 책, 165면, 176면 참고.

𝄐 불완전한 동화인(同化人): 동화의 실황

기존 연구에서 흔히 식민지 지식인의 동화 담론을 완전히 자신을 말살함으로써 일본인이 되고자 한다는 완전동화론과 재래 문화를 유지하는 전제 아래 일본인이 되고자 한다는 평행제휴론으로 분류한다.[133] 그러나 실제로는 완전동화론은 평행제휴론과 확연히 구분된다기보다는 후자의 진폭에 수렴될 수 있는 과격한 형태에 지나지 않았다. 조선과 타이완의 일제말기 소설에 나타난 동화인 표상을 통해 이 사실을 알 수 있다. 이른바 동화인 표상이란 외형적으로 일본의 생활방식을 받아들이고 사상적으로 일본의 사고방식을 인정하며 전반적으로 일본인과 동일해진 식민지인의 표상을 일컫는다.

이 절에서 일제말기 식민지 소설에 나타난 다양한 동화인 표상에 주목하여 그 정체성의 궁극적인 방향을 분석하고 식민지 작가들의 실제적인 정체성 인식을 짚고 넘어가겠다. 동화인의 다양한 유형은 동화의 불균질성을 투사했는가 하면 그 정체성의 궁극적 방향은 동

· · · · · · · · · · ·

133 윤대석, 「1940년대 '국민문학' 연구」, 서울: 서울대학교 박사학위 논문, 2006.2, 42~44면; 채호석, 『식민지 시대 문학의 지형도』, 서울: 역락, 2010, 228면 참고. '내선일체'론에 대한 분류는 일제말기까지 거슬러 올라갈 수 있는데 1937년 11월에 쓰다 다께시는 그것을 조선인이 생활적으로 사상적으로 내지인으로 동화해야 한다는 것과 비록 풍속 습관적으로 동화하지 않더라도 일본 국민으로서 행동하기만 하면 된다는 것, 그리고 내지인과 조선인이 협력해서 새로운 일본을 건설하고자 주장하는 것으로 분류하면서 각각 내지연장론, 내선융화론(자치론), 그리고 사회과학적인 사상이나 민족주의적인 사상의 변형이라고 호명했다. 이어서 1939년에 미키 하루오(三木治夫)는 조선인의 '내선일체'론을 현영섭의 『조선인이 나아가야 할 길(朝鮮人の進むべき道)』(京城: 緑旗聯盟, 1938)로 대변된 조선 재래의 것을 철저히 배척하는 이론과 윤치호의 「내선일체에 대한 소신(内鮮一體に對する所信)」(『동양지광』, 1939.4)으로 대변된 민족주의적 감정을 바탕으로 하는 이론으로 분류하면서 각각 동화론과 자치론의 변형으로 호명했다. 津田剛, 「内鮮一體論の勃興と我等の使命」, 『緑旗』, 京城: 緑旗聯盟, 1937.11, 3면; 三木治夫, 「内鮮一体·東亜協同体の問題」, 『東洋之光』, 京城: 東洋之光社, 1939.5, 27~28면.

화의 최종 결과에 대한 작가의 전망을 시사했다.

　조선에 비해 타이완 소설의 동화인 표상이 보다 더 전형적이었다. 동화 문제를 집중적으로 다루면서 가장 전형적인 동화인을 부각한 타이완 소설로는 왕창송의 「격류」(『타이완문학』, 1943.7)를 꼽을 수 있다. 이 소설에서 '이도우 하루오(伊東春生)', '나', 그리고 '린베니엔(林柏年)'이라는 세 가지 동화인 유형의 스펙트럼을 제시했는데 그 가운데 특히 '이도우 하루오'는 일제말기 식민지 소설에서 가장 전형적인 동화인 표상으로 볼 수 있다. 본명이 '쭈춘성(朱春生)'이었던 '이도우 하루오'는 일본에서 중학교를 거쳐 대학 '국문과'(일본어문과)를 졸업했다. 일본에 건너갈 때부터 그는 타이완에 거의 돌아오지 않고 점차 "그 뿌리부터 저절로 완전히 내지인이 되어 버리고 만다." 타이완으로 돌아와 타이완인을 대상으로 '국문'(일본어문)을 가르치는 그는 툭하면 타이완인 학생의 "식민지 근성"을 비판하고 "태도도 사용하는 국어의 악센트도 내지인과 조금도 차이가 없"다. "그저 떠듬거리는 국어밖에 못하는 부모님이나 전혀 국어를 못하는 사람들에게도 좀처럼 타이완어로 이야기하지 않는다." 작가는 한편으로 "체격이 건장하"다고 하면서 '이도우'가 신체적으로 제국의 기준에 부합함을 제시했고, 다른 한편으로 "위세 있게"라든가 "어딘가 사람을 위압하는 늠름한 데가 있"다라든가 하면서 그의 '일본 정신'을 암시했다. 타이완인 신분을 철저히 거부한 것은 특히 부모를 저버린다는 점을 통해 집중적으로 나타난다. '이도우'는 일본인 여성과 결혼하여 장모를 모시고 살면서 타이베이에서 찾아온 어머니를 집안으로 들어오지 못하게 한다. 아버지의 장례식에서 타이완의 관습을 무시해 옷을 제대로 차려입지도 절을 올리지도 않을 뿐만 아니라 전통 의례에 대한 혐오감을 감추지 않아 의식의 진행을 재촉한다. 통곡하는 어머니를 혼자 두고 가버리기까지 한다. 유일한 아들 '이도우'의 이런 행동을 묘사하면서 왕창숑은 그의 부모에게 "후예가 단절"됐다고 정의를 내렸다.

이러한 '이도우'는 식민지적 자아를 철저히 부정하고 자진해서 일본적 정체성을 향해 치닫는 이른바 완전동화론의 문학적 육화로 볼 수 있다. '나'가 자기 어머니에 대한 '이도우'의 냉대를 보고 일본에 있을 때 타이완 출신을 의도적으로 감추었던 자신의 경험을 떠올린다는 것은 부모를 민족의 메타포로 읽을 수 있다는 사실을 시사한다. '이도우'가 부모로부터 사랑을 받는 동시에 상처도 같이 받는다는 것은 "국가가 체험하고 있는 진통"을 "개인이 맛본 고뇌"로 체감한 식민지인의 현실로 읽힌다. 그렇다면 어릴 때의 고통스러운 생활에서 완전히 탈출하기 위해 "부모를 디딤돌로 삼"으려는 '이도우'의 행동은 완전한 제국적 주체로 약진하기 위해 식민지 출신을 의도적으로 지우고자 하는 것으로 읽힌다.

> (중략) 이도우에게는 내지인이 된다는 것은 향토의 촌티를 말끔히 벗어 던진다는 의미였다. 이를 위해서는 육신마저 밟고 넘어가지 않으면 안 되었던 것이다. 대의를 위해서라면 부모도 죽인다는 뜻으로—. 학교에서건 사회에서건 순수 일본화 교육을 받아온 젊은이들은 집안에 들어서기만 하면 완전히 다른 환경 속에 놓이곤 했다. 여기에 본도 청년의 이중적 삶의 심각한 고뇌가 있다. 따라서 이런 고뇌를 극복하기 위해서는 오로지 한 방향으로 정면에서부터 도전하고 그것을 밟아 부숴 버리지 않으면 안 되겠다. 또한 이 시대에 우리는 완고한 기존의 누습으로부터 해방되기 위해서는 피투성이가 될 만큼 싸워 이겨야만 다음 세대의 우리 자녀들은 태어날 때부터 자신의 것으로 터득할 수 있겠다. (중략)[134]

'이도우'는 "향토"—다시 말해, 민족적인 것—를 "순수 일본화"의

....

134 王昶雄, 「奔流」, 『台湾文學』, 臺北: 啓文社, 1943.7, 129면.

대립항으로 인식한다. '사실의 수리'를 전제로 하여 현 단계를 과도기로 상정하며 자발적으로 자기를 희생함으로써 일본인으로의 전신을 기도한 것이다. 이러한 완전한 동화인 표상의 등장은 결코 우연이 아니었다. 저우진뽀가 제2회 대동아문학자대회에서 전형적인 사례로 「격류」를 들면서 현재의 타이완 문학이 점차 타이완의 핵심 의제를 다루기 시작했다고 지적하듯이[135] 「격류」는 1943년 당시를 배경으로 타이완에서의 동화 문제를 정면으로 접근했다. 1930년대 초를 시간적 배경으로 한 「'자'의 탄생」에서 "모두 똑같이 까까머리로 툭하면 탱크니 대장이니 폭탄삼용사니 하고 활기찬 모습으로 뛰어 돌아다니고 있"는 외형적으로 사상적으로 모두 일본인 아이와 동일해진 타이완인 아이 표상이 동화의 초급 단계였다면 '이도우 하루오'의 등장은 동화가 심화된 결과였다. 다시 말해 '이도우'는 '우원쑹'의 연장선상에 있어 타이완 일제말기 소설에서 동화인 표상의 발전으로 볼 수 있다. '우원쑹'이 제국이라는 '자'를 발견함으로써 도리어 일본적 정체성의 구축을 포기하고 타이완적 자아로 되돌아온다는 것은 앞서 이미 논의했는데 '이도우'의 경우는 어떠한가?

'이도우'의 철저한 일본화는 '나'의 시선을 통해 확인된다. 그의 집을 방문할 때 "나는 오랜만에 내지에 돌아온 것 같은 기분이" 들 정도로 복장, 음식, 거처, 언어 등 모든 면에서 철저히 일본인의 생활을 하고 있다. '일본 정신'만 언급하면 "그 눈초리에선 붉은 빛이 방사되어 얼굴의 살결까지 발갛게 빛나고 있는 것처럼 보"여 '나'로 하여금 "생각했던 것보다도 걸물이네 하고 속으로 감탄"하게 한다. 그리고 청년 학생을 대상으로 1940년대 당시 '일본 정신'의 운반체로 여겨진 일본어문을 가르치는 것은 그가 이미 어느 정도 제국으로부터 '일본

135 周金波, 「皇民文學の樹立」, 『國民文學』, 京城: 人文社, 1943.10, 147~148면.

정신'의 대변자로 인정받고 있음을 말해준다. 그러나 비록 외형적으로 사상적으로 모두 일본인과 구분 못할 정도로 일본화된 것처럼 보이지만 '나'의 "식민지 출신의 신경과민에 가까울 정도로 예민한 육감"에 의해 그의 타이완적 성격은 환원된다.

'이도우'는 타이완인 학생의 포부 없음을 날카롭게 비판하지만 뇌빈혈로 쓰러진 학생을 "진솔한 눈빛으로" 알뜰하게 보살펴 주고, 일본인과의 검도 경합에서 타이완인 학생의 우승에 대해 누구보다 기뻐해한다. 타이완의 청년—다시 말해, 타이완의 미래—에 대한 이런 깊은 관심은 타이완인 학생을 바라보는 일본인 교감의 악의적인 태도와 선명하게 대조된다. 특히 '린베니엔'이 그에게 강하게 반발함에도 '베니엔'을 철저히 이해하고 그의 선택을 무조건 존중한 것은 '베니엔'의 강한 타이완적 자각에 대한 공감으로 읽힌다. 이러한 의미에서 '베니엔'의 확고한 민족 입장은 '이도우'의 대립항이라기보다는 그에 대한 보충 설명으로 봐야 한다. 다시 말해 '이도우'는 일견 완전한 일본인이 되기 위해 타이완적인 모든 것을 철저히 거부한 것처럼 보이지만 실제로 그의 극단적 행동은 오히려 그의 민족적 자각을 역설적으로 말해준다. 민족 입장에서 비롯된 그의 정체성 고민은 소설의 시작 부분에서 이미 "웃음 속에" "숨어 있는" "복잡한 그늘"을 통해 암시되었고 마지막 부분에 이르러 다시 "겨우 서른셋넷밖에 안 된 이도우의 머리에" "삼분의 이 이상을 차지하고 있는" "백발"로 역력하게 제시되었다. 일견 완전한 동화인 표상처럼 보이지만 실제로 '이도우'가 제시한 것은 도리어 일본적 정체성을 구축하는 데의 한계였다.

이러한 것들을 통해 1940년대 타이완에서의 동화 현실과 타이완 지식인의 정체성 현황에 대한 왕창송의 인식을 엿볼 수 있다. 동화는 실제로 어느 정도 이루어져 있고 정체성 동요가 실제로 발생하고 있지만 민족 입장은 은밀하게나마 여전히 결정적인 요소로 남아 있고 또 남아야 된다는 왕창슝의 인식은 '나'와 '린베니엔'을 통해 명확하게 전달되었다. '나'가 일본적 입장과 민족 입장 사이에서 끊임없이 동요하는 지식인상이었다면 '린베니엔'은 민족 입장을 의식적으로 지키고 있는 타이완의 청년 지식인상이었다.

1인칭 화자 '나'는 작가 왕창슝의 분신으로 볼 수 있다. '아버지'의 돌연적인 별세로 인해 부득이하게 10년 동안 체류하던 도쿄를 떠나게 된 '나'는 "내지의 생활"에 대한 "애착"을 버리지 못해 타이완의 일상을 "상당히 견디기 힘들"다고 느낀다. 그러나 홀몸이 된 늙은 어머니를 생각해서 "결국은 현실 앞에서 여지없이 패배하"여 타이완의 일상에서 탈출하지 못한다. "내지에 있을 때 내지인은 물론 반도인인지 중국인인지 한눈에 실수 없이 식별해 낼 수 있"다는 능력과 시코쿠(四國)나 규슈 출신이라고 사칭하면서 '키무라 후미로쿠(木村文六)'라는 일본 이름으로 행세하던 것, 그리고 사랑하는 일본인 여성을 "타이완이라는 구석진 곳"까지 데리고 올 용기가 없어 고백하지도 못한 채 귀향한 것 등은 식민지 출신에 대한 강한 자의식과 일본적 정체성에 대한 욕망을 동시에 보여준다. 일본과 고향을 선진－낙후의 이항 대립 구도로 인식하고 전자에 대한 욕망을 불태우면서도 그것을 향해 흔쾌히 치닫지 못한다는 '나'의 표상은 1940년대 타이완 지식인의 일반적인 내적 풍경을 대변했다고 할 수 있다.

이러한 '나'에게는 타이완에서도 철저히 일본인의 삶을 살고 제국의 대변자로 발화할 수 있는 '이도우'는 일본적 정체성을 구축할 가능성으로 비쳐진다. 그러나 '이도우'가 친생부모를 버린다는 대가를 치렀다는 사실을 알고 나서 '나'는 타이완인과 일본적 정체성 사이의 절대적인 간극을 절감하며 "태어나서 한 번도 경험하지 못한 구역질나는 중압감을 느낀다." 이에 '나'는 민족 입장을 의식적으로 다지고 있는 '베니엔'의 마음을 알게 되어 "과연 부모님을 디딤돌로 삼아야 하는가"라면서 식민지 출신을 감추려던 자신의 행위를 반성하기에 이른다. "저는 정정당당한 일본인이 되기 위해서는 더더욱 당당한 타이완인이 되지 않으면 안 된다고 생각됩니다. 남방 출신이라고 비굴해질 것은 없습니다. 이곳(일본을 가리킴—인용자)의 생활에 익숙해져간다고 반드시 고향의 시골 냄새를 경멸하는 것은 아닙니다. 어머니가 아무리 무식한 토착민이라 해도 저한테는 견디지 못할 정도로 사랑스럽습니다. 설령 어머니가 보기 흉한 몰골로 이곳에 온다면 저는 조금도 위축되지 않을 것입니다. 어머니의 품에 안기면 기쁨도 슬픔도 그냥 어린애처럼 마음 가는 대로 맡겨 두니까요"라는 '베니엔'의 술회는 새삼스럽게 들린다. 그리고 '나'는 타이완인 청년의 우승에서 "타이완의 청춘이 비약을 시도하고 있"음을 발견하여 새로운 희망을 찾아낸다. "이제부터 이 발꿈치로 이 땅을 착실하게 밟고 서지 않으면 안 된다"고 결심하기에 이른다. '나'의 이런 내적 경로는 한마디로 일본적 정체성을 구축할 가능성을 검토하다가 그것을 포기하고 타이완적 입장으로 되돌아온 것이다.

중학생 '린베니엔'은 성장 중인 타이완의 육화로 볼 수 있다. "검도로 단련된 몸은 건장하긴 하지만 어딘지 모르게 어린애 티가 남아 있는 것 같"다는 것은 근대적 사회로 성장하고 있으면서도 여전히 성숙하지 못한 부분이 많이 남아 있는 새로운 타이완의 이미지였다. "말수가 적고 체격에 걸맞지 않게 겁이 많아 보이"면서도 "불가사의하게 생각될 만큼 어딘지 이렇게 열정적인 부분이 있"다는 것은 일본인에게 "겁쟁이"로 경멸받는 타이완인의 정신적인 힘을 형상화한다. 이처럼 '나'의 시선을 통해 왕창송은 '베니엔'을 신체적으로 사상적으로 "어떤 강인한 생명력이 넘치는" 표상으로 부각하여 특히 검도 연습에 온 힘을 기울여 드디어 우승한 것을 통해 일본의 것을 "자신의 것으로 소화하"여 일본까지 넘어선다는 바람직한 방향을 제시했다. 완전한 황민이 되자는 '이도우'는 그 본명인 '춘성'이 암시하듯 일종의 희망을 제시하지만 일본의 문명을 비판적으로 흡수해서 타이완인으로서 살아간다는 '베니엔'의 길이야말로 그 이름이 그렇듯 잣나무처럼 푸름을 오래 유지할 수 있다. 주목할 만한 것은 '베니엔'이 동화의 흔적을 다분히 지니고 있는 인물로 동화가 발생하기 전의 민족주의와 변별된다는 점이다. 동화인의 한 유형으로서 그는 '이도우'의 가르침을 받아온 제자며 동화 과정을 실제로 통과했다. 그의 확고한 민족 입장은 이미 동화의 시련을 거친 명확한 선택이다. 바로 이런데서 왕창쑹이 제시한 타이완의 바람직한 방향을 확인할 수 있다. 즉 "혈육화된 교양을 몸에 익히고 돌아"온다는 것이었다. 제국이 던져준 동화 과제를 관통함으로써 타이완인의 입장에서 일본의 것을 지양하자는 '제3의 지대'라 할 수 있다.

'이도우'와 '나', 그리고 '베니엔'은 동화인의 세 가지 서로 다른 유형을 제시했지만 완전동화론자인지 평행제휴론자인지 확연히 분류될 수 없다. 비록 일시적으로 복합적이고 동요하는 정체성을 보이지만 궁극적으로는 타이완인의 입장에 입각하여 그것을 명확히 하고 발전해 나간다는 종국적인 방향은 동일했다. 이런 점에서 「격류」의 가장 큰 의미는 동화인의 민족 입장을 보여주는 데 있었다고 할 수 있다. 즉 동화의 심화에 따라 타이완인은 더 깊은 차원의 정체성 고민을 거침으로써 오히려 더 분명한 민족 입장에 도달했던 것이다. 이럴 때의 민족 입장은 일본을 의도적으로 지양한 결과로 이전의 민족주의적 입장과 구별되었다. 민족주의적 입장이 일본과 대등하게 대립되었다면, 동화를 거쳐도 일본으로 수렴되지 않은 민족 입장은 역으로 일본 초월을 지향하게 되었다. 필자가 이 점을 각별히 강조하는 것은 일본의 식민 지배를 긍정적으로 보기 위한 것이 아니라 일제말기 식민지 작가들의 고민이 오늘날 유일한 '저항' 형태로 상정된 독립운동과 다른 차원에 있었다는 사실을 지적하기 위한 것이다.

저우진뽀의 「지원병」(『문예타이완』, 1941.9)은 '가오진리우(高進六)'라는 철저한 동화인을 부각했기 때문에 발표 당시 이미 큰 파문을 일으켰다. '가오진리우'는 초등학교를 졸업하고 나서 곧바로 일본인이 경영하는 식료품점에서 일하게 된 타이완의 일반인인데 일본인과 함께 일하면서 일본어를 터득하고 행동도 일본식으로 바뀌었다. 개성명이 발표되기 전에 그는 이미 친절하게 대해 주는 일본인의 성씨를 따와서 '타카미네 신로쿠(高峰進六)'라는 일본 이름을 사용하게 된다. 황민 연성 단체에 참여하고 타이완인이 박수의례를 통해 "신인일치(神人一致)"에 도달해 "야마토고코로(大和心)"에 접할 수 있다는 논리를 비판없이 믿는다. 이런 '가오진리우'는 타이완의 황민화운동에서 태어난 동화인으로서 언어, 행동, 신앙 등 모든 면에서 일본인을 기준으로 삼아 자신을 수정해나가는 아류적인 황민이라 할 수 있다.

이에 비해 나머지 두 가지 동화인 유형인 '나'와 '장밍꾸이(張明貴)'는 일본에서 유학하고 온 타이완의 지식인이다. '나'는 도쿄를 떠난 지 8년이나 되어 비록 여전히 유창한 일본어를 "일종의 매력으로 느끼"지만 이미 타이완의 일상 속에 "갇혀 버리고 말았"고 도쿄 생활을 "떠올리는 일조차 없"다. '밍꾸이'는 지금 도쿄에서 유학하고 있는 타이완 청년이며 도쿄에 있으면서도 타이완의 변화를 주시하여 타이완의 장래에 대한 큰 관심을 드러낸다. 그는 유학 생활을 통해 비판 의식을 갖게 되었는데 이런 변화는 '나'의 시선을 통해 확인된다. 여전히 기성세대의 보수적인 사고방식에 반발하지만, 유학 전에 환경을 통해 황민을 연성하자는 자신의 주장을 부정하고 타이완의 전통 풍물에 대한 향수를 표출하게 된다. 개성명에 대해 상당히 큰 관심을 가지고 있으면서도 '가오진리우'의 개성명을 경멸하고 기성세대의 반대적 입장을 이해한다. 특히 "걸핏하면 일본인이니 야마토고코로니

하고, 전혀 비판하지 않는" '가오진리우'의 맹목적인 동화 태도를 "눈이 가려진 마차말처럼 무턱대고 달리"는 것이라고 날카롭게 비판한다. "교양과 훈련"을 통해 타이완을 "내지와 같은 레벨로 끌어올리면" 된다고 황민화운동의 문화적인 의미만 인정한다. 이런 '밍꾸이'는 스스로 "판연히 일본인이 되었다고 단언한다"는 점에서 '가오진리우'와 동일하면서도 "하지만 나는 그 녀석처럼 마차말이 되고 싶지 않아. 왜 일본인이 되지 않으면 안 되는가? 그것부터 나는 생각해 봤어. 나는 일본에서 태어났어. 나는 일본 교육을 받으며 자랐어. 나는 일본어밖에 못해. 나는 일본의 가타카나를 사용하지 않으면 편지를 쓸 수 없어. 그러니까 일본인이 되지 않으면 난 살아갈 수 없어"라는 데서 주체적인 자각의 싹틈을 보인다. 맹목적으로 신도 신앙을 '일본정신'으로서 주입하는 것이 "타이완의 장래에 좋지 않다"고 판단하며 "그런 것으로 타이완의 중견 청년을 키워 가는 것에 전율을 느낀다"고 강하게 반발하는 데서 민족 입장을 쉽게 확인할 수 있다. 장차 동화 과정을 거쳐 더 깊은 차원에서의 민족 자각에 도달할 타이완의 지식인 청년 표상이라는 점에서 초기 단계의 '린베니엔'으로 볼 수 있다.

그러나 '베니엔'을 극찬하는 왕창숑과 달리 저우진뽀는 관찰자 격인 '나'의 입을 빌려 이런 '밍꾸이'를 "나약한 인간"이라 비판했다. '밍꾸이'로 하여금 새끼손가락을 잘라 지원병을 혈서 지원한 '진리우'에 대해 "진리우야말로 타이완을 위해 타이완을 움직이는 사람이다"고 탄복하게 함으로써 "타산적인 사고방식"―즉 비판적인 사고방식―보다는 "이유를 묻지 않"고 일본인이 되는 것이 타이완의 장래를 떠맡는다는 그의 결론을 내놓았다.[136] 흥미로운 것은 이런 선고와 상

. . . .
136 長崎浩·陳火泉·周金波·神川淸, 「徵兵制をめぐつて」, 『文藝臺灣』, 臺北: 文藝臺灣社, 1943.12, 7면.

관없이 「지원병」 이후 저우진뽀의 소설에서 '가오진리우'라는 완전한 동화인 표상은 자취를 감추었다. 반면 일본적 정체성과의 간극을 보이는 '밍꾸이'는 「팬의 편지」(『문예타이완』, 1942.9)에서의 '라이진롱', 「향수」(『문예타이완』, 1943.4)에서의 '나', 「조교」(『타이완시보』, 1944.9)에서의 '하스모토 히로타카'로 반복 등장하면서 민족 자각을 키워 나간다는 경로를 제시했다.

단적으로 말하면 '가오진리우'라는 표상이 다시 등장하지 못한 것은 그가 타이완의 현실에 뿌리내리지 못한 생명력이 없는 표상이기 때문이었다. 당시의 타이완 문학 평론가인 츠지 요시오(辻義男)가 지적했듯 '가오진리우'의 혈서 지원은 필연성을 결여했다.[137] 일본에서 오래 생활한 저우진뽀가 타이완에 돌아온 지 세 달도 채 되지 않았던 시점에 창작된 소설이었다는 사실을 감안하면 '가오진리우'는 작가의 공상적 인물에 지나지 않고 타이완의 현실과 동떨어졌다고 해야 한다. 지식인이 아니라는 신분 설정도 이 인물에 대한 저우진뽀의 실제적인 거리감을 시사했다. 타이완의 현실에 대한 저우진뽀의 인식이 깊어져 감에 따라 그의 민족 입장이 분명해져[138] 일본적 정체성과의 간극이 가시화되었고 동화인 표상 또한 일본적 정체성 구축을 포기하고 민족 입장으로 되돌아온다는 방향을 보여줬다.

타이완에서는 동화를 실제로 어느 정도 내면화하여 '이도우 하루

----

137 辻義男, 「周金波論－一聯の作品を中心に」, 『臺湾公論』, 臺北: 臺湾公論社, 1943.7, 78면.
138 참고로 츠지 요시오는 저우진뽀의 창작의 전개 과정을 추적함으로써 이상적 평면적인 인물을 부각하다가 타이완의 현실에 입각하여 타이완 지식인의 정체성 고민을 정면으로 다루게 된다는 경로를 지적했다. 나카지마 토시오 또한 「수암」, 「지원병」에서 「'자'의 탄생」, 「기후와 신앙과 지병」으로 이어져 「향수」에 도달한 전개 과정을 통해 저우진뽀가 "향토를 사랑하고" "타이완을 사랑하는 작가"라는 결론을 내렸다. 辻義男, 위의 글, 80~81면; 中島利郎, 앞의 글, 1~23면.

오'와 같은 상당히 문제적인 동화인 표상을 산출했지만 그러한 동화인 표상이 제시한 것은 오히려 일본적 정체성을 구축하는 데의 한계이며 민족 정체성의 회복을 암시했다. 민족 입장에 입각하여 일본적인 것을 지양함으로써 더 바람직한 타이완을 건설하고 일본까지 넘어서고자 하는 것은 왕창숑과 저우진뽀의 공통된 결론이라 할 수 있다. 다음에 조선의 경우를 보겠다.

결론부터 말하자면 조선 소설에서 본격적인 동화인 표상이 등장하지 않았다. 조선의 일제말기 소설은 식민지 현실을 고민하는 식민지 지식인의 군상으로 가득 차 있었지만, 황민화운동을 통해 외형적으로 일본인과 동일해지고 사상적으로 일본적 정체성의 구축을 시도하는 동화인 표상은 등장하지 않았다. 조선인 작가가 실제로 '내선일체'를 내면화하지 않았다는 사실을 엿볼 수 있다. 작가들 가운데 가장 급진적인 완전동화론자로 꼽히는 이광수의 경우를 통해 이 점을 확인할 수 있다. 이광수가 여러 면에서 일본식을 주장했을 뿐만 아니라 정신까지 완전한 일본인이 되자고 역설했다는 것은 주지의 사실이다. 일본인 문학자 고바야시 히데오(小林秀雄)에게 부치는 편지 형식을 띤 「행자(行者)」(『문학계』, 1941.3)에서 그는 당시 조선의 지식인들 가운데 언어, 복장부터 매우 사소한 데까지 의도적으로 일본과 동일해지고 "조선적인 마음"까지 버림으로써 완전한 일본인을 향해 치닫는 동화인이 등장하고 있다고 서술했다.

　「우리는 덤벼들자. 자발적으로 모든 조선적인 것을 내팽개치고 일본인이 되자」
　라고 하는 사람들이 있습니다. 저의 젊은 친구 중에는 점점 그렇게 생각하는 자가 늘어가고 있습니다.
　(중략) 이 사람들은 모두 고등 교육을 받은 우수한 청년이고 또한 신념을 위해서는 생명을 버릴 정도의 열혈아(熱血兒)라는 것입니다.

(중략) 그들의 이런 일본인 수행 운동은 결코 정치적이거나, 혹은 무엇을 위해서 하는 것이 아닙니다. 그들은 첫째로, 일본의 광대함과 아름다움, 그리고 고마움을 인식했습니다. 그리고 둘째로는 조선인을 일본인으로까지 끌어올리는 것 외에, 조선인의 생로는 없는 것을 간파했습니다. 그리고 셋째로, 조선인은 일본인이 될 수 있다고 믿게 되었습니다. 그래서 그들은 자신이 먼저 일본인이 되는 수행을 하자고 결심했던 터입니다.

　(중략)

　이 사람들은 만부득이한 경우가 아니면 결코 조선어를 사용하지 않습니다. 조선옷도 입지 않습니다. 가문의 문장을 넣은 와후쿠(和服)까지 주문하고 있다 합니다. 사소한 데까지 철저히 일본인이 되려고 노력하고 있습니다.

　(중략)

　조선인이 일본인이 되는 데에는—진짜 일본인이 되는 데는 우선 종래의 조선적인 마음을 송두리째 버려야 합니다.[139]

　'이도우 하루오'와 동일한 표상이었다. 그러나 흥미로운 것은 이런 동화인 표상이 실제로 이광수의 소설에서 등장하지 않았다는 점이다. 그는 1940년대 초부터 1942년 중반까지 '충식', '석란'(『마음이 만나서야말로』, 1940.3~7), '리원구'(『그들의 사랑』, 1941.1~3), '경직'(『봄의 노래』, 1941.9~1942.6) 등을 비롯한 일련의 이상적인 조선 청년을 부각했지만 그것이 동화인 표상은 아니었다.

　『마음이 만나서야말로』가 이상적인 '내선일체'의 청사진으로 제시되었다는 사실을 감안하면 '충식'과 '석란'은 "바른 조선의 모습"을 대변했다. 훌륭한 조선 문화를 대변한 그들은 일본인 남매와 지내면서 그들과 민족 자의식의 각축전을 펼쳤다. 특히 조선옷을 입고 조선식 가옥을 배경으로 등장한 '석란'은 황국 여성이라기보다는 완벽한

139　香山光郎, 「行者」, 『文學界』, 東京: 文藝春秋社, 1941.3, 82~85면.

조선 여성상이라고 봐야 한다. 눈먼 '타케오'를 따라 중국군을 선무하러 간다는 그녀의 행동을 "춘향 사상"으로 부르면서 조선 문화의 맥락 속에서 해석하는 것과 일본인들로 하여금 "석란을 통해 조선인 전체를 재인식하"게 한 것은 이 사실을 말해준다. 이 소설에서 가장 문제적인 장면을 보면 다음과 같다.

> (중략)
> 「그랬겠지. 조국을 위해 싸움에 나가는 것만큼 남아로서 감명 깊은 건 없지. 이 애비도 평생 그런 기회를 바라고 있었지만 없었지 뭐」
> 영준은 언제나 같은 말버릇이 된 불평을 하고는, 언제나 같은 깊은 한숨을 쉬었다.
> 「아버지. 저희들에게도 조국을 주십시오. 그것을 위해 싸울 수 있는 조국을 주십시오」
> 충식은 아버지 앞에 무릎을 꿇고 느닷없이 그렇게 말했다.
> (중략)
> 「소자도 군의를 지원해서 출정하고 싶습니다. 일본을 제 조국으로 정하고 처음으로 충의를 다하고 싶습니다」
> 또 무거운 침묵이 계속되었다.
> 영준은 눈을 감고 두 주먹을 꽉 쥐어 무릎을 누르고 두세 번 힘을 주었다. 그것은 비상한 고통을 참는 것이나 아니면 비상한 결의를 하는 것 같은 몸짓이었다.[140]

"불령조선인"이던 '김영준'이 아들의 군의 지원을 허락하게 되는 장면이다. 주목할 것은 여기서 '일본 제국'과 '대한제국' 사이의 충돌만 감지될 뿐, '일본 제국'과 '조선 민족' 사이의 충돌은 분명하지 않았다는 점이다. 다시 말해 주인공이 '일본 제국'을 '국가'로 '조선 민족'에 덧붙여야 하는지 고민할 뿐, 조선인인지 일본인인지 라는 정체

---

140 李光洙, 「心相觸れてこそ(三)」, 『綠旗』, 京城: 綠旗聯盟, 1940.5, 124~125면.

성 동요를 의도적으로 외면했다. 제국을 '국가'로 내세워야 할지라는 과제를 '조선 민족'의 정체성 문제와 함께 거론하지 않는 이런 태도는 일본어 창작을 모아 창작과 구분한 것과 동전의 양면이었다. 소설 연재가 끝난 지 3개월이 된 1940년 10월에 발표된 「조선 문학의 참회(朝鮮文學의懺悔)」에서 이광수가 "조선인을 천황의 적자로 일본의 국민으로 생각하려 아니한 것"이 "잘못"이지만, "조선인이 조선인을 위하여서 노력하고 그들의 복리를 위하여서 헌신할 것이 잘못이란 것은 아니다"고 한 것[141]과 일치했다. 이 시기의 이광수가 일본적 정체성에 대한 요구를 내면화하지 않고 '내선일체'를 '일본'을 '국가'로 받아들여야 할지라는 과제로 해석하면서 정체성 문제를 회피했다는 것을 알 수 있다. 결국『마음이 만나서야말로』라는 아름다운 '내선일체' 설계도는 일본을 '국가'로 접목할 당위성, 가능성이라는 문제의식만 제시했을 뿐, 작가의 실제적인 고민을 솔직하게 드러내지 않았다. 여기에 일제에 대한 깊은 불신이 잠재되어 있었다는 것은 두말할 필요도 없다. 이럴 때 비록 제국을 '국가'로 받아들인다 하더라도 느슨하고 일시적인 결합에 지나지 않았다. '김씨' 일가가 비록 겉으로는 제국을 받아들인 것처럼 보이지만 실제로 정체성의 동요를 스스로 경계하고 꾸준히 "조선"을 자각한 것은 이 사실을 증명했다. '영준(永準)'이나 '충식(忠植)', '석란(石蘭)'이라는 이름들이 암시하듯 제국을 덧붙이는지 라는 문제와 상관없이 그들은 '바위 위의 난초'처럼 '식민지'라는 '변하지 않는 기준'에 '충성'하고 있다. 이처럼 민족 입장을 끊임없이 스스로 다짐하는 것이야말로 '김씨' 일가의 정신적 특징이다. 이런 의미에서 그들은 동화인 표상이라 할 수 없다.

비록 1920년대 말을 시간적 배경으로 했지만『그들의 사랑』의 문

. . . .

141 春園, 「朝鮮文學의懺悔」, 『每日新報』, 京城: 每日新報社, 1940.10.1.

제의식은 1940년대 현재에서 출발했다. '리원구'가 일본인의 집에 기거하면서 생활면에서 일본인의 장점을 인정하게 된 것은 동화의 시뮬레이션으로 읽힌다. 그러나 생활적인 동화는 사상적인 동화로 발전하지 않았다. 소설의 마지막 부분에 '리원구'는 일본을 "조국"으로 부르며 "오직 한마음으로 일본을 위하여서 충성을 다하기로 결심"하기에 이르렀지만 "원구 자신도 결코 민족적 감정을 청산한 것은 아니었다. 아니, 차라리 민족의식에 있어서는 다른 조선인 학생들보다도 더 뿌리 깊은 편이었다"라는 서술이 시사하듯 일본에 대한 태도만 바꿔었을 뿐 조선적 입장은 그대로였다. 제국을 '국가'로 덧붙이면서 정체성 문제를 회피했다는 점에서 『마음이 만나서야말로』와 동일했다.

이러한 맥락에서 보면 「행자」에 나타난 동화인은 동화의 결과라기보다는 내면화되지 않은 동화 의도를 내세운 인물에 지나지 않았다. 이런 인물을 부각함으로써 '도덕적 마조히즘(moral masochism)'의 효과를 얻어 일본 측의 반성을 재촉했던 것이다. 이것으로 이광수의 담론과 소설 사이의 균열을 봉합하여 소설에서 동화인의 부재를 해석할 수 있다. 그리고 그가 이상적인 조선 청년 표상을 반복 등장시킨 이유도 이것과 연결되어 있었는데 조선인과 일본인의 동질성을 강조함으로써 민족 차별의 해소를 완곡하게 요구했던 것이다. 완전동화론자의 한 명으로 공인받는 현영섭은 다음과 같이 논의한 바 있다.

> 설령 어떤 산원에서 내지인 여성과 조선인 여성이 해산했다. 간호부의 부주의로 인해 내지인의 신생아를 조선인에게, 조선인의 신생아를 내지인에게 줬다. 두 사람이 그것을 모른다면 아마 조선인의 아이가 훌륭한 내지인으로 장성하고 내지인의 아이는 그리 떳떳하지 못한 조선인이 되지 않을까 싶다. 제멋대로의 공상이지만 불합리한 사고방식은 결코 아니다. (중략)[142]

'충식', '석란'을 비롯한 일련의 이상적인 조선 청년 표상은 바로 이런 맥락에 놓여 있어 조선의 우월성의 대변인으로서 등장했다. 이러한 의미에서 이광수는 민족개조론으로 그치지 않고 일본에 대한 비판 의식도 다분히 가지고 있었다. 그의 이상적인 조선 청년 표상은 동요된 정체성의 육화가 아니라는 점에서 타이완의 동화인 표상과 거리가 멀었다. 일제말기의 조선 문단에서 가장 전형적이던 '내선일체'론자로 공인받는 이광수까지 동화인을 부각하지 않았다는 사실을 감안한다면 조선의 일제말기 '국민문학'은 실제로 일본적 정체성의 구축 과제를 내면화하지 않았고 민족 입장을 완전히 상실하거나 분열된 주체를 형성하지도 않았다.

제국에서 이탈하는 원심적 방향을 제시하는 데 조선은 타이완과 공통성을 보였다. 『봄의 노래』에는 "바른 조선의 모습"을 대변하는 '경직'이 "새로 혼인한 아내"가 "마음이 변한 것"을 걱정해서 지원병 훈련소에서 도망하려는 '가나무라(金村)'를 붙잡고 호되게 때리는 장면이 있다. 병든 아버지와 결혼한 지 얼마 안 되는 아내를 두고 입소한다는 공통점을 감안하면 꾸준히 탈출 욕망을 드러내는 '가나무라'는 '경직'의 내적 자아로 볼 수 있다. '가나무라'를 코피를 흘리도록 호되게 때림으로써 '경직'은 탈출 욕망을 불태우는 내적 자아를 억제했지만 '가나무라'가 걱정했던 일들이 일일이 자신에게 발생한 것을 발견하게 된다. 결국 '경직'은 내선결혼으로 볼 수 있는 자신의 결혼을 부정하기에 이르러 제국과의 결합 시도를 부정하는 원심적 방향을 암시한다. 이러한 원심적 방향은 1943년 중반 이후 일본인 교장을 떠나는 조선인 학생과 일본인의 집을 떠나는 중국인 학생, 그리고 일본인 남성에게 배신당한 조선인 소녀 등 일련의 표상들로 이어져 '내

142 玄永燮, 「內鮮一體と內鮮相婚」, 『朝鮮及滿洲』, 京城: 朝鮮及滿洲社, 1938.4, 65면.

선일체'에 대한 거부를 가시화했다. 이광수는 동화에 대한 주관적 의지를 내세워 일시적으로 제국을 국가로 덧붙일 가능성을 검토했지만 정체성 문제를 회피한 채 내면화되지 않은 동화의 요구를 포기하고 말았다.

동화의 결과로 봐야 하는 동화인 표상은 주로 타이완 소설에서 많이 등장했다. 다양한 유형은 동화의 진폭을 여실히 투사했다. 일견 외형적으로 사상적으로 모두 일본인과 차이가 없는 동화인 표상까지 등장했지만 일본적 정체성을 내면화한다는 과제를 실천함으로써 오히려 그 불가능성을 확인했고 민족 입장으로 되돌아와 민족 정체성을 재정립했다. 이런 의미에서 타이완의 동화인 표상은 궁극적으로 식민지 지식인의 진폭 내에 있어 민족 입장을 상실한 아류적인 황민으로 전락되지 않았다. 조선에서는 본격적인 동화인 표상 대신 일련의 이상적인 조선 청년 표상들이 등장했다. 일본인과의 동질성을 내세워 조선의 우월성을 역설하는 수단으로 작가의 강한 민족 자의식을 말해준다. 조선에서 일본적 정체성의 구축 과제가 실제로 내면화되지 않았다는 사실을 확인할 수 있다. 타이완에서 정체성 논의가 일본적 정체성을 내면화할 가능성에 집중되었는가 하면 조선에서 이 과제는 일본을 '국가'로 덧붙일 합리성으로 재구성되었다. 양자의 정체성 검토는 비록 서로 다른 차원에서 매우 다른 양상을 보였지만 일본적 정체성을 거부하는 종국적인 방향은 동일했다.

㉹ 지원병·징병 소설의 이면

지원병제와 징병제의 실시에 이르러 일제의 식민지 동원은 최대화되었다. 기존 연구에서 흔히 지원병제와 징병제의 실시가 식민지 지식인의 '내선일체', '내대일여' 담론에 끼친 영향에 주목하여 그들이 "차별로부터의 탈출"을 지향했다고 주장한다. 필자가 지적하고 싶은 것은 지원병제와 징병제의 실시에 따라 식민지의 '내선일체', '내대일여' 담론이 정점에 도달한 한편, 거기에 숨어 있는 제국에 대한 불신도 급속히 확대되었던 점이다.

타이완보다 조선은 15년 늦게 식민지가 되었지만 지원병제와 징병제를 먼저 실시했다. 교전국인 중국과 같은 혈통과 문화를 공유하고 있는 타이완에 대한 일제의 경계심이 더 강했다는 사실을 말해준다.[143] 조선에서 육군특별지원병령은 1938년 2월 23일에 공포되었고 같은 해 4월 3일부터 실시되었다. 징병제는 1944년부터 시행될 것으로 1942년 5월 9일에 발표되었지만 실제로는 개정 병역법에 의해 1943년 8월 1일부터 실시되었다. 그리고 해군특별지원병령은 1943년 7월 28일에 공포되고 같은 해 8월 1일부터 시행되었다.[144] 타이완에서 해군특별지원병 제도가 조선과 동시에 결정되고 동시에 실시되었던 것을 제외하고는 육군특별지원병 제도는 1941년 6월 20일에 공포

· · · · · · · · · · ·

143 타이완 징병제 실시에 대한 일본인의 반대 입장은 당초부터 강했다. 타이완 재주 일본인들을 구성원으로 결성된 타이완 개진당은 1933년에 제출된 건백서에서 병역 대신 타이완인에게 병역 세금 또는 국방헌금, 국방 세금을 부과하는 게 낫다고 주장했다(台灣改進黨, 『植民地政策上ヨリ觀タル台湾統治ニ関スル建白』, 臺中: 治臺五十年事蹟調査會, 1945, 42면). 타이완 지식인들은 이 사실을 예민하게 감지하고 충격을 받았다. 때문에 지원병제나 징병제를 언급할 때 그들은 흔히 조선과의 비교의식을 드러냈다. 이에 대해 「臺灣軍司令部 臺灣總督府 共同聲明(六月二十日) 待望の志願兵制度明春より施行」(『臺灣地方行政』, 1941.6, 31면), 「徵兵制をめぐつて」(長崎浩·陳火泉·周金波·神川淸, 『文藝臺灣』, 1943.12, 4~5면), 「朝鮮に於ける志願兵制實施に對し本島人諸君の覺醒を促す」(林田正治, 『臺灣地方行政』, 1938.2, 2~7면), 「大東亞省開設と臺灣」(陳逢源, 『臺湾公論』, 1942.10, 20면), 「朝鮮の作家に寄せて」(張文環, 『臺湾公論』, 1943.12, 83면) 등을 참고할 수 있다.

144 「志願兵制今日公布 陸軍特別志願兵令四月三日부터實施」, 『每日申報』, 京城: 每日申報社, 1938.2.23; 「朝鮮에徵兵制度實施 半島統治上一大進展 徵兵令施行에南總督談發表」, 『每日新報』, 京城: 每日新報社, 1942.5.10; 「壯丁士氣昂揚大會 八月一日半島徵兵制記念全國行事」, 『每日新報』, 京城: 每日新報社, 1943.7.25; 「海軍特別志願兵令全文公布、八月一日施行」, 『每日新報』, 京城: 每日新報社, 1943.7.29.

되고 1942년 4월 1일에 실시되었으며 징병제는 1943년 9월 23일과 1945년 1월에 각각 공포, 실시되었다.[145] 그 외 전쟁이 백열화되자 징병 연령에 이르지 못한 청년 학생들을 대상으로 하는 학도지원병 제도가 실시되어 조선과 타이완의 학병들은 1944년 1월부터 입영했다. 그 결과 1945년 8월 광복 때까지 전쟁에 직접 동원된 조선인은 약 368,626명(그 가운데 육해군특별지원병 및 학도지원병 등 기타 군인은 213,723명, 군부 및 통역 등 군속은 154,907명)이었고[146] 타이완인은 207,183명(군인은 80,433명, 군속은 126,750명)이었다.[147]

징병제가 실시된 후 응징하는 것이 국민으로서의 의무가 되었으므로 그 강제적인 성격은 의문의 여지가 없다. 이에 비해 지원병 모집은 비록 명목상은 자유의지를 존중하지만 실제로는 강제적인 성격을 감추지 못했다.[148] 폭력을 통해 강제로 지원하게 하는 경우가 있었는가 하면, 학부모의 허락을 받았다고 사칭하여 학생들로 하여금 지원하게 하는 경우도 있었다.[149] 지원하지 않으면 '비국민'이라는 비난을

· · · · · · · · · · · ·

145 近藤釰一 編, 앞의 책, 33~37면; 周婉窈, 앞의 책, 135~141면.

146 樋口雄一, 『戦時下朝鮮の民衆と徴兵』, 東京: 総和社, 2001, 107면. 조선인이 군속으로서 동원된 것이 언제부터였는지 확인할 수 없지만 1937년 8월 13일자 『동아일보』에 '제2회의 통역채용'이라는 기사가 실려 있는 것을 보면 중일전쟁의 발발과 거의 동시에 시작되었다고 짐작할 수 있다.

147 周婉窈, 위의 책, 141면에서 재인용. 그녀에 따르면 타이완인 군부에 관한 기록은 1937년 9월 10일까지 거슬러 올라갈 수 있다고 한다. 같은 책, 131면.

148 자발적으로 혈서지원을 한 경우도 있었지만 이에 대해서는 "상호 불신의 증폭 작용"이라는 미야다 세츠코의 해석은 시사적이다. 宮田節子, 앞의 책, 79면.

149 尾崎秀樹, 앞의 책, 188면; 呂赫若, 1943년 1월 16일자 일기, 陳萬益 主編, 앞의 책, 23면을 참고할 수 있다. 그 외 조선 소설 「성안」에서 지원병 모집에 관한 대목 또한 상당히 의미심장하다. '을수'가 주재소에 불려가서 이미 어머니의 허락을 받았으니 지원서를 작성하라는 요구를 받았는데 앞뒤 문맥을 보면 그 어머니는 적어도 순사의 말처럼 "흔쾌히 찬성"하지는 않았다. 신체검사가 끝난 이후에야 비로소 어머니를 다시 등장시키는 것을 통해서 이미 어머니의 허락을 받았다는 순사의 말이 거짓말이었을 가능성이 높다고 짐작할 수 있다.

받았다. 일제말기 조선과 타이완의 지원병 지원 실황은 〈표 7〉과 같다.

〈표 7〉 일제말기 조선과 타이완 육해군특별지원병 지원자 및 선정자[150]

연도	육군특별지원병				해군특별지원병			
---	조선		타이완		조선		타이완	
	지원자	선정자	지원자	선정자	지원자	선정자	지원자	선정자
1938년	2,964	404						
1939년	12,349	610						
1940년	84,443	3,060						
1941년	144,745	3,208						
1942년	254,273	4,077	425,961	1,200				
1943년	303,294	6,300	601,147	1,008	90,000(?)	3,000	316,097	3,000

1942년을 기준으로 보면 조선인 총수는 25,525,409명, 타이완인 총수는 5,989,888명이었는데 육군특별지원병 지원자 비율은 각각 0.10%와 7.11%였다. 조선인에 비해 타이완인이 훨씬 더 적극적으로 지원했던 것이다. 우선 타이완의 징병 담론을 살펴보겠다.

징병에 대한 타이완인의 태도는 선명한 세대적 차이를 드러냈다. 단적으로 말하면 1910년 이전에 출생한 지식인들이 매우 소극적인 태도를 취했던 데 반해 황민화 교육에 노출되어 온 1920년대생 지식인들은 징병을 적극적으로 옹호했다.[151] 그러나 세대와 상관없이 타

⋯⋯⋯⋯⋯⋯

150 이 도표는 朝鮮總督官房情報課 編, 『朝鮮事情資料 第三號·志願兵より徵兵へ』, 京城: 朝鮮總督官房情報課, 1944, 1면; 近藤釰一 編, 앞의 책, 33~34면에 의거하여 만들어졌다.

151 1943년 10월 17일 밤에 쇼와(昭和) 탄광에서 열린 '징병제에 관하여(徵兵制をめぐって)' 좌담회에서 나가사키 히로시는 징병제 실시에 대한 타이완인의 태도가 세대적인 차이를 드러냈다는 사실을 지적했다. 이에 대해서 저우진뽀는 "특히 20대의 젊은 사람들이 시대의 격동을 가장 통감하고 있지 않을까 싶습니다"고 하면서, "40대나 30대의 사람들", "특히 30살 조금 넘은 지식인들"의 "감격이 희박하지 않을까 싶"다고 주장했다(長崎浩·陳火泉·周金波·神川淸, 앞의 글, 6~8면). 후

이완의 징병 담론은 정체성의 재정립을 중심으로 전개되었다.

(ㄱ) 내지인과 타이완인이 함께 야스쿠니(靖國) 신사에서 무릎을 꿇고 합장할 날을 나는 기쁘게 기대하고 있다. 내지인과 타이완인이 함께 야스쿠니 신사에서 무릎을 꿇고 함께 감사의 눈물을 흘리게 된다면 내지인의 피와 타이완인의 피는 합류될 터이다.[152]

(ㄴ) 나는 오늘만큼 자신감에 가득 찬 기쁨을 느낀 적이 없다. 나는 기나긴 고독의 껍질에서 벗어날 수 있을 것 같다. (중략)

(중략) 모두가 활기 넘친 표정들이고 말이 많아지고 마음을 터놓았습니다. 우리는 아무 망설임 없이 얼굴을 맞대고 「밀착」했습니다. 정신의 고양에서 비롯된 같은 높이와 같은 힘은 「밀착」을 가능케 했습니다. 드디어 고립의 껍질에서 벗어났다고 생각되었습니다.[153]

(ㄷ) race 문제를 고민하고 있다. 진정한 역사의 격류를 눈으로 직접 확인하고 싶어 전쟁에 나가고 싶다. 내가 정신적인 고민을 견디지 못해 취한 타협책인지도 모른다.[154]

(ㄱ)과 (ㄴ)과 (ㄷ)은 각각 1909년생인 장원환과 1920년생인 저우진뽀, 그리고 1923년생인 예성지(葉盛吉)[155]의 징병에 대한 술회였다.

• • • • • • • • • • •

일에 그는 20대의 적극적인 태도에 대해 차별로부터 탈출하려는 욕망과 영미 군인에 대한 적개심 때문이었다고 설명했다. 黃英哲, 「周金波氏の晩年 ― 解説に代えて」, 中島利郎·黃英哲 編, 앞의 책, 315면; 周金波, 「私の歩んだ道 ― 文学·演劇·映画」, 中島利郎·黃英哲 編, 같은 책, 261~262면.

152 張文環, 「燃え上る力」, 『新建設』, 臺北: 皇民奉公會中央本部, 1943.10.

153 周金波, 위의 글, 253면.

154 葉盛吉, 1943년 11월 16일자 기록, 楊威理, 『ある台湾知識人の悲劇: 中国と日本のはざまで 葉盛吉伝』, 東京: 岩波書店, 1993, 81면.

155 예성지(1923~1950), 타이완에서 중학교를 졸업한 후 1943년 4월에 일본에 건너가 고등학교에 진학하여 1945년 4월에 도쿄제국대학 의학부에 입학했다. 그리고 1946년 초에 타이완에 돌아가 타이완대학에 전학했다. 졸업한 지 얼마 되지 않아

장원환은 타이완인 군속의 출정 장면을 보면서 민족 간의 경계가 무너질 것을 전망했다. 전쟁 참여를 통해 동일한 죽음에 도달함으로써 동일한 정체성 인식에 도달한다는 논리였다. (ㄴ)은 저우진뽀가 타이완 육군특별지원병 제도가 공포된 1941년 6월 20일에 쓴 일기의 일부와 그의 설명이었다. 그는 도쿄에서 오래 생활했으므로 타이완 사회와 일본 사회 양쪽에 모두 융입하지 못했는데 지원병 제도의 실시와 함께 일본인과 타이완인 사이의 경계선이 모호해져 양자택일하지 않아도 되었다. 다시 말해 해결하지 못했던 정체성 문제는 더 이상 문제가 되지 않았다는 것이다. 예성지는 일본 유학 생활을 통해 일본인과의 간극을 확인하며 정체성 문제에 눈뜨게 되었다. 정체성 고민에 괴롭던 나머지 그는 군인이 되어 일본을 위해 목숨을 바침으로써 일본인인가 아닌가 라는 문제를 해결하려는 것이었다.

　그러나 실제로 타이완인의 정체성 문제는 징병제 실시에 의해 해결되기는커녕 도리어 수면 위로 급부상했다. 징병제 실시를 계기로 타이완인에 대한 일본인의 경계심이 극명하게 드러났던 한편, 타이완인이 죽음을 통해서만 일본인이 될 수 있다는 사실[156]을 깨닫게 되었기 때문이다. 서로에 대한 불신이 커진 것은 문학자이자 변호사이던 천이송(陳逸松)의 회상을 통해 확인할 수 있는데 1944년에 황정회(皇政會)가 주최한 좌담회에서 일본인 담당자는 "평소에 타이완인이 일본에 대해 불만이 많다는 걸 잘 알고 있는데 설령 미군이 타이완에

중국 국민당의 백색 테러에서 투옥, 총살당했다. 유명한 인물은 아니지만 민족 문제를 진지하게 고민한 일기와 기록을 많이 남겨 일제말기의 타이완에서 태어난 지식인의 내적 풍경을 여실히 보여줬다.

156 일제가 타이완인에게 기대한 것이 "일본인으로서 산다"는 게 아니고 "일본인으로서 죽는다"라는 것이었으며 "좋은 일본인이 된다"는 것이 "일본인으로서 죽는" 길을 발견하여 그것을 향해 치닫는 것을 의미했다는 오자키 호츠키의 지적은 시사적이다. 尾崎秀樹, 앞의 책, 180면.

상륙한다면 타이완인이 일본 편이 될 겁니까? 아니면 미군의 편이 될 겁니까? 진심을 알고 싶습니다"라고 했다고 한다. 그리고 "육백만 타이완인이 일본인과 생사를 같이하겠습니다"라는 천칭뽀(陳淸波)의 대답에는 "좋은 말만 하지 마"라고 반발했다고 한다.[157] 특히 중국 전장으로 파견됨으로써 그 전까지 '타이완인'으로 의도적으로 가려진 '중국인'이라는 본래의 정체성에 다시 봉착하게 되었던 것은 주목할 만하다. 이는 텍스트에 투사되어 일본적 정체성을 내면화하려는 노력을 포기한 한편, 민족 입장의 부상을 보였다.

「길」(『문예타이완』, 1943.7)에서 주인공은 지원병 실시 발표에 크게 감격했지만 얼마 되지 않아 승진 문제로 인해 타이완인에 대한 차별이 결코 해소되지 않았다는 사실을 확인하게 된다. 결국 그는 "황민으로 가는 길이란 바로 죽음을 의미하는 것이다"라는 결론에 도달하여 일본적 정체성이라는 것이 타이완인이 살아서 도달할 수 없다는 사실을 인식하기에 이른다. 다른 한편 "모란은 필경 꽃이 아니런가!!"라든가 "우리 타이완인은 필경 황민이 아니런가? 아, 필경 인간이 아니런가?"라면서 '타이완인'을 '모란'으로 상징하는 중국 대륙과 연결시켰다.

천휘취앤의 또 다른 소설 「장선생」(『문예타이완』, 1943.11)은 「길」의 연장선상에서 민족 입장의 부상을 제시했다. 공학교에서 교직을 맡고 있는 '장선생'은 "역사적 감동의 결여"로 인해 끊임없이 고민한다. 구체적으로 말하면 "그 빛나는 일본의 역사를 자기 조상의 역사로 자랑스럽게 아이들에게 이야기하"는 것에 대해 "어쩐지 어색하다고 느끼지 않을 수 없"다는 것이다. "일본 역사 속에서 울고 싶고 일

. . . .

157 陳逸松口述, 林忠勝撰, 『陳逸松回憶錄(日據時代篇)』, 臺北: 前衛出版社, 1994, 228면, 250~254면.

본의 역사를 자신의 역사로서 체득하려고 하"지만 그러지 못한다. 이처럼 일본 역사를 타이완 역사와 분리시키고 자신 또는 타이완인 아이들을 '일본'이라는 공동체에서 배제한 것은 사실상 타이완 지식인의 일본적 정체성과의 간극을 말해준다. 이어 천휘취앤은 육군지원병 제도가 실시된 후 '장선생'이 드디어 학생들을 데리고 "일본의 역사"를 위해 눈물을 흘릴 수 있게 된다고 서술했다. 이는 일견 타이완인이 전쟁에 직접 참여함으로써 일본인의 역사 속에 수렴되어 일본적 정체성을 내면화한 것처럼 보이지만 실제로는 그것은 표면적인 장식에 지나지 않았다. '장선생'이나 타이완인 아이들로 하여금 눈물을 흘리게 한 것은 야마모토 이소로쿠(山本五十六)의 희생도 아니며, 일본 역사상의 충신들의 이야기도 아니고 "우리들 동포"의 "그 아버지", "그 아들", "그 남편", "그 형제"의 죽음들이며 아이들의 가족의 희생 이야기들이다. 다시 말해 여기서 부상한 것은 '일본인'으로서의 자각이라기보다는 "동포"—즉, 타이완—에 대한 자각이다. 타이완인 전사자가 제국의 충신 또는 원수들이 비견할 수 없는 힘을 지니고 있다는 데서 민족 입장의 절대적인 역할을 확인할 수 있다. 결국 '장선생'의 눈물은 일본적 정체성의 내면화를 의미한다기보다는 오히려 민족 입장으로의 귀환을 말해준다.

우쭤류는 중국 전장을 배경으로 타이완인의 정체성 좌표를 자리매김했다. 타이완인 청년 '후쯔밍'은 일본 해군의 군속으로서 중국 꽝동(廣東)으로 파견되는데 떠나는 뱃속에서 그가 "쯔밍아, 엄마는 잘 모르지만 너의 할아버지 말씀으로는 우리의 조상도 중국에서 왔다고 하시거든. 그래서 네가 거기 사람들하고 전쟁한다는 게⋯⋯⋯⋯"라는 어머니의 말씀을 떠올리면서 타이완인으로 하여금 중국인과 싸우게 하는 것이 일제의 "오랑캐로 오랑캐를 제압한다"는 모략임을 깨닫게 된다. 이처럼 일본인이 아니라는 사실에 눈뜨게 된 한편, 그는 일본인 군인의 가혹한 학살 행위에 강한 혐오감을 느끼며 중국인과의 연대감을 형성했다. 이런 데서 더 나아가 작가는 '후쯔밍'의 시선을 통해 중국 전장으로 떠날 때 타이완인 청년들의 집단적인 불면을 확인함으로써 '후쯔밍'의 정체성 양상을 타이완인 전체로 확대했다.

지원에 대한 소극적인 태도에 비하면 조선 측의 징병 담론은 치열하게 펼쳐졌다. 이런 간극은 조선의 징병 담론이 실제 심리에 의해 뒷받침된다기보다는 실제로 내면화되지 않았다는 사실을 시사한다. 타이완의 징병 담론이 정체성의 재정립을 중심으로 전개되었는가 하면 조선의 그것은 일본을 '국가'로서 접목할 합리적 가능성을 검토하는 연장선상에서 '혈세'를 납부함으로써[158] "완전한 국민"이 된다는 논리로 요약할 수 있었다.

> (ㄱ) 『조선 동포에 대한 징병제 시행』이라는 소식에 접했을 때, 나는 왠지 어깨가 펴진 것 같은 느낌이었다. 이제부터는 일본 국민으로서 열등감을 느끼지 않아도 좋다는 생각 때문이었다. 내선일체만으로는 어딘가 부족했고 「너는 떳떳한 일본 국민이다」라고 하더라도 마치 삼등 차표로 일등차를 탄 것 같은 열등감과 불안감, 이것으로 좋은가 나쁜가 하는 곤혹스러움, 그러한 미묘하고 복잡한 감정이 떠나지 않았던 것이다.[159]
> — 이석훈
> (ㄴ) 이번에 발포된 조선 징병제가 조선인에게 더없는 영예라는 것은 말할 것도 없다. 우리는 이 제도 덕분에 어엿한 국민이 될 수 있을 것이다.[160]

---

158 "혈세를 납부한다"라는 표현은 고이소 구니아키 총독 시기에 정무총감을 담당했던 타나카 타케오(田中武雄)의 발언에서 비롯되었다. 朝鮮近代史料硏究會, 『朝鮮近代史料硏究集成 第3号』, 東京: 朝鮮近代史料硏究會, 1960, 243면.

159 牧洋, 「半島の徴兵制と文化人(2)・謙讓に、誠實に」, 『京城日報』, 京城: 京城日報社, 1942.5.16.

160 柳致眞, 「半島の徴兵制と文化人(完)・先づ尚武の精神」, 『京城日報』, 京城: 京城日報

(ㄷ) 그동안 조선사람 남자들은 병정이 못 되었으니 반편국민 노
릇을 한 세음이었습니다。 내후년부터야 옹글은 국민이 되는
것입니다。[161]

兵役은 國民의 義務中에 最大한 義務다。 나라를 지키는 義務
다。 陛下를 머리로 밨들고서 이 몸股肱이 되어 皇運을 扶翼하
는 義務다。

한번 兵役의 義務를 치르고남으로 完全한 國民이 된다。 兵役을
안 치른 國民은 반편이다。 그럼으로 徵兵이 고맙다는것이다。[162]

"완전한 국민"은 '내선일체' 담론의 지속으로 봐야 한다。[163] '의무'
와 권리를 동시에 의미하는 표현으로 일본 국내 내지 '동아'에서 권
리의 재분배를 의도했다는 것은 기존 연구에서 이미 충분히 논의되
었다。[164] 그러나 실제로는 조선의 징병 담론은 권리의 재분배로 쉽게
나가지 못했고 "완전한 국민"만 반복해서 강조했다。 왜 그러했는가?

다음의 사실은 이 점을 이해하는 데 도움이 되리라。 1927년 4월 1
일에 공포되고 같은 해 12월 1일부터 시행된 일제의 병역법은 제1조
에서 "제국 신민 남자는 이 법에서 정한 바에 의해 병역에 복무한다"

• • • • • • • • • • •

社, 1942.5.30.

161 香山光郎, 「徵兵과女性」, 『新時代』, 京城: 新時代社, 1942.6, 28면.

162 香山光郎, 「앞으로二年」, 『新時代』, 京城: 新時代社, 1942.9, 19면.

163 실제로 일본 당국 또한 지원병제와 징병제를 '내선일체'의 국방적 측면으로 호명
했다. 「(彙報)重大聲明に關し道知事會議その他開催」, 『朝鮮』, 京城: 朝鮮總督府, 1938.
2, 183면; 「半島人の赤誠結實 志願兵制度を設定 内鮮一體、國防に寄與」, 『東京日日
新聞』, 東京: 東京日日新聞社, 1938.1.16을 참고할 수 있다.

164 예컨대 한수영은 징병제의 등가 교환으로 참정권을 요구했다고 지적한 바 있다.
유일한 조선인 중의원이었던 박춘금은 조선 징병제를 실시하게 되면 이에 대한
보상으로 선거권을 비롯한 참정권을 부여해야 한다는 청원서를 1940년에 중의원
에 제출했다. 한수영, 『친일문학의 재인식』, 서울: 소명출판, 2005, 28면.

고 규정하고 나서 이어 제23조에서는 '징집 대상'에 대해 "호적법 적용자이자 전년 12월 1일부터 당년 11월 30일까지 만 20세의 자"로 규정했다. 조선인과 타이완인은 호적법의 적용 대상이 아니었기 때문에 비록 징병제가 실시된 이후에도 실제로 병역법의 적용 대상이 되지 못해 징병검사에서 '헤이슈(丙種)'로 판정된 일본인이 편입되는 제2국민병역에 편입되었던 것이다.[165] 이런 사실을 감안한다면 조선 지식인들이 신체 불구자라는 기호를 부각하면서[166] "완전한 국민"을 반복해서 강조한 것은 결코 "차별로부터의 탈출"에 대한 감격으로 그치지 않았다. 그 담론의 이면에는 '차별'의 극복 불가능성에 대한 인식이 도사리고 있었다. "저의 국민적 완성은 지금부터 죽음을 건 전장의 체험에 의해" 비로소 "이루어질 것"이라는 담론[167]의 본격적인 등장은 "완전한 국민"에 대한 지향이라기보다는 "완전한 국민"에 대한 체념으로 읽힌다. 즉 징병제 실시는 조선인에게 일본 국민이 되라고 재촉하는 동시에 일본 국민의 도달 불가능성을 극명하게 보여줬다. 따라서 그들은 병역이라는 국민 의무를 국민의 권리로 치환하는 데 주저하지 않을 수 없었다.

　　이때 附言하고저하는것은 兵役을 普通槪念下에 使用하는「義務」와 混同하야 義務의 半面에는 當然히 權利가 添附해있어야 한다는것과같은 反對給付的 觀念이一部에서라도 생기는 것이 있다면 事의 神聖한

165 "반도동포의 불타는애국의열정에 발을마추어 오는八月一일부터 역사적인 개정병역법(改正兵役法)이 실시되어 만十七세이상으로부터 명년에적령(適齡)이되기까지의 반도의청년남자는 곳 제二국민병역에 편입되어 그의一부의적격자는명년에제국군대에입영되는데 (중략)" 「壯丁士氣昻揚大會 八月一日半島徵兵制記念全國行事」, 『每日新報』, 京城: 每日新報社, 1943.7.25.
166 병역에 복무하지 못한 조선인을 신체 불구자에 비유한 현상은 이광수의 「徵兵과 女性」 및 「앞으로二年」을 통해서 확인할 수 있다.
167 朴赫, 「私の祈願－學兵と出で立つ日」, 『國民文學』, 京城: 人文社, 1944.1, 63면.

本質을 冒瀆할 憂慮가 있다는 一事이다 日本國民의 兵役觀念은 義務라기보다는 차라리 特權이라는 範疇에 屬할것으로 이것은 國體의 本義를 알므로써 明瞭하다 오즉 內鮮一體가 이와 같이하야 實踐的으로 行해가는 道程에 있어서는어느누가要求않드라도 自然이 理由없는 區別이 消滅되어갈것으로 이 또한 皇道國家의 本質임을 信하면 足할것이다.[168]

병역을 "특권"으로 호명한 것은 "완전한 국민"을 단념하는 것에 다름 아니었다. 징병제 실시는 한편으로 조선인의 주관적 의지와 관계없이 그들의 운명을 일제의 승패와 밀접하게 연결시켜 '내선일체' 담론을 정점에 끌어올렸고, 다른 한편으로 '내선일체'의 극복 불가능한 한계를 제시했다. 그 결과 징병제 실시에 따라 '내선일체'에 대한 조선 지식인의 관심이 최대화된 한편, 동시에 '내선일체'에 대한 불신이 커져 전자와의 거대한 간극을 드러냈다. 징병 담론과 지원 실황 사이의 거대한 균열은 이런 간극의 가시화로 볼 수 있다. 일본 국민으로서의 신분 구축을 검토하는 것의 우여곡절에 비하면 조선적 자각을 명확히 하고 그것을 재정립하는 경로는 분명했다.

조선 지식인은 징병을 논의하면서 자민족의 역사를 끊임없이 호출하여 그것을 근대적 용어로 재해석하고, 징병제를 조선의 고유 맥락 속에 재편했다. 이런 식으로 그들은 현시점을 조선의 역사 속에 끌어들여 독자적인 역사를 정비했다. 이럴 때 일본까지 조선의 역사 속으로 수렴되었다.

최재서는 "징병이 발표된 날부터 나는 늘 상대(上代) 사람들을 떠올린다"고 하면서 고구려시대 일본의 쇼토쿠(聖德) 태자를 위해 순사한 혜자(慧慈) 법사의 이야기를 회고했다. 그의 논리에 따르면 혜자

168 編輯部, 「半島靑年의宿望達成: 徵兵制實施와그反響」, 『新時代』, 京城: 新時代社, 1942. 6, 42면.

법사는 일본 불교의 초석을 다진 사람이었고 일본의 불교는 일본의 국체와 연결되어 있었다. 이처럼 일본국의 성립에서 조선인의 큰 기여를 확인함으로써 그는 사실상 일본을 조선인의 역사 속으로 수렴했다. 이어 그는 군인이 되어 목숨으로 천황 폐하의 신뢰에 보답하는 현재를 혜자 법사가 쇼토쿠 태자의 총우(寵遇)에 감격하여 스스로 목숨을 끊었다는 과거의 연장선상에 위치시킴으로써 징병제를 조선의 주체적 역사 속에 재편했다.[169] 조선은 부수적 피동적 위치에서 벗어나 일본까지 수렴한 주체가 되었다.

무력을 숭상한 조선의 전통을 내세워 징병제 실시를 이런 재래적 맥락 속에 자리매김한다는 담론은 같은 논리로 봐야 한다. 이광수는 "삼국 시대나 이조 초까지" "왕자로부터 서인에 이르기까지 무릇 남자는 군적에 올라서 오위에 분속하였"던 역사를 "국민개병의 제도"라는 근대적 용어로 재구성하면서 일제말기 현재의 국가 총동원을 조선의 군사적 역사의 지속으로 해석했다.[170] "고구려 조상들이 수당 백만 대병을 지르밟아 버리"는 역사적 사실과 "『사군이충, 임진무퇴』"라는 신라 화랑의 "주지"를 인용하여 학도지원병들을 격려했다.[171] 최남선 또한 학도지원병의 출정을 "고고려무사 신라무사의 무용성을 차저내여 그 씩씩한 전통을 우리들의 생활원리로 하고 우리들의 정신적 부활"로 호명하면서 "우리들의 심장을 두다리고" "흘러서 우리들의 혈관에 물결치고 잇"는 "피"를 부각했다.[172] 이런 담론에서 강한

169 崔載瑞, 「徵兵誓願行: 感激の八月一日を迎へて」, 『國民文學』, 京城: 人文社, 1943.8, 4~9면.
170 香山光郎, 「兵制의感激과用意③·徵兵과人生觀」, 『每日新報』, 京城: 每日新報社, 1943.7.30.
171 香山光郎, 「學兵보내는世紀의感激」, 『每日新報』, 京城: 每日新報社, 1944.1.17.
172 「나가자靑年學徒야 學問의眞理를行動으로바치라 在京學徒激勵 崔南善氏熱辯」, 『每日新報』, 京城: 每日新報社, 1943.11.20.

역사 상속 의식과 민족 자각을 쉽게 읽어낼 수 있다.

징병제 실시로 인해 일제에 대한 불신이 확대되었다는 사실은 텍스트에 투사되어 종군을 조선인의 희생으로 부각했다. 일제말기 조선의 지원병·징병 소설의 절대다수는 결손 가정을 등장시켰다. 이광수의 『봄의 노래』(『신시대』, 1941.9~1942.6), 최정희의 「야국초(野菊抄)」(『국민문학』, 1942.11), 김사영의 「성안」(『국민문학』, 1943.5)[173], 이무영의 「어머니(母)」(『정열의 서(情熱の書)』, 1944), 이광수의 「두 사람」(『방송지우』, 1944.8), 김용제의 「장정(壯丁)」(『국민문학』, 1944.8) 등에서 공통적으로 홀어머니를 가지고 있는 외아들을 등장시켰고 안도우 마스오(安東益雄)의 「젊은 힘(若い力)」(『국민문학』, 1942.5·6), 김사영의 「길」(『국민문학』, 1944.5) 등에서는 홀아버지 또는 불구 아버지를 등장시켰다. 이는 일견 일제말기에 널리 퍼져 있었던 나라에 대한 충이 바로 부모에 대한 효도라는 담론[174]의 맥락 속에 있는 것처럼 보이지만 "충은 효를 포함하거니와"라는 담론이 텍스트 속에서 충과 효의 이항대립 구도로 변모되었다는 것은 주목할 만하다.

> "너는 어머니 하나밖에 없다지?"
> 징병관이 이렇게 물었다.
> (중략)
> "네가 병정을 가면 어머니는 어떻거나"

••••••••••

173 「성안」에서 '을수'는 비록 외아들은 아니지만 형이 불구자라는 점을 감안하면 일손이 필요한 농촌 가정에서 실제로 외아들의 역할을 담당하고 있다고 봐야 한다.
174 전형적인 사례로는 이광수가 "임금께 忠한者는 最大한 孝子다"라면서 "忠孝一本"이라는 논리를 제시한 것과 『매일신보』에서 보성전문학교 재학 중인 가나야(金谷博允)가 부모가 모두 중병에 걸려 있음에도 지원서를 제출했다는 일을 극찬한 것을 들 수 있다. 香山光郎, 「앞으로二年」, 『新時代』, 京城: 新時代社, 1942.9, 19~20면; 「忠은卽孝이다 病患中兩親두고志願」, 『每日新報』, 京城: 每日新報社, 1943.11.20.

하고 징병관은 왈쇠를 뚫어지게 본다.

"걱정 없습니다. 어머니는 아직도 긔운이 있습니다. 농사도 하고 나무도 합니다."

왈쇠는 이렇게 소리껏 웨쳤다.

징병관은 잠시 말이 없었다. 그러나 그 눈과 낯이 변하는 것으로 보아서, 왈쇠의 대답에 깊이 감동된 것이 분명하였다. 잠시간 침묵이 장내(場內)를 누르는 듯하였다. 장내의 수십 명 사람의 시선이 이상한 감동을 가지고, 왈쇠와 징병관에게로 몰렸다.

"코오슈."

징병관의 목소리는 떨리는 듯하였다.

"코오슈"

하는 힘찬 후꾸쇼오와 함께 왈쇠의 두 눈에서는 눈물이 주루루 흘러나렸다.

왈쇠가 경령하고 물러나는 것을 보는 징병관의 눈에는 감격의 눈물이 고여 있었다.[175]

홀어머니와 함께 사는 외아들 '왈쇠'가 징병검사 결과를 받는 대목이다. '왈쇠'의 응징의 희생적 의미를 부각하는 한편, 이광수는 꾸준히 일제를 대변하는 징병관의 반응에 시선을 보냈다. 징병에 대한 작가의 주안점은 조선 측의 감격보다는 일본 측의 "감동"을 요구하는 데에 놓여 있었다. 국가(일본)가 가정(조선)의 대척점에 놓이는 것은 '내선일체'의 완성이 아닌 균열을 말해준다.

징병은 흔히 이야기를 비극으로 이끌어가는 부정적 요소로 기능했다. 『봄의 노래』에서 주인공이 지원병이 된 것은 처음부터 "모릅지오. 인제 통지가 온다고 하와요. 그러니 아버지는 저렇게 몸을 못 쓰시고, 저맞아 집을 떠나면 농사 지을 일이 걱정이와요. (중략)"[176]라

175 香山光郞, 「두 사람」, 이경훈, 『이광수의 친일문학 연구』, 서울: 태학사, 1998, 380~381면.

176 香山光郞, 「봄의노래」, 『新時代』, 京城: 新時代社, 1941.9, 215면.

는 우려로 다가왔다. 그리고 이는 드디어 본의 아닌 준내선결혼을 불러일으켰고 다시 이 결혼을 파멸로 이끌었다.

징병에 대한 작가의 문제의식이 '내선일체'에 대한 어두운 전망과 직결되어 있기 때문에 일본인에 대한 비판으로 이어졌다. 윤대석은 재조선 일본인 작가 미야사키 키요타로(宮崎淸太郞)가 조선인 학도 출정의 장면을 묘사하는 데 표출한 무의식적 우월감을 지적한 바 있는데[177] 조선인 작가는 일본인의 이런 선험적인 우월감을 예민하게 감지하여 그것을 형상화했다. 「영원한 여자」(『경성일보』, 1942.10.28~12.7)에서 이석훈은 조선인 '이준식'의 응소 소식을 듣는 일본인 여성 '사유리'의 반응을 다음과 같이 묘사했다.

> (중략) (사유리의—인용자)마음은 준식에 대한 고마움으로 가득 찼다. 동시에 어쩐지 박과 최와의 문제도 저절로 해결된 듯한 느낌이 었다. 성급하면 아무것도 하지 못한다. 오랫동안의 훈육과 끝없는 사랑을 통해 이 야성적인 아이들은 순직하고 착한 사람들이 되겠지. 이 아이들도 머지않아 준식의 뒤를 따라 일본을 위해『천황의 방패』가 되겠지. 생각이 여기에 이르자 뜨거운 눈물이 밀물처럼 복받쳐 올랐다.[178]

일본인이 조선인의 출정을 고맙게 여긴다는 서술에는 일본인이야말로 일본국의 진정한 주체라는 선험적 우월감에 대한 작가의 예리한 포착이 깔려 있었다. 비록 조선인이 "『천황의 방패』"가 되고 있더라도 결코 일본인과 대등하지 못해 일본인의 "훈육"과 개발을 기다리는 "야성적인" 존재—다시 말해, 2차적인 주체—에 지나지 않는다는 작가의 인식을 엿볼 수 있다. 징병제 실시가 공포된 지 얼마 되지 않

177 윤대석,『식민지 국민문학론』, 서울: 역락, 2006, 237~240면.
178 牧洋,「永遠の女」,『靜かな嵐』, 京城: 每日新報社, 1943, 373면.

는 시점에 발표된 이 소설에서 일본인에 대한 비판이 상당히 우회적으로 드러났는가 하면 일제 패전의 기미가 가시화되었던 무렵에 발표된 「소녀의 고백」(『신태양』, 1944.10)에서 조선인 작가의 비판 의식은 보다 더 두드러지게 표출되었다.

> 저도 이제는 조선 동포도 천황의 신민이 되었다는 것을 알고 있습니다. 우리의 형제들은 내지의 형제들과 똑같이 육군에도 해군에도 들어갈 수 있게 되었다는 것도 알고 있습니다. 올해 1월에 입영한 조선인 학병들이 북방의 군대에도 있으며, 또 크게 칭찬받는 것도 들었습니다. 이는 말씀드릴 것도 없이 망극한 황은(皇恩)이며 단지 감격할 따름입니다. 하지만 제가 평소에 만나고 있는 향리 동포들의 모습으로는 조선인이 진정으로 도처에서 존경받기까지는 아직 거리가 있습니다. 아버지나 아버지 친구들은 자기들의 불행의 책임을 남에게 전가하는 듯합니다만 저는 그렇게 생각하지 않습니다. 어디까지든 우리들 자신의 책임이라고 생각하고 우리들이 노력만 한다면, 지금 필사적으로 노력한다면 반드시 만족하게 될 거라고 생각합니다.[179]

이광수는 조선인 소녀의 입을 빌려 징병제 실시가 민족 차별을 해소하기는커녕 도리어 '내선일체'에 대한 의심을 증폭시켰다는 사실을 지적했다. 기성세대의 불만에 반발하고 자신부터 반성하자는 것은 '도덕적 마조히즘'의 효과를 산출해 강력한 고발이 되었다. 일본인 남성에게 버림당한 조선인 소녀상에는 '내선일체'에 대한 작가의 불신이 도사리고 있었다. 그리고 이런 불신이 결국 "저는 부여받은 모든 운명을 달게 받을 겁니다"라는 각오로 이어지는데 이는 조선인 신분을 스스로 다짐하는 것으로 읽힌다.

- - - - - - - - - - - -
179 香山光郎, 「少女の告白」, 『新太陽』, 東京: 新太陽社, 1944.10, 33~34면.

이와 같은 맥락으로 소설 「군인이 될 수 있다」(『신태양』, 1943.11)가 있는데 아들 '봉일'은 죽기 직전에 "너는 죄 없는 착한 아이니까 꼭 좋은 곳에서 좋은 집의 아들로 다시 태어날 거야"라는 '나'의 말에 대해 "아니. 다음에도 또 아버지의 아들로 다시 태어날 거야"라고 주저없이 대답한다. '좋은 사람', '훌륭한 사람'이 '일본인'의 동의어였다는 일제말기의 담론적 배경[180]을 감안하면 '봉일'은 양립 불가능한 일본인 신분과 조선인 신분 가운데 후자를 과감하게 선택했다고 할 수 있다.

옛 한국의 군인을 꾸준히 부각했다는 현상도 같은 맥락에 있었다. 『마음이 만나서야말로』에서 "조국을 위해 싸움에 나가는 것만큼 남아로서 감명 깊은 건 없지. 이 애비도 평생 그런 기회를 바라고 있었지만 없었지 뭐"라는 "불령조선인"의 "언제나 같은 말버릇이 된 불평"과 "언제나 같은 깊은 한숨"에는 망국의 한이 깊이 숨어 있었다면, 「산사의 사람들」(『경성일보』, 1940.5.17~19, 21~24)에서 "60년 전에는 군인이었고 가회동의 훌륭한 집에서 살았다 한다"는 늙은이가 "경성 전기회사의 전차"에 다쳤음에도 양로원에 입원해서 "남의 신세" 지는 것을 단호히 거절하고 산굴 속에서 자립적으로 산다는 이야기는 상나라가 망한 뒤 서우양산(首陽山)에 숨어들어 주나라의 곡식을 먹으려 하지 않았던 뽀이(伯夷)와 슈치(叔齊)를 떠올리게 한다. 이어 『봄의 노래』에서 "「태애극조오판 하오온 후우에」"라는 대한제국의 군가를 등장시켜 "잠시 잠자코 걸었다"는 분위기를 의미심장하게

· · · · · · · · · · ·

180 이에 대해 윤대석은 "'좋은 사람', '훌륭한 사람'이란 범인륜적인 윤리 기준이 아니라 일본 국민으로서의 윤리 기준을 말한다. 일본인이란 2등 국민인 조선인에게 도달해야 할 목적지이면서도 결코 도달할 수 없는 곳이기에 '좋은 사람', '훌륭한 사람'이라는 기준밖에 제시하지 못하는 것이다"라면서 그 심층적 원인을 밝힌 바 있다. 윤대석, 앞의 논문, 129면.

묘사했다. 이처럼 징병제의 중대한 의미를 역설한 이광수는 이채로운 이면을 보이는 텍스트를 창작하여 그 담론이 실제로 내면화되지 않았다는 사실을 암시했다.

지원병제와 징병제의 실시를 계기로 조선과 타이완의 지식인은 일견 '내선일체'와 '내대일여'의 문제를 해결할 계기를 발견한 것처럼 보이지만 실제로 오히려 문제의 해결 불가능성을 인식하기에 이르렀다. 이러한 과정에서 타이완인 작가들이 민족 입장의 회복을 보였는가 하면 조선인 작가는 독자적인 역사를 정비하면서 일본까지 수렴하려는 욕망을 드러냈다.

지식인의 내면을 투시함으로써 정체성 문제를 짚고 넘어간다는 타이완에 비하면 조선의 지원병·징병 소설은 지식인 대신 일반인을 부각하여 심리 묘사를 의도적으로 회피했다. 지원병제와 징병제에 대한 작가의 실제적인 거부감을 엿볼 수 있다.

제 5 장

'동아'에 대한 재편

1. 일제말기 식민지 작가의 시공간 인식

ⓖ '일억 국민'과 '동아 십억 민': 식민지 작가의 공간 인식

강상중에 따르면 아시아 또는 '동양'이란 일본의 제국주의적 침략에 의해 형성된 지역적 질서였다고 한다. 일본이 침략하기 이전에는 이 지역에 일정한 지정문화적인 공간은 성립되어 있지 않았고 따라서 아시아의 일체감 따위는 존재할 수 없었던 것이다. 그러나 일제의 타이완 통치 그리고 한반도 침략과 식민지화 또한 대륙으로의 팽창과 '남진'은 아시아를 단숨에 국제관계에서 한데 묶인 존재로 끌어올리고, 마침내 느슨하기는 하지만 지정문화적인 질서의 공통 의식이 형성되어, 분산된 지역과 나라들이 아시아 속에서 자신의 정체성을 발견하게 되었다.[1] 일제의 '동아' 구상은 막부 말기 사이고 다카모리(西鄕隆盛), 이타가키 다이스케(板垣退助) 등의 '정한론'과 가쓰 가이슈(勝海舟), 다루이 도키치(樽井藤吉) 등의 '연맹론'까지 거슬러 올라갈 수 있다. 전자가 조선을 침략하여 서양에서 받은 피해를 주변국에 전가하자고 주장했는가 하면 후자는 중국, 조선과 대등한 동맹을 맺어 공동으로 서양과 대결하자고 주장했다. 이로 보건대 서양과의 대립 구도는 당초부터 '동아' 담론의 기본 구도였는데 태평양전쟁이 발발되면서 부상했을 뿐이었다.

아시아 각국을 지배한다는 주장과 아시아 각국과 협력한다는 주장

----

1 강상중 지음, 이경덕·임성모 옮김, 『오리엔탈리즘을 넘어서』, 서울: 이산, 1997, 133면.

은 확연히 구분되었던 것이 아니라 복합적으로 착종했다. 특히 대내적으로 경제적·사회적 모순이 격화되고 대외적으로 서양의 위협을 절감했던 상황에서 일본 국내에서 아시아 각국의 인적·물적 자원을 동원하여 일본을 중심으로 동아를 재편하고자 하는 요구가 급부상했다. 오카구라 텐신(岡倉天心)으로부터 키타 잇끼(北一輝)를 거쳐 오오까와 슈우메이(大川周明)로 이어진 흐름은 일본의 '아시아주의'가 점차 제국주의 침략 이론으로 변질된 과정을 보였다.[2] 1938년 11월 3일, 고노에 내각은 '동아신질서 건설에 관한 성명'을 발표하여 "일·만·지 3국이 제휴하여 정치, 경제, 문화 등 모든 분야를 걸친 공조 연환 관계의 수립을 근간으로 하는" "동아신질서"를 본격적으로 제시했다. 1940년 8월 1일에 외무대신 마쓰오카 요스케(松岡洋右)는 처음으로 '대동아 공영권'이라는 표현을 사용했고 1942년 2월 28일 대본영 정부 연락회의에서 그 범위는 "일·만·지 및 동경 90~180도 사이에 있는 남위 10도 이북의 남방 지역, 기타 지역은 정세의 추이에 따라 결정"으로 밝혀졌다.[3] 1942년 10월, 대동아성이 설치되었다.

일제말기 일제의 대 조선 및 대 타이완 정책은 바로 '대동아 공영권'이라는 구도 속에서 펼쳐졌다. 다시 말해 조선을 대륙에 진출하는 '대륙병참'으로, 그리고 타이완을 동남아시아에 진출하는 '남방기지'로 편성하여 이를 기반으로 세력 확장을 적극적으로 기획했던 것이다. 1895년 6월, 일본군이 타이베이를 점령하면서 '북수남진(北守南進)' 정책을 실시하기 시작했다. 1905년까지 일본의 최초의 '외지'로

---

2 일제의 '동아' 담론의 전개 과정에 대해서는 정종현, 『동양론과 식민지 조선문학』, 파주: 창비, 2011, 41~74면; 李文卿, 「共榮的想像: 帝國日本與大東亞文學圈(1937-1945)」, 臺北: 國立政治大學 博士學位論文, 2008, 17~44면을 참고할 수 있다.

3 庄司潤一郎, 「日本における戰爭呼称に関する問題の一考察」, 『防衛研究所紀要』 第13卷 第3号, 東京: 防衛省防衛研究所, 2011.3, 45면.

서 타이완은 많은 주목을 받았다.[4] 1900년 '샤먼(厦門) 사건'[5]으로 남진 정책이 좌절되었고 특히 1905년부터 러일전쟁을 통해 만주, 조선에 있는 세력을 확립한 이후 대륙 경영을 국책으로 삼아 시선을 만주, 조선으로 옮겼다. 1931년 만주사변이 발발된 후 '대륙병참'으로서의 조선의 전략적 지위가 날로 중요해져 1936년 8월에 미나미 지로는 '선만일여'의 연장선상에서 '내선일체'를 내세워 조선에 대한 동화를 가속화했다. 1938년 10월, 일본군이 중국 꽝동을 점령한 후 남진 정책은 다시 이슈가 되었다. 특히 중일전쟁이 교착 상태에 빠지고 열강의 식민지 쟁탈전이 세계대전으로 확대되자 일제는 동남아시아에 진출할 계획을 세우면서 중일전쟁을 속히 끝내지 못하면 남방정책에 중점을 옮길 방침을 밝혔다.[6] 1941년 4월 소일 중립 조약이 체결되면서 북수남진 태세가 확립된 후 타이완의 전략적 중요성이 다시 부상했다.

일제의 '동아' 담론에서는 조선과 타이완은 '동아'의 주체가 아니었다. 그들은 동화를 거쳐 '일본'의 일부가 되어야만 비로소 '동아'와 연결될 수 있었다. 즉 조선과 타이완은 직접 '동아'에 속한 것이 아니라 '일본'을 통과해야 '동아'에 도달할 수 있는 준동아적인 존재였다. 이와 관련하여 일제는 일본 본토 및 조선, 타이완에서 '일억 국민'이라는 표어를 내놓았다. 당시의 담론에서 조선의 총인구수는 흔히 '이

---

4 島田謹二, 「臺灣の文學的過現末(上)」, 『文藝臺灣』, 臺北: 文藝臺灣社, 1941.5, 3면.

5 1900년 8월 24일, 일본은 의화단(義和團) 진압을 핑계로 삼아 중국 샤먼에 상륙했다. 타이완총독부는 즉시 군대를 파견하여 지원했지만 영미를 비롯한 서양 제국들의 강렬한 반발로 인해 부득이하게 군대를 철거하고 말았다. 韓栽茂, 「1900年"厦門事件"始末」, 『閩台文化交流』 24輯, 漳州: 閩南師範大學閩南文化研究院, 2010.11, 15~26면.

6 大本營陸軍部·大本營海軍部, 「世界情勢ノ推移ニ伴フ時局處理要綱」, 1940.7, 1~2면. https://www.jacar.archives.go.jp/aj/meta/MetSearch.cgi

천사백만' 혹은 '이천육백만'으로, 그리고 내지와 타이완의 총인구수
는 흔히 '칠천만'과 '육백만'으로 표현되었다는 사실을 감안하면 이
는 사실상 조선, 타이완, 일본 세 지역의 인구를 통틀어서 이르는 말
이었다. 그러나 이와 같은 일제의 '동아' 담론은 조선과 타이완에서
미묘한 변주가 발생했다.

타이완 지식인들은 태평양전쟁이 발발한 후 비로소 '동아' 논의를
펼쳤다. 뒤에서 상론하겠지만 한족이 90% 이상 차지한 타이완에서는
'동아'라는 과제는 처음부터 '중국'과의 다시 만남을 의미했다. 중일
전쟁 속에서 일본 제국의 국민으로 같은 혈통의 중국과 전쟁한다는
사실에 직면하기가 어려웠다. 태평양전쟁이 발발되어 일본—중국의
구도가 동양—서양의 구도로 대체됨에 따라 타이완 지식인은 드디어
정체성 고민을 해결할 가능성을 발견했다.[7] 따라서 그들의 '동아' 담
론은 정체성 문제를 중심으로 펼쳐졌다.

> (ㄱ) 지나 사변은 어떤 의미에서 말하자면 형제 간의 싸움과 같은
> 것이니 조만간 해결되어야 할 문제이지만 대동아 전쟁은 동
> 아 공영권의 확립전이며 동아 십억 민의 해방전이요 세계 신
> 질서의 건설전이다.
> (중략) 성대(聖代)에 살고 있는 이 작가는 훌륭한 일본 민족의
> 한 사람인 동시에 대동아 십억 민의 한 명이기도 하다.[8]
> (ㄴ) 대동아 전쟁 발발 이래 타이완이 매우 명랑해진 것은 타이완

· · · · · · · · · · · ·

7 태평양전쟁이 발발하기 전까지 타이완인 작가들의 소설이나 담론에 전쟁에 관한
  내용이 거의 없었던 데 비해 태평양전쟁이 발발되자 그들의 태도가 일변하여 일본
  인 작가들과 함께 전쟁에 적극적으로 참여할 수 있었다는 이데 이사무(井手勇)의
  지적은 매우 시사적이다. 井手勇, 『決戰時期臺灣的日人作家與皇民文學』, 臺南: 臺南
  市立圖書館, 2001, 191면.
8 黃得時, 「大東亞戰爭と文藝家の使命·雄渾豁達な心構へ」, 『台湾藝術』, 臺北: 台湾藝術
  社, 1942.3, 101면.

의 청년이 일본인으로서의 긍지와 방향을 부여받았기 때문이
아닌가 싶다.

지금까지의 타이완은 내지인도 타이완인도 각각 독자적인 입
장에서 생각해 왔다. 따라서 여러 가지 어긋남이 발생했고 또
한 비국책적(非國策的)인 것도 발생했다. 그리고 지나 사변이
시작되었다. (중략) 따라서 어두운 기분에 빠졌다. 그러나 대
동아 전쟁의 시작과 함께 곧 아시아에서 영미를 내쫓아 오랫
동안의 치욕을 씻을 수 있게 되었다. (중략) 일본의 청년뿐만
아니라 전동양의 청년이 밝아지는 것이 자연스러운 일이다.[9]

　(ㄱ)에서 황더스는 태평양전쟁의 성격이 중일전쟁과 확연히 변별된
다고 강조하면서 후자에 대한 거부감을 보인 한편, "대동아 십억 민"
이라는 새로운 정체성에 대한 열망을 드러냈다. 조선 지식인들에게
'야마토/내지 민족'과 '조선 민중'이라는 대립 구도만 있었던 데 비해
정체성 문제는 황더스에게는 "일본 민족"이라는 개념, 다시 말해 일
본적 정체성을 내면화한다는 과제로 구현되었다. 이 과제의 해결 불
가능성은 중일전쟁으로 인해 영속될 것처럼 보이는데 태평양전쟁의
발발에 의해 일시적으로 '동아'라는 넓디넓은 장 속에서 해소되었다.
타이완인은 "대동아 십억 민의 한 명"이 됨으로써 "일본 민족의 한
사람"이 될 수 있었다.

　(ㄴ)에서 장원환 또한 태평양전쟁이 가져온 '동아'라는 공통분모
덕분에 타이완인의 "독자적인 입장"에서 비롯된 "비국책적인 것"과
"지나 사변"이 초래한 "어두운 기분"을 해결할 가능성을 선언했다.
"전동양의 청년"으로서 "타이완의 청년"은 일시적으로 "일본의 청년"
과 합치되어 "일본인으로서의 긍지와 방향을 부여받았"다.

　9 張文環, 「沈まぬ航空母艦臺灣－海軍特別志願兵に就いて」, 『臺灣公論』, 臺北: 臺灣公
　　論社, 1943.7, 74면.

타이완인 작가들은 '일억 국민'이라는 표현을 거의 사용하지 않고 대신 '동아 십억 민'이라는 확대된 개념을 동원해서 '중국'과의 연대 의식을 은근히 표출했다. 흥미롭게도 '동아'라는 확대된 개념을 통해 중일 간의 대립을 무화시키려는 그들의 의도는 중국의 일본 점령 지역과 매우 유사하여 일종의 동질성을 시사했다.[10] 그러나 정체성 고민은 공간적 개념의 확대에 의해 근본적으로 해결될 수 없게 마련이다. 민족 입장이 일시적으로 '동아' 내에 포섭되었을 뿐 결코 해소되지 않았다는 점은 주목할 만하다.

타이완인 작가들이 비록 "이제야말로 파도소리를 내는 건 우리의 피"[11]라면서 정체성 고민을 해결했다는 흥분을 감추지 못했지만 '피'에 대한 자각은 역설적으로 민족 자의식의 분명함을 말해준다. 결국 태평양전쟁이 발발한 이후부터 1943년 중반까지 타이완의 일제말기 문학에서 일본적 정체성을 내면화하려는 시도를 드러내다가 1943년 중반 이후 민족 입장과 일본적 입장 사이의 모순이 다시 가시화되면서 이런 시도는 급속히 쇠퇴되었다. 결과적으로 보면 이러한 시도도 민족 정체성을 재정립하는 과정 속으로 수렴되었다.

타이완에 비하면 조선 지식인의 '동아' 담론은 훨씬 일찍이 시작했다. 중일전쟁 직전에 '내선일체' 논의의 본격화와 거의 동시에 등장했고 1942년 5월 징병제 실시 공표 이후 '내선일체' 담론의 확대와 함께 정점에 도달했다.[12] 그리고 '내선일체'론에 의한 의식의 분열은 사유의 거점이 대륙으로 바뀌는 순간, 혹은 대륙을 여행하는 순간 사

----

10 대동아문학자대회를 비롯한 자리에서 중국 대표들 또한 '동아'에 대해 각별한 관심을 보였다. 신지영, 「'대동아 문학자 대회'라는 문법, 그 변형과 잔여들: 타자는 타자와 만날 수 있는가?」, 『한국문학연구』 제40집, 서울: 동국대학교 한국문학연구소, 2011.6, 67면.
11 龍瑛宗, 「東洋の門」, 『文藝臺灣』, 臺北: 文藝臺灣社, 1942.2, 24면.
12 1942년 5월호부터 『삼천리』가 '대동아'로 개제된 것은 시사적이다.

라질 수 있었다.[13] 이런 사실들은 '동아'에 대한 조선 지식인들의 검토가 궁극적으로 '내선일체'의 연장선상에 놓여 있었음을 시사한다. 주요한, 유진오 등 극히 소수의 몇 명을 제외하고는 대부분의 조선인 작가들은 태평양전쟁을 만주사변, 그리고 중일전쟁의 연장선상에서 인식하고 서양과 동양의 이분법에 주안점을 놓았다기보다는 일본과의 관계에 초점을 맞춰 '동아'를 검토함으로써 '내선일체'의 합리성과 가능성을 추출하려 했다. '동아'의 구축에 따라 조선의 전략적 지위가 격상되었으므로 일본과 대등하게 결합할 가능성을 발견했기 때문이다.[14] 일제말기 조선의 '동아' 담론은 '내선일체'의 가능성을 중심으로 전개되면서 '국가', '민족', '국민' 등 일련의 근대적 용어를 배치했다.[15] 이 과정에서 조선 지식인들은 오히려 민족 입장을 명확히 하고 일본인과 동등한 정치적 경제적 문화적 권리를 요구했다.

인정식은 "나는 감히 단언할 수가 있다 금일의 조선인 문제는 곧 내선일체 문제 이외에 아무것도 아니라는 것을"라면서 '내선일체'라는 틀 속에서 "동아협동체의 이상"을 논의했다. 그는 동아의 재편에 따른 "조선의 병참기지화"에서 "내선일체화의 중요한 계기"를 발견

· · · · · · · · · · · ·

13 정종현, 앞의 책, 135면, 145면.

14 조선인의 이런 논리와 대조가 된 것은 일본인이 동아에서 조선의 전략적 위치를 강조하면서 조선의 일방적인 동화를 요구하거나 조선에 대한 동원을 재촉했던 것이다. 이에 대해 松原純一의 「大東亞共榮圈の建設と朝鮮」(『朝鮮及滿洲』, 1941.1, 73~74면), 森谷克己의 「大東亞の建設と半島の人的資源の重要性」(『朝鮮』, 1942.4, 1~9면), 그리고 松田壽男의 「大東亞史における朝鮮半島の在り方」(『國民文學』, 1944.1, 4~14면) 등을 참고할 수 있다.

15 김철이 지적했듯이 완성된 근대 국민 국가는 대부분 20세기의 산물이며, 한국인은 '일본 국가'의 한 성원으로 주체화되는 경험을 통해 근대 국민 국가를 최초로 대면하게 되었다(김철·신형기 외, 『문학 속의 파시즘』, 서울: 삼인, 2001, 16면). 실상 일본에서 근대적 '국가' 개념의 등장 또한 메이지 유신 이후의 일이었다. 그 전까지의 '국'은 계약을 바탕으로 결성된 근대 국가가 아니라 무사도를 바탕으로 결성된 사적인 관계였다.

했고 "조선의 민중", "고려의 자녀들"의 입장에서 "내지 민족과의 동등한 정치적 자격"을 요구했다. 그가 호출한 것이 조선인의 "정치적 자격"을 보장하는 "국가"인데 이런 "일본 제국"은 어떤 의미에서 대한제국의 연장선상에 있었다. "내지 민족과 동일한 국민적 의무를 다함에 의해서 획득되는 국민적 권리"라면서 의무와 권리를 동시에 포함한 근대적인 '국민' 개념을 제시한 한편, 공동의 혈연과 역사를 바탕으로 결성된 '민족' 개념을 주장하면서 "조선 민족"과 "내지 민족"을 구분했다. 이럴 때 "내선 양 민족의 합류"가 "만족됨이 있게" "내지 민족과 조선 민족의 완전한 경제적 정치적 문화적 평등화"를 "기조로" 한다는 애매모호한 제한 조건이 달려 있어 장래로 유예되었던 데 비해 "정치적 자격"에 대한 요구만 명확하게 남았다.[16]

윤치호는 조선의 지리적, 경제적, 인적 중요성을 부각하면서 "동양인의 동양 건설의 핵심은 내선일체의 완벽에 있다"는 미나미 지로의 말을 강조했다. '내선일체'에 대한 그의 소신은 "우리 조선인을 내지인과 마찬가지로 동양 건설을 위해 동등한 국민적 의무와 자격을 갖고 매진하게끔 하는 일"에서 비롯되었다.[17] 다른 글에서 그는 '동아' 담론이 역설적으로 식민지 조선의 민족의식을 강화시켰다는 패러독스를 제시했다. "일본 제국의 대륙 진출"에 따라 조선의 우월성이 부상하여 "소위 삼천리강산의 일권(一拳)의 토지라도 등한히 버릴 점이 업는 거운 완전무결한 「국토」이라고도 할 수가 잇다"고 하면서, "이러한 조흔 지역의 주인으로"의 "조선 민중"의 "자연적 소질" 및 그 역사에 주목하여 "야마토 민족"과 결합하는 데 "고유한 전통적 양풍미속을 보존하고 지속"시켜야 한다고 주장했다.[18] '조선' 의식은 말소

----

16 印貞植, 「東亞의 再編成과 朝鮮人」, 『三千里』, 京城: 三千里社, 1939.1, 52~64면.
17 尹致昊, 「内鮮一體に對する所信」, 『東洋之光』, 京城: 東洋之光社, 1939.4, 7~8면.
18 尹致昊, 「東亞の新建設と内鮮一體」, 『總動員』, 京城: 國民精神總動員朝鮮聯盟, 1939.

되기는커녕 도리어 신체, 역사, 문화로 구성된 '민족'과 "「국토」"로 구체적으로 그려져 더 근대적인 민족 개념을 보여줬다.

인정식과 윤치호의 논의를 보면 구체적인 견해는 다소 차이가 있지만 근대적 '국가'와 '민족'의 개념들과 겨룸으로써 '조선'이라는 근대적 민족 개념을 재정립했다는 경로는 동일했다. 일본 '국민'이 된다는 과제에 접근하면서 그들은 주체적인 조선적 입장에 대한 자각을 강하게 표출하며 이에 대한 검토를 민족 정체성을 재정립하는 작업 속에 수렴했다. 한일합방 이전에 안중근을 비롯한 일부 애국자들이 동양주의를 내세움으로서 조선의 독립을 역설했는가 하면 일제말기의 조선 지식인은 '동아'를 통해 조선 민족이라는 근대적 개념을 정비했다. 일견 양자는 매우 다른 것처럼 보이지만 조선적 입장에 입각하여 조선 민족의 정체성을 정립했다는 점에서 '동아' 담론의 일관성을 보였다. 궁극적으로 '동아'를 대일관계로 인식했으므로 조선인 작가들은 '일억 국민'을 조선과 일본만 포함한 개념으로 축소했다.

> (ㄱ) 오늘날 이야기하는 국민문학의 국민이란 「일억 국민」이요 약 칠천오백만 내지인과 약 이천오백만 조선인을 포함한 국민이다.[19]
>
> (ㄴ) 아시아 부흥과 내선일체, 이 2대 사명은 1억 국민의 흥아적 자각과 황민 의식의 앙양에 의해, 하나는 국제적으로, 또 하나는 국내적으로 달성될 것이다.[20]

(ㄴ)에서 김두정이 지적했듯이 당시의 조선 지식인들에게는 '동아'라는 것은 '내선일체'와 동전의 양면과 같았다. 궁극적으로 일본과의

6, 21~23면.
19 牧洋, 「新らしさについて」, 『東洋之光』, 京城: 東洋之光社, 1942.6, 98면.
20 金斗禎, 「亞細亞復興と内鮮一體」, 『東洋之光』, 京城: 東洋之光社, 1939.5, 21면.

관계에 초점을 맞추고 있었으므로 타이완을 비롯한 다른 지역들은 그들의 시야에 들어가지 못했다. '동아 십억 민'이라는 표현에는 정체성 고민이 깊이 숨어 있었는가 하면 '일억 국민'은 일본을 '국가'로 받아들여야 하는지 라는 과제를 의미했다. 공교롭게도 이 슬로건은 당시 조선인 작가들의 주된 고민과 맞물려 있었기 때문에 조선에서 널리 사용되었으리라.

일제말기 조선과 타이완의 '동아' 담론은 그들의 서로 다른 공간 인식을 드러냈다. 타이완 지식인은 처음부터 '중국'을 염두에 두며 '동아'를 검토했으므로 일본, 조선, 타이완만 포함한 '일억 국민'을 거부하고 '동아 십억 민'을 애용했다. 확대된 '동아'적 시야를 동원해서 일본적 정체성을 내면화할 가능성을 검토하다가 그것을 포기했다. 이에 비해 조선 지식인은 '동아'를 '내선일체'의 가능성으로 검토했으므로 '일억 국민'을 거론할 때 타이완을 시야 바깥에 배제했다. 그리고 이 과정에서 '조선 민족'이라는 근대적 개념을 명확히 했다. '동아 십억 민'과 '일억 국민'이라는 서로 다른 슬로건은 식민지 사이에서 동일한 담론의 변주 양상을 제시하여 식민지 지식인이 궁극적으로 자민족의 입장에 입각하여 동화 과제에 접근하고 있었음을 말해준다. 결과적으로 보면 이에 대한 그들의 검토는 민족 정체성을 재정립하는 작업으로 수렴되었다.

㉫ '과도기': 식민지 작가의 시대 인식

일제말기 조선인 작가들의 글에서 '과도기'라는 표현을 쉽게 확인할 수 있다. 이 표현을 사용하는 배경과 함의는 각각 다르지만[21] 김

----

21 동양−서양이라는 이항 대립 구도 속에서 '과도기'를 설명하거나 이를 근대의 초극의 일환으로 보거나 하는 등 의견이 분분했다.

남천이 지적했듯 '현대'를 논의하는 것만 동일했다.[22] 기존 연구는 특히 최재서의 문학 비평에 대해 '현대'와 연관지어 '과도기'의 사유를 검토해 왔다.[23] 그러나 '과도기' 인식은 조선인 작가에게만 국한된 현상이 아니라 타이완인 작가에게도 보편적으로 있었다는 사실을 감안한다면 그것이 일제말기 식민지 작가들의 공동의 시대 인식이었다고 봐야 한다.

'과도기' 인식은 언어, 문학을 비롯한 거의 모든 분야에 걸쳐 나타났다. 언어적 측면에서는 이중 언어에서 일본어 전용으로,[24] 문학적 측면에서는 일제말기 '국민문학' 또는 일제말기 '황민문학'의 구축으로,[25] 정치적 측면에서는 '일억 국민' 또는 '동아 십억 민'의 형성[26]으

- - - - - - - - - -

22 "요즘 이곳 저곳서 轉換期란말을 자조 듣게된다. 대체 轉換期란 어떠한것을 말하는 것일까. 그것이 現代에 對해서 말해지는것만은 確實한것 같다."金南天, 「轉換期와 作家」, 『朝光』, 京城: 朝鮮日報社, 1941.1, 258면.

23 대표적인 논문으로는 채호석의 「과도기의 사유와 '국민문학'론: 1940년을 전후한 시기, 최재서의 문학론 연구」(『외국문학연구』제16호, 서울: 한국외국어대학교 외국문학연구소, 2004.2, 189~207면), 그리고 고봉준의 「전형기 비평의 논리와 국민문학론: 최재서 비평을 중심으로」(『한국현대문학연구』제24집, 서울: 한국현대문학회, 2008.4, 245~273면) 등이 있다. 전자는 '변화'에 초점을 맞춰 최재서의 '과도기' 사유를 분석하여 그의 '과도기'가 현대에 대한 규정이라는 결론을 도출한다. 후자는 근대 비판의 차원에서 최재서의 전형기 비평을 검토하여 최재서의 전형기 논의가 서구 문화의 몰락과 동양적 전통의 부활을 주장했다는 일본 사상계의 영향에 힘입은 바가 크다고 주장한다.

24 특히 조선의 경우가 전형적이었는데 예컨대 김종한은 현재를 "言語的 過渡期"로 호명한 바 있다. 金鍾漢, 「燈下隨題 ⑭·國語工夫記: 古事記와 萬葉과 寫生文」, 『每日新報』, 京城: 每日新報社, 1942.9.2.

25 전형적인 사례로 김팔봉이 "지금 우리들이 살고잇는 이歷史的瞬間이야말로 人類歷史의 必然的轉換期인것이다 우리의朝鮮文學도 이歷史的轉換期의 深切한陣痛가운대서 지금 새로히 出發하지아니치못하게되엇다"고 하면서 "朝鮮文學의新出發은 國民文學에의 志向"이라고 밝혔다는 것을 들 수 있다. 金八峰, 「國民文學의出發 年頭의 覺書를代身하야 ①②」, 『每日新報』, 京城: 每日新報社, 1942.1.9~10.

26 『전환기의 조선 문학(轉換期の朝鮮文學)』의 서문에서 최재서는 지금부터 "의식적

로 구현되었다. 결론부터 말하자면 식민지 작가들의 '과도기' 인식은 동화의 한계에 대한 분명한 인식에서 비롯되었다. 동화 과제를 검토함으로써 그들이 오히려 동화의 한계를 확인했다는 사실은 앞서 이미 지적했다. 이런 모순을 분명하게 인식하고 있었으므로 그들이 '과도기'를 동원하여 문제를 장래로 유예했던 게 아닌가? 다시 말해 '과도기' 담론은 동화 과제에 대한 식민지 지식인의 문제의식을 시사했다.

타이완 지식인들은 제국의 동화 요구를 어느 정도 내면화했지만 동화 과제를 실제로 관통함으로써 오히려 일본적 정체성과의 간극을 확인했다. 시대의 급속한 변화를 감탄하면서 '초조감'을 반복해서 표출했던 것[27]은 당국의 요구와의 간극을 분명하게 인식했던 결과로 읽힌다. '과도기' 인식도 같은 맥락에 있었다.

(ㄱ) 대동아 전쟁은 신질서 건설의 서곡이다. 전쟁을 위해 싸우는 게 아니고 그 다음에 올 새로운 대동아를 위해 꼭 통과해야 할 길이다.[28]

(ㄴ) 「그러나, 피라는 것도 중요하지만 역사에 의한 연성도 중요하다고 생각됩니다. (중략) 도요토미 히데요시(豊臣秀吉)는 많은 조선인들을 데리고 일본으로 돌아왔습니다. 그런데 다음 시대에 그들은 모두 하나가 되어 메이지 유신을 만들어내지 않았습니까? 피를 초월한 역사에 의한 연성입니다. 왜구(倭寇)들이 수많은 지나인들과 조선인들을 끌고 일본으로 돌아온 것도 사실입니다.

으로 일본과 결부시켜서 생각하"겠다고 선언하면서 이를 "일억 국민의 길" 또는 "조선 문단 전체의 전환"과 연결시켰다. 崔載瑞, 『轉換期の朝鮮文學』, 京城: 人文社, 1943, 5면.

27 저우진뽀의 「지원병」(『문예타이완』, 1941.9), 「무제」(『타이완문예』, 1944.12), 뤼허뤄의 「청명한 가을」(『청명한 가을』, 1944), 천훠취앤의 「안전하게 일하세요」(『타이완문예』, 1944.8) 등 소설에서는 모두 관련 서사를 확인할 수 있다. 이는 조선 문단에서의 '고요한 폭풍', '비약의 시대' 등 표현들과 같은 맥락에 있었다.

28 呂赫若, 「一協和音にでも」, 『臺灣文藝』, 臺北: 臺灣文學奉公會, 1944.6, 4면.

하지만 무로마치(室町) 중엽까지는 일본에 이국인이 있었다는 인식은 없었습니다. (중략) 그런 사실들은 피를 초월해서 역사에 의해 연성된 결과라고 생각됩니다. ……타이완이 일본의 영토가 된 지 벌써 오십년이 되어 갑니다. 벌써 오십년간이나 역사적 연성을 거쳐 왔던 것입니다. (중략) 다만 연성을 거친 사람만이 황민으로서 구제받을 것이라고 믿고 싶습니다. 믿어도 좋은 일은 의심 없이 믿는 게 좋다고 생각도 하고, 또 믿게 했으면 좋겠다고 생각합니다. (중략)」[29]

(ㄱ)은 1944년 5월에 타이완문학봉공회의 기관지로서 새로 창간된 『타이완문예』의 '타이완문학자 총궐기' 특집에 수록된 뤼허뤄의 글의 일부였다. 뤼허뤄는 태평양전쟁을 "서곡", "꼭 통과해야 할 길"—다시 말해, 과도기—로 규정했다. 전쟁 "다음에 올" "신질서 건설" 또는 "새로운 대동아"로 시선을 옮기는 것은 현시점에 대한 그의 부정 인식을 시사했다.[30] (ㄴ)은 천훠취앤이 소설 주인공의 입을 빌려 그의 핵심적인 동화 논리인 '역사에 의한 연성'을 펼치는 대목이었다. 1943년 10월에 열린 '징병제에 관하여(徵兵制をめぐって)' 좌담회에서도 주장했고 또 다른 한 편의 소설 「장선생」(『문예타이완』, 1943.11)에서도 형상화한 논리였지만 "믿"음을 반복해서 강조하는 것은 역설적으로 그가 실제로 이 논리를 내면화하지 않았다는 사실을 말해 준다. 이처럼 타이완인 작가들의 '과도기' 담론은 현시점에 대한 부정 인식을 담아 동화와의 간극에 대한 그들의 자의식을 시사했다.

많은 연구자들이 지적했듯이 일제말기 조선의 일부 지식인은 일제

....
29 陳火泉, 「道」, 『文藝臺灣』, 臺北: 文藝臺灣社, 1943.7, 122면.
30 조선 문단에서 "戰爭은 새로운 生命의 계단에 오르려는 한國民들은 껍질을 버서던지고 새 世界를 창조하려는 과정에 있어서 피치못할 진통입니다."라는 모윤숙의 논의는 뤼허뤄와 많이 유사했다. 毛允淑, 「女性도戰士다」, 『大東亞』, 京城: 三千里社, 1942.5, 92면.

의 지배를 시대의 흐름으로 판단하여 그것을 받아들이는 것이 조선의 유일한 길이라고 인식했다. 특히 1942년까지 전쟁에서 일제의 욱일승천적인 기세는 이런 인식을 조장했다. 이러한 판단을 바탕으로 일부 조선 지식인은 근대 계몽문학의 연장선상에서 선각자의 자세를 취하여 전향을 결의했다. 그러나 그들은 비록 '주관'에 의해 자기를 전향시켜 버렸지만 이런 주관을 내면화하지 못했다. 주관적 의지와 실제 심리 사이의 간극을 분명하게 인식하고 있었으므로 그들은 '과도기'를 역설하게 되었다.

> (ㄱ) 한번 죽고 다시 태어난다─이건 나의 소신이다. 실로 죽어서 다시 태어날 정도의 침통한 경험이 없이 오늘날의 조선 청년이 시대의 부채를 갚을 길은 없다. (중략) 관념의 일체를 청소하고 재건한다는 것은 말로서는 쉽지만 작열하는 도가니 속에 투신한 시련을 거쳐야 된다.[31]
>
> (ㄴ) (중략)
> 사람은 선구자를 비웃고 욕하고 미워할지라도
> 다음 세대는 그 앞에 엎드려 절을 해야 한다
> 밤이여, 어찌 떠오를 아침해를 억누를 수 있겠는가
> 쌓이는 산의 눈 어찌 봄의 명령을 거스를까[32]

(ㄱ)에서 "침통한 경험", "시련"을 비롯한 표현에는 현시점에 대한 부정 인식이 숨어 있었다. 당시 널리 사용된 '죽을 곳에 이른 후에야 살 수 있다'는 전향 논리를 확인할 수 있는데 현재를 일종의 통과의례로 인식하면서 희망을 '과도기' 이후로 유예했다는 것은 이런 전향 논리가 실제로 전향에 대한 거부를 바탕으로 구축되었음을 말해준다.

31 金素雲, 「靑年の荷」, 『綠旗』, 京城: 綠旗聯盟, 1939.9, 29~30면.
32 松村紘一, 「頌歌」, 『手に手を』, 京城: 博文書舘, 1943, 112면.

(ㄴ)은 전향자의 외로운 처지를 부각하는 한편, 일제의 지배에 굴종한 시기를 "밤", "눈"에 비유하면서 현재에 대한 부정적 인식을 강하게 표출했다. "아침"과 "봄", 그리고 "다음 세대"의 이해와 존중을 내세움으로써 죄의식과 불안감을 무마했다는 것은 전향이 실제로 내면화되지 않았음을 시사한다.

'과도기' 인식이 현재를 부정하고 미래에 초점을 두었다는 것을 감안한다면 '미래'의 정체를 밝히는 작업이 중요하다. 결론부터 말하자면 '미래'는 조선, 타이완을 중심으로 '동아'를 재편한다는 것이었다. 일본 제국 내에 수렴된 것은 통과의례에 지나지 않고 이런 통과의례를 거친 조선과 타이완은 일본까지 넘어서는 힘을 획득하여 '동아'의 진정한 주체로 성장하리라는 것이었다.

타이완 지식인은 현 단계를 타이완이 독자적인 힘을 축적하는 성장기로 호명하면서 그 다음 단계에 대한 구상으로 '타이완 중심설'을 제시했다.

> (ㄱ) 확실히 현재의 타이완은 성장하는 생명의 약동을 많이 가지고 있다. 조화로운 아름다움이나 이상적인 아름다움과는 거리가 먼 타이완이다. 혼잡도 개조도 심지어 파괴도 뭐도 모두 성장하는 과정에 있는 타이완의 생명적 약동에 다름 아니다. 대가족주의에 조화로운 아름다움이 있는가? 도리어 붕괴하고 혼잡하며 새로운 출발점에 섰다는 모습으로 비쳐진다.[33]
>
> (ㄴ) (중략) 드디어 생각을 정리해서 「타이완 중심설」이라는 구상을 완성했다:
> 첫째, 타이완은 동남아시아의 가장 중심 자리로 지리상의 성지라고 해도 좋다.
> 둘째, 타이완의 동쪽은 세계 최대 해양인 태평양이며 서쪽은

---

33 周金波, 「臺灣文學のこと」, 『臺灣日日新報』, 臺北: 臺灣日日新報社, 1941.12.6.

세계 최대 대륙인 아시아주이다.

셋째, 북회귀선이 중부를 통과하고 있는데 북부는 온대이며 남부는 열대이다.

넷째, 동해 바다를 건너가면 북쪽으로 일본 열도를 장악할 수 있고 남해 바다를 건너가면 남쪽으로 남양 군도를 제압할 수 있다.

다섯째, 일본 열도의 북쪽에 조선반도는 대륙의 왼손에 해당되고 남양 군도의 서쪽엔 중남 반도는 대륙의 오른손에 해당된다.

여섯째, 조선은 북쪽으로 만주, 몽골과 접하고 베트남은 서쪽으로 태국, 미얀마와 접한다.

일곱째, 만주의 북쪽은 세계의 미개지인 시베리아이며 미얀마의 서쪽은 세계의 보고(寶庫)인 인도이다.

여덟째, 산둥반도(山東半島)와 하이난도(海南島)가 중국 대륙의 귀라면 타이완은 코에 해당된다. 코는 얼굴의 중심부이다.

아홉째, 이 성지의 남부와 북부는 각각 옛 도읍인 타이난과 새 도읍인 타이베이가 자리하고 있으며 동부와 서부는 각각 산지와 평원이다.

열째, 후일에 신가오항(新高港)이 지어진다면 동아에서 가장 큰 항구가 될 것이고 타이쭝이 동아에서 가장 큰 도시가 될 것이다.

이상은 지리학을 바탕으로 구상한 것인데 후세 사람들이 참고하기를 바란다.[34]

(ㄱ)에서 저우진뽀는 현재의 타이완을 성장 중인 아이에 비유하면서[35] 현 단계의 부정적인 현상들을 성장 과정의 과도기적 현상에 비

. . . .

34 吳新榮, 1941년 8월 10일자 일기, 張良澤主編, 『吳新榮全集 卷6·吳新榮日記(戰前)』, 臺北: 遠景出版, 1981, 112면.
35 같은 해 발표된 「두 가지 방법(二つの方法)」에서도 그는 "타이완은 확실히 자라고 있는 아이이다"라고 논의했다. 周金波, 「二つの方法」, 『臺灣日日新報』, 臺北: 臺灣日日新報社, 1941.8.21.

유했다. 그리고 그 다음에 도래할 시기를 장성된 타이완을 통해 바라봤다. 현 단계의 "대가족주의", 다시 말해 일본이 주도하는 전체주의는 "붕괴"할 주체에 지나지 않고 "조화로운 아름다움", "이상적인 아름다움"을 장차 장성될 타이완에게 기대했다. (ㄴ)에서 우신룽은 지리적인 위치에 입각하여 타이완을 '대동아 공영권'의 중심으로 설계했다. '과도기' 이후에 대한 그의 이런 청사진에서 "일본 열도"와 "남양 군도", "조선반도", "중국 대륙"은 하나의 강력한 '일본 제국'을 공동으로 형성한 게 아니라 각각 독립적으로 등장했다. 특히 흥미로운 것은 "일본 열도"가 타이완의 부수적·주변적 존재로 편성되었다는 점이다. 이처럼 타이완 지식인들은 공통적으로 타이완의 성장에 초점을 맞춰 '과도기' 논의를 펼치면서 장성될 타이완을 '중심'으로 재정립했다. 이 과정에서 일본에 대한 초월과 재편은 주목할 만하다.

타이완 지식인이 '과도기'를 일본 제국 내에서 타이완의 힘을 축적하는 시기로 간주했는가 하면 조선 지식인의 '과도기'는 제국과 일시적으로 결합한 시기를 의미하며 조선의 독자성에 초점을 맞춰 '과도기' 이후를 논의했다. 1941년 초 발표된 「조선 문화의 기본자세(朝鮮文化の基本姿勢)」(『삼천리』, 1941.1)에서 김종한은 '과도기' 이후 "지방 분권적인 문화"가 "중앙집권적인" 문화를 대체하리라 예언했다.

다만 이런 경우에 우리가 잊으면 안 되는 것은 이것이 과도기라는 사실이다. 요컨대 최근 도쿄를 중심으로 전개하고 있는 문화의 중앙집권적인 동향은 명일의 문화를 위한 준비 운동에 지나지 않는다.
이런 중앙집권적인 신문화의 준비 운동이 끝나면 다음 순서로서 반드시 지방 분권적인 문화가 싹트는 시대가 오리라고 나는 생각하고 있다. 다시 말해, 조선에는 조선다운, 만주에는 만주다운 문화가 신체제의 서치라이트 속에 자기의 사명과 위치를 발견하고 새로운 자율 독립의 자세를 취하지 않으면 안 되는 날이 올 것이라고 생각

하고 있다.[36]

김종한은 '과도기' 이후 식민지가 각자의 독자성을 발전시킨다는 시기가 오리라고 전망했다. 일본을 중심으로 '동아'를 재편하는 것은 과도기적 현상에 지나지 않고 식민지의 독자적인 역할이야말로 크게 기대된다는 것이었다. 그리고 그는 이것으로 그치지 않았다. 1년 뒤 발표된 「일지의 윤리(一枝의倫理)」(『국민문학』, 1942.3)에서 그는 우선 "동경도 하나의 지방이라고 생각하는 것이 올흘 것입니다"라든가 "동경이나 경성이나 다 같은 전체에 있어서의 한 공간적 단위에 불과할 것입니다"라든가 하면서 '경성'과 '동경'—다시 말해, 조선과 일본—을 대등한 위치에 놓았다. 그러고 나서 우신룡과 마찬가지로 조선을 '동아의 중심'으로 자리매김했다.

> 總督府에서 刊行한 『躍進朝鮮의意氣와進路』라는 팜프랫을 읽으면 東亞의 中心으로서의 朝鮮이란 述懷가 우리에게 無限한 地政學的 使命과 自覺을 要求하고 있읍니다.
> 아직까지는 東京文壇에서 배우고 또 배우고해야하겠으나 그러나 또한 우리는 먼 後日 文化的으로도 東亞의 中心으로서의 朝鮮을 建設해야할것이 아닙니까.[37]
> (표시는 원문의 것임—인용자)

김종한은 '과도기' 이후 "東亞의 中心으로서의 朝鮮을 建設해야할" 과제를 제시했다. 1936년 조선총독관방 문서과에서 간행된 『약진 조선의 의기와 침로(躍進朝鮮の意氣と針路)』에서 "동아의 중심으로서의 조선"을 제시했지만 지정학적 차원에서 논의를 펼쳤던 것이다. 김종

36 金鍾漢, 「朝鮮文化의 基本姿勢」, 『三千里』, 京城: 三千里社, 1941.1, 62면.
37 金鍾漢, 「一枝의倫理」, 『國民文學』, 京城: 人文社, 1942.3, 36~37면.

한은 지정학적 함의에 국한되지 않고 문화적 차원에서도 조선을 '동아'의 중심 자리에 위치시켰다. 신체제 논의가 문화를 중심으로 전개되었다는 사실을 감안한다면 김종한의 이런 구상은 사실상 조선을 일본을 대체하는 주도적 위치에 놓는 것에 다름 아니었다. 다시 말해 그가 주목하고 있는 '과도기' 이후는 조선이 일본을 넘어서고 일본을 대체한다는 것이었다. 일제말기 식민지 지식인의 '과도기' 논의가 이전에 단순히 민족 입장에서 민족의 독자성을 설파했다는 논리와 구분된 점은 바로 여기에 있다.

'과도기' 이후 조선의 자율적 위치와 '동아'에서의 주도적 역할을 강조하는 것은 조선 지식인의 '과도기' 담론의 공통된 특징이었다. 조우식 또한 "황도정신의 파악"과 "신민으로서의 책무", "언어의 차이", "국가 이념에 대한 구투 사상의 탈피 작용", "근로정신을 바탕으로 한 생활 태도", "예술 정신의 시대적 각성" 등 일련의 현재의 과제들을 제시하고 나서 "이러한 격렬한 탈피 작용 이후 남는 것은 얼마나 그 지역성을 문학으로 나타내어 국민을 지도하느냐 라는 것입니다"라면서 조선의 독자적인 입장에 초점을 맞춰 '과도기' 이후를 설명했다.[38] '과도기' 논의에서 흔히 등장하는 '발전적 해소'라든가 '한번 죽고 다시 태어난다'라든가 하는 논의들도 같은 맥락에 있었으리라.

조선과 타이완의 지식인은 자민족의 시각에서 '과도기' 다음의 시기를 기획했다는 점에서 공통성을 보였다. 자율적인 위치를 회복하거나 일본을 대체하여 '동아'의 중심이 되거나 한다는 '과도기' 다음에 대한 기획에는 지배받고 주변화된다는 현실에 대한 부정적 인식이 깔려 있었다. 일본의 제국적 욕망을 내면화한다기보다는 식민지 현실에 대한 부정적 인식에 입각하여 희망을 장래로 유예한 것이었다.

---

38 趙宇植, 「愛と祈りの歌－國民詩小考」, 『朝光』, 京城: 朝鮮日報社, 1943.2, 96면.

일제말기 조선 '국민문학'의 핵심 의제가 '내선일체'의 당위성 가능성이었으므로 조선 지식인은 '과도기'를 일본과의 결합으로 인식했다. 일본과의 결합이 '과도기' 이후의 구상으로 이어지지 않아 '과도기'에 멈추어졌다는 점은 주목할 만하다. 다시 말해 조선 지식인의 '내선일체'는 일시적이고 느슨한 결합에 지나지 않아 민족적 차원에서의 결합은 결코 아니었다.[39] 일본인과의 동등한 국민적 권리에 초점을 맞추면서 실제로 '내선일체'의 요구를 내면화하지 않았다. 이에 비해 타이완 지식인은 일본적 정체성을 내면화하여 일본 민족 내에 들어간다는 과제에 접근하다가 그것을 포기하고 '과도기'를 타이완의 독자적인 힘을 축적하는 시기로 규정하기에 이르렀다.

'과도기' 인식은 일제말기 소설에도 거대한 영향을 끼쳤다. 우선 '과도기' 인식은 이 시기 문학의 불안정적인 성격을 결정했다. 텍스트의 중층성과 유동성은 이러한 시대 인식과 직결되었다. 두 번째, 현시점을 부정하고 희망을 장래로 유예한다는 것은 소설에 종교적 성격을 부여했다. 종교적 계시를 받는 것 같은 비약적 설정과 맹목적인 신념으로 논리의 균열을 봉합하는 현상은 이 시기의 텍스트에서 쉽게 확인할 수 있다. 세 번째, 작가가 시대의 희생양, 순교자로 자처하고 있었으므로[40] 마조히즘적 감상적인 정서가 이 시기 문학의 기조가

· · · · · · · · · · · ·

39 이광수, 현영섭, 김문집 등을 비롯한 일부 지식인은 비록 "肉體的으로나 精神的으로나 內地人과 同族이되"(金文輯, 「內鮮一体 具現의方法: 『朝鮮民族』의發展的解消論 序說―上古에의歸還」, 『朝光』, 京城: 朝鮮日報社, 1939.9, 256면)라는 것을 역설했지만 그것도 현시점에 머물러 있어 '과도기' 이후에 대해서는 일본인과의 동등한 국민적 권리에 초점을 맞춰서 논의했다.

40 이해받지 못한 외로운 선각자 또는 순교자 표상은 김종한의 시 「원정(園丁)」(『국민문학』, 1943.8), 주요한의 시 「송가(頌歌)」(『손에 손을 잡고』, 1943), 이석훈의 소설 3부작 「고요한 폭풍」(『고요한 폭풍』, 1943), 최재서의 소설 「제때가 아닌 꽃(非時の花)」(『국민문학』, 1944.5~8), 「민족의 결혼(民族の結婚)」(『국민문학』, 1945. 2) 등 작품에서 확인할 수 있다.

되었고 주인공은 내성적인 외톨이로 많이 부각되었다.

2. '중국'과 '영미'

일본의 '동아' 담론에서 '동양'은 '서양'의 대립항으로 제시되었다. '서양'이 '근대', '물질', '패도'인가 하면 '동양'은 '고전', '도의', '왕도'로 표상되었다. 그리고 이런 '동양'은 '일본'으로 구현되었다. 조선은 상고 시대에는 일본과 하나였는데 중국 유교 문화의 유입으로 인해 동양적인 소질을 훼손했고 타이완은 중국의 일부였다. 따라서 조선과 타이완은 동화 과정을 통해 일본으로 수렴되어야만 '동양'으로 되돌아갈 수 있다는 것이었다. 중국은 한편으로 '영미귀축'과 협력해서 일본과 싸우는 반동양적인 존재이고, 다른 한편으로 소환되어야 할 준동양적인 대상이기도 했다.

이로 보건대 일본의 '동아' 담론에서는 절대적인 '동양'인 '일본'과 절대적인 '서양'인 '영미귀축'이라는 두 축이 있었고, 그 사이에 때로는 반동양적인 존재로 배제되고 때로는 준동양적인 존재로 소환된 '중국'과 항시적으로 비(非)일본적인 부분을 스스로 배제하고 완전히 일본화해야 할 '조선'과 '타이완'이 있었다.

일본의 이러한 '동아' 담론의 자기모순은 이미 많은 연구자들에 의해 밝혀졌다.[41] 그리고 2000년 이후 많은 연구자들은 중국, 만주 또는

• • • • • • • • • • •

41 예컨대 한수영은 '대동아공영주의'가 안고 있는 근본적인 모순으로 서구라는 '보편'을 지우고 개별자로서의 '동양'을 발견하지만, 그 '동양'을 '일본적 전체주의'라는 거멀못에 계속 걸어두기 위해서는 '동양주의＝일본주의'라는 또 다른 '보편'을 설정해 두지 않으면 안 된다는 것을 지적한 바 있다. 한수영, 『친일문학의 재인식』, 서울: 소명출판, 2005, 32~33면.

남방[42] 표상에 나타난 식민지의 의사(擬似) 제국주의적 욕망을 추출함으로써 조선과 타이완이 어느 정도 일본의 파시즘적 논리를 내면화했다는 결론에 도달했다.[43] 이 절에서 필자는 조선과 타이완이 동화 과정에서 동화의 불가능성을 확인하고 민족 정체성을 재정립했다는 시각에서 그들의 '중국'과 '영미' 표상을 재조명하고자 한다. '동아'에 대한 조선과 타이완의 검토는 한편으로 민족 입장을 명확히 했고, 다른 한편으로 '일본'이라는 절대적인 타자를 확인해 나갔다. 필자가 주목하고자 하는 것은 바로 '동아' 담론의 이런 식민지적 변용과 이런 데서 보여준 제국에서 이탈하는 원심운동의 방향이다.

㉰ 식민지의 자아 구축과 '중국'

일본의 '동아' 담론에서 '중국'은 내선의 동질성을 돋보이게 하는 이질적 기호로 소환되었고, 다른 한편으로 전근대적인 낡은 표상으로 부각되었다. 양자는 모두 중국에 대한 타자화인데 전자가 주로 조선에서 동원되었는가 하면, 후자는 주로 타이완에서 동원되었다. 조선과 타이완의 '중국' 담론이 이러한 일본의 논리를 내면화한 결과였다

· · · · · · · · · · · ·

42 일제말기의 담론에서 '남방'이란 중국의 꽝둥, 하이난 등 남부 지역과 동남아시아를 통틀어 일컫는 말이었다.

43 만주에 대한 조선인의 의사 제국주의적인 욕망을 지적한 대표적인 연구로는 김철의 「몰락하는 신생(新生): '만주'의 꿈과 『농군』의 오독(誤讀)」(『상허학보』 제9집, 2002.9, 123~159면), 이경훈의 「만주와 친일 로맨티시즘」(『한국근대문학연구』, 2003. 4, 92~119면), 윤대석의 「1940년대 '국민문학' 연구」(서울: 서울대학교 박사학위 논문, 2006.2, 82면) 등이 있다. 송승석은 남방을 새로운 희망의 땅으로 설정함으로써 타이완이 '외지성', '주변성'을 탈피하고자 했다고 주장한 바 있다(송승석, 「일제 말기 타이완 일본어문학 연구」, 서울: 연세대학교 박사학위 논문, 2004.8, 147~158면). 최말순은 조선과 타이완의 남방 담론이 모두 일본의 제국주의적 논리를 내면화했다고 주장한다. 崔末順, 『海島與半島 —— 日據臺韓文學比較』, 臺北: 聯經出版, 2013, 431~464면.

면, 조선보다 15년 앞서 식민지로 전락된 타이완에서 중국에 대한 타자화 현상이 보다 더 두드러지게 나타났으리라. 그리고 타자화 현상은 정도의 차이만 있었을 뿐 연속성을 보였으리라.

그러나 실제로는 타이완 지식인은 중국을 타자화한다기보다는 중국을 통해 자아를 인식하고 일본과의 차이를 확인하는 경우가 많았다. 다른 한편 중국에 대한 조선 지식인의 타자화는 연속성을 가지지 않았다. 이런 현상들을 설명하기 위해 식민지의 '중국' 담론에서 일치하고 또한 연속성을 지니는 부분을 추출하는 작업이 각별히 중요한데 그것이 바로 식민지의 자아 구축이다.

타이완 지식인이 동화 과정에서 일본과의 차이를 확인하고 민족 입장을 명확히 하기에 이르렀다는 것은 앞서 이미 지적했다. 태평양전쟁의 발발에 따라 여기서 비롯된 정체성 고민이 일시적으로 '동아'라는 공통분모에 의해 가려져 타이완 지식인은 타이완적 자아를 당당하게 구축하기 시작했다. 이 과정에서 그들은 '중국'에 대해 깊은 관심과 강한 연대감을 표출했다.

태평양전쟁이 발발한 후, 뤼허뤄는 일기와 작품에서 타이완의 재래문화에 대한 강한 자의식을 꾸준히 드러냈다. 일기에서 그는 월말 월초 또는 전통 명절, 가족의 생일 등 중요한 날짜에 반드시 음력을 병기했고, 재래의 세시 음식, 세시풍속, 민속 신앙, 명절 문화 등을 세밀하게 기록했다. 「묘정(廟庭)」(『타이완시보』, 1942.8), 「풍수(風水)」(『타이완문학』, 1942.10)를 비롯한 소설에서 전통 풍속 묘사에 지면을 많이 할애했고 타이완어나 타이완 재래 음악에 대한 관심을 표출했다.[44] 1942년 3월 6일 일기에서 "『타이완 풍속지』를 읽었다. 우리

......

44 1943년 5월 29일자 일기에서 그는 '타이완의 음악'에 관한 음반 시청회에서 타이완 재래 음악의 중요성을 통감하여 천이송, 장원환 등과 함께 태평정(太平町)에 가서 타이완 민요와 재래 희곡에 관한 음반을 모았다고 기록했다. 呂赫若, 1943년

는 우리 풍속의 아름다움을 인식하는 데 너무 부족한 것 같다. 우리 풍속을 되살리자!"라는 그의 술회[45]는 이런 현상에 대한 설명으로 볼 수 있고 타이완적 자아에 대한 의도적인 구축을 말해준다.

홍미로운 것은 뤼허뤄가 타이완의 원초적 자아를 '중국'에서 찾으려 했던 것이다. 1943년 2월 10일 일기에서 그는 "책을 잔뜩 샀다. 지나에 관한 것들인데 그것을 통해 타이완 생활을 볼 수 있다고 생각된다"고 기록했다. 4월 25일, 그는 "동양의 철학과 도덕을 전반적으로 더 공부해야 한다. 그렇게 함으로써 일상생활을 올바르게 인식하고 좋은 작품을 생산해야 한다"고 결심했다. 이에 대한 보충설명으로 6월 7일 일기에서 "오늘은 『시경』, 『초사』, 『지나사 연구』 세 권을 샀다. 지나 공부는 학문이 아니다. 나의 의무이다. 나를 알기 위해서다. 동양으로 되돌아가자. 동양적 자각에 입각한 작품을 쓰고 싶다"고 서술했다.[46] 이로 보건대 뤼허뤄가 "지나 공부"를 통해 "동양으로 되돌아가"려고 했던 것이다. 그의 '동양'은 일본의 그것과 달리 '중국'으로 구현되었다. 그리고 "지나 공부"는 "타이완 생활을 볼 수 있"는 방법이기도 했다. '중국'은 타이완인의 "나"이며 타이완의 일상을 "올바르게 인식하"는 기본이었다. 다시 말해 '동양(중국)'으로 되돌아간다는 것은 타이완으로 되돌아간다는 것과 같은 과정의 다른 측면에 불과했다. 후자가 일상적 측면이라면 전자는 근본적 측면이었다. 이런 인식에 입각하여 뤼허뤄는 의식적으로 중국에 관한 서적을 대량 구독했다. 그의 일기에 따르면 1942~1943년 사이 그가 구독한 중국 관

5월 29일자 일기, 陳萬益 主編, 『呂赫若日記·(昭和17-19年)手稿本』, 台南: 國家台灣文學館, 2004, 165면.

45 陳萬益 主編, 위의 책, 77면.

46 呂赫若, 1943년 2월 10일자, 4월 25일자, 6월 7일자 일기, 陳萬益 主編, 위의 책, 50면, 129면, 176면.

런 서적으로는『홍루몽』,『환혼기』,『도화선』,『북경 호일(北京好日)』,
『시인을 통해서 본 지나 문화(詩人を通じて見たる支那文化)』,『호구전』,
『금고기관』,『삼국지』,『건륭 어부(乾隆御賦)』,『지나인 기질(支那人
気質)』,『동양 철학 야화(東洋哲學夜話)』,『만지습속고(滿支習俗考)』,
『낙타샹쯔(駱駝祥子)』,『지나의 연극(支那の演劇)』,『지나 사상의 연구
(支那思想の研究)』,『시경』,『초사』,『지나사 연구』등이 있었다.

　　같은 현상은 신세대 식민지 지식인 예성지에게도 확인할 수 있다.
1923년에 타이베이에서 태어난 예성지는 일본 교육을 받고 일본인이
경영한 제당회사에서 일하는 아버지 밑에서 중일 두 가지 문화의 영
향을 받으며 자랐다. 그의 기록에 따르면 그에게 '나는 일본인인가
중국인인가'라는 정체성 고민이 발생하고 민족의식이 싹트게 된 것
은 1941년 일본으로 유학을 가서 중국인 유학생을 만난 이후의 일이
었다.[47] 1943년 9월, 그는 일기에서 다음과 같이 기록했다. "어떠한
민족―얼마나 저급적 비과학적 비위생적인 민족―에게도 그들의 고
향과 습관은 절대적인 것이다. 그러므로 그들은 다른 보다 높은 문화
나 문명에 접하면 비록 일시적으로 그것에 취한다 하더라도 세월이
흘러가면서 자신의 고향과 옛날의 생활, 습관을 그리워하게 마련이
다." 두 달 후 기숙사에서 개최된 토론 대회에서 그가 '전통이라는 것
에 대하여(傳統ということについて)'라는 주제로 강연을 했는데 "자
신의 전통을 올바르게 인식하고 존경하는 한편, 남의 전통에 대해서
도 존중해야 한다는 너그러운 태도가 없으면 안 된다"[48]는 강연 내용
은 민족 문화에 대한 자각을 드러낸 한편, 일제의 동화정책에 대한
불만을 표출했다.

- - - - - - - - - - -

47　楊威理,『ある台湾知識人の悲劇: 中国と日本のはざまで 葉盛吉伝』, 東京: 岩波書店,
　　1993, 45~46면.
48　葉盛吉, 1943년 9월 13일자, 11월 19일자 일기, 楊威理, 위의 책, 65면, 64면.

민족적 자의식이 발생한 예성지는 『타이완어사전(臺灣語辭典)』,『일대 회화 대전(日臺會話大全)』등 책을 어렵게 구하여 타이완어를 복습한 한편, 중국 대륙에서 온 친구에게 중국어를 배우기 시작했다. 일제 말기 타이완의 지식인들에게는 '타이완'이라는 것이 태생적으로 '중국'과 관련되어 있었다는 사실을 알 수 있다. 이런 인식으로 인해 뤼허뤄와 마찬가지로 예성지 또한 중국과 관련된 책을 의식적으로 읽었다.[49] 중국 영화에 깊이 공감하여 반복해서 그 "아름다운 감정"을 감탄하고 "민심이 망하지 않으면 국가가 망하지 않는다"는 주제를 음미했다. 중국의 국가를 우연히 본 그는 그 가사와 악보를 일기에 기입하며 발음까지 일일이 병기했다. 중국의 건국기념일을 특별히 표기했고 드디어 일기에서 "대륙에 가고 싶다"고 고백했다.[50]

이처럼 일제말기 타이완 지식인의 타이완 구축은 '중국'에 대한 향수와 동전의 양면과 같은 것이었다. 대부분의 타이완 지식인은 민족 입장을 명확히 하면서 '중국'과의 혈연적 문화적 유대를 확인하기에 이르렀다. 타이완의 문화가 이미 유린을 당했기 때문에 그들은 '중국'에서 타이완 문화의 뿌리를 찾으려 했다. 그들에게 '중국'은 타자가 아니라 제국과 대립된 원초적 자아였다. 따라서 새로운 타이완을 구축하려면 우선 '동양'—즉 '중국'—으로 되돌아가야 했다.

뤼허뤄의 소설 「청명한 가을」(『청명한 가을』, 1944)은 '동양', '중국' 그리고 '타이완'에 대한 타이완 지식인의 이런 인식을 고스란히 작품화한 결과였다. 타이완 중산층 출신의 '셔요쉰(謝耀勳)'은 도쿄에서 의학 전문학교를 졸업하고 그곳 병원에서 3년간 근무하다가 할아

<hr>

49 오자키 호츠키에 따르면 타이완인 학도병들은 군대에서 남몰래 연구회를 조직하여 쑨원(孫文)의 삼민주의를 함께 공부하기도 했다고 한다. 尾崎秀樹, 『旧植民地文学の研究』, 東京: 勁草書房, 1971, 333면.

50 葉盛吉, 1944년 8월 13일자, 1945년 5월 31일자 일기, 楊威理, 앞의 책, 134면, 181면.

버지의 명령대로 귀향해서 병원을 개설하기로 한다. 그러나 주변 친구들이 국책에 응하여 남방에 가는 것을 보고 그는 시대에 뒤떨어진다는 초조감을 느끼며 귀향의 의미를 의심하게 된다. 다행히 고향 타이완의 아름다운 풍경과 할아버지의 "호연지기", 그리고 "지나 시인의 전기"를 비롯한 중국의 고전들이 그의 위안이 된다. 그러다가 '요슌'은 점차 남방행이 실상 막무가내의 선택에 지나지 않는다는 사실을 알게 된다. 소설은 '요슌'이 그동안 보살펴 온 할아버지의 국화들이 한꺼번에 피는 광경을 보고 흡족함을 느끼는 장면으로 마무리되었다.

「청명한 가을」은 뤼허뤄가 "동양으로 되돌아가자. 동양적 자각에 입각한 작품을 쓰고 싶다"고 감탄한 후 기획한 작품이었다. 이 소설을 구상하던 시기가 「석류」의 창작 시기와 겹쳤다는 사실이 주목할 만한데[51] 후자는 '일본인 되기'를 포기하고 민족 입장으로의 귀환을 선고한 소설이었다. 뤼허뤄에게는 "동양으로"의 귀환이 곧바로 민족 입장으로의 귀환과 일제에 대한 저항을 의미했다는 사실을 거듭 말해준다. 소설에서 작가가 '요슌'의 귀향을 다른 인물들의 '남방행'과 대립 구도로 제시한 것은 바로 이런 맥락에 있었다. 다시 말해 뤼허뤄는 일제가 규정해 준 '남방기지'로서의 타이완의 동아적 위치를 거부했던 것이다.

'할아버지'라는 인물을 통해 뤼허뤄는 타이완과 '중국' 사이의 깊은 유대를 암시했다. '할아버지'는 청나라 때 수재로 과거에 급제한 바 있다. 즉, 중국의 공식적 시스템에 편입된 바 있다. 중국의 고전을 독파하고 중국 "독서인"의 "풍류"를 갖추고 있는 인물로 중국 전통문

. . . .
51 뤼허뤄의 일기를 통해서 「석류」가 1943년 6월 3일부터 집필되었고 7월 2일에 탈고되었음을 알 수 있다. 「청명한 가을」은 1943년 6월 18일부터 기획되었다.

화의 육화나 다름없다. 뤼허뤄는 주인공 형제의 입을 빌려 이러한 '할아버지'를 타이완 일상생활의 "행복의 근원"으로 높이 평가했다. 이로 보건대 그의 '타이완'은 '중국'의 전통문화에 깊이 뿌리내려 있었다. 전 세대의 타이완 지식인이 중국 전통의 일부로 기능하면서 신세대 타이완 지식인과 조손 관계를 이루어 공동으로 '중국'의 전통을 물려받았다는 구도였다.

부수적 인물들의 남방행은 주인공의 올바른 선택을 반증하는 요소로 부정적으로 묘사되었다.[52] '황밍진(黃明金)'의 경우는 식당 경영이 막바지에 몰려 살아가는 길이 막혔으므로 부득이하게 홀어머니를 외삼촌 집에 맡기고 종군한다. '쟝여우하이(江有海)'는 내명으로 야전부대 근무자로서 징용된 후 동네에 소아의가 없어진다.[53] 이처럼 남방행은 타이완인의 일상생활의 파탄으로 부각되었다. 특히 '요슌'의 동생 '요동(耀東)'의 경우가 문제적인데 그가 우수한 성적으로 도쿄에서 약학 전문학교를 졸업하고 유일한 합격자로 오사카(大阪)의 제약회사에 입사했음에도 타이완인 신분으로 인해 제약부에 들어가지 못하고 선전부에서 약을 홍보하게 된다. "오사카에서 약을 홍보하는 일보다 모어를 활용해 남방에서 일하는 편이 그나마 본질적인 생활이라고 생각했기 때문"에 '요동'은 남방으로 떠난다.

· · · · · · · · · · · ·

52 「청명한 가을」의 구상에 대해서 뤼허뤄는 "타이완 지식인의 진로를 분명하게 제시하고자 한다"라거나 "타이완 지식인의 동향을 제시하고 싶다"라거나 하며 밝힌 바 있다(呂赫若, 1943년 6월 18일자, 8월 7일자 일기, 陳萬益 主編, 앞의 책, 187면, 241면). 주인공이 타이완에 남아 성실하게 일하면서 타이완의 전통문화에 대한 이해를 심화해가는 길이야말로 타이완 지식인의 바람직한 길이라는 뤼허뤄의 믿음을 엿볼 수 있다.

53 의사회 상회에서 모든 의사들로 하여금 남방 파견을 강제적으로 지원하게 했다는 우신룽의 기록을 감안하면 '쟝여우하이'의 경우는 강제 동원이었을 가능성이 높다. 吳新榮, 1943년 9월 23일자 일기, 張良澤主編, 앞의 책, 147면.

'남방'은 이처럼 일본과 타이완 사이의 모순을 그대로 이어받는 공간이었을 뿐만 아니라 그 모순을 최대화한 공간이기도 했다. 남방으로 떠난 타이완인이야말로 부수적인 '군속' 이상 되지 못했기 때문이다. 따라서 '남방'은 '내대일여'를 완성해 준 타자라기보다는 동화의 한계를 더 극명하게 보여준 공간이라고 해야 한다.

타이완에 비하면 조선 지식인의 조선 구축은 상대적으로 우회적인 형태로 이루어졌다. 태평양전쟁의 발발에 따라 조선 지식인은 '내선일체'의 가능성을 검토하다가 오히려 강한 민족 자각에 도달하여 표면상의 동화적 자세와 거대한 간극을 빚어냈기 때문이다. 한편으로 그들은 바람직한 고대 조선 표상을 창출하여 일제의 문화적 헤게모니를 전복시켰고, 다른 한편으로 극복하고자 하는 부정적인 자아를 고스란히 타자에 투사시켜 그것을 강력하게 부정함으로써 자기 갱신을 시도했다. 어느 쪽이든 '중국'을 부정적 이미지로 등장시켰지만 궁극적인 목표는 바람직한 '조선'을 구축하는 것이었다.

바람직한 고대 조선을 부각함으로써 조선 지식인이 일제의 문화적 헤게모니를 전복시킬 수 있었다는 점에 대해서는 기존 연구에서 이미 충분히 논의했다.[54] 이럴 때 '중국'은 조선을 타락시킨 장본인으로 흔히 낙후된 부정적 이미지로 형상화되었다.[55] 일견 제국의 논리를 모방한 것처럼 보이지만 실제로는 일제의 지배 논리를 해체시켰던 것이다. 이광수가 창씨개명을 논의하는 대목을 살펴보겠다.

· · · · · · · · · · ·

54 대표적인 연구로는 김윤식, 『일제 말기 한국 작가의 일본어 글쓰기론』, 서울: 서울대학교출판부, 2003, 107~172면; 정종현, 앞의 책, 50~74면 등이 있다.
55 이런 현상은 신채호, 이광수, 최남선, 안확, 양주동 등의 경우를 통해 확인할 수 있다. 정종현, 위의 책, 54~63면 참고할 수 있다.

> 우리의 在來의 姓名은 支那를 崇拜하던 祖先의 遺物이다。永郎、述
> 郎、官昌郎、初郎、所回(嚴)、伊宗、居柒夫、黑齒、이런것이 古代 우리 先
> 祖의 이름이엇다。徐羅伐、達久火、齋次巴衣、홀곧、엇내、이런것이 옛
> 날의 地名이엇다。그러한地名과 人名을 支那式으로 統一한것은 不過
> 六七百年來의 일이다。
>
> 이제 우리는 日本帝國의 臣民이다。支那人과 混同되는 姓名을 가짐
> 보다도 日本人과 混同되는氏名을 가지는것이 가장 自然스러운 일이
> 라고 밋는다。(중략)[56]

미나미 지로 총독의 발언을 비롯한 조선 총독부의 창씨개명에 대
한 공식적인 설명에 따르면 야마토 민족과 조선 민족이 동조동근이
므로 외형부터 정신까지 모두 동일해야 하니 조선인이 일본식 씨를
창설해야 한다는 것이었다.[57] 언뜻 보면 이광수의 논의는 '중국'을 배
척하고 부정한다는 점에서 일제의 담론과 일치한 것처럼 보인다. 그
러나 '중국'이라는 '타자'에 '일본'이 투사되어 있었다는 것은 주목할
만하다. "이제 우리는 일본제국의 신민이다"는 이유로 창씨개명을 한
것이 맹목적인 사대주의로 중국의 성을 차용하던 것과 똑같이 황당
하고 민족의 독립성에 위반된 일이라고 완곡적으로 지적했다.

같은 현상은 이광수의 소설에서도 확인할 수 있는데 「소녀의 고백」
(『신태양』, 1944.10)에서 조선인 소녀는 '중국'을 배척하고 내선의 동
질성을 역설한다는 일본인의 동조동근설을 듣고 자민족의 "혈연"과
역사에 대한 자각을 강하게 표출하면서 현재의 조선인을 '혜자', '담
징', '이퇴계'로 대변된 "소중하고 큰" 고대 조선의 연장선상에 놓고
"과거보다도 더 큰 힘과 빛을 발할 수 있"는 조선을 구축할 욕망을

· · · · · · · · · · · ·

56 李光洙, 「創氏와 나」, 『每日新報』, 京城: 每日新報社, 1940.2.20.
57 朝鮮總督府法務局, 『氏制度의 解說: 氏とは何か氏は如何にして定めるか』, 京城: 朝鮮
    總督府, 1940, 4~6면, 15~17면.

드러냈다. 다른 한편으로 자신이 태어나고 자라온 쿄토(京都)를 여행지로 규정하면서 '중국'에 대한 타자화를 일본으로 확대했다.

> 저는 쿄토를 타향이라고 생각했던 것에 대해 스스로 사과했습니다. 내지인들을 저와는 인연이 별로 없는 존재로 곡해하고 있었던 것에 대해서도 참회했습니다. 저는 제 선조의 고향, 저와 혈연적 관계가 있는 곳으로 놀러와 있는 것 같은 안도감을 느꼈습니다. (중략)
> 저는 아버지의 동향 사람들의 피 속에는 혜자나 담징, 이퇴계 선생님의 혈관을 흐르던 피에 담았던 정신이 남아 있다고 믿고 싶습니다. 그리고 이 소중하고 큰 정신이 지금 한번 되살아나 과거보다도 더 큰 힘과 빛을 발할 수 있다고 믿고 싶습니다.[58]

'중국' 표상의 가변성이 특히 주목할 만한데 내선 동조동근설을 역설하는 일본인은 "그러니까 일본과 조선은 원래 하나란 말이다. 신도 하나, 피도 하나, 문화도 하나다. 단지 천 년 동안 조선은 너무 지나 문화에 탐닉해서 자기를 잃었던 것이야. 조선인의 옛 문화가 십이라면 조선에 남아 있는 것은 삼 정도나 될까? 나머지 칠은 일본에 잘 남아 있다"라면서 '중국'을 일본과 조선의 동일성을 파괴한 타자로 지적했다. 이는 일견 일제의 담론에 대한 무의미한 반복처럼 보이지만 1년 앞서 발표된 「대동아」(『녹기』, 1943.12)에서 중국 문화에 관한 서술과 상호 텍스트로 읽으면 상당히 의미심장하다. 「대동아」에서는 "지나에서 사라지고 없는 예가 일본에서는 살아서 번성하고 있다"는 논리가 펼쳐졌다. 두 가지 논리 사이의 모순이 궁극적으로 일제의 '내선일체' 논리와 '동아' 논리 사이의 모순에서 비롯되었지만 이런 모순을 고스란히 작품화한 이광수의 행위는 문제적이라고 하지 않을 수 없다. 그가 당초부터 '내선일체'나 '동아'의 작위성을 잘 알

· · · · · · · · · · · ·
58 香山光郎, 「少女の告白」, 『新太陽』, 東京: 新太陽社, 1944.10, 30~31면.

고 있었음을 말해준다. 그러면서도 '내선일체'와 '동아' 논리를 형상화할 수 있었던 것은 그의 목적이 '내선일체'나 '동아'를 주장하는 데 있지 않았기 때문이었다.

이광수의 '중국' 표상은 궁극적으로 조선을 재구성하기 위해 동원된 기호이므로 가변적이며 고정된 실체는 아니었다. 따라서 반드시 조선의 타자는 아니며 자아 구축의 필요에 따라 수시로 조선의 분신으로 변모될 수 있었다. 이럴 때 절대적인 타자인 '일본'이 부상했다.

이른바 대륙에 대한 의사 제국주의적 욕망이란 것도 같은 맥락으로 볼 수 있다. 연구자들이 흔히 '중국/만주'에 대한 식민지 조선 지식인의 부정적 시각을 그들이 일제의 제국주의적 욕망을 내면화하여 '중국/만주'를 조선인이 제국의 '일등 국민'으로 도약할 수 있는, 또는 그런 현실을 꿈꾸게 하는 공간으로 상상했던[59] '의사 제국주의적 욕망'의 결과로 해석하지만 실상 '중국/만주'는 제국 질서 속에서 조선인이 결코 '이등 국민'의 부수적 위치에서 탈출할 수 없다는 사실을 역설적으로 말해주는 공간이기도 했다.[60]

재만 이민의 물질적 차원의 생존 욕구를 조선 본토의 지식인까지 포함한 심리적 차원의 의사 제국주의적 욕망으로 보편화하는 데 문제적이다. 조선 지식인이 재만 이민의 시각에서 대륙을 향해 현지적 욕망을 드러낸다는 점도 없지는 않았지만, 대륙에 투사된 조선을 끊임없이 확인했던 것은 또한 주목할 만하다. 그들이 '중국'에 부여한 빈곤함, 불결함, 무식함, 탐욕스러움, 도의 결여, 질서 부재 등 부정적인 이미지들은 그들이 감지한 일본인의 조선 인식과 겹쳤을 뿐만 아

· · · · · · · · · · ·

59 김철, 앞의 논문, 128면.
60 만주 지역에서 중국인이 일본인을 '태군'으로 부르면서 조선인을 '둘째 태군'이라고 일컬었던 것은 시사적이다. 비록 조선인은 중국인에 비하면 '태군'이 되었지만 여전히 일본인의 하위에 놓여 있는 '둘째'에 지나지 않았다.

나라[61] 그들이 극복하고자 하는 조선의 부정적 측면이기도 했다. 따라서 '중국'에 대한 부정적 시각은 궁극적으로 '조선'에 대한 부정적 인식에서 비롯되었다고 해야 한다. 다시 말해 '중국'을 부정적으로 표상한 것은 일본의 제국주의적 시선을 내면화한 결과라기보다는 강한 자의식에 입각하여 부정적인 자아를 '중국'에 투사하여 그것을 강력하게 비판함으로써 이상적인 자아를 구축했던 것이다.

이효석은 '중국'에 대해서 "정리되지 않은 혼잡스러움, 신흥 도정의 잡답", "더러움"이라고 부정적으로 평가하면서 「여수(旅愁)」(『동아일보』, 1939.11.29~12.28), 「하얼빈(哈爾濱)」(『문장』, 1940.10) 등 일련의 소설들에서 그곳의 사람들에게 나라를 잃은 식민지적 자아를 투사하여 고향을 잃었다는 디아스포라적인 자아상을 주조했다. 결국 그의 '중국'은 "대체로 반도의 연장선상"에 있었으며 "국가라든가 단체 사회란 반드시 강해져야 한다"[62]는 결론과 연결되었다.

이광수가 부각한 조선인 표상은 대부분 '민족 개조'를 거칠 필요가 있는 부정적 표상이었다. 유일한 예외로 『마음이 만나서야말로』(『녹기』, 1940.3~7)를 꼽을 수 있는데 이 소설에는 부정적인 조선인 표상 대신 부정적인 '지나인' 표상이 등장했다. 불결하고 무식하며 탐욕스러운 '지나인' 표상은 이광수의 다른 소설에서의 '조선인' 표상과 별반 차이가 없었다. 이러한 '지나인'상은 타자라기보다는 조선인이 극복해야 할 부정적 자아의 육화나 다름없었다. 따라서 '지나인'을 바라본 작가의 시선은 부정적이면서도 대립적이지 않았다. 적에게까지

---

61 일본인의 이런 시선에 대한 조선인 작가의 포착은 채만식의 「냉동어」(『인문평론』, 1940.4~5), 이석훈의 「영원한 여자」 등 소설들을 통해서 잘 확인할 수 있다. 송금선도 도쿄의 지식인들이 아직도 조선을 구석지고 춥고 호랑이가 출몰하는 미개적 이질적인 곳으로 인식하고 있다는 것을 비판한 바 있다. 宋今璇, 「内鮮問答·内地の知識階級に訴へる」, 『モダン日本』, 東京: 新太陽社, 1940.8, 172면.
62 李孝石, 「大陸の皮」, 『京城日報』, 京城: 京城日報社, 1939.9.15, 1939.9.19.

표출한 '지나인'의 어리석은 호의는 쉽게 독자들의 동정심을 환기하는 한편, 겉으로 도덕을 내세우면서 "적군 회유"를 철저히 자각하고 있는 '일본인'의 위선을 반증했다. 이처럼 중국인 표상은 일견 '타자'처럼 보이지만 사실상 조선적 '자아'에 대한 작가의 자의식과 겹쳐 있어 일본의 이질성을 역설적으로 증명했다.

이러한 현상은 1944년 이후 두드러지게 나타났다. 일제의 패색이 짙어지자 이광수의 민족 입장이 부상했는데 '중국'이 '조선'의 보충으로 활용된 반면 '일본'은 '타자'로 고착되었다. 미완의 자서전적 소설 「사십년」(『국민문학』, 1944.1~3)에 '지나인'에 관한 대목은 두 가지가 있는데 하나는 '지나인 향사'이고 다른 하나는 '섬의 삶'이다. 두 대목에서 '지나인'은 모두 긍정적 이미지로 등장하여 조선 전통문화의 향기, 조선인의 고상한 품격을 부각하는 데 활용된 한편, 피해자로 식민지 조선과 겹쳤다.

'지나인 향사'에서는 '왕씨'라는 '지나인'을 형상화했다. '나'가 어렸을 때 '할아버지' 집에서 기거하던 "왕씨는 할아버지를 『아버님』이라 부르고 나에게도 작은아버지 노릇을 했다"라면서 작가는 '지나인'을 가족 구성원으로 묘사했다. 그의 이국적인 변발머리는 어린 '나'에게 이질감을 주지 않았을 뿐만 아니라 도리어 "대빗을 파는 전라도의 노총각"에 대한 향수 어린 추억을 불러일으켰다. '나'는 그로부터 "가는 활자로 된 책"과 "좋은" 먹, "노란색이나 진홍색인 데다가 매화, 대나무 등 그림이 있는" "편지지나 시전지" 등을 선물 받고 그것들을 전통적 조선에 대한 기억으로 녹았다. '왕씨'가 향을 만드는 사람인데 작가는 중국의 향문화를 외면하고 대신 조선의 향문화를 면밀하게 소개했다. 이런 의미에서 '왕씨'는 '지나인'이지만 조선의 향기와 연결되고 조선 문화의 일환으로 기능했다고 해야 한다. 다른 한편으로, "오늘날에도 할아버지 생각나면 왕씨가 칸델라의 빛 속에서

향을 만들고 있는 모습이 눈에 떠오른다"라면서 작가의 분신격인 화자는 '왕씨'를 '할아버지'에 대한 보충설명으로 활용했다. 1900년을 전후한 시점에 "상당히 오래" 조선에 머무르게 된 '왕씨'가 정치인이라는 작가의 암시를 감안한다면 그가 떠나자마자 곧 '용암'이라는 외딴섬으로 이사하게 된 '할아버지'는 또한 당국과 서로 다른 정치적 입장을 가지고 있었을 가능성이 높다. 반일 입장으로 해석한다면 다소 비약적이겠지만 적어도 1910년에 별세한 '할아버지'에 관한 서사에는 한일합방 이전의 조선에 대한 향수가 담아 있고, 그리고 무너진 집안이나 잃어버린 오래된 향나무에 대한 묘사에 망국의 한이 녹아 있다고 할 수 있는 듯하다.

일본인의 이질성을 부각한 것은 이 점을 입증했다. 같은 제1회에 등장한 일본인은 '지나인' 표상과 선명한 대조를 이루었다. '지나인' '왕씨'가 "참으로 유창한 조선어를 구사하고 있었"고 조선의 재래 문화와 자연스럽게 결합되어 있다는 동질성을 보이는가 하면 일본인 '이노우에(井上)'의 등장은 처음부터 불안감과 위화감을 가져왔다. 그는 '나'를 크게 놀라고 불안하게 만든 "특이한 배"를 타고 느닷없이 나타났다. "이상한 발음의 조선어"는 조선인과 소통하지 못했다. 그리고 과자, 담배, 일본어 교재 등 이질적인 물건들을 일방적으로 던져 줘서 자국의 문화를 강제적으로 가해 줬다. 특히 러일전쟁에 대비하기 위해 밤중에 몰래 수심을 측량하거나 용암의 정상을 하얗게 칠한 것은 조선인으로 하여금 깊은 공포감에 빠지게 했다. 이처럼 민족 입장의 부상에 따라 이광수는 '중국'을 조선의 보충적 자아로 동원한 한편, '일본'을 타자로 추방했다.

'중국(조선)—일본'이라는 대립 구도는 '내선일체'에 대한 부정적 인식 또는 '친일'에 대한 성찰과 연결되어 있었다. '섬의 삶'을 표제로 한 제2회에서 작가는 '말세', '은거' 등 이미지를 배치하면서 다음과 같은 장면을 등장시켰다.

『세상이 어지러워지면 현명한 사람은 모두 은거한 거야. 독선기신
이라는 거다. 너는―』라고 하다가 할아버지는 그만 입을 다물었다.
그 후 나는 할아버지도 은거중일까 하고 생각되었다.
할아버지가 『너는―』라고 말하려고 했던 것은 무엇이었을까? 알
고 싶었지만 나는 할아버지에게 물어볼 용기가 없었다.[63]

'친일 지식인'이라는 자신의 처지에 대한 깊은 성찰은 쉽게 읽힌다.
이러한 문제의식은 '나'가 자의 아니게 강도떼의 공모가 되어 버린다
는 대목에서 한층 명백해졌다. '나'는 '평양 진위대 상등병'으로 자칭
한 사내의 부탁을 받아 "평양 진위대 대대장 육군참령"의 이름으로
지나인 어부들에게 금 천 량을 요구하는 명령서를 써 주었는데 그것
이 지나인 어민 부락을 습격하는 데 사용될 줄 몰랐다. 사내는 '나'를
강제로 데리고 열 명 정도의 부랑배를 소집하여 지나인 부락을 습격
하러 갔다. '나'는 몰래 지나인에게 경계하라고 통보했지만 집에 돌
아와 할아버지에게 호되게 얻어맞았다. "너의 죄를 알았니"라든가
"너는 도둑놈 대열에 끼었어"라든가 한 '할아버지'의 질타에는 '친일
작가'의 자기 반성이 깔려 있었던 게 아닌가? 여기서 '중국'과 '조선'
은 피해자로서 만나게 되었다.
이로 보건대 조선인 작가들은 '동아'를 검토하는 데 궁극적으로
'중국'을 시야 바깥에 배제했다. 그들의 '중국'은 '조선'을 재정립하는
데 활용된 가변적 기호로 명확하고 불변적인 함의를 지니지 못했다.
작가의 민족 입장이 가려져 있었을 때 조선 구축이 주로 부정적 자아
를 부정하는 식으로 이루어졌으므로 '중국'은 부정적으로 표상되었

. . . .
63 香山光郎, 「四十年(第二回)」, 『國民文學』, 京城: 人文社, 1944.2, 55면.

다. 이럴 때 '중국'에 대한 그들의 부정적 시각은 '조선'에 대한 부정적 인식이 깔려 있어 자아 경신의 욕망을 표출했다.

다른 한편, 적극적인 고대 조선을 형상화함으로써 일제의 지배 논리를 전복시키기 위해 그들은 '중국'을 낙후된 부정적 이미지로 부각했다. '타자'로서의 '중국'에는 '일본'의 이미지가 투사되어 있었다. 반면 민족 입장이 분명하게 부상하면서 '중국'은 '조선'에 대한 보충으로 긍정적으로 부각되었다. 조선의 경우와 달리 타이완 지식인의 '중국'은 명확하고 고정된 개념이었다. 그들이 상상하던 '타이완'은 '타이완'이라는 일상적 측면과 '중국'이라는 근본적 측면을 동시에 포함했다. 그들은 일상적 문화적 차원에 초점을 맞춰 파괴된 전통문화를 재건하려 했다. 이럴 때 '중국'은 '타이완'의 원초적 자아로 호명되어 강력한 구심력을 보였다. 비록 이런 차이가 있지만 자아 정립 과정에서 '일본'이 점차 절대적인 타자 표상으로 고착되었다는 점에서 조선과 타이완은 공통성을 보였다.

⑭ 반(反)영미 서사: 절대적인 타자의 부상

태평양전쟁이 발발한 후 일제의 영미 비판은 주로 아시아에 대한 무력 침략, 아시아 사람에 대한 인종 차별, 그리고 근대 자본주의 문화의 유입에 집중되었다. 이에 대한 대안으로 일본을 맹주로 '대동아 공영권'을 결성하여 무력으로 영미를 이기는 것, 그리고 일본의 고전을 습득함으로써 '근대'를 초극하는 것[64]을 제시했다.

· · · · · · · · · · · ·

64 니시타니 게이지(西谷啓治), 고바야시 히데오, 하야시 후사오 등 13명이 참석하여 자연과학, 철학, 문학, 음악, 영화를 비롯한 여러 분야에 걸쳐 서양 자본주의 체제를 비판하고 '근대 일본인의 가능성'을 논의했던 '근대의 초극(近代の超克)' 좌담회의 내용은 『문학계』 1942년 9~10월호에서 소개되었고 1943년 7월에 단행본으로 간행되었다. 平野謙, 『昭和文学史』, 東京: 筑摩書房, 1981, 249~250면; 市古貞次

그러나 일제가 제시한 지배—피지배, 근대—전근대라는 구도는 일본과 식민지 조선, 타이완 사이에서도 적용될 수 있었다. "동아로부터 동아인의 것이 아닌 외래의 세력을 구제(驅除)하고 동아는 동아인의 자유스러운 생활 지역, 동아인의 이상적인 문화 지역의 건설임"[65]이라는 동아 독립론은 쉽게 민족 독립론으로 전유될 수 있었다. 특히 조선과 타이완 지식인들이 '내선일체'와 '내대일여'의 연장선상에서 '동아'를 검토하고 있었다는 사실을 감안하면 그들의 반영미 담론은 비록 당시에 의도적으로 일본을 겨냥하지는 않았다 하더라도 그런 방향으로 경사될 가능성을 충분히 가지고 있었다. 지배자로 표상된 영미든 근대로 표상된 영미든 모두 현실 속의 일본과 겹쳤기 때문이었다.

'황도/황국문학—영미의 공리 문학'이라는 대립 구도가 조선과 타이완에서 각각 1943년 4월과 5월에 일원적 문단 기관인 조선문인보국회와 타이완문학봉공회가 결성되었던 문맥 속에서 제시되었다.[66] 이른바 '황도/황국문학'이란 궁극적으로 '국민/황민문학'의 문맥 속에 있었다는 사실을 감안하면 식민지—일본이라는 대립 구도가 동양—서양이라는 대립 구도로 대체되었을 뿐 그 저변에 깔려 있던 정체성 고민이나 제국에서 이탈하는 종국적인 방향은 일관되었다.

> (ㄱ) 확실히 대동아 공영권 문화의 확립은 민족 문제를 해결하지 않으면 이루어지지 않을 것이고, 또한 이 문제를 다루지 않으

....

編, 『增訂版 日本文学全史 6·現代』, 東京: 學燈社, 1990, 265면.

65 「大東亞共榮圈確立의新春을맞이하며」, 『文章』, 京城: 文章社, 1941.1, 3면.

66 1943년 4월 17일의 조선문인보국회 발회식에서 '일본적 세계관에 입각한 황도문학 수립'이 모토로 제시되었고 같은 해 5월에 타이완에서 니시카와 미츠루는 그의 「문예시평」(『문예타이완』, 1943.5)에서 '황국문학'과 영미 문학자의 투기(投機) 문학이라는 개념쌍을 내놓았다.

면 타이완 문학의 의미가 없어질 것입니다.[67]

(ㄴ) 각국 대표들이 모여서 동아의 앞날을 이야기하는 국제적 모임에 참석하면 나는 항상 조선이란 것을 생각하지 않을 수 없었다. 특히 조선 문학의 위치란 한순간도 잊을 수 없을 만큼 나에게 절실한 문제였다.[68]

(ㄱ)과 (ㄴ)은 각각 제2회 대동아문학자대회에서 저우진뽀의 강연 내용과 이번 대회에 대한 최재서의 감상문이었다. 『국민문학』 1943년 10월호의 '대동아문학 건설을 위해서(大東亞文學建設のために)' 특집에 나란히 실린 타이완과 조선 문학자의 이런 발언은 매우 흥미롭다. 그들에게는 '대동아문학'이 '조선 문학'과 '타이완 문학'으로 구체화되어 일본과의 관계를 의미했다는 사실을 말해준다. 이러한 문제의식을 감안한다면 그들의 반영미 서사는 구체적인 대립항만 달리 표상했을 뿐, 초점은 옮기지 않았다고 할 수 있다.

작가의 주안점이 일본과의 관계에 놓여 있었으므로 '근대―전근대'라는 대립 구도는 서양―동양이라는 차원에 있다기보다는 일본―자민족이라는 차원에서 구체적으로 표상되었다. 이런 사실을 잘 보여주는 소설은 저우진뽀의 「향수」(『문예타이완』, 1943.4)였다. '기계 문명'을 비판한다는 소설의 시작 부분은 일견 서양의 물질문명을 비판한다는 '근대 초극'의 맥락에 있는 것처럼 보이지만 이어서 제시된 것은 일본 경찰의 주도 아래 타이완 전통 악기를 집단적으로 헌납하는 헌납식이었다. 상징적인 헌납식을 장례식에 비유하면서 그 비극적인 분위기를 부각함으로써 '나'가 근대의 기계 문명 앞에서 느낀 문화적 불안은 일본의 문화 통제로 인해 재래 문화가 급속히 소멸되어

----

67 周金波, 「皇民文學の樹立」, 『國民文學』, 京城: 人文社, 1943.10, 148면.
68 崔載瑞, 「大東亞意識の目覺め―第二回大東亞文學者大會より還りて」, 『國民文學』, 京城: 人文社, 1943.10, 139~140면.

간다는 사실에 대한 거부감으로 구현되었다. 시작 부분에서 식민지 지식인의 고향에 의해서도 치유되지 못하고 제국에도 수렴되지 못한 "개념적인 정서"는 여기에 이르러 타이완 재래 문화에 대한 '향수'로 밝혀졌다. 이처럼 타이완인 작가 저우진뽀에게는 '근대—전근대'라는 시대적 화두는 '일본—타이완'이라는 대립 구도로 재해석되었다.

'지배—피지배' 구도에 대한 저우진뽀의 고민 속에서도 일본의 그늘을 쉽게 확인할 수 있다. 「악마의 사도(惡魔の使徒)」(『순간타이신』, 1945.2)는 아편전쟁 이후 청일전쟁 직전을 시간적 배경으로 영국인 목사 '판린쭝(范林中)'의 위선적이고 흉악한 모습을 그렸다. 표제가 암시하듯 '판린쭝'은 사악한 영미의 육화에 다름 아니다. 그는 겉으로 예의, 도덕을 내세우지만 심한 절도벽을 가지고 있어 타이완인의 집에 가면 봉안하는 조상의 위패까지 훔친다. 선교라는 명목 아래 동네 상황을 꼼꼼히 조사해 놓고 '교회 구제소'를 통해 소집한 부랑배들을 시켜 부유한 집의 재산을 약탈한다. 영국의 타이완 점령에 대비하기 위해 피난 가족의 가옥을 구입함으로써 군사적 요충지를 장악한다. 목적을 달성하기 위해 변장술이나 수면제까지 별수단을 다 사용한다. 그의 음모가 결국 청일전쟁에서 일본의 승리로 인해 수포로 돌아간다고 소설이 해피엔딩으로 마무리되었지만 일본의 타이완 점령이 영국인의 타이완 점령 음모와 같은 맥락에 있다는 느낌을 준 것은 주목할 만하다.

"그런데, 그가 타이완 지방에서 토착민을 회유하는 데 온 힘을 기울이고 있던 동안, 그가 가장 관심이 큰 지나 대륙에서는 하나의 변화가 발생했다. 작은 섬나라에 지나지 않는다고 생각했던 일본이 구미 열강을 상대로 하여 대륙에 진출하게 된 것이었다. 곧 펑후도(澎湖島), 타이완에도 상륙할 것이다"[69]라는 서술은 일본을 영미의 대척점에 위치시켜 그 정당성을 부각한다기보다는 오히려 영미와의 동질성을 지적했다. "지나 대륙"에 "가장 관심이 큰" 영국인 목사상은 중국과 교전하고 있는 일본을 쉽게 상기하게 한다. 겉으로 "정의와 인도"를 고창하면서도 실제로는 심술을 부리는 영국인 목사의 위선적인 모습이 현실 속에서의 일본으로 읽힐 여지가 없지 않은가 하면 타이완인을 회유하기 위해 열심히 타이완에 동화한 것은 일방적으로 타이완인의 동화를 강요하는 일본의 부조리함을 역설적으로 말해준다.

영미를 비판함으로써 일본에 대한 비판 의식을 우회적으로 표출했던 전형적인 사례는 세르게이 미하일로비치 트레챠코프(Sergei Mikhailovich Tretyakov)의 대본 「울부짖어라 중국이여(Рычи Китай)」를 바탕으로 개작한 양쿠이의 「울부짖어라 지나여(吼えろ支那)」를 꼽을 수 있다. 트레챠코프의 「울부짖어라 중국이여」는 1924년 6월 중국 쓰촨(四川)에서 발생한 사건을 제재로 창작되었다. 미국계 영국 상인과 중국인 쿨리 사이에 분쟁이 일어나다가 영국인이 물에 빠져 죽었기 때문에 영국은 포격으로 협박하여 사공 공회의 회장을 비롯한 중국인 두 명을 사형에 처함을 강요한 사건이었다.[70] 이 연극은 1926년 1월 23일에 모스크바에서 최초로 공연되어 큰 반향을 일으켰다. 그후 트레챠코프의 대본은 오오쿠마 도시오(大隈俊雄)에 의해 일본어로 번역되어 기타무라 기하치(北村喜八)의 수정을 거쳐 쓰키지(筑地) 소극장에서 공연되었다.[71] 러시아와 일본에서 「울부짖어라 중국이여」의 창작과 번역이 순전히 프로 연극의 맥락 속에 있었던 데 비해 1930년대 중국에서의 개작 및 공연은 반제국주의적—더 정확히 말하

....

69 周金波, 「惡魔の使徒」, 『旬刊臺新』, 臺北: 臺灣新報社, 1945.2, 31면.
70 郭廷以 編著, 『中華民國史事日誌·第一冊』, 臺北: 中央研究院近代史研究所, 1979, 803면.
71 星名宏修, 「中国·台湾における「吼えろ中国」上演史—反帝国主義の記憶とその変容」, 『日本東洋文化論集: 琉球大学法文学部紀要』 第3号, 西原町: 琉球大学法文学部, 1997.3, 29~30면.

자면, 반일적―인 성격도 다분히 지니고 있었다.[72] 특히 1940년대 일본의 중국 점령 지역에서 이 연극이 일본 당국의 기획으로 반영미 선전에 활용되었던 경우가 흥미롭다. 1942년에 선양(沈陽)과 상하이에서, 1943년에 난징, 베이징, 우한과 타이완에서, 1944년에 칭다오(靑島), 베이징과 따롄(大連)에서 공연되었다.[73] 필자가 주목하고자 하는 것은 1943년 10월 6~7일, 11월 2~3일, 11월 27~28일에 타이완에서 공연된 양쿠이의 개작이다.

광복 이후 양쿠이의 회상에 따르면, 그의 「울부짖어라 지나여」는 린샨탕(林獻堂)을 구타한 일본 낭인을 주인공으로 개작되었다고 한다.[74] 즉 반영미라는 가면을 쓰고 반일 정서를 우회적으로 표출했다는 것이다. 이 발언의 진실성 여부는 알 수 없지만 일제말기의 타이완인에게는 반영미 이야기를 반일 이야기로 해석할 가능성이 충분히 있었다는 사실만 확실하다. 반대 입장을 가지고 있는 일본인 연구자 호시나 히로노부(星名宏修)[75]가 나열한 인용문들은 오히려 그의 잘못을 증명했다.

· · · · · · · · · · · ·

72 張泉, 「全國抗戰時期文藝跨域傳通的多重面向 ―― 以蘇聯話劇《怒吼吧, 中國!》爲中心」, 『抗戰文化硏究』 第六輯, 南寧: 廣西抗戰文化硏究會, 廣西社會科學院文史硏究所, 2012. 11, 227면, 229면.

73 星名宏修, 앞의 논문, 42~50면; 張泉, 위의 논문, 228~239면을 참고할 수 있다.

74 楊逵, 「光復前後」, 聯合報編輯部 編, 『寶刀集 ―― 光復前臺灣作家作品集』, 臺北: 聯合報社, 1981, 12~13면. 1936년에 타이완 정치인 린샨탕은 중국 대륙을 방문했을 때 상하이에서 "조국에 돌아왔다"고 이야기했다는 이유로 타이완에 돌아간 후 뭇사람 앞에서 일본 낭인에게 구타당했다. 그 후 린샨탕은 부득이하게 사직하고 도쿄로 이사했다.

75 타이완인 연구들이 대부분 양쿠이의 발언을 사실로 받아들이는 반면, 호시나 히로노부는 「中国·台湾における「吼えろ中国」上演史―反帝国主義の記憶とその変容」와 「楊逵改編『吼えろ支那』をめぐって」(台湾文学論集刊行委員会 編, 『台湾文学研究の現在: 塚本照和先生古稀記念』, 東京: 緑蔭書房, 1999, 71~91면) 등 두 편의 논문을 통해서 반대 입장을 제시했다.

(ㄱ) (중략) 드디어 막이 올랐다. 영미를 실컷 저주하는 대사나 압박당하는 중국의 강한 자기주장이 튀어나올 때마다 장내는 박수 소리로 떠나가는 듯했다. 공연이 진행되면서 관람객은 흥분한 기색을 감추지 못하기 시작했다.……나는 문득 내가 모르는 반일 기세가 만만치 않았던 옛날의 분위기도 설마 이런 것이 아니었나 해서 불안해졌다. 반영미라고는 하지만 반드시 영국이나 미국이어야 할 구체적이고 논리적인 필연성은 없었다. 확실한 것은 반영미라는 명목 아래 어떤 외국으로부터 극단적인 압박을 받고 있다는 피해망상증에 걸린 중국 민중들이 분주하고 실컷 적을 저주하는 극도로 비극적으로 비틀린 자학적인 피투성이의 양이의 절규밖에 없었다.[76]

(ㄴ) 『울부짖어라 중국이여!』라는 이 연극은 이른바 포함외교에 의거하는 구미 제국주의의 경제적 침략과 식민지 정책에 대한 중국 민중의 고민과 저항을 다루는 것이었는데 표면상은 영미 격멸이라는 태평양전쟁 시기 일본의 국책에 부합한 것처럼 보였으므로 현지의 군보도부 등을 비롯한 일부 장교들도 묵인했다고 한다. 그러나 사실상 무대에서 우회적으로 표출된 것은 중국의 적이 영미가 아니라 일본의 군국주의라는 날카로운 민족주의적인 저항이었다. 옛이야기를 빌어서 오늘을 풍자한다는 '차고풍금' 수법이 흔히 영화나 연극을 창작하는 애국 작가들에 의해 애용되는데 이것은 서양의 이야기를 빌어서 동양(일본)을 풍자하는 '차서풍동'의 신극이었다고 봐야 한다.[77]

각각 상하이와 베이징에서 공연을 관람했던 시미즈 아키라(清水晶)의 당시 감상문과 나카조노 에이스케(中薗英助)의 후일의 회상기였다.

． ． ． ． ． ． ． ． ． ． ．
76 清水晶, 『上海租界映画私史』, 東京: 新潮社, 1995, 162면, 星名宏修, 「中国・台湾における「吼えろ中国」上演史―反帝国主義の記憶とその変容」, 『日本東洋文化論集: 琉球大学法文学部紀要』第3号, 西原町: 琉球大学法文学部, 1997.3, 23~24면에서 재인용.
77 中薗英助, 『わが北京留恋の記』, 東京: 岩波書店, 1994, 85면, 星名宏修, 위의 논문, 46면에서 재인용.

일본 점령 하의 상하이와 베이징에서 일본의 본의에 어긋나 이 연극이 반일 정서를 전달했다는 사실은 명백하다. 만주국에 속하던 선양에서 이 연극이 공연되자마자 곧바로 금지당한 것도 같은 이유 때문이었으리라. 비록 식민지 역사가 상대적으로 오래된 타이완의 경우는 다소 차이가 있었겠지만 일본인 관람객까지 쉽게 감지할 수 있었던 이 연극의 전유 가능성은 타이완인 관람객에게 전달될 수 없을 리가 없었으리라. 특히 민난어로 공연할 기획도 있었다는 양쿠이의 회상을 감안하면 타이완 지식인이 어디까지나 타이완의 입장에서 이 연극을 인식하고 있었다. 타이완에서 「울부짖어라 지나여」의 개작과 공연은 반영미로 수렴될 수 없는 부분이 분명히 있었다.

타이완 반영미 서사의 이런 중층적 성격을 감안하면 동화를 거부하는 지점에서 동화 과제에 접근했던 조선에서 반영미 서사는 또한 그리 단순하지 않았으리라. 앞서 지적했듯 조선에서의 '동아' 담론은 중일전쟁 전에 이미 등장했다. 따라서 조선 지식인의 반영미 서사는 영미를 겨냥한다기보다는 처음부터 유비적 성격이 강해 일본 비판의 맥락에 있었다. 태평양전쟁이 발발하기 전인 1940년에 발표된 『청춘무성』에서 "서양판 현대"를 비판하는 데 "동양은 서양의 시굴로 떠러져 버린 건, 즉 동양은 동양으로서의 서울 노릇을 못하고 서양의 한 지방이, 나쁘게 말하면 서양 문화의 식민지가 돼 버린 통탄할 일이죠"[78]라는 이야기가 나온 것이 주목을 요한다. 여기서 동서양 논의는 '지방', '식민지' 등 표현들과 뒤얽혀 등장하여 조선에서 동서양 담론과 '내선일체' 담론의 친연관계를 시사했다.

긍정적인 '동양' 표상에 조선을 투사하면서 '일본'을 '서양'과 동질화시킨다는 현상은 이석훈의 「국민문학의 제반 문제(國民文學の諸問

....
78 李泰俊, 「青春茂盛[72]·다시불나비(十)」, 『朝鮮日報』, 京城: 朝鮮日報社, 1940.6.6.

題)」(『녹기』, 1942.4)를 통해 확인할 수 있다. 이 글에서 이석훈은 "이 조 시대의 그림"에 대해 "일종의 시정적인 패기로 가득 차 있어 대륙 적인 영향이 상당히 소박한 듯하다"고 긍정적으로 평가하면서, 다른 한편으로 "일본 재래의 섬세하고 우아한" 특질을 "편협한 민족적인 것"으로 폄하했다. 따라서 양자 가운데 조선이야말로 그가 기론하는 "확실히 공영권 내의 여러 민족들로 하여금 공감하게 할 수 있고 더 나아가 세계 인류로 하여금 공감하게 할 수 있는 높고 뛰어나고 큰 것"에 더 가깝고 일본은 결국 "현대의 일본 문학 가운데 많은 것은 서구 문학의 영향을 받아 그 체질조차 비일본적인 것이 많"다는 데 암시하듯이 '서구'와 동질화되었다. 다시 말해 그에게는 '동양'과 '서 양'은 각각 '조선'과 '일본'으로 구현되었다.

조선 지식인이 "십억의 동양인"으로 그치지 않고 궁극적으로 "반 도의 이천사백만"에 입각하여 발화한 한[79] "동아 십억의 백성을 침략 의 손에서 건지고 동아의 신질서를 건설하여 동양을 동양인의 동양 을 만들려"[80]는 논리는 필연적으로 '반도 이천사백만을 침략의 손에 서 건지고 반도의 신질서를 건설하여 반도를 반도인의 반도로 만든 다'는 과제로 이어졌다. 1941년 12월 14일 조선 임전 보국단의 주최 로 개최된 '영미 타도 대강연회(米英打倒大講演會)'에서 주요한은 '대 동아 전쟁'이 사실상 열강들의 식민지 각축전이자 자원 쟁탈전임을 밝혔다. 일본이 영미의 동열에 놓이자 "정의 인도의 가면을 쓰고 착

---

79 "十億의 東洋人은 한덩어리가되어 앵글로삭손의 野望을 膺懲코저 하는것이다. 一億 同胞는 熱鐵의 一丸이다. 더우기 半島의 二千四百萬은 渾然一體가되어 大東亞解放聖 戰의 勇士되기를 盟誓하고있다."라는 주요한의 서술은 '십억의 동양인－일억 동포 －반도의 이천사백만'이라는 구도를 극명하게 보여주는 한편, 조선 지식인이 궁극 적으로 조선의 입장에 입각하여 발화하고 있었음을 시사한다. 松村紘一, 「루스벨트 여答하라」, 『新時代』, 京城: 新時代社, 1942.1, 32면.

80 松村紘一, 「米英의東亞侵略」, 『新時代』, 京城: 新時代社, 1942.2, 82면.

취와 음모를 일삼"는다는 영미 비판은 일본까지 확대했다.

> 英米는 我國을 長期戰으로 몰어넣어 僥幸의 수를 바라는 모양이나
> 이번戰爭은 所謂 資源獲得戰爭으로서 一方 싸우며 一方 國力이 增長
> 되는것이다。佛印、泰가 我便이 되므로 米穀이 念慮없게되고 馬來가
> 我手에 들면 고무가 確保되고 蘭印을 占領하면 石油가 安心이다。도
> 리어 고무와 錫의 不足으로 困難받을者는 米國이 아닌가。[81]

이러한 현상은 '황도문학'이 대대적으로 제창되기 시작한 1943년 4
월 이후에도 계속되었다. '근대' 비판이 '일본' 비판에서 벗어날 수
없다는 담론적 맥락을 감안하면 「성안」(『국민문학』, 1943.5)에서 여
주인공 '분녀'의 남편 '태돌'의 타락과 이에 따른 전통 가문의 몰락이
"개화에 대한 열광"과 연결되고 다시 "내지인 상점"이라는 구체적인
이미지로 이어졌다는 것은 우연이라 할 수 없다. 1943년 중반 이후
점차 조선인 노동자를 능욕하는 "영미인 광산사들"(「돼지 쫓기 놀이
(豚追遊戲)」, 1943.7)이나 위선적이고 변덕스러운 "미국인 선교사"
(「덕화의 껍질(化の皮)」, 1943.7), 이기적이고 잔인한 "아메리카인 목
사"(「행불행」, 1943.11) 등 표상들이 속출되었지만 시미즈 아키라가
지적했듯이 반드시 영국이나 미국이어야 할 필연성은 없었다. 이러한
표상들의 공통된 결정적 본질은 조선인의 대립항이었는데 조선 지식
인의 문제의식이 궁극적으로 조선—일본이라는 틀 속에 놓여 있었다
는 사실을 감안하면 이런 표상들은 조선의 절대적인 타자인 일본의
분신이었다고 할 수 있다.

민족 입장을 명확히 하고 민족 정체성을 재정립해 나가는 경로야
말로 조선과 타이완의 일제말기 문학을 관통하는 저류였다. 따라서

· · · · · · · · · · ·

81 松村紘一, 「루스벨트여答하라」, 『新時代』, 京城: 新時代社, 1942.1, 32면.

동화를 강요하는 일본이 절대적인 타자일 수밖에 없었고 모든 대립적 표상은 종국적으로 절대적인 타자 일본으로 연결될 수밖에 없었다. 비록 등장 시점이 다르지만 조선과 타이완의 일제말기 반영미 서사는 이런 공통성을 보였다.

3. '지방'과 '고향'

'동아' 담론이 부상하면서 일제는 일본을 중심으로 동아를 재편하는 작업에 착수했다. 1940년 10월 14일에 설립된 대정익찬회를 중심으로 전개된 '신체제' 운동은 바로 이런 목적으로 시작된 것이었다. 그리고 16일에 조선에서 국민총력조선연맹, 1941년 4월에 타이완에서 황민봉공회가 각각 설립되어 총독을 총재로 임명했다. 동아를 재편하는 데 문화의 구심력이 각별히 강조되었는데 대정익찬회 조직국 문화부에서 편찬한 『지방 문화 신건설의 근본이념 및 그 방책(地方文化新建設の根本理念とその方策)』(東京: 大政翼贊會組織局文化部, 1941)의 간행에 따라 '지방 문화'에 관한 논의가 급부상했다. 이른바 '지방 문화의 진흥'의 의의와 사명은 '지방 문화'를 통해 "일본 문화의 올바른 전통"을 보존하는 데 있었다.[82] 즉 '황도정신'을 기준으로 조선과 타이완의 문화를 재구성하는 것이었다.

식민지 지식인들의 '지방 문학' 논의가 일제의 취지와 확연히 변별

• • • • • • • • • • • •

82 "일본 문화의 올바른 전통은 외래문화의 영향을 받으며 발전한 중앙 문화에 있다기보다는 특히 오늘날은 지방 문화에 있다. 그것이 건전하게 발전하지 않으면 새로운 국민 문화의 표식을 수립하는 것은 불가능하다고 할 수 있다. 지방 문화의 진흥의 의의와 사명은 여기에 있다." 岸田國士, 「地方文化の新建設」, 『知性』, 東京: 河出書房, 1941.7.

되었다는 사실은 기존 연구에서 이미 충분히 논의되었다. 조선 지식인들이 조선을 일본의 한 지방으로 배치함으로써 문화의 보존을 의도한 한편, 동시에 식민지적 불균등성을 극복하고자 하는 욕망을 드러냈다는 점은 많이 주목을 받았고,[83] 타이완 지식인들이 '지방 문학' 논의를 통해 타이완 문학의 독자성과 주체성을 확립했다는 점은 많이 논의되었다.[84] 이 절에서 필자는 '지방 문학'에 대한 식민지 지식인의 기획 및 관련 텍스트를 비교 분석함으로써, 결과적으로 보면 그들의 '지방 문학' 논의가 일본을 넘어서 일본까지 자민족의 독자적인 맥락 속에 재편했다는 점을 지적하고자 한다.

㊀ '지방 문학'의 반격

일제말기 타이완과 조선 지식인의 '지방 문학' 논의는 각각 "지방 문화의 일익으로서의 타이완 문단"과 "일본 문학의 일익으로서의 조선 문학"을 중심으로 전개되었다. 정체성 문제를 검토하다가 민족 입장을 명확히 하여 타이완의 위치를 재정립하고자 하는 타이완 지식인은 타이완 문학의 독자적인 발전에 시선을 집중했다. 반면 과연 일본을 '국가'로 조선 민족에 덧붙여야 하는지 라는 문제를 고민하고 있던 조선 지식인은 조선 문학과 일본 문학의 서열 배치에 초점을 맞추었다.

일본을 시야 바깥으로 배제하면서[85] 자율적 주체를 구축하는 데 주

· · · · · · · · · · · ·

83 김철, 『식민지를 안고서』, 서울: 역락, 2009, 205~211면; 정종현, 앞의 책, 186~187면; 한수영, 앞의 책, 42~45면을 참고할 수 있다.

84 대표적인 연구로는 柳書琴, 「戰爭と文壇－盧溝橋事変後の台湾文学活動の復興」, 下村作次郎·中島利郎·藤井省三·黃英哲, 『よみがえる台湾文学: 日本統治期の作家と作品』, 東京: 東方書店, 1995, 109~130면; 游勝冠, 『殖民主義與文化抗爭: 日據時期臺灣解殖文學』, 臺北: 群學出版, 2012, 443~470면 등이 있다.

85 일본인 작가의 작품을 별로 읽지 않는다는 장원환의 고백은 시사적이다. 「台湾代表

력했다는 내성적 성격을 타이완 '지방 문학' 논의의 가장 기본적인 특징으로 지적할 수 있다. 황더스는 「타이완 문단 건설론(臺灣文壇建設論)」(『타이완문학』, 1941.9)에서 신체제의 과제를 "문화의 지방 분산", 즉 "지방 문화의 확립"으로 구체화했다. 그는 타이완을 발판으로 삼아 중앙 문단 진출을 목적으로 하는 작가들을 "푸른 하늘을 향해 뻗어오르는 일만 생각하고 땅 속으로 뿌리를 깊이 내리는 것을 잊어버린" "새싹"에 비유하며 "충분한 내면적인 노력"의 필요성을 강조했다. 중앙의 호기심을 자극하기 위해 엑조틱한 작품만 생산하는 것이 "지방 문화 전반의 향상에 기여하기는커녕 오히려 방해가 된다"고 날카롭게 지적하는 한편, "중앙 문단을 전혀 염두에 두지 않고 일심전력하여 타이완의 독자적인 문단을 건설하여 타이완 문단에서 작품을 발표하는 기쁨을 즐기는 동시에 타이완 문화 전반의 향상을 기획하자"고 주장했다. "모여라! 타이완 문단의 산하에"라는 호소로 글을 마무리하면서 '타이완 문단'이라는 슬로건을 명시적으로 제시했다. '일본'을 외면한다는 내성적인 성격을 극명하게 드러냈다.

이어 황더스는 「만근의 타이완문학운동사(輓近の臺灣文學運動史)」(『타이완문학』, 1942.10), 「타이완문학사 서설(臺灣文學史序説)」(『타이완문학』, 1943.7), 「타이완문학사(臺灣文學史)」(『타이완문학』, 1943.12) 등 일련의 글을 발표하여 타이완인을 주체로 하는 타이완문학사를 정립했다. 일본 제국에서 이탈하여 민족적 정체성을 명확히 해나간다는 방향을 명시적으로 밝혔다.

「타이완 문단 건설론」이 발표된 직후인 1941년 9월 11일에 『흥남신문』에는 신가오펑(新高風)의 「지방 문학의 건설: 향토를 더 생각하라(地方文學建設: もつと鄕土を考へろ)」라는 글이 게재되었다. 황더스

的作家の文藝を語る座談会」, 『台湾藝術』, 臺北: 台湾藝術社, 1942.11, 10면 참고.

의 「타이완 문단 건설론」을 높이 평가하면서 문학자들에게 "지방 분산을 진지하게 생각"하고 "중앙과 지방 사이의 가교 역할 정도에 만족하지 말고 지방 문화 속에 뛰어 들어갈 기백을 가져야 한다"고 주문했다. 타이완인의 입장을 대변했다는 『흥남신문』의 성격을 감안하면 이런 주장은 대체로 일제말기 타이완 지식인의 보편적인 의견이었다고 할 수 있다. 실제로 문학 창작에 전념해야 한다고 주장하면서 문학자의 정치 참여를 강력하게 반대한다는 것은 뤼허뤄의 일관된 입장이었고[86] 저우진뽀가 「타이완문학(臺灣文學のこと)」(『타이완일일신보』, 1941.12.6)에서 "타이완은 일본의 일익이지만 다른 한편으로는 타이완의 독자적인 문제도 많이 떠맡고 있다"고 지적하면서 "타이완 문학의 위상"을 "타이완 자신"을 통해 바라보려 했던 것은 제1장에서 이미 지적했다. 이처럼 타이완인 문학자는 '타이완문학' 단체든 '문예타이완' 단체든 상관없이 공통적으로 자율적 주체로서의 타이완 문학을 구축하는 데 주력했다.

이러한 연장선상에서 타이완인 문학자들은 특히 "작가의 타이완 연구"의 필요성을 역설하면서 "타이완이라는 땅에 발을 굳건히 딛고 창작해야 한다"라든가 "실생활 속으로 파고 들어가서 기탄없이" 써야 한다고 주장했다.[87] 따라서 그들의 '지방 문학' 논의가 리얼리즘에 대한 제창으로 이어졌는데 그것은 일본인 문학자들의 '리얼리즘'과 변별되었으므로 '쿠소 리얼리즘 논쟁'을 불러일으켰다.

· · · · · · · · · · ·

86 1943년 5월에 니시카와 미츠루, 예스타오 등으로부터 '쿠소 리얼리즘' 작가로 비판받은 후 뤼허뤄는 더욱 "다만 꾸준히 창작하면 된다. 좋은 작품을 쓰면 된다. 나머지는 천명에 맡긴다"라는 신념을 확고히 하기에 이르렀다. 그리고 "묵묵히 정진하고 있는 것이 행운을 가져왔다"는 우신룽의 평가에 크게 공감했다. 呂赫若, 1943년 5월 17일자, 8월 16일자 일기, 陳萬益 主編, 앞의 책, 153면, 250면.

87 黃得時, 「臺灣文壇建設論」, 『台灣文學』, 臺北: 啓文社, 1941.9, 6~7면, 9면.

대체로 여태까지 타이완 문학의 주류가 되어 온 쿠소 리얼리즘은 완전히 메이지 이후 일본에 건너온 구미(歐米)적인 문학 수법이다. 적어도 벚꽃을 사랑하는 우리 일본인들의 공감을 결코 받을 수 없는 것이다. 값싼 인도주의의 편린이라도 있으면 몰라도 속악한 심각함과 무비판적인 생활 묘사에는 일본의 전통이 조금이라도 있는가? 특히 타이완인 작가들의 경우가 그렇다고 생각된다. 진정한 리얼리즘은 결코 그런 것이 아니다. 그들이 변함없이 계자 학대나 가족 갈등 등을 심각하게 취급하고 있지만 타이완의 차세대는 근행보국대나 지원병으로서 활발하게 활동하고 있지 않은가? 현실을 등지는 무자각한 리얼리즘 작가라니 얼마나 풍자적인가![88]

니시카와 미츠루는 일본, 일본인과의 간극을 지적하면서 타이완인 작가의 문학을 '쿠소 리얼리즘'이라 규탄했다. "구미적인" 것보다 "일본의 전통"이야말로 "진정한 리얼리즘"이며 타이완인 사회의 "계자 학대나 가족 갈등"보다 일본 당국에 대한 호응이야말로 "현실"로 인정했다는 데 일본중심적인 기준이 적용되었다. 일본인을 주체로 하며 일본 식민자의 시각에서 이루어져야 "진정한 리얼리즘"이었다는 것은 타이완인 문학자의 '쿠소 리얼리즘'이 어디까지나 타이완을 주체로 하고 일본을 외면하는 문학이었다는 사실을 역설적으로 말해준다.

타이완 '지방 문학' 논의의 또 다른 하나의 특징은 '동아', '세계'를 직접 지향함으로써 일본을 넘어서고자 했다는 점이다.

(중략) 이 조그마한 지류인 타이완 문학이 장차 동아 공영권의 신문학, 세계의 신문학의 초석이 될 게 아닌가 생각되기 때문이다. 세계의 신문학, 동아 공영권의 신문학은 타이완이라는 작은 섬을 무대로 하여 척척 만들어진다.[89]

88 西川滿, 「文芸時評」, 『文藝臺灣』, 臺北: 文藝臺灣社, 1943.5, 38면.
89 王碧蕉, 「臺灣文學考」, 『台灣文學』, 臺北: 啓文社, 1942.2, 22~24면.

일본의 기획대로 '남방문학'으로서 '동아'를 상대하는 것이 아니라 "동아의 신문학", "세계의 신문학"의 모체로 타이완 문학을 재정립한 것이었다. 이처럼 타이완인 문학자가 타이완 문학에 기대한 것은 '남방기지'라는 교량적 역할은 결코 아니며 주체적·모체적 역할이었다. 타이완 문학이 주변적 부수적 위치에서 벗어나 직접 전체로 비약할 때 일본 문학은 저절로 거기에 수렴되었다.

이에 비해 조선 지식인은 일본 문학과의 서열 배치를 중심으로 '지방 문학'을 논의하면서 그 주체적·모체적 역할을 기획했다. 기존 연구에서 많이 거론된 최재서의 「조선 문학의 현단계」(『국민문학』, 1942.8)가 3부분으로 구성되었는데 핵심인 2절과 3절은 각각 "조선 문학의 위상"과 "일본 문학의 질서"를 표제로 하여 조선 문학과 일본 문학의 서열 배치를 검토했다. 최재서의 주장은 다음과 같다.

> (중략) 일본 문학과 대립된 조선 문학이 아니다. 일본 문학의 일환으로서의 조선 문학이다. 다만 조선 문학은 충분히 독창성을 가지고 있는 문학이므로 먼 후일에도 조선 문학으로서 한 부문을 확보할 것이다.
>
> 조선 문학을 논하는 경우, 그것을 규슈 문학이나 홋카이도(北海道) 문학에 견주는 사람들이 많다. 물론 일본의 지방 문학으로서 보는 이야기겠으나, 그런 점에서 잘못된다고는 할 수 없다. 그러나 양자는 결코 동열에 세워질 성질이 아니다. 조선 문학은 규슈 문학이나 도호쿠(東北) 문학, 또는 타이완 문학 등이 갖는 지방적 특이성 이상의 것을 가지고 있는 것이다. 그것은 풍토적 기질적으로 따라서 사고방식도 내지와는 다를 뿐만 아니라, 오래된 독자적인 문학 전통을 짊어지고 있고, 또한 현실에서도 내지와는 서로 다른 문제와 요구를 가지고 있는 것이다. 먼 후일에도 조선의 문학은 이런 현실이나 생활 감정을 소재로 할 터이므로 내지에서 생산하는 문학과는 상당히 차이가 나는 문학이 되리라.
>
> (중략) 외지 문학을 포용함으로써, 일본 문학의 질서는 어느 정도

의 재조정을 거치지 않으면 안 된다는 것도 생각해야 한다. 적어도
조선 문학이 국민문학적 체제를 취한 것은 일본 문학의 질서에 어떤
변화를 초래할 것임에 틀림없다.[90]

최재서는 조선 문학과 일본 문학, 그리고 규슈 문학을 비롯한 일본
의 지방 문학과의 관계를 순차적으로 논의했다. 이어 조선 문학의 개
입이 일본 문학의 질서 변화를 불러일으키리라 예상했다. 그가 서열
배치에 집착한 것은 조선 문학이 "충분히 독창성을 가지고 있는 문
학"이라고 주장했기 때문이었다. 조선 문학의 "독창성"은 "지방적 특
이성", 다시 말해 공간적인 차이에서 비롯된다기보다는 "전통"과 "현
실"에서 기인되었다. 이처럼 시간적으로 독자적인 과거와 현재를 구
비하고, 그리고 "먼 후일"로 이어질 '조선 문학'은 정신적인 연속성을
가지고 있다는 의미에서 조선 민족이라는 개념과 결부되어 있었다.
최재서는 조선 문학을 하나의 유기체로 통째로 일본 문학이라는 공
간적 범위에 끌어들였을 뿐(그의 표현을 빌려 쓰자면 "조선 문학이
국민문학적 체제를 취한 것"), 그 고유의 민족적 함의를 파괴하려 하
지 않았다. 다시 말해 '조선'은 국가적 차원에서 민족적 차원으로 전
환되었을 뿐, 그 실제적인 함의는 변하지 않았다. 흥미로운 것은 이런
조선 문학의 확고부동을 강조했던 반면 그가 일본 문학의 "변화"를
요구했다는 점이다. "먼 후일", 다시 말해 '과도기' 이후 변하지 않는
조선 문학과 "재조정"을 거친 일본 문학의 구도는 사실상 후자의 중
심적 위치를 전복시켜 조선 문학에 맞춰 그것을 재편하는 것에 다름
아니었다. "각 지방의 땅속으로 뿌리를 내려 거기의 생활과 거기의
요구에서 산출한 문화가 아니었다면 국민 문화라고 할 수 없다"[91]고

....

90 崔載瑞, 앞의 책, 88~90면.
91 崔載瑞, 위의 책, 97~98면.

하면서 그는 사실상 '지방'을 문화 창출의 주체로 상정하며 '국민 문화'의 모체로 설계했다.

3개월 전에 탈고된 글에서 조우식은 또한 "지역성이라는 것은 모든 것이 거기서 산출되어야 하며, 구체적이고 고유한 모체를 뜻합니다"라면서 최재서와 같은 논리를 제시했다. 지방 문학이야말로 "집합"을 완성시킬 결정적인 요소이므로 그는 "이러한 격렬한 탈피 작용 이후 남는 것은 얼마나 그 지역성을 문학으로 나타내어 국민을 지도하느냐 라는 것입니다"라면서[92] '과도기' 이후 지방 문학의 주도적 역할을 강조했다.

"동경이나 경성이나 다 같은 전체에 있어서의 한 공간적 단위에 불과할 것입니다"라든가 "반드시 동경만이 중앙이 된 것은 아니다"[93]라든가 한다는 김종한의 '지방 문학' 논의도 '경성'과 '동경'—조선과 일본—의 서열 배치를 중심으로 펼쳐졌다. 그러나 그의 결론은 결코 양자의 균질화로 그치지 않았다. '일지'—조선 또는 조선 문학—의 '윤리'란 도대체 무엇인가?

> 空氣나 물의 恩惠는 그것이 너무도 큰것이때문에 忘却하기가 쉽습니다. 차라리 그러한 너무도 큰 恩惠는 잊어버리고 職域에 忠實한 瞬間이 奉公의 極致가 아닐가요. 國家의 恩惠란것은 차라리 물이나 空氣의 恩惠와같은 것이리라고 나는 생각합니다.
> 우리는 日本國民으로서의 朝鮮人의 아리까따를 생각하는 同時에 國民文學으로서의 조선文學의 아리까따를 생각하는 것으로 地方作家의 奉公의 可能과 方法을 發見할수 있을것입니다.[94]

....

92 趙宇植, 앞의 글, 93~96면.
93 金村龍濟·金鍾漢·田中英光·鄭人澤·寺本喜一·津田剛·牧洋, 「新しい半島文壇の構想 座談會」, 『綠旗』, 京城: 綠旗聯盟, 1942.4, 80면.
94 金鍾漢, 앞의 글, 35면.

'일지의 윤리'는 조선 문단에서 파편적으로 제시되었으므로 언뜻 보면 제국과 식민지를 각각 나무의 주간과 나뭇가지, 부모와 자녀, 또는 본류와 지류에 비유하여 전자의 정통적 권위적 위치를 인정한다는 은유[95]로 오독되기 쉽다. 그러나 타이완 문단에서 보편적으로 존재하던 일본 문단을 외면한다는 내성적 성격과 상호 텍스트로 읽으면 '일지의 윤리'의 진정한 의미를 쉽게 확인할 수 있다. "공기나 물의" "너무도 큰 은혜는 잊어버리고 직역에 충실한" 것이 "봉공의 극치"라면 "일본 국민으로서의" "아리까따"를 잊어버리고 다만 "조선인"으로서, 그리고 "국민문학으로서의" "아리까따"를 잊어버리고 다만 "조선 문학"으로서 "안심입명"하는 것이야말로 "지방작가의 봉공의 가능과 방법"이라는 것이었다. 조선 지식인의 '지방 문학' 논의는 일본 문학과의 서열 배치에 집중되고 특수성 논의로 구현되었으므로 자칫하면 일본 문학의 아류나 엑조틱한 문학을 향해 가는 것처럼 보이지만 실제로는 일본적 요소를 의도적으로 배제하고 자율적 주체의 구축에 전념하며 주체적 모체적 역할을 기획하는 방향을 향해 가고 있었다.[96] 이른바 '일익', '일지'란 전체의 일부로서의 일익, 일지라기

. . . .

95　比爾·阿希克洛夫特, 格瑞斯·格里菲斯, 海倫·蒂芬 著, 任一鳴 譯,『逆寫帝國: 后殖民文學的理論與實踐』, 北京: 北京大學出版社, 2014, 13면.

96　조선 지식인들은 일본 문학을 넘어서고자 하는 욕망과 일본 문학에 대한 경멸을 꾸준히 표출했다. 김용제는 「국민문학의 여명기」에서 "앞으로 우수한 작가가 많이 있는 조선 문학으로 인해 내지의 문단이 위협을 느낄 날이 없다고는 단언할 수 없다"는 일본인 평론가 아오야기 유다카(靑柳優)의 발언을 인용하면서 조선의 작가가 적어도 그만큼의 야망과 기백이 있어야 한다고 주장했다. 김종한은 조선의 국민문학 개념이 내지보다도 더 명확하다고 지적했고 최재서는 조선 문학의 혁신 정신이 내지보다도 앞서 있고 조선의 국민문학론이 내지의 그것보다 웅대하고 청신하다고 했다. 金村龍濟,「國民文學の黎明期」,『東洋之光』, 京城: 東洋之光社, 1942. 1, 59면; 金村龍濟·金鍾漢·田中英光·鄭人澤·寺本喜一·津田剛·牧洋, 앞의 글, 66면; 崔載瑞, 앞의 글, 81면; 崔載瑞,「新半島文學の性格」,『文化朝鮮』, 京城: 東亞交通公社朝鮮支社, 1943.6, 4면.

보다는 장차 전체로 성장할 주체적 핵심적 부분이자 '과도기' 이후의 진정한 전체였다. 바로 이런 발상에 입각하여 최재서가 '로컬 컬러'나 '특수성'을 거부하고 충분한 성장 가능성을 암시하는 '독창성'을 선호[97]했던 게 아닌가? 조선의 '지방 문학' 논의는 흔히 '특수성 논의'로 거론되었지만 실제로는 '주체성 논의'라고 봐야 한다.

문학의 서열 배치 문제가 민족의 서열 배치 문제의 연장선상에 놓여 있었다는 점을 감안한다면 조선 문학의 자율성을 강조한 것은 조선 민족의 자율성을 강조한 것이나 다름없었다. '지방 문학' 논의가 지방 분권으로 이어졌다는 사실은 이 점을 입증했다. '내선일체'에 대한 표면적인 열의가 내면화되지 않았다는 사실을 거듭 말해준다.

일제말기의 조선과 타이완 지식인들에게는 '지방'—다시 말해, 민족—이야말로 '국가'까지 넘어서는 절대적인 존재였다. 그들의 '지방 문학' 논의는 자민족 문학의 주체적 모체적 역할을 기획하면서 '과도기' 이후 일본 문학을 대체하여 진정한 전체가 되리라 예상했다. 이럴 때 '지방'은 다만 '중앙'과 대등한 '지방'으로 그치지 않고 '중앙'까지 수렴할 주체로 재정립되었다. '지방 문학' 논의의 이런 공통된 지향은 제국에서 이탈한다는 조선과 타이완의 일제말기 문학의 종국적인 방향을 시사했다. 동화 과제를 검토하는 과정에서 식민지 작가

----

97 "앞으로 폭넓은 일본 문화의 일익으로서 조선의 문학이 재출발한다. 그러면 용어는 크게 다를 것인데 로컬 컬러라고 해도 저는 불만족스럽다고 생각되고 특수성이라는 것도 저는 그다지 적절한 말이 아니라고 생각됩니다. 차라리 조선 문학의 독창성이라고 하거나 더 생각해 봐야 할 게 아닌가 생각됩니다."(辛島驍·寺田瑛·白鐵·芳村香道·李源朝·崔載瑞,「朝鮮文壇の再出發を語る 座談會」,『國民文學』, 京城: 人文社, 1941.11, 77면.) '로컬 컬러'에 대한 거부는 최재서에게만 국한된 게 아니며 김종한과 유진오 또한 각각 "소위 로컬 컬러를 위한 로컬 컬러로는 불만족합니다"라거나 "지금부터는 단순한 로컬 컬러의 지방 문학이어서는 안 된다"고 주장한 바 있다. 森浩·俞鎭午·白鐵·杉本長夫·宮崎淸太郎·田中英光·牧洋·崔載瑞·金鍾漢,「國民文學の一年を語る(座談會)」,『國民文學』, 京城: 人文社, 1942.11, 92~93면.

들이 오히려 독자성을 확인하며 제국까지 포섭할 주체를 구축하기에 이르렀다는 사실은 흥미롭다.

㉯ '고향'의 극대화

일제말기 식민지 지식인들이 현 단계를 '과도기'로 인식하며 궁극적으로 '과도기' 이후 동아의 중심으로서의 조선, 타이완을 지향하고 있었다는 사실은 앞서 이미 지적했다. '고향'이 부상하면서 일본은 저절로 거기에 수렴되고 재편되었다. 비록 일본을 재편하는 욕망은 상당히 불분명한 형태에 지나지 않았고, 또한 현시점을 상대로 하지 않고 어렴풋한 '먼 후일'로 유예되었지만 텍스트에서 확인할 수 있다. 한편으로 식민지 작가들은 일본인에게 조선, 타이완으로 철저히 편입한다는 각오를 요구했고, 다른 한편으로 직접 나서서 그들을 고유의 맥락 속으로 재편했다. 그러나 주목할 만한 것은 일본에 대한 재편도 궁극적으로 동화의 한계에 대한 인식을 바탕으로 했다는 점이다. 다시 말해, 일본에 대한 재편은 식민지 지식인이 자민족의 입장에서 '내선일체'와 '내대일여'를 전유한 결과였으며 '내선일체'와 '내대일여'에 대한 그들의 기본적인 거부 입장과 모순되지 않았다. 즉 일본에 대한 재편은 일본과의 결합을 지향했다기보다는 일본에 대한 초월과 마찬가지로 제국에서 이탈하는 원심운동의 표현 형태였다. 일본의 제국주의적 욕망을 내면화한 결과가 아니라 도리어 그것에 대한 거부에서 비롯되었다.

1928년에 차이페이휘는 식민지에 건너온 일본인에게 "밟힌 땅에 뼈를 묻는다는 각오"를 명시적으로 요구하면서, 제국의 위세를 빌려 식민지에서 사욕만 충족시키고 목적을 달성하면 곧바로 "소위 『나라』로 되돌아간다"는 행위를 강력하게 규탄했다. 그리고 "모국인이 본국을 떠나고 타이완이나 조선의 땅을 밟기만 한다면 타이완이나 조선

의 주민이 되어 거주지의 향토 문화를 위해 노력해야 한다"고 주장했다.[98] 저우진뽀가 「타이완생과 타이완제(灣生と灣製)」에서 타이완에서 태어난 일본인을 부르는 데 '타이완생'보다는 '타이완제'라는 표현이 더 많은 타이완에 대한 애정과 "육친적"인 친근감을 준다고 고백한 것은[99] 차이페이휘의 논의의 연장선상에 놓여 있었다. '타이완생'이란 것이 출생지 외에 일본이라는 호적지가 있다는 것을 은근히 암시했는가 하면, '타이완제'라는 것은 일본과의 관계를 언급하지 않기 때문이었다. 이처럼 타이완에 철저히 편입하라는 차이페이휘와 저우진뽀의 요구는 타이완으로 일본의 위치를 대체하려는 의도로 읽힌다. 일본의 주체적 위치에 대한 도전에 다름 아니었다.

1931년에 이광수는 이미 아베 미츠이에(阿部充家)[100]의 고희 축하문에서 일본인에게 "순진한 조선 사랑"을 우회적으로 요구했다. 이른바 "이해 문제"나 "엽기심"을 배제한 "이유 모를 정도의 정성"[101]이란 아무 동기도 없다는 의미에서 선천적이라 할 수 있다. 다시 말해 조선에 재주하는 일본인에게 그가 요구한 것은 조선인과 동일한 향토적 애정, 즉 아예 조선인이 된다는 각오였다.

같은 현상은 김종한의 경우를 통해서도 확인할 수 있다. 김종한은 조선을 엽기적으로 바라보는 일본인의 "여행객"의 시각에 강하게 반

• • • • • • • • • • • •

98 蔡培火, 『日本々國民に與ふ: 殖民地問題解決の基調』, 東京: 臺灣問題研究會, 1928, 187~188면.

99 周金波, 「灣生と灣製」, 『文藝臺灣』, 臺北: 文藝臺灣社, 1941.6, 29~30면.

100 아베 미츠이에(1862~1936), 호는 무부쓰(無佛). 『경성일보』사장, 사이토 마코토(齋藤實) 총독의 개인 고문, 중앙조선협회 전무이사를 역임했다. 조선인과 광범위하게 교제함으로써 민심을 파악했던 한편, 경제적으로 조선인 유학생들을 지원하는 등 회유 정책을 펼쳤고 불교계에서도 활약했다.

101 李光洙, 「純眞なる朝鮮愛」, 阿部無佛翁古稀祝賀會 編, 『古稀之無佛翁』, 東京: 阿部無佛翁古稀祝賀會, 1931, 20~21면.

발하면서 "진심으로 조선을 사랑하고 조선의 자연에 안심입명하고자 하는" 것을 주문했다.[102] 그리고 문학적 측면에서도 "이제부터는 조선 문학의 개념 속에는 반도의 지리에 안심입명하고자 하는 내지인 작가도 추가해야 하는데 그렇다면 역시 반도의 생활에 철저할 각오를 부탁드리고 싶습니다. 그렇지 않으면 의미가 없다고 생각하고 또 반도의 땅에 철저할 용기가 없으면 차라리 도쿄에서 해야겠지요"라면서[103] 일본인 문학자를 조선 문학에 편입시키는 동시에 그들을 '도쿄'와 분리시켰다.

결국 일본인을 조선, 타이완으로 편입하는 것은 조선, 타이완이라는 후천적 고향으로 일본이라는 생득적인 고향을 대체하는 작업이었다. 이럴 때 일본=중심, 식민지=주변이라는 현실적 구도는 전도되었다. 일본을 조선, 타이완으로 재편하는 것은 균질화한 '내선일체'나 '내대일여'를 의미한 것이 아니라 극대화된 조선, 타이완으로 이어졌다.

조선과 타이완의 일제말기 소설에서 일본인이 현지의 음식을 즐겨 먹거나(이효석의 「은은한 빛」, 조용만의 「모리 군 부부와 나」, 우쩌류의 『후쯔밍 제1편』, 룽잉쭝의 「연무의 정원」 등등), 현지의 문물을 칭찬하거나(이광수의 『마음이 만나서야말로』, 최정희의 「환영 속의 병사」, 룽잉쭝의 「연무의 정원」 등등), 토착적인 방법에 의해 치료되거나(이석훈의 「이웃 여인」, 저우진뽀의 「팬의 편지」, 뤼허뤄의 「옥란화」 등등), 현지의 땅에 묻어 달라거나(이광수의 『봄의 노래』, 「카가와 교장」, 이석훈의 「밤」, 「영원한 여자」, 김사영의 「형제」, 룽잉쭝

• • • • • • • • • • •

102 金鍾漢, 「朝鮮のこころ」, 『朝光』, 京城: 朝鮮日報社, 1943.12, 77~79면. 참고로 이석훈도 '여행' 또는 '여행자'의 비유를 활용하여 조선에 대한 일본인 학자의 태도를 우회적으로 비판한 바 있다. 牧洋, 「旅の得失」, 『内鮮一體』, 京城: 内鮮一體實踐社, 1944.8, 37~39면.

103 森浩・俞鎭午・白鐵・杉本長夫・宮崎淸太郎・田中英光・牧洋・崔載瑞・金鍾漢, 앞의 글, 93~94면.

의 「연무의 정원」 등등) 하는 장면들이 공통적으로 등장했다. 일본을 재편하고자 하는 조선인, 타이완인 작가의 욕망의 동질성104을 시사했다.

그러나 조선에 비하면 타이완 소설에서 이런 장면이 대량으로 등장하지 않았을 뿐만 아니라 일본인 인물이 일방적으로 현지에 대한 애착을 피력한다는 이상적인 장면이 보이지 않았다. 동화를 실제로 관통했던 타이완인 작가에게 일본과 결합하는 현실적인 한계가 객관적으로 비쳐졌다는 사실을 엿볼 수 있다. 타이완 편입 요청에 대한 일본인의 태도를 비관적으로 묘사함으로써 타이완인 작가는 이러한 구상의 비현실성을 스스로 밝혔다.

장원환은 「우울한 시인」(『문예타이완』, 1940.5)에서 타이완인 남성과 타이완에 공연하러 온 일본인 여성 사이의 어렴풋한 연정을 그렸다. 타이완에 대한 남자 주인공의 강한 자각은 소설의 중심축으로 기능하고 있었다. 남녀의 사랑이나 예술적인 고민 등은 예외 없이 타이완이라는 매개항을 통과해야만 그에게 감지되었다. 자신에 대한 일본인 여성의 호감은 "타이완은 생각보다도 더 아름답고 좋은 곳"이라는 칭찬과 "타이완을 떠나는 게 섭섭하다"는 감탄을 통해 확인되었고 예술적 고민의 해결은 "긴 여행을 마치고 나서 문득 타이완의 윤택한 풍경을 접하게 되면 현혹되고 만"다는 데 기대되었다. 결국 일본인

⸱⸱⸱⸱⸱⸱⸱⸱⸱⸱⸱⸱

104 특히 저우진뽀의 「팬의 편지」에서 주인공의 작품으로 언급된 『타이완의 열정(臺灣の熱情)』의 줄거리가 6개월 앞서 발표된 이석훈의 「이웃 여인」과 거의 똑같다는 점은 매우 흥미롭다. 「이웃 여인」에는 일본인으로부터 경멸을 당한 조선인이 이웃집에 살고 있는 일본인 여인을 조선의 토착적 치료법으로 치료하기도 하고 쓰러진 여인을 병원에 보내기도 한다는 장면이 있는데 『타이완의 열정』은 일본인 앞에서 항상 열등감을 느낀 타이완인이 이웃집의 일본인이 중병을 앓는 것을 발견하여 한방의(漢方醫)에게 보낸다는 것을 줄거리로 했다. 극히 유사한 설정에서 두 지역의 작가들의 극히 유사한 내적 세계를 읽어낼 수 있다.

여성을 향한 욕망은 "무엇보다도 제국의 수도에서 온 사람으로 하여금 이 경치와 하늘색을 만끽하게 하고 싶"다는 욕망으로 구체화되었다. 내대연애를 '내대일여'의 메타포로 읽는다면 타이완인 작가의 '내대일여' 구상은 일본을 흡수하는 것으로 귀결되었다. 다른 한편으로 작가는 일본인 여성의 반응을 상당히 냉담한 것으로 그렸다. 주인공의 과잉한 타이완적 자각은 상대방의 적극적인 반응으로 뒷받침되지 못했으므로 "끝없는 길을 외로이 터덜터덜 걷고 있는 것 같은" "우울"감으로 이어졌다. 이처럼 소설은 일본을 수렴하고자 하는 욕망과 그런 기획의 비현실성에 대한 인식을 동시에 배치하면서 침체된 분위기로 일관되었다. '내대일여'를 일본을 재편할 계기로 재해석했음에도 '내대일여'의 불가능성을 분명하게 인식하고 있는 것이었다.

동화의 정도가 깊은 작가일수록 일본을 재편하려는 욕망을 직접 표출하지 않고 고유의 맥락을 극대화한다는 상대적으로 내성적인 형식을 취했다. 일본에 대한 재편이 궁극적으로 '내대일여'의 불가능성에 대한 인식으로 수렴되어 제국에서 이탈하여 자율적인 주체를 주조한다는 원심적 방향을 향해 가고 있었다는 사실을 말해준다. 저우진뽀의 「기후와 신앙과 지병」(『타이완시보』, 1943.1)은 전형적인 사례였다.

주인공 '차이따리'는 일본식 생활을 극도로 추종하는 인물이다. 그는 정치 활동에 적극적으로 참여하는 한편 의식주부터 예의, 풍습까지 철저히 타이완식을 거부하고 일본식을 따른다. 특히 종교에 있어서는 '금정(金亭) 폐지'[105]를 주장하고 새해의 신사 참배를 위해 지룽

. . . .

105 일제말기 조선에서의 종교 통제가 기독교 금지를 중심으로 전개되었던 데 비해 타이완에서는 고유의 불교, 도교 및 토착 신앙을 금지하는 한편 타이마를 배포하여 신도 신앙을 신봉하게 한다는 정책을 대대적으로 펼쳤다. 각종 절이나 사당을 폐지하는 것은 '금정 폐지'라고 일컬어졌다. 1937년부터 시작된 '금정 폐지'는 타

에서 타이베이 근교까지 도보로 간다. 이야기는 '차이따리'의 발병을 중심으로 전개되었다. 도보 참배와 가옥 개조가 주된 원인이었다. 아내는 발병이 심각해진 것을 금정 폐지를 주장한 탓으로 돌려 전통의 회복을 강력하게 주장한다. 결국 뽑은 제비의 예언이 현실이 되어 '차이따리'의 발병은 한방의(漢方醫)에 의해 치유된다. 이에 '차이따리'도 점차 정치 활동에 대한 관심을 끊고 토착신을 참배할 계획까지 세운다. 특히 외아들 '칭두'가 급성 폐렴에 걸린 후 도사를 부르자는 아내의 제안을 받아들이고 음력의 관음보살 승천일에 옛 풍습대로 집에서 대대적으로 제사를 지내게 된다. 제사 장면에 대한 묘사는 '차이따리'가 타이완 고유의 전통과 혈통으로 철저히 귀환했다는 것을 암시했다.

본채에 봉안하고 있는 작은 관음상은 할아버지가 푸쩌우(福州)에서 구했다는 것으로 지금도 금채는 그대로였다. 아침저녁에 향을 올리는 일이 사내아이의 주된 일과였기 때문에 그는 이 관음상만 보면 어릴 적의 자신을 떠올렸다. 메이지 40년(1907년—인용자) 국어 학교의 제5회 졸업생으로 화려하게 사회에 진출하게 되었던 날에 그는 최후의 변발머리를 이 관음상 앞에 숙이고 빌었다. (중략)
「나는 폭죽이 좋았어. 손에 크게 화상을 입었지. 사당 앞의 노천 연극도 좋았어. 당신도 기억하고 있겠지? 아버지의 탄광 사업이 성취되었을 때 3일 동안 연극을 봉납했던 것. 그때부터였나? 우리 집안이 번성하기 시작했어」
하늘에 별이 총총 빛나고 있었다. 촛불이 흔들흔들 환하게 비추고 있고 제물은 산더미처럼 쌓여 있었다.

∙∙∙∙∙∙∙∙∙∙∙∙
이완인의 강한 반감을 불러일으켰으므로 1941년 4월에 부득이하게 중단되었다. 이에 대해서는 蔡錦堂, 「日據末期臺灣人宗教信仰之變遷 —— 以"家庭正廳改善運動"爲中心」, 『思與言』第29卷第4期, 台北: 思與言雜誌社, 1991.12, 37~46면; 周婉窈, 『海行兮的年代 —— 日本殖民統治末期臺灣史論集』, 臺北: 允晨文化出版, 2003, 41~47면; 林呈蓉, 『皇民化社會的時代』, 台北: 台灣書房, 2010, 47~60면 참고할 수 있다.

천지신명·조상·아내·자식, 다들 한마음으로 단란하게 모이는 게
몇 년 만인가.
　관음상을 쳐다보면서 그는 감격의 눈물이 스며 나왔다. 이것으로
칭두가 나아졌으면.
　칭두는 안락의자에 앉아 있으며 아버지의 만족스러운 얼굴을 가
만히 쳐다보고 있었다. 눈시울이 뜨거워졌다.
　합장하고 있던 차이따리는 갑자기 탁자를 짚고 허리를 낮추었다.
궤배하는 것이었다.
　촛불에 그의 얼굴이 비쳐 있었다. 그리고 경건히 빌었다.[106]

　주인공의 회고에 의해 중국 대륙 시절부터 시작되어 그 본인의 출
세와 아버지의 사업 성취를 거쳐 다시 아들에 대한 기대로 이어진 가
족사는 구축되었다. 이러한 가족사와 동시적으로 구축된 것은 신불
경배, 변발머리, 폭죽, 사당 연극 등으로 구현된 타이완의 전통이었
다. 그리고 전통 풍습에 대한 자신의 관심을 일일이 떠올리면서 현재
를 과거와 연결시켜 '궤배'라는 전통 의례를 통해 이 작업을 완성했
다. 다시 말해 개인의 역사, 가족의 역사, 그리고 민족의 역사는 얽혀
있으면서 완전한 체계를 이루었다. '차이따리'의 눈물과 궤배는 이
체계의 현재적 완성을 의미한다면 아들 '칭두'의 눈물은 이 체계의
장래의 지속을 암시했다. "천지신명·조상·아내·자식"이라는 구도는
가족과 민족의 동시적인 회복을 말하는 한편, 타이완인과 타이완의
합일을 명시했다.
　주목할 만한 것은 타이완의 전통적 질서의 회복과 동시에 발생한
것은 일본적 요소에 대한 재정립이었다. 맹목적으로 이식해 온 일본
식 가옥이 타이완 고유의 기후에 어울리지 않아 항시적으로 우중충

---

106 周金波, 「氣候と信仰と持病と」, 『台湾時報』, 臺北: 臺灣總督府台湾時報發行所, 1943.
　　1, 120면.

하여 주인공의 병세를 가중시킨다는 설정은 상당히 상징적이었다. 심각한 발병을 행동력 상실의 메타포로 읽는다면 타이완의 고유한 특성을 고려하지 않고 맹목적으로 일본을 추종하는 것은 타이완을 발전시키기는커녕 도리어 활력을 잃게 한다는 것이었다. 발병이 토착적 신앙과 의술에 의해 치유된다는 설정도 같은 맥락에 있었다. 타이완 자체의 생명력을 찾아내 활력을 회복시키자는 것이었다. '기후(타이완의 고유한 특성)'를 고려하지 않고 맹목적으로 '신앙(이데올로기)'을 내세운다면 결국 '지병'만 가중시켜 행동력을 상실할 수밖에 없다는 것이 바로 '기후와 신앙과 지병'이라는 표제의 의미가 아닌가?

처녀작 「수암」에서 근대적 의사 표상을 부각하여 타이완의 토착적인 것들을 전부 부수어야 할 "미신" 또는 "누습"으로 폄하하고 일본 문물을 이식함으로써 타이완을 치료하고자 했던 저우진뽀는 1943년에 이르러 이처럼 반전되었다. 제국을 향해 가는 구심운동 속에서 도리어 원심력을 확보하여 민족 입장을 명확히 한 것이었다. 고유의 질서를 회복하는 한편, 일본의 위치를 재고하기에 이르렀다.

타이완 소설에 비하면 조선 소설에서 일본인을 자민족의 맥락 속으로 수렴하려는 욕망을 더욱 극명하게 드러냈다. 당초부터 동화를 보다 더 강하게 거부하고 있는 조선인 작가들이 이런 식으로만 '내선일체'의 합리성을 찾아낼 수 있기 때문이었다. 일본인 인물로 하여금 조선에 대한 소속감을 직접 고백하게 하는 한편, 조선옷을 입고 있는 일본인을 많이 등장시켰다. 실제로 당시의 조선 문단에서 활약하고 있던 일본인 여성 문학자 츠다 세츠코(津田節子)는 조선옷을 각별히 애용했다.[107] 그녀의 영향도 있었겠지만 조선인 작가들이 각별히 일

<hr />

107 金範京, 「内鮮一體と自然の融け合ひ」, 『朝鮮鐵道協會會誌』, 京城: 朝鮮鐵道協會, 1940.4, 10~11면; 李光洙, 「顔が變る」, 『文藝春秋』, 東京: 文藝春秋社, 1940.11, 19~21면을 참고할 수 있다. 그럼에도 츠다 세츠코의 소설에서 조선인을 철저하

본인의 조선옷 착용을 많이 언급, 형상화한 것은 일본인에게 조선적 표식을 붙이려는 의도를 드러냈다. 이처럼 외부적 표식부터 정신적 소속감까지 철저히 일본인을 조선 속으로 소환했다.

이효석은 「아자미의 장」에서 일본인 여성 '아사미'가 키모노보다도 조선옷을 즐겨 입는다고 서술했다. "이렇게 옛날 그대로의 고풍스런 건물 사이에 있어서 저도 이 옷을 입은 채 이 땅에서 태어나 여기서 자라온 것 같은 느낌이 들어요. 이 행복감 속에서 이대로 조용히 죽고 싶을 만큼요"라는 '아사미'의 고백을 통해 확인할 수 있듯이 조선옷을 통해 그녀는 자신의 현재를 조선의 역사와 연결시킴으로써 조선과의 유대감을 획득한다. 다른 한편으로 그녀의 조선인 애인 '현' 또한 그녀의 조선적 "혈연"을 상상하면서 그녀를 "옛날의 왕비"에 비유하며 "한 점 이지러진 데 없는 사랑의 만족감에 젖어 있"다. 항시적으로 불안정한 상태에 있는 내선연애는 일본인을 조선에 편입함으로써 드디어 일시적으로 안정적인 상태에 도달했다. 이를 '내선일체'의 메타포로 읽는다면 이효석에게는 이상적인 '내선일체'가 역시 일본을 조선 속에 수렴하는 것이었다고 해야 한다.

이석훈의 「영원한 여자」에서 일본인 여성 '마키야마 사유리'는 1937년 봄에 조선에 도착하여 중일전쟁이 발발한 이후 점차 봉공에 투신하게 되고 1942년 봄에 목숨을 거두었다. 1942년 봄이 조선 징병제 실시가 공포된 시점이었다는 사실을 감안한다면 이런 '사유리'의 조선행은 '내선일체'의 과정과 겹쳤다고 할 수 있다. 주목할 만한 것은

<hr>

게 배제하고 있었다. 이에 대해 채호석은 조선인의 좋은 점을 배우고자 한다고 했지만, 소설 속에서의 체험된 현실에서는 철저하게 '조선인'을 배제할 수밖에 없었던 것이 '이식민자'이면서도 '일본인'으로서의 정체성을 추구할 수밖에 없었던 조선의 '이식민자'의 본 모습이었을지도 모른다고 지적했다. 채호석, 『식민지 시대 문학의 지형도』, 서울: 역락, 2010, 249~250면.

작가가 제시한 '내선일체'의 종국적인 방향이 일본으로 귀결한 것이 아니라 조선으로 귀결했다는 것이다. '사유리'가 도쿄에 있는 어머니도 만나지 못한 채 조선에서 목숨을 거두어 조선의 땅에 묻게 되었다는 설정은 일본인이 일본과 결별하고 조선에 수렴된다는 메타포로 읽힌다. 그녀의 애인이 경성을 "마음의 고향"으로 호명한 것은 그녀의 죽음을 통해 일본인의 조선적 재편이 이루어졌다고 암시했다. '마키야마'라는 성씨도 같은 맥락에 있었다. 실제로 한산 이씨는 목은 이색의 자손이라는 뜻으로 '목'자가 들어 있는 '마키야마'로 창씨한 경우가 많았다.[108] 소설에서 조선인 남성 '이준걸'이 '마키야마'로 창씨한 것을 특별히 언급했는데 이는 일견 조선인 '이준걸'이 일본인으로 거듭난 것처럼 보이지만 '마키야마'의 이런 조선적 함의를 감안한다면 역설적으로 일본인 '마키야마 사유리'를 조선적 맥락 속에 수렴했다. 다시 말해 이석훈에게는 '내선일체'의 완성은 일본인이 중심적 주도적 위치에서 추방되어 극대화된 조선에 흡수된다는 것을 의미했다.

김사영의 「형제」도 같은 논리를 제시했다. 이 소설은 일견 조선인이 일본인으로 거듭나 일본인과 협력해서 봉공하는 것을 고취한 것처럼 보이지만 그 궁극적인 지향은 '조선'에 놓여 있었다. 조선인 '아버지', '적모', '할아버지'에 대한 한일 혼혈아의 그리움, 조선 '고향'에 대한 반복 확인, 그리고 자신의 가출에 대한 후회 등은 모두 조선적 혈통으로의 귀환을 시사했다. 재구축된 형제 관계는 조선적 혈통을 확인함으로써 조선적 입장으로 귀결되었다. 아버지의 조선인 아내가 '적모'로 인정받는 반면 일본인 생모가 당초부터 조선의 가정에서 인정받지 못한 채 재구성된 가족 관계에서 철저히 지워진 것은 조선

....

108 이수건, 『한국의 성씨와 족보』, 서울: 서울대학교출판부, 2003, 338면. 이석훈의 창씨명인 '마키 히로시(牧洋)'도 또한 같은 맥락에 있었다고 짐작된다.

적 혈통의 정통성을 일본의 우위에 놓았다. '키하라'의 아버지가 조선의 땅을 "고향보다도" 그리워하고 조선에 묻어 달라는 설정도 궤를 같이했다. 이런 맥락에서 보면 '키하라' 집의 신생아는 일견 완전한 일본인처럼 보이지만 조선에서 태어나고 조선의 땅에 묻을 운명에 놓여 있다는 의미에서 '키하라' 일가로 하여금 완전한 조선인으로 거듭나게 하는 존재로 봐야 한다. 비록 겉으로는 조선인도 혼혈아(불완전한 과도기적인 형태)도 완전한 일본인을 향해 치닫고 있는 것처럼 보이지만 실제로는 일본인과 혼혈아가 나란히 조선의 땅에 묻게 되어 조선을 일본까지 넘어서는 절대적인 고향으로 재정립했다. "일본인으로서 올바르게 살아온 이상, 이 일본국내에서 특별히 어디의 땅을 선택할 필요가 있겠나? 어디를 파도 향기로운 국토가 아닌가? 푸른 산은 곳곳에 있다. 왜 하필이면 고향의 땅을 고집할 필요가 있겠나?"라는 상당히 거창한 국책적인 논의를 통해 김사영은 조선을 '국토'의 구체적인 표상으로 내세움으로써 '고향'으로서의 조선의 의미를 보편화했다. 이처럼 김사영의 '조선'은 "일본국내"에서 해소되기는커녕 도리어 일본인까지 수렴하는 주체로 거듭났다.

그러나 앞서 지적한 바와 같이 일본을 재편하고자 하는 욕망은 일본의 제국주의적 욕망을 내면화한 결과라기보다는 오히려 조선인 작가가 실제로 '내선일체'의 요구를 내면화하지 않는 데서 비롯되었다. 일본 재편 욕망을 강하게 표출하는 한편 이런 욕망의 비현실성을 스스로 밝히는 것은 작가가 실제로 '내선일체'를 거부하는 지점에서 일본에 대한 초월과 재편을 시도했다는 사실을 시사했다.

「밤」과 「영원한 여자」에서 이석훈은 조선에서 태어난 일본인이 조선에 대한 감정적 소속감을 피력한다는 대목을 등장시켰다.

(ㄱ) 「아 그러십니까? 그럼 마키노(牧野) 씨는 고향에 돌아오신 거

군요.」

박이 말하자 마키노는 눈을 깜박이며

「그렇습니다. 저는 성진에서 태어나고 여기서 자랐습니다. 저
는 내지인이지만 육체적으로는 완전히 조선의 아들이지요.
그 때문인지 저는 조선에 굉장한 애착을 느끼고 있습니다. 본
적이 쿄토라고 되어 있어서 2년에 한 번씩 가서 일본인으로
서 쿄토의 강산에 감격하고 돌아오기는 하지만 역시 내 고향
은 아닙니다. 왠지 마음이 허전해요. 내일 강연하게 될 성진
이나 함흥에 특별한 애착을 느끼고 있습니다. (중략)」[109]

(ㄴ) 「(중략) 저에게는 이 경성이야말로 고향입니다. 조선은 제이
의 고향입니다. 돈 생기면 내지에 돌아가고 돈이 없으며 어쩔
수 없이 조선에 남아 있다는 쩨쩨한 소견으로는 무엇보다도
아버지의 호주머니를 채워준 조선의 광산에 대해 미안해하지
않으십니까? 적어도 저는 제 고향 경성을 지키고 편하게 살 수
있는 경성을 만들어가고 싶다고 생각하고 있습니다. (중략)」[110]

조선에서 태어난 일본인 '마키노'와 '이시이 군죠'의 조선고향론이
었다. 조선은 생득적인 '고향'으로서 일본이 대체할 수 없는 절대적
가치로 인식되었다. 일본을 넘어서고자 하는 조선인 작가의 강한 욕
망이 읽힌다. 그러나 이어서 작가는 이러한 욕망을 스스로 부정했다.
'마키노'는 조선에 대한 "가장 자연스러운" "애착"—다시 말해, 합리
성에 의해 규제받지 않는 정서—을 "일본이라는 커다란 전체로 연결"
시킴으로써 합리적 맥락 속에서 해소한다. 이에 비해 '군죠'는 "하지
만 나도 내 고향이 그리운 거야. 저 귤밭 가운데 있는 흰 집이란 말이
야…"라는 '아버지'의 강력한 반발에 부딪친다. 서사의 급격한 반전
은 작가가 실제로 이런 재편의 비현실성을 뼈저리게 느끼고 있었음

109 牧洋, 「夜」, 『國民文學』, 京城: 人文社, 1942.5·6, 192면.
110 牧洋, 「永遠の女」, 『靜かな嵐』, 京城: 毎日新報社, 1943, 362면.

을 말해준다. 비록 '내선일체'를 조선의 맥락 속에서 재해석했지만 조선인 작가는 궁극적으로 '내선일체'에 대한 불신을 버리지 못해 '내선일체'를 거부할 수밖에 없었다. 비록 '과도기' 이후 일본까지 넘어설 조선에 초점을 맞출 때 '내선일체'를 일시적으로 받아들일 수 있었지만 이러한 기획의 비현실성을 분명하게 인식하고 있어 그것을 내면화하지 않았다.

일본 재편 기획을 내면화하지 않는 데서 비롯된 균열은 이효석의 「봄옷(春衣裳)」(『주간조일』, 1941.5)에서 보다 더 극명하게 드러났다. '도재욱'의 풍속화 전람회에 가는 날에 일본인 여성 '미호코(美保子)'는 한복을 입고 등장하는데 이에 도재욱은 크게 감동했다. "미호코 씨는 한복 치마의 아름다움을 위해 살고 있다"라는 그의 감탄에서 외부적인 조선적 표식을 최대화함으로써 일본인의 주체적 위치를 대체하려는 욕망을 읽어낼 수 있다. 다시 말해 일본인을 '풍속'을 감상하는 주체적 위치에서 추방하고 대신 조선의 '풍속'을 주체로 만드는 것이었다. 한복과 나란히 배치된 '화채'나 '온돌', '신선로' 등 일련의 조선적 기호들 또한 같은 역할을 담당하여 일본인을 철저히 조선의 일상 속으로 편입했다. 그러나 결말에 이르러 이야기는 의외로 반전되었다. '미호코'는 사실상 내선결혼에서 태어난 혼혈아이며 어릴 때 한복을 입고 경성에서 자랐다는 것이었다. 결국 그녀가 한복을 입은 모자상에 한눈에 반한 것은 일본인으로서 조선의 아름다움 속에 저절로 흡수된 것이 아니라 고향에 대한 향수 때문이었다. 좌중의 분위기가 갑자기 침체된다는 작가의 서술은 이런 설정의 문제성을 암시했다. 혼혈아가 도쿄 출신이라고 사칭하여 조선인 신분을 감출 수밖에 없다는 사실이 밝혀지자 조선적인 요소들은 다시 '풍속'이라는 주변적 위치로 물러서게 되었다. 이런 반전적 설정을 통해 '내선일체'를 일본을 재편하는 계기로 전유하려고 하면서도 '내선일체'가 실제로 조선의 재구성에 다름 아니었다는 사실을 분명하게 인식하고 있었다는 작가의 복합적인 심리를 엿볼 수 있다.

조선 소설에 나타난 이러한 큰 진폭은 '내선일체'를 거부하는 지점에서 '내선일체'에 접근하는 데서 비롯되었다. 당초부터 제국을 향한 구심운동을 내면화하지 않았으므로 미해결된 모순은 텍스트의 균열로 구현되었다. '내선일체'의 요구를 내면화하지 않았으므로 '내선일체'를 일본을 넘어서고 재편하는 계기로 전유하는 한편, 이런 기획의 비현실성을 스스로 제시하면서 거부 입장을 드러냈다.

조선과 타이완의 작가는 식민지에 재주하는 일본인에게 일본과 분리하여 식민지에 철저히 편입한다는 각오를 요구하면서 그들을 식민지에 재편했다. 이럴 때 조선과 타이완은 일본의 주체적 위치를 대체하는 절대적인 '고향'으로 호명되었다. 타이완인 작가가 고유의 질서를 극대화하는 한편 일본적 요소의 위치를 재고한 것은 그들의 작업이 '내대일여'를 향해 간다기보다는 자율적인 주체를 주조해 나가고 있었음을 말해준다. 이에 비해 조선인 작가는 일본 재편 욕망을 더 극명하게 표출하는 한편, 반전적 설정을 통해 그 비현실성을 스스로 제시했다. '내선일체'의 요구가 내면화되지 않아 '내선일체'를 거부하는 지점에서 '내선일체'에 접근했다는 사실을 시사했다. 이로 보건대 타이완이든 조선이든 제국의 욕망을 내면화한다기보다는 자민족의 입장에서 동화 과제를 전유하면서 그것을 자민족의 정체성을 재정립하는 작업으로 재구성했다. 제국에서 이탈하는 원심운동이야말로 조선과 타이완의 일제말기 문학의 종국적인 방향이었다.

제6장

결론을 대신하여

해외에서의 무장 투쟁과 본토에서의 절필을 저항의 표준 형태로 상정한 결과로 그동안 일제말기 문학을 바라보는 시각은 궁극적으로 '암흑기'라는 선입견에서 벗어나지 못했다. 이에 비해 같은 시기의 타이완 문학에 대한 연구는 그 자율적 성격에 초점을 맞춰 저항문학사에 있는 위치를 환원시켰다. 타이완 독립을 주장한다는 결론은 동의할 수 없지만 그 연구 방법론은 한국 문학을 연구하는 데 시사점이 될 수 있다.

　이 책에서 필자는 제국과의 '차이'의 극복 불가능성을 확인하고 민족 입장을 명확히 해 나간다는 것을 또 다른 형태의 저항으로 호명하면서 동시기 타이완 문학과의 비교를 통해 민족 정체성 정립에 있어서 조선의 일제말기 문학의 위상을 재조명하고자 했다. 일본 제국이 조선, 타이완 문단을 부수적인 존재로 재편했던 반면, 조선과 타이완 지식인은 식민지의 독자적인 현실 문제를 고민하면서 조선, 타이완 문학의 독자성을 자각했다. 타이완의 일제말기 문학이 일상적 차원에서 동화 과제를 모색하면서 동화의 한계를 확인하고 민족 입장을 명확히 하기에 이르렀는가 하면 조선의 일제말기 문학은 보다 더 강한 저항 의식에서 출발했다. 미해결된 모순을 안고 출발했으므로 끊임없이 모순과 균열을 산출하여 제국에서 이탈한다는 원심적 방향을 암시했다. 동화를 거부하는 지점에서 동화에 접근하는 것이야말로 조선의 일제말기 문학의 특징이었다고 지적하겠다.

　일제말기 조선과 타이완의 문학 행사를 서로 상호 텍스트로 보고 일본 문단의 그것과도 연관지어 보면 그 배후에 작용하고 있는 제국의 폭력을 쉽게 확인할 수 있다. 일제말기 문학 창작은 이런 폭력적인 문학 생산 시스템 하에 놓여 있으면서 외적 압력의 변화에 따라 단계적 특징을 두드러지게 나타냈다. 1942년 중반부터 1943년 중반까지는 조선과 타이완의 일제말기 문학의 전성기였다고 할 수 있다. 이 시기에 식민지의 현실 문제를 제재로 하고 식민지 지식인의 진실한 정체성 고민을 표출한 작품들이 배출하여 식민지 문학의 자율적 성격을 극명하게 제시했다.

조선과 타이완에서의 일본어 보급은 1937년 7월 중일전쟁 발발과 1941년 12월 태평양전쟁의 발발을 전환점으로 하여 두 번의 박차를 가했다. 타이완에 비하면 조선의 일본어 보급은 위에서 아래로 점진적으로 전개되었으므로 일본어 해득자 비율은 타이완보다 현저하게 낮았다. 그러나 타이완에서든 조선에서든 일본어가 일상화, 내면화되는 데 한계를 지니고 있다는 점은 동일했다.

공식 언어와 일상 언어를 혼용한다는 중국 지식인의 언어적 습관을 이어받아 타이완 지식인은 일본어 창작에 직접 모어를 삽입하거나 모어와 일본어를 결합시켜 어휘적인 차원의 '이중 언어 창작'을 실천했다. 이러한 과정에서 타이완어 순수화 요구를 제시했다는 사실은 뤼허뤄와 저우진뽀의 경우를 통해 확인할 수 있다. 이에 비해 조선인 작가들에게는 조선어=민족=국가라는 도식이 작용되었다. 그들의 '이중 언어 창작'은 언어 체계적 차원의 것이었으며 일본어 창작을 모어 창작의 연장선상에 위치시키지 않았다. 과연 일본어로 창작해야 하는지 라는 고민은 조선어학회 사건 이후에도 이어졌다. 그 결과 조선인 작가들의 일본어 창작은 일본적 문화 체계를 의미하며 조선어 창작과 확연히 구분되었다. 이런 의미에서 조선인 작가들은 실제로 일본어 창작을 내면화하지 않았다고 봐야 한다.

일본어는 식민지에서 표준어로 정착되면서 보편적, 절대적 기준이

되었다. 식민지 작가들은 이런 사실을 뼈저리게 느끼며 말을 잃어버린 식민지 인물의 군상을 부각하여 식민지인의 발언권 상실을 암시했다. 일본어 교육이 군사훈련의 성격을 지니게 되었다는 사실에 주목하여 그 폭력성을 적시하는 한편, 일본인의 언어적 우월감에 대한 문제의식을 드러냈다. 이 과정에서 타이완인 작가는 일본어와 일본적 정체성을 기준으로 상정하면서 그것과의 간극을 확인함으로써 민족 입장을 명확히 하기에 이르렀다. 이에 비해 조선인 작가는 고유의 언어, 고유의 정체성에 대한 자의식을 더 강하게 드러내면서 거기서 이탈하는 자신을 불안하게 느꼈다. 모어에 대한 향수 및 모어 최대화 지향을 표출하는 한편, 일본어와 실제로 겨루면서 모어 상실의 불안을 강하게 표출했다. 일본인의 언어적 우월감에 대한 반발로 타이완인 작가가 도리어 모어 순수화를 요구하기에 이르렀는가 하면 조선인 작가는 모어에 대한 예민한 감수성을 반복해서 드러내며 '정확한 표준 일본어'라는 극단적인 형태를 통해 조선어의 번역 불가능성을 역설적으로 보여줬다. 텍스트에서 저우진뽀는 '정확한 표준 국어'를 점유하는 식민지인을 형상화함으로써 일본인의 언어적 표준성을 전복시켰고 이석훈은 일본인의 사투리를 제시함으로써 문제의식을 전반적인 제국 질서로 확대했다. 전도, 전복 및 희화화 수법을 통해 일본어의 권위성, 일상성에 도전하며 일본어 상용에 대한 거부감을 집단적으로 표출하는 데 식민지 작가들은 공통점을 보였다.

정체성 검토야말로 조선과 타이완의 일제말기 문학의 핵심 의제였다는 사실을 감안하면 '내선일체'와 '내대일여' 소설은 각별히 중요했다. 후자가 일본적 정체성을 내면화할 가능성을 검토했는가 하면 전자는 과연 일본 제국을 '국가'로서 접목해야 하는지 라는 고민으로 일관되었다. 식민지 지식인의 '내선일체'와 '내대일여' 담론은 차별로부터의 탈출을 궁극적으로 지향하는 데 동일했지만 타이완 지식인이 일상적인 차원에서 '내대일여'를 검토하고 일본적 정체성의 구축을 실제로 시도했던 반면, 조선 지식인은 일본적 정체성의 구축 과제를 내면화하지 않은 채 정치적 차원에서 '내선일체'의 합리적 가능성을 논의했다. 연애·결혼, 입양, 그리고 동거 모티프는 동화의 세 가지 시뮬레이션으로 볼 수 있다. 조선에서 연애·결혼 모티프가 훨씬 더 다양하고 다각적으로 전개되었던 것은 '내선일체'에 대한 지식인의 심적 준비 부족을 역설적으로 말해준다.

양자 모티프를 통해 타이완인 작가는 민족 정체성의 회복을 부각함으로써 정체성 동요의 종국적인 방향을 명시적으로 밝혔다. 이에 비해 조선인 작가는 정체성 동요 자체를 문제시하면서 이에 대한 불안을 강하게 표출했다. 동거 모티프를 통해 타이완인 작가가 일본인을 타이완의 일상 속으로 수렴하려는 욕망을 드러냈는가 하면 조선인 작가가 정치적 차원에서 이 모티프에 접근하는 것은 '내선일체'의 요구가 실제로 내면화되지 않았음을 시사했다.

동화의 한계에 대한 확인과 민족 입장의 부상은 일견 가장 문제적인 것처럼 보이는 세 가지 모티프―민족 관계의 개선, 동화인, 그리고 지원병·징병―를 통해 드러났다. 민족 관계의 개선을 형상화하는 소설들이 공통적으로 멈추어진 '과거'를 동원한 것은 '내선일체'와 '내대일여'의 한계에 대한 작가의 인식을 시사했다. 동화의 결과로 봐야 하는 동화인 표상은 주로 타이완 소설에서 많이 등장했는데 일본적 정체성을 내면화하는 불가능성을 여실히 제시했다. 조선에서는 본격적인 동화인 표상 대신 일련의 이상적인 조선 청년들이 등장했는데 이는 동화의 결과라기보다는 일본인과의 동질성을 내세워 조선의 우수성을 역설하는 수단으로 작가의 강한 민족 자의식을 말해준다. 조선에서 일본적 정체성의 구축 과제가 실제로 내면화되지 않았다는 사실을 확인할 수 있다. 지원병과 징병 소설이 동화 한계의 극복 불가능성에 대한 식민지 작가의 인식을 바탕으로 창작되었는데 타이완에서 민족 입장의 회복을 보였는가 하면 조선에서 독자적인 역사를 정비하면서 일본까지 수렴하려는 욕망을 드러냈다.

'동아'에 대한 식민지 지식인의 검토는 그들의 서로 다른 공간 인식을 드러냈다. 타이완 지식인은 '중국'을 염두에 두면서 확대된 '동아'적 시야를 동원했다. 일시적으로 정체성 고민을 해결한 것처럼 보이지만 오히려 일본적 정체성과 민족 입장의 양립 불가능성에 봉착했다. 이에 비해 조선 지식인은 '동아'를 '내선일체'의 가능성으로 논의하다가 근대적 '조선 민족' 개념을 보다 명확히 정립하기에 이르렀다. 지식인들의 '과도기' 인식은 궁극적으로 식민지 현실에 대한 부정적 인식에서 비롯되었다. 일본과의 결합을 거부하지 못한다는 현재를 부정하고 자민족 중심의 동아를 기획한 것이었다. 이런 데서 '중국'을 비롯한 여타 일제 지배 지역의 표상이 조선과 타이완의 자아 구축 작업에 활용되고 영미 비판은 절대적인 타자인 일본에 대한 비판으로 이어졌다. 다른 한편으로 식민지 지식인은 '지방 문학'을 주체적 모체적인 것으로 기획했다. 그러나 일본에 대한 초월과 재편은 궁극적으로 '내선일체'와 '내대일여'에 대한 거부 입장에 입각하여 제국에서 이탈하는 원심운동 속으로 회수되었다. 다시 말해 일본의 제국주의적 욕망을 내면화한 결과라기보다는 도리어 그것에 대한 거부에서 비롯되었다.

위에서 살펴본 바와 같이 조선과 타이완의 일제말기 문학은 궁극적으로 제국에서 이탈하고 있었다. 결코 제국을 모방하는 아류 문학이 아니라 자민족의 입장으로 일관되었으며 문학사의 일관성을 유지하고 있었다. 특히 정체성을 재정립하려는 노력은 그 당시 일종의 저항임에 틀림없을 뿐만 아니라 오늘날에도 인정해야 한다.

참고문헌

1. 1차 자료

(1) 신문 및 잡지

『モダン日本』, 東京: 新太陽社, 1940.8

『ゆうかり』, 臺北: ゆうかり社, 1941.2

『朝光』, 京城: 朝鮮日報社, 1939.5~1943.12

『朝鮮の敎育硏究』, 京城: 朝鮮總督府, 1938.4~1938.12

『朝鮮及滿洲』, 京城: 朝鮮及滿洲社, 1938.4~1941.1

『朝鮮日報』, 京城: 朝鮮日報社, 1940.6.6

『朝鮮鐵道協會會誌』, 京城: 朝鮮鐵道協會, 1939.7~1940.4

『朝鮮通信』, 京城: 朝鮮通信社, 1939.4.17

『朝鮮』, 京城: 朝鮮總督府, 1938.2~1942.10

『大東亞』, 京城: 三千里社, 1942.5~1943.3

『大陸』, 東京: 改造社, 1938.10

『大衆文藝』, 東京: 新騰會, 1939.3~1942.5

『東京日日新聞』, 東京: 東京日日新聞社, 1938.1.16

『東亞日報』, 京城: 東亞日報社, 1921.6.10~1940.8.1

『東洋之光』, 京城: 東洋之光社, 1939.1~1943.8

『放送之友』, 京城: 朝鮮放送出版協會, 1943.1~1945.1

『改造』, 東京: 改造社, 1937.4~1938.8

『國民文學』, 京城: 人文社, 1941.11~1945.2

『國民新報』, 京城: 毎日新報社, 1940.1.7~1940.4.28

『國民總力』, 京城: 國民總力朝鮮聯盟, 1941.2~1944.8

『家庭の友』, 京城: 朝鮮金融組合聯合會, 1939.12

『京城日報』, 京城: 京城日報社, 1938.11.29~1942.12.7

『綠旗』, 京城: 綠旗聯盟, 1937.11~1943.12

『毎日申報』, 京城: 毎日申報社, 1911.10.25~1938.2.23

『毎日新報』, 京城: 毎日新報社, 1938.5.4~1945.5.15

『民俗臺灣』, 臺北: 東都書籍株式會社臺北支店, 1942.10~1943.10

『內鮮一體』, 京城: 內鮮一體實踐社, 1944.8

『人文評論』, 京城: 人文社, 1940.4~1941.1

『日本婦人(朝鮮版)』, 京城: 大日本婦人會朝鮮本部, 1944.7

『日本學藝新聞』, 東京: 日本學藝新聞社, 1942.1.1

『三千里』, 京城: 三千里社, 1939.1~1941.1

『社會事業の友』, 臺北: 臺灣社會事業協會, 1939.9

『四海公論』, 京城: 四海公論社, 1935.5

『台湾時報』, 臺北: 臺灣總督府台湾時報發行所, 1921.3~1944.9

『台湾文學』, 臺北: 啓文社, 1941.5~1943.12

『台湾藝術』, 臺北: 台湾藝術社, 1942.3~1942.11

『臺湾公論』, 臺北: 臺湾公論社, 1942.10~1943.12

『臺灣地方行政』, 臺北: 臺灣地方自治協會, 1938.2~1941.6

『臺灣警察時報』, 臺北: 臺灣警察協會, 1934.1

『臺灣日日新報』, 臺北: 臺灣日日新報社, 1941.8.21~1943.4.23

『臺灣文藝』, 臺北: 臺灣文學奉公會, 1944.5~1945.1

『臺灣新報』, 臺北: 臺灣新報社, 1944.6.14

『臺灣』, 東京: 臺灣雜誌社, 1922.7~1922.10

『同胞愛』, 京城: 朝鮮社會事業協會, 1939.7

『文化朝鮮』, 京城: 東亞交通公社朝鮮支社, 1943.6

『文學』, 東京: 岩波書店, 1955.2

『文學報國』, 東京: 日本文學報國會, 1943.9

『文學界』, 東京: 文藝春秋社, 1939.1~1942.10

『文學評論』, 東京: ナウか社, 1934.10~1935.1

『文藝春秋』, 東京: 文藝春秋社, 1940.11

『文藝臺灣』, 臺北: 臺灣文藝家協會, 1940.1~1940.12

『文藝臺灣』, 臺北: 文藝臺灣社, 1941.3~1944.1

『文藝』, 東京: 改造社, 1940.7

『文章』, 京城: 文章社, 1939.1~1941.2

『協和事業』, 東京: 中央協和會, 1941.2

『新潮』, 東京: 新潮社, 1937.8

『新韓民報』, 桑港: 北美大韓人國民會, 1911.9.20

『新建設』, 臺北: 皇民奉公會中央本部, 1943.10~1944.2

『新時代』, 京城: 新時代社, 1941.1~1944.6

『新世紀』, 京城: 新世紀社, 1939.1~1940.4

『新太陽』, 東京: 新太陽社, 1943.11~1944.10

『興南新聞』, 臺北: 興南新聞社, 1941.9.11~1943.5.24

『學友俱樂部』, 京城: 學友俱樂部社, 1939.7

『旬刊臺新』, 臺北: 臺灣新報社, 1942.12~1945.2

『知性』, 東京: 河出書房, 1941.7

『中央公論』, 東京: 中央公論社, 1937.10~1939.2

『週刊朝日』, 東京: 朝日新聞社, 1941.5

『總動員』, 京城: 國民精神總動員朝鮮聯盟, 1939.6~1939.11

(2) 단행본

阿部無佛翁古稀祝賀會 編, 『古稀之無佛翁』, 東京: 阿部無佛翁古稀祝賀會, 1931

坂口襦子, 『鄭一家』, 臺北: 淸水書店, 1943

蔡培火, 『日本々國民に與ふ: 殖民地問題解決の基調』, 東京: 臺灣問題研究會, 1928

朝鮮總督府 編, 『朝鮮事情・昭和十六年版』, 京城: 朝鮮總督府, 1940

朝鮮總督府 編, 『朝鮮統計要覽』, 京城: 朝鮮總督府, 1942

朝鮮總督府 編, 『朝鮮總督府時局對策調査會諮問答申書』, 京城: 朝鮮總督府, 1938

朝鮮總督府遞信局保險監理課 編, 『課員家計調査資料』, 京城: 朝鮮總督府遞信局, 1943

朝鮮總督府法務局, 『氏制度の解說: 氏とは何か氏は如何にして定めるか』, 京城: 朝鮮總督府, 1940

朝鮮總督官房情報課 編, 『朝鮮事情資料 第三號・志願兵より徵兵へ』, 京城: 朝鮮總督官房情報課, 1944

朝鮮總督官房情報課 編, 『朝鮮統治と皇民鍊成の進展・朝鮮事情資料第二號』, 京城: 朝鮮總督官房情報課, 1944

朝鮮總督官房文書課 編, 『躍進朝鮮の意氣と針路』, 京城: 朝鮮總督官房文書課, 1936

陳萬益 主編, 『呂赫若日記・(昭和17-19年)手稿本』, 台南: 國家台灣文學館, 2004

陳逸松口述, 林忠勝撰, 『陳逸松回憶錄(日據時代篇)』, 臺北: 前衛出版社, 1994

김윤식 편역, 『이광수의 일어 창작 및 산문선』, 서울: 역락, 2007

崔載瑞, 『轉換期の朝鮮文學』, 京城: 人文社, 1943

大村益夫・布袋敏博 編, 『近代朝鮮文學日本語作品集(1908~1945)セレクション6』, 東京: 綠蔭書房, 2008

丹羽文雄, 『還らぬ中隊』, 東京: 中央公論社, 1939

厚生省研究所人口民族部 編, 『大和民族を中核とする世界政策の檢討・第一分册』, 東京: 厚生省研究所人口民族部, 1943

皇民文庫刊行會 編, 中村喜代三 監修, 『鄭成功』, 臺北: 東都書籍株式會社臺北支店, 1944

李光洙, 『世祖大王』, 京城: 博文書館, 1940

李無影, 『情熱の書』, 京城: 東都書籍株式會社京城支店, 1944

聯合報編輯部 編, 『寶刀集 —— 光復前臺灣作家作品集』, 臺北: 聯合報社, 1981

林學洙, 『戰線詩集』, 京城: 人文社, 1939

鹿島櫻巷, 『國姓爺後日物語』, 臺北: 愛國婦人會臺灣支部, 1914

呂赫若, 『淸秋』, 臺北: 淸水書店, 1944

牧洋, 『靜かな嵐』, 京城: 每日新報社, 1943

朴英熙, 『戰線紀行』, 京城: 博文書館, 1939

上田光輝, 『皇民讀本』, 基隆: 淨土宗佛教靑年聯盟, 1939

上田萬年, 『國語のため』, 東京: 富山房, 1903

松村紘一, 『手に手を』, 京城: 博文書舘, 1943

台灣改進黨, 『植民地政策上ヨリ觀タル台湾統治ニ關スル建白』, 臺中: 治臺五十年事蹟調査會, 1945

臺灣教育會 編, 『臺灣教育沿革誌』, 臺北: 臺灣教育會, 1939

臺灣省行政長官公署統計室編, 『臺灣省五十一年來統計提要』, 臺北: 臺灣省行政長官公署, 1946

臺灣總督府 編, 『臺灣島勢要覽』, 臺北: 臺灣總督府, 1945

臺灣總督府 編, 『臺灣青年讀本』, 臺北: 臺灣教育會, 1943

臺灣總督府 編, 『臺灣統治概要』, 臺北: 臺灣總督府, 1945

臺灣總督府官房臨時臺灣戶口調查部編, 「臺灣臨時戶口調查結果表」, 臺北: 臺灣總督官房臨時戶口
　　　　調查部, 1908

臺灣總督府情報課 編, 『決戰臺灣小說集(坤卷)』, 臺北: 臺灣出版文化株式會社, 1945

臺灣總督府情報課 編, 『決戰臺灣小說集(乾卷)』, 臺北: 臺灣出版文化株式會社, 1944

吳濁流, 『胡志明 第2篇·悲戀の卷』, 臺北: 國華書局, 1946

吳濁流, 『胡志明第1篇』, 臺北: 國華書局, 1946

吳濁流, 『胡志明第四篇·桎梏の卷』, 臺北: 民報總社, 1946

玄永燮, 『朝鮮人の進むべき道』, 京城: 綠旗聯盟, 1938

張良澤主編, 『吳新榮全集 卷6·吳新榮日記(戰前)』, 臺北: 遠景出版, 1981

眞杉靜枝, 『ことづけ』, 東京: 新潮社, 1941

中島利郎·黃英哲 編, 『周金波日本語作品集』, 東京: 綠蔭書房, 1998

中島利郎·周振英 編著, 『臺灣作家全集別集·周金波集』, 臺北: 前衛出版社, 2002

鍾瑞芳 譯, 陳萬益 主編, 『呂赫若日記·(1942-1944)中譯本』, 台南: 國家台灣文學舘, 2004

鍾肇政, 『鍾肇政全集 18·隨筆集(二)』, 桃園: 桃園縣立文化中心, 1999

竹內淸, 『事變と臺灣人』, 東京: 日滿新興文化協會, 1939

庄司總一, 『陳夫人 第1部』, 東京: 通文閣, 1940

庄司總一, 『陳夫人 第2部』, 東京: 通文閣, 1942

總務廳統計局 監修, 日本統計協會 編, 『日本長期統計總覽 第1卷』, 東京: 日本統計協會, 1987

2. 2차 자료

(1) 논문

① 한국어 논문

고봉준, 「전형기 비평의 논리와 국민문학론: 최재서 비평을 중심으로」, 『한국현대문학연구』 제
　　　24집, 서울: 한국현대문학회, 2008.4

김지영, 「장혁주 일본어소설 연구: 『인왕동시대』, 「우수인생」, 「노지」, 『개간』을 중심으로」, 서
　　　울: 국민대학교 박사학위 논문, 2011

김 철, 「몰락하는 신생(新生): '만주'의 꿈과 『농군』의 오독(誤讀)」, 『상허학보』 제9집, 서울: 상

허학회, 2002.9

선 일, 「일제시대 학술조사 사진 아카이브에 대한 연구」, 서울: 서울대학교 석사학위 논문, 2004.2

송승석, 「일제 말기 타이완 일본어문학 연구」, 서울: 연세대학교 박사학위 논문, 2004.8

신지영, 「'대동아 문학자 대회'라는 문법, 그 변형과 잔여들: 타자는 타자와 만날 수 있는가?」, 『한국문학연구』 제40집, 서울: 동국대학교 한국문학연구소, 2011.6

오오야 치히로, 「잡지 『內鮮一體』에 나타난 내선결혼의 양상 연구」, 『사이間Sai』 제1호, 서울: 국제한국문학문화학회, 2006.11

윤대석, 「1940년대 '국민문학' 연구」, 서울: 서울대학교 박사학위 논문, 2006.2

윤대석, 「식민자와 식민지인의 세 가지 만남」, 『우리말글』 제57집, 경산: 우리말글학회, 2013.4

윤미란, 「장혁주(張赫宙) 문학 연구: '조선'을 소재로 한 작품을 중심으로」, 인천: 인하대학교 박사학위 논문, 2012.2

이경훈, 「만주와 친일 로맨티시즘」, 『한국근대문학연구』, 서울: 한국근대문학회, 2003.4

이명화, 「朝鮮總督府의 言語同化政策: 皇民化時期 日本語常用運動을 中心으로」, 『한국독립운동사연구』 제9집, 서울: 독립기념관 한국독립운동사연구소, 1995.12

이정선, 「전시체제기 일제의 총동원정책과 '內鮮混血' 문제」, 『역사문제연구』 제29권 제1호, 서울: 역사문제연구소, 2013.4

이준식, 「일제 침략기 한글 운동 연구: 조선어학회를 중심으로」, 『사회와 역사』 제49집, 서울: 한국사회사학회, 1996.12

정선태, 「일제 말기 초등학교, '황국신민'의 제작 공간: 이이다 아키라의 『반도의 아이들』을 중심으로」, 『한국학논총』 제37집, 서울: 국민대학교 한국학연구소, 2012.2

정하늬, 「1940년 전후 가족사 소설의 세대론적 고찰—한설야의 『탑』과 김사량의 『낙조』를 중심으로」, 『인문과학연구논총』 제36권 4호, 서울: 명지대학교 인문과학연구소, 2015

정하늬, 「신세대 작가 정비석의 일제 말기 소설에 나타난 세대 문제」, 『춘원연구학보』 11집, 서울: 춘원연구학회, 2017

조윤정, 「내선결혼 소설에 나타난 사상과 욕망의 간극」, 『한국현대문학연구』 제27호, 서울: 한국현대문학회, 2009.4

채호석, 「과도기의 사유와 '국민문학'론: 1940년을 전후한 시기, 최재서의 문학론 연구」, 『외국문학연구』 제16호, 서울: 한국외국어대학교 외국문학연구소, 2004.2

최석영, 「식민지 시기 '내선(內鮮)결혼' 장려 문제」, 『일본학연보』 제9집, 대구: 일본연구학회, 2000.8

② 영어 논문

Louis Montrose, 「The Work of Gender in the Discourse of Discovery」, 『Representation』 No.33, Berkeley: University of California Press, 1991

③ 일본어 논문

白川豊,「植民地期朝鮮と台湾の日本語文學小考――一九三〇~四五年の小說を中心に」,『年報 朝鮮 學』第二号, 福岡: 九州大學朝鮮學研究會, 1992.3

垂水千恵,「呂赫若の演劇活動: その演劇的挫折と文學への歸還」,『日本台湾學會報』第2号, 東京: 日本台湾學會, 2000.4

河西晃祐,「表象としての「南方」――一九三〇年代における「南方ー東南アジア」觀の形成」,『歷史評 論』620号, 東京: 校倉書房, 2001.12

黃嘉琪,「日本統治時代における'內台共婚'の構造と展開」,『比較家族史研究』第27號, 東京: 比較 家族史學會, 2013.3

山浦渚,「言語規範形成における教育の影響: ら抜き言葉をてがかりとして」,『國語教育思想研究』 4号, 東廣島: 國語教育思想研究會, 2012.5

吳若彤,「豊島与志雄「台湾の姿態」をめぐって」,『歷史文化社會論講座紀要』10号, 京都: 京都大學 大學院人間・環境學研究科, 2013.2

星名宏修,「中國・台湾における「吼えろ中國」上演史ー反帝國主義の記憶とその変容」,『日本東洋文 化論集: 琉球大學法文學部紀要』第3号, 西原町: 琉球大學法文學部, 1997.3

庄司潤一郎,「日本における戰爭呼称に關する問題の一考察」,『防衛研究所紀要』第13卷 第3号, 東 京: 防衛省防衛研究所, 2011.3

④ 중국어 논문

蔡錦堂,「日據末期臺灣人宗教信仰之變遷――以"家庭正廳改善運動"爲中心」,『思與言』第29卷第4 期, 台北: 思與言雜誌社, 1991.12

韓栽茂,「1900年"厦門事件"始末」,『閩台文化交流』24輯, 漳州: 閩南師範大學閩南文化研究院, 2010.11

侯珮倫,「日治時期大坑地區之簡易國語講習所實施狀況」,『臺中鄉圖』第8期, 臺中: 臺中市犁頭店 鄉土文化學會, 2007.6

許雪姬,「台灣光復初期的語文問題――以二二八事件前後爲例」,『思與言』第29卷第4期, 台北: 思 與言雜誌社, 1991.12

黃雯娟,「臺北市街道命名的空間政治」,『地理學報』73期, 臺北: 臺灣大學理學院地理環境資源學系, 2014.6

江仁傑,「日本殖民下歷史解釋的競爭――以鄭成功的形象爲例」, 桃園: 國立中央大學 碩士學位論文, 2000.6

李文卿,「共榮的想像: 帝國日本與大東亞文學圈(1937-1945)」, 臺北: 國立政治大學 博士學位論文, 2008

林佩欣,「日治時期臺灣資源調查令之頒佈與實施」,『師大臺灣史學報』5期, 臺北: 臺灣師範大學臺 灣史研究所, 2012.12

柳書琴,「糞現實主義與皇民文學: 1940年代臺灣文壇的認同之戰」, 王富仁 主編,『東亞文化與中文

文學』, 北京: 首都師範大學出版社, 2010

張泉, 「全國抗戰時期文藝跨域傳通的多重面向──以蘇聯話劇《怒吼吧, 中國!》爲中心」, 『抗戰文化
    研究』第六輯, 南寧: 廣西抗戰文化研究會, 廣西社會科學院文史研究所, 2012.11

張文薫, 「混血/種歷史知識的再生產──1940年代臺灣文學中的「國姓爺」故事」, 『한국문학연구』제
    40집, 서울: 동국대학교 한국문학연구소, 2011.6

張文薫, 「歷史小說與在地化認同──「國姓爺」故事系譜中的西川滿〈赤嵌記〉」, 『臺灣文學研究學報』
    14期, 台南: 國立臺灣文學館, 2012.4

中島利郎 著, 涂翠花譯, 「『西川滿』備忘錄──西川滿研究之現狀」, 『台灣文藝』創新18號, 臺北: 台
    灣文藝雜誌社, 1993.8

(2) 단행본

① 한국어 단행본

강상중 지음, 이경덕·임성모 옮김, 『오리엔탈리즘을 넘어서』, 서울: 이산, 1997

保坂祐二, 『日本帝國主義의 民族同化政策 分析』, 서울: J&C, 2002

김윤식, 『일제 말기 한국 작가의 일본어 글쓰기론』, 서울: 서울대학교출판부, 2003

김재용, 『협력과 저항』, 서울: 소명출판, 2004

김재용·김화선·박수연·이상경·이선옥·이재명·한도연, 『친일문학의 내적 논리』, 서울: 역락, 2003

김철, 『식민지를 안고서』, 서울: 역락, 2009

김철·신형기 외, 『문학 속의 파시즘』, 서울: 삼인, 2001

林鍾國, 『親日文學論』, 서울: 平和出版社, 1966

孫禎睦, 『日帝强占期 都市化過程 硏究』, 서울: 一志社, 1996

방민호, 『일제 말기 한국문학의 담론과 텍스트』, 서울: 예옥, 2011

鄭百秀, 『한국 근대의 植民地 體驗과 二重言語 文學』, 서울: 아세아문화사, 2000

사에구사 도시카쓰 지음, 심원섭 옮김, 『(사에구사 교수의)한국문학 연구』, 서울: 베틀북, 2000

윤건차 지음, 하종문·이애숙 옮김, 『日本─그 국가·민족·국민』, 서울: 일월서각, 1997

윤대석, 『식민지 국민문학론』, 서울: 역락, 2006

윤대석, 『식민지 문학을 읽다』, 서울: 소명출판, 2012

이경훈, 『이광수의 친일문학 연구』, 서울: 태학사, 1998

이수건, 『한국의 성씨와 족보』, 서울: 서울대학교출판부, 2003

정종현, 『동양론과 식민지 조선문학』, 파주: 창비, 2011

채호석, 『식민지 시대 문학의 지형도』, 서울: 역락, 2010

최주한, 『이광수와 식민지 문학의 윤리』, 서울: 소명출판, 2014

한수영, 『친일문학의 재인식』, 서울: 소명출판, 2005

허재영 엮음, 『조선 교육령과 교육 정책 변화 자료』, 광명: 경진, 2011

황호덕, 『벌레와 제국』, 서울: 새물결, 2011

② 영어 단행본

Anne McClintock, 『Imperial Leather: race, gender, and sexuality in the colonial contest』, New York: Routledge, 1995

E. Patricia Tsurumi, 『Japanese Colonial Education in Taiwan, 1895-1945』, Cambridge: Harvard University Press, 1977

Frantz Fanon, translated by Charles Lam Markmann, 『Black Skin, White Masks』, New York: Grove Press, 1967

John J. Gumperz ed. 『Language and Social Identity』, New York: Cambridge University Press, 1982

Revathi Krishnaswamy, 『Effeminism: the economy of colonial desire』, Ann Arbor: University of Michigan Press, 1998

③ 일본어 단행본

長谷川泉, 『近代日本文學思潮史』, 東京: 至文堂, 1961

朝鮮近代史料研究會, 『朝鮮近代史料研究集成 第3号』, 東京: 朝鮮近代史料研究會, 1960

持地六三郎, 『臺灣殖民政策』, 東京: 富山房, 1912

垂水千恵, 『台湾の日本語文學: 日本統治時代の作家たち』, 東京: 五柳書院, 1995

大藏省管理局 編, 『日本人の海外活動に關する歷史的調査・台湾篇第五分冊』, 東京: 大藏省管理局, 1947

大村益夫・布袋敏博 編, 『朝鮮文學關係日本語文獻目錄(1882.4~1945.8)』, 東京: 綠陰書房, 1997

宮田節子, 『朝鮮民衆と「皇民化」政策』, 東京: 未來社, 1985

和泉司, 『日本統治期台湾と帝國の〈文壇〉: 〈文學懸賞〉がつくる〈日本語文學〉』, 東京: ひつじ書房, 2012

近藤釰一 編, 『太平洋戰下の朝鮮及び台湾』, 茅ヶ崎: 朝鮮史料研究會近藤研究室, 1961

近藤釰一 編, 『太平洋戰下終末期朝鮮の治政』, 東京: 朝鮮史料編纂會, 1961

駒込武, 『植民地帝國日本の文化統合』, 東京: 岩波書店, 1996

李種植 編, 『朝鮮統治問題論文集 第一集』, 京城: 井本幾次郎, 1929

鈴木裕子, 『從軍慰安婦・內鮮結婚』, 東京: 未來社, 1992

南富鎭, 『文學の植民地主義: 近代朝鮮の風景と記憶』, 京都: 世界思想社, 2006

平野謙, 『昭和文學史』, 東京: 筑摩書房, 1981

平野謙・小田切秀雄・山本健吉 編, 『現代日本文學論爭史』, 東京: 未來社, 2006

山崎睦雄, 『二語倂用地に於ける國語問題の解決』, 臺北: 新高堂書店, 1939

善生永助, 『朝鮮の人口問題』, 京城: 朝鮮總督府, 1935

矢內原忠雄, 『矢內原忠雄全集 第二卷・帝國主義下の台湾』, 東京: 岩波書店, 1963

矢內原忠雄, 『植民政策の新基調』, 東京: 弘文堂書房, 1927

市古貞次 編, 『增訂版 日本文學全史 6・現代』, 東京: 學燈社, 1990

笹沼俊晓, 『「國文學」の戰後空間: 大東亞共榮圈から冷戰へ』, 東京: 學術出版會, 2012

台湾文學論集刊行委員會 編, 『台湾文學研究の現在: 塚本照和先生古稀記念』, 東京: 綠蔭書房, 1999

藤井省三・垂水千恵・黃英哲 編, 『台湾の「大東亞戰爭」: 文學・メディア・文化』, 東京: 東京大學出版會, 2002

田村榮章, 『植民期における日本語文學と朝鮮』, 서울: J&C, 2004

樋口雄一, 『戰時下朝鮮の民衆と徵兵』, 東京: 總和社, 2001

尾崎秀樹, 『旧植民地文學の研究』, 東京: 勁草書房, 1971

下村作次郎・中島利郎・藤井省三・黃英哲, 『よみがえる台湾文學: 日本統治期の作家と作品』, 東京: 東方書店, 1995

小熊英二, 『單一民族神話の起源』, 東京: 新曜社, 1995

楊威理, 『ある台湾知識人の悲劇: 中國と日本のはざまで 葉盛吉伝』, 東京: 岩波書店, 1993

野口援太郎, 『高等小學校の研究』, 東京: 帝國敎育會出版部, 1926

櫻本富雄, 『文化人たちの大東亞戰爭: PK部隊が行く』, 東京: 靑木書店, 1993

佐藤春夫・宇野浩二, 『昭和文學作家論・下』, 東京: 小學館, 1943

④ 중국어 단행본

比爾・阿希克洛夫特, 格瑞斯・格里菲斯, 海倫・蒂芬 著, 任一鳴 譯, 『逆寫帝國: 后殖民文學的理論與實踐』, 北京: 北京大學出版社, 2014

陳玉玲, 『台灣文學的國度: 女性・本土・反殖民論述』, 臺北: 博揚文化事業有限公司, 2000

崔末順, 『海島與半島——日據臺韓文學比較』, 臺北: 聯經出版, 2013

郭廷以 編著, 『中華民國史事日誌・第一冊』, 臺北: 中央研究院近代史研究所, 1979

黃煌雄, 『兩個太陽的臺灣——非武裝抗日史論』, 臺北: 時報文化, 2006

井手勇, 『決戰時期臺灣的日人作家與皇民文學』, 臺南: 臺南市立圖書館, 2001

林呈蓉, 『皇民化社會的時代』, 台北: 臺灣書房, 2010

呂正惠, 『殖民地的傷痕——台灣文學問題』, 台北: 人間, 2002

王建國, 『呂赫若小說研究與詮釋』, 臺南: 臺南市立圖書館, 2002

王向遠, 『"筆部隊"和侵華戰爭: 對日本侵華文學的研究與批判』, 北京: 昆侖出版社, 2005

王曉波 編, 『台灣的殖民地傷痕』, 臺北: 帕米爾書店, 1985

游勝冠, 『殖民主義與文化抗爭: 日據時期臺灣解殖文學』, 臺北: 群學出版, 2012

周婉窈, 『海行兮的年代——日本殖民統治末期臺灣史論集』, 臺北: 允晨文化出版, 2003

https://www.jacar.archives.go.jp/aj/meta/MetSearch.cgi

찾아보기